PUHUN BUUKS

我们一起解决问题

学习心理学

（第四版）

Psychology of Learning for Instruction　　　　4th edition

一线教师及其他
教育专业人士的科学指南

[美] 玛西·P.德里斯科尔 (Marcy P. Driscoll)

[美] 凯瑞·J.伯纳 (Kerry J. Burner)　　　　　著　　　窦卫霖　　　译

人民邮电出版社

北　京

图书在版编目（CIP）数据

学习心理学：一线教师及其他教育专业人士的科学
指南：第四版 / （美）玛西·P. 德里斯科尔
(Marcy P. Driscoll)，（美）凯瑞·J. 伯纳
(Kerry J. Burner) 著；窦卫霖译. -- 北京：人民邮
电出版社，2023.5
　　ISBN 978-7-115-61215-1

　　Ⅰ. ①学… Ⅱ. ①玛… ②凯… ③窦… Ⅲ. ①学习心
理学 Ⅳ. ①G442

中国国家版本馆CIP数据核字(2023)第042394号

内 容 提 要

尽管成为教师的首要条件是拥有学习者所不具有的某些知识或技能，且必须对所要教授的学科有所了解，但如果你想提高教学效果，你很快就会发现，只有学科知识是远远不够的。

《学习心理学》是关于学习与教学的一本专著，它从心理学角度出发，分析了学习的含义与特点，介绍了有关学习的各种心理学理论；同时也分析了教学的含义与特点，介绍了有关教学的各种心理学理论，并且从教与学的关系出发，探讨了实践中如何将学习理论和教学理论相结合。这种结合对于提高学习质量和教学效果都十分有用。

本书结构设计就非常符合书中的观点。与之前的版本相比，这一版调整了整体结构，修订并增加了大量的内容，便于读者了解心理学及教学理论的最新发展与应用。书中每章开头的"开篇情景"与结尾的"反思性情景"，能够帮助学习者理解和应用理论概念，并建立起跨章节间的联系。本书还专门用四章介绍了众多的具体教学情境，以期帮助读者提高学习和教学效果。

本书适合高校与研究机构的心理学学习者、教育者及研究人员，也适合所有对学习心理学感兴趣的读者阅读、参考。

◆　著　　[美] 玛西·P. 德里斯科尔（Marcy P. Driscoll）
　　　　　[美] 凯瑞·J. 伯纳（Kerry J. Burner）
　　译　　窦卫霖
　　责任编辑　姜　珊
　　责任印制　彭志环

◆ 人民邮电出版社出版发行　　北京市丰台区成寿寺路 11 号
　　邮编 100164　　电子邮件 315@ptpress.com.cn
　　网址 https://www.ptpress.com.cn
　　三河市中晟雅豪印务有限公司印刷

◆ 开本：787×1092　1/16
　　印张：23.5　　　　　　　　　　　　2023 年 5 月第 1 版
　　字数：500 千字　　　　　　　　　　2023 年 5 月河北第 1 次印刷
　　著作权合同登记号　图字：01-2021-4185 号

定　价：118.00 元

读者服务热线：（010）81055656　印装质量热线：（010）81055316
反盗版热线：（010）81055315
广告经营许可证：京东市监广登字 20170147 号

译者序

　　一百年前，美国著名哲学家、心理学家威廉·詹姆斯说："教育是艺术，心理学是科学。"教育与心理科学之间似乎存在难以逾越的鸿沟。一百年后，美国教育心理学家加涅在前人以及与他同时代心理学家所做的大量学习心理学研究的基础上，先后提出了学习分类、任务分析、教学设计等理论。经过以加涅等为代表的学习心理学家和教育心理学家的努力，教育与科学心理学之间的鸿沟似乎已逐渐被填平。

　　《学习心理学：一线教师及其他教育专业人士的科学指南》（第四版）（*Psychology of Learning for Instruction*）在理论的全面性、前沿性、可读性及与教学的相关性方面，都是一本不可多得的代表当代心理学与学校教育结合的佳作，它所关注的核心问题是心理学原理在教育中的实际应用，特别是在教学中的应用，其突出特点就是在教学情境中来实践学习心理学理论。作者玛西·P. 德里斯科尔（佛罗里达州立大学教育学院的名誉院长）和凯瑞·J. 伯纳（佛罗里达州立大学的教员）努力在回答这样一个问题：人们真正需要了解哪些学习理论才能为他们无论发生在何处的专业实践提供信息帮助。本书第四版不仅更新了有关学习与发展、学习与先前知识、学习与情境性、学习与（数字）技术、学习与神经科学以及学习与教学的前沿知识，而且在内容和结构安排上充分体现了此书独特的应用重点和自反性实践的主题，如在开篇情景中，首先介绍贯穿每一章的学习和教学问题，以说明理论概念和如何应用这些概念；紧随其后的"各章节开篇情景一览"提供了各章节开篇情景的概述；各章末尾的反思性问题与活动能够更好地帮助读者应用各章概念并建立跨章节的联系；新增加了四个应用章节，描述其前面讨论的理论对具体教学的应用，等等。本书涉及多个学科，内容非常丰富，涉及心理学和教育学领域的多个主体和分支，涉及行为主义、认知信息加工理论、有意义言语学习理论、图式理论、情境认知、建构主义等，既从发展的角度论述了学习，也介绍了学习的生物学机制、最新的情境化技术、数字技术、神经科学等多学科知识和专业术语。

目前我国学者在实施新一轮课程与教学改革的过程中，在借鉴国外新的课程与教学理论的基础上，结合我国实际，不断探索如何学、如何教以及学与教之间的相互作用，深入理解学生的学习心理机制，根据学习心理规律创设有效的教学情境，在促进学生的有效学习方面取得了很大的进展。

此次人民邮电出版社自培生教育集团引进这本研究著作，对于我国教育者如何使学习心理学的知识有助于确保教学的质量和有效性，一定能起到进一步的促进作用。因此，本书翻译工作既要专业，又要贯通，这对于翻译团队来说，对相关知识的掌握和术语翻译的准确性和统一性提出了很高的要求。为此，我们通过查阅各类工具书、网络及相关学科资料，并咨询教育学和心理学的专家，根据语境反复琢磨，确定并统一专有名词的译法。本书的翻译是翻译团队集体努力合作的成果，这里统一说明：

窦卫霖负责翻译前期的工作统筹、术语译法的定夺、作者介绍、概述、目录、第 1 章的翻译，协调全书翻译过程中的各类问题、并负责翻译完成后的全书统稿、审校和完善，以及校样阶段的统筹和把关。

参加翻译的团队成员有（按照参与翻译的首章节次序排序）：

何秋燕（第 2 章、第 8 章、第 14 章）；

王珑（第 3 章、第 4 章）；

周芳（第 5 章、第 6 章）；

刘向阳（第 7 章、第 9 章、第 10 章）；

陈文辉（第 11 章、第 12 章、第 13 章）。

翻译是一项艰辛的工作，非常感谢所有参与翻译、审稿和校对的人员为本书所付出的辛勤劳动。

虽已尽力，但错误难免，恳请读者批评指正。

华东师范大学外语学院教授

窦卫霖

2023 年 3 月 16 日

前言

　　欢迎阅读《学习心理学：一线教师及其他教育专业人士的科学指南》（第四版）。正如书名所示，这本书是关于学习的，也是关于教学的，是关于学习心理学的知识如何有助于确保教学的质量和有效性的。换言之，这本书的重点不仅仅是学习理论，还包括了将学习理论应用于教学。此外，我们关注的不仅仅是学校的教学，还关注各种正规和非正规环境的教学。我们在编写这本书的时候，脑海中有这样一个问题：人们需要真正了解哪些学习理论才能为他们无论发生在何处的专业实践提供信息？

　　例如，你可能已经成为或正在成为一名课堂教师、教学设计师、辅导员、教育技术专家或其他教育角色。无论你是这些角色中的哪一个，你都在帮助别人学习，并使用各种手段来做到这一点。你可以为一家财富500强公司设计领导力培训，在虚拟学校教高中生生物，或为学习诊断技能的医科学生开发案例。本书所讨论的这些话题都可以帮助你解决各种教学情境问题。

　　本书除了侧重于应用，还体现了自反性实践的主题。自反性（reflexive）意味着"反过来看自己"，包括不断反思自己的认识和学习。我们不认为单一的学习理论是所有教学问题的答案。我们也不相信学者们已经发现或弄清楚了所有关于学习的知识。我们在更新自上一版以来发表的学习研究成果时，发现自己重新思考了一些话题，并改变了一些概念。

　　例如，人们经常看到三种学习范式之间的对比：行为主义（注重行为）、认知主义（注重认知）和建构主义（注重知识建构）。但建构主义强调的确实是认知。而且，认知主义和建构主义都关注个体学习者。两者的不同之处在于是把知识看作习得的还是建构的。与认知建构主义相反，为解释社会语境对学习的影响，社会建构主义最终出现了。

　　然而，情境观将学习完全置于社会、历史和政治语境中，重点关注个人所处的系统，而不是个人。因此，我们认为适当的对比是在行为观、认知观和情境观之间进行对比，你会在书中看到这种对比。

当你阅读本书时，我们希望你能利用每章末尾的问题和活动来反思你的学习，反思如何与你先前关于学习和教学的知识和信念相匹配。思考所讨论的多种观点，不仅与你遇到的实践问题有关，也与你的个人学习目标有关。这样做将有助于为你的行动提供依据，并指导你的未来目标。

本书的独特之处在于其应用重点和自反性实践的主题。我们接下来看看这个版本的新内容。

本版新内容

直接指出这一版有哪些内容不是新的可能有点草率鲁莽，但这也许会更有效率。从第三版出版至今，15年的跨度意味着很大的变化。正因为如此，我们觉得不必受前一版的束缚，可以自由地重新思考这本书的内容和结构。我们对学习和教学研究的进展进行了反思，与教授有关学习和教学课程的同事进行了交流——有些同事使用的是上一版——我们思考了大家在这本书中想看到些什么内容。

结果是，我们简化了结构（即没有"部分"，只有"章、节"），更多的章、节可以轻松融入一个学期的课程，并且在每两个理论章、节之后特意穿插了应用章、节。我们在每个学习理论章、节中都讨论了教学意义，但教学应用章、节使我们能够更详细地研究一些已经确立的、经过充分研究的应用。以下是这一版的新内容。

增加了有关应用的四章内容。在第4章、第7章、第10章和第13章中，我们描述了在每个应用章、节之前的两章中讨论的理论对具体教学的应用。这些应用章、节为在专业环境中使用学习和教学理论提供了额外的实践机会。应用是本书的一个主要优势，经验告诉我们，详细阐述一些例子来说明学习理论在实践中的应用十分重要。

关于学习与发展的新内容。第5章合并了第三版中有关发展的两章，还包括了关于生命周期发展的新内容。有关发展的问题已经从儿童的学习与成人的不同之处扩大到理解认知和学习如何在个人的一生中发生变化。神经科学的结果也与心理学的结果一致，提供了更完整的发展图景。

关于学习与先前知识的新内容。新版第6章侧重于主题领域中原则性知识的学习，包括学习者如何修正关于世界的隐性、直觉理论，使之与规范性知识保持一致。第三版第4章中讨论的理论在这里得到了重温，还有概念变化的理论以及先前知识在理解、问题解决和迁移中的作用。

关于学习与情境性的新内容。如前所述，情境观与之前的行为观和认知观有很大的不同。新版第8章将第三版第5章中的情境认知作为情境观的核心概念，并将讨论范围扩大到作为活动系统的学习的语境和作为成功情境参与的知识获得。

关于学习与（数字）技术的新内容。随着学习观的转变以及计算机工具和网络的进步，技术可以用无数种方式来促进学习。新版第 9 章概述了学习技术，包括技术如何支持学习，何种技术能够支持学习，以及技术融入教学时会出现哪些问题。

关于学习与神经科学的新内容。新版第 12 章取代了第三版的第 8 章，前一版侧重于学习和记忆的生物学基础。在新版中的这一章里，我们关注了教育神经科学这一新兴领域，该领域汇集了神经科学、心理学和教育学的研究成果，帮助读者了解大脑和思维是如何共同影响学习过程的。我们强调了神经迷思（neuromyths）问题，并研究了情绪在学习中的作用，表明认知和情绪是集成在大脑中的，两者都有助于对心理活动和行为的控制。

面向个人理论的关于学习与教学的新内容。新版第 14 章取代了第三版的第 12 章。这一章的总体重点保持不变，即发展个人的学习和教学理论。然而，我们在新版的这一章中阐述了个人认识论，包括个人的知识概念以及思考和评价知识的方式。我们还提出了一个认识的自反性框架，旨在指导你对自己的学习和知识进行反思。

增加了开篇情景问题。开篇情景提供了将理论概念置于实际问题中的有用手段。由于本书的读者来自不同的专业背景，我们有意选择了情景问题，以确保对基础教育（K12，即从幼儿园到 12 年级）、高等教育和企业培训给予同等的关注。在某些情况下，情景跨越背景，比如"课程难题"（第 7 章）中的安妮依赖于她在中学为高等教育学生规划教学的教学经验。同样，"模拟中心"（Sim Central）（第 9 章）让护理学生和实习护士参加培训，帮助他们学习如何应对呼吸紧急情况。我们在"章节开篇情景一览"中提供了所有章节情景的概述，并作为下面"教育学特色"一节的一部分。

各章主要内容更新

- 第 1 章：增加了对学习理论和教学理论的深入讨论，引导读者了解学习和教学的认识论，将历史方法移到本书其他章中最合适的地方，并概述了本书的结构。

- 第 2 章：增加了对新行为主义的讨论，特别是关于行为主义在从正规教育到工作场所的各种环境中应用的信息。

- 第 3 章：增加了信息加工的修订模型，增加了对工作记忆和长期记忆新模型的讨论，增加了信息加工对教学的新影响。

- 第 4 章：（旧版第 10 章，经过修订并增加了新内容）重新调整了本章的方向，将重点放在教学应用上；增加了行为技能训练（behavioral skills training，简称 BST）的内容；增加了对有意行为改变的跨理论模型（transtheoretical model，简称 TTM）的讨论。

- 第 5 章：（旧版第 6 章和第 7 章，大幅修订并增加了新内容）增加了生命周期发展理论，增加了发展理论对整个生命周期学习的影响。

- 第 6 章：（旧版第 4 章，大幅修订并增加了新内容）增加了关于概念转变和知识修订的新研究成果，增加了对主题领域专业知识发展的讨论。

- 第 7 章：（旧版第 11 章，大幅修订并增加了新内容）调整了本章的方向，将重点放在教学应用上；增加了对建造主义的讨论；增加了支持建构主义学习的教学设计模型；增加了对建构主义批评的探讨。

- 第 8 章：（旧版第 5 章，大幅修订并增加了新内容）增加了对学习的情境观的需求的讨论，增加了对作为活动系统的学习情境的讨论，增加了对相关学习概念和过程的讨论，增加了对情境观下的教学应用的讨论。

- 第 9 章：全新的一章，介绍了学习技术概况、技术支持学习的内容和方式，探讨了学习技术用于教学的问题。

- 第 10 章：全新的一章，重点讨论了技术增强型学习环境；讨论了将技术融入教学、计算机支持的协作学习、基于游戏的教学和开放教学法。

- 第 11 章：（旧版第 9 章）增加了对思维的讨论；增加了对学习中的情绪、动机和自我调节的讨论。

- 第 12 章：（旧版第 8 章，大幅修订，大部分为新内容）增加了对教育神经科学的讨论，包括神经迷思；增加了关于学习和大脑的讨论，包括不良童年经历的影响；增加了对有关认知和情绪的神经科学的讨论。

- 第 13 章：全新的一章，重点是动机和神经科学在教学中的应用，包括动机设计模型、自我调节的学习策略、社会情感学习和文化回应性教学。

- 第 14 章：（旧版的第 12 章，大幅修订，大部分为新内容）增加了对个人认识论的讨论，增加了对认识的认知模型的探索，增加了对自反性和认识的气氛的讨论。

目录

第1章   绪论：学习与教学 // 1

什么是学习理论 // 2
    关于学习的定义 // 7
    关于学习理论的定义 // 7
什么是教学理论 // 8
    关于教学的定义 // 9
    关于教学理论的定义 // 9

学习和教学中的认识论 // 11
    认识论传统 // 12
    个人认识论 // 16
本书的总体计划 // 18
结语 // 19
    ■ 反思性问题与活动 // 20

第2章   学习与行为 // 23

行为主义的基础 // 25
    巴甫洛夫的经典条件反射 // 25
桑代克的效果律 // 27
    早期行为主义 // 27
行为实验分析：斯金纳的行为主义
方法 // 30
    应答性和操作性行为 // 30
    强化相倚 // 30
    操作性行为的加强或削弱 // 32
    学习新行为 // 39

    保持行为 // 41
    预测和控制行为 // 42
    言语行为的特殊例子 // 44
新行为主义 // 44
行为主义对教学的贡献 // 46
    应用行为分析 // 46
    自我改变 // 47
    课堂教学 // 47
    组织中的绩效提升 // 48
结语 // 49
    ■ 反思性问题与活动 // 50

第 3 章　学习与认知 // 53

信息加工的早期概念 // 57
信息加工的修订模型 // 59
感觉记忆和知觉 // 62
工作记忆 // 65
　工作记忆的容量 // 65
　工作记忆的持续时间 // 66
　工作记忆的运作 // 68
工作记忆和编码 // 69
长期记忆 // 70
　信息的表征和储存 // 71

储存信息的检索 // 74
遗忘 // 77

信息加工在教学中的应用 // 78
　提供有组织的教学 // 78
　安排广泛而多样的练习 // 79
　加强学习者的编码和记忆 // 79
　提升学习者对信息加工的自我控制 // 80

结语 // 81
■ 反思性问题与活动 // 81

第 4 章　行为与认知教学 // 85

早期的教学理论方法 // 86
　泰勒原理 // 87
　卡罗尔的学校学习模式 // 87
　布鲁姆的掌握学习模式 // 88
　小结 // 89
行为技能训练 // 90
　BST 的组成部分 // 90
　BST 的实施 // 92
有意行为改变的跨理论模型 // 95

变化的阶段 // 96
变化的过程 // 97
TTM 的实施 // 100

罗伯特·M. 加涅与学习条件 // 101
　学习结果的分类法 // 102
　学习的条件 // 110
　教学九大事件 // 112
　加涅教学论的实施 // 115

结语 // 116
■ 反思性问题与活动 // 116

第 5 章　学习与发展 // 119

让·皮亚杰的贡献 // 122
　皮亚杰的阶段理论 // 122

皮亚杰的建构主义 // 123

后皮亚杰认知发展理论 // 125

发展的一般机制　// 126

特定领域的发展过程　// 127

互动、文化和认知成长：布鲁纳和维果茨基的贡献　// 129

思想的社会渊源　// 130

学习是一种文化工具的内化　// 133

终身发展　// 135

发展是一个终身过程　// 135

发展即增长与衰退　// 136

由多种影响因素共同决定的发展　// 137

发展理论对教学的影响　// 138

构建积极的学习环境　// 138

评估和利用先前知识　// 139

促进概念发展　// 140

支持成人学习　// 141

结语　// 141

■ 反思性问题与活动　// 142

第 6 章　学习与先前知识　// 145

知识的组织　// 148

认知结构与锚定概念　// 148

图式、脚本和心理模型　// 150

直觉理论与碎片知识　// 153

小结　// 156

学习与迁移中的知识激活　// 157

激活先前知识　// 158

问题解决中的先前知识　// 159

先前知识与学习迁移　// 160

知识修订　// 165

通过反驳进行知识修订　// 165

通过知识重构实现概念的转变　// 167

抵制错误信息　// 168

学科的影响　// 169

对教学的影响：专业知识的发展　// 170

领域学习模型　// 171

加强知识组织　// 172

促进理解　// 173

促进先前知识的迁移和使用　// 175

结语　// 175

■ 反思性问题与活动　// 176

第 7 章　建构主义与教学　// 179

建构主义　// 181

建造主义　// 184

4-CID：四要素教学设计模型　// 185

ICAP 教学理论　// 188

与建构主义相关的批评　// 190

结语　// 192

■ 反思性问题与活动　// 193

第 8 章　学习与情境性　// 195

情境性案例　// 198

情境性与学习　// 199

　　作为活动系统的学习语境　// 200

　　学到了什么：作为成功情境参与的知识
　　获得　// 202

情境学习的概念和过程　// 203

　　交互给养　// 203

　　作为情境的认知　// 204

　　参与实践共同体　// 207

历史和文化在活动系统中的作用　// 210

　　小结　// 211

情境观对教学的影响　// 213

　　学徒制　// 214

　　作为教学策略的实践共同体　// 215

面向真实问题的抛锚式教学　// 219

　　情境评估　// 219

结语　// 221

■ 反思性问题与活动　// 221

第 9 章　学习和（数字）技术　// 225

学习技术概况　// 227

技术如何支持学习　// 230

　　使重复和练习成为可能　// 231

　　支持自主性和自我调节　// 233

　　促进概念性知识和知识创造　// 234

　　通过交流促进协作　// 235

什么技术支持学习　// 237

　　多媒体学习　// 238

　　模拟学习　// 240

　　虚拟应用　// 242

游戏化学习　// 243

交流、协作和共同体建设工具　// 246

教学中的学习技术存在的问题　// 248

　　循证产品的可用性　// 248

　　通用学习设计　// 249

　　数字鸿沟与数字包容　// 250

　　数字学习环境中的隐私　// 251

　　为技术整合做好准备　// 251

结语　// 253

■ 反思性问题与活动　// 253

第 10 章　情境化技术增强型教学　// 255

将技术融入教学　// 257

计算机支持的协作学习　// 259

　　寻找、建立群体和共同体　// 260

创建联合任务、沟通和共享资源　// 262

参与生产过程和共同建设　// 262

监测和调节　// 263

游戏式教学 // 264

开放式教学法 // 267

结语 // 271

■ 反思性问题与活动 // 271

第11章 学习与动机 // 273

动机 // 275

自我效能信念 // 276

好奇心和兴趣 // 281

目标与目标定向 // 282

满足期望与内外动机 // 284

做出归因 // 286

思维与自我决定理论 // 288

自我调节 // 290

自我调节过程 // 292

情绪在学习、动机和自我调节中的
作用 // 294

学业情绪的控制——价值理论 // 295

结语 // 297

■ 反思性问题与活动 // 297

第12章 学习与神经科学 // 301

教育神经科学 // 303

教育神经科学的前景与困境 // 304

神经迷思问题 // 307

大脑基础 // 308

学习与大脑 // 311

可塑性 // 312

敏感期 // 314

生命早期应激影响 // 316

认知与情绪 // 318

脑注意网络 // 319

记忆的神经机制 // 321

认知与情绪的综合观 // 323

结语 // 324

■ 反思性问题与活动 // 325

第13章 动机与神经科学的教学应用 // 327

动机设计模型 // 329

自我调节学习策略 // 334

社会情感学习 // 336

文化回应性教学 // 339

结语 // 341

■ 反思性问题与活动 // 341

第 14 章　面向个人理论的学习与教学　// 345

个人认识论　// 346

　个人认识论的发展方法　// 347

　认识论信念的维度　// 348

　更广泛的个人认识论框架　// 349

认识的认知模型　// 351

结合起来：个人认识论和学习与教学理论　// 353

结语　// 356

■ 反思性问题与活动　// 356

作者简介　// 357

参考文献　// 359

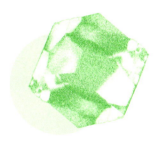

✿ 第 1 章知识导图

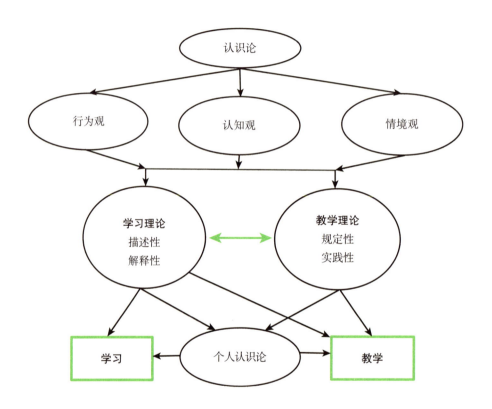

第 1 章
绪论：学习与教学

儿童只需要很短一段时间就能够掌握自己的母语，但他们的父母在学习外语时可能就需要很多年才能达到与母语相同的熟练程度。学生通过学习提出科学问题，并开展试验解答这些问题；募捐者则学习如何把这些问题变成可行的筹款项目；游戏玩家学习游戏攻略；送货司机学习如何高效利用卡车空间装载货物……这些都是我们称之为"学习"的例子。然而，学习到底是什么，又是如何发生的呢？

学习是一项终身的活动。学习可以是在正规的教学环境中有意进行的，也可以是在个人经历中偶然发生的。学习包含了许多能力——从对简单事实的认知能力到复杂、困难程序中的高超技能。学习有时候需要付出巨大努力，有时又相对轻松。以上是我们对学习的一些了解，但学习其实是十分复杂的。学习的结果往往可以从人们的表现中观察到，而学习的过程就远没有那么明显了。因此，人们开发了不同的理论来解释学习，这些理论代表了关于学习的不同观点、假设和信念。也正因如此，我们有必要去思考学习理论是如何发展的，以及本书讨论的具体理论所依据的假设是什么。

什么是学习理论

大多数人会凭直觉给出一个答案：学习理论是一个连贯的、旨在解释学习的思想或原则系统。但这些原则涉及什么内容？它们从何而来？我们先从后面这个问题说起。

关于任何事物的理论通常都源于问题和观察。为什么草地上会突然出现大片的蘑菇圈？它们又为什么被称为仙人圈？是什么因素让一个人在阅读方面取得成功？成年人对世界地理或世界各地的政治制度了解多少？优秀的教师是如何组织教学的？线上教学与线下教学的教学设计有何不同？其中一些问题的出现是出于好奇心和我们了解周围世界的愿望。例如，如今各种教育环境都融入了学习技术，那么教科书现在扮演的是怎样的角色？教科书会不会不再以纸质形式印刷出版？定制出版又会如何影响教科书在学习和教学中的作用？

还有些问题是那些需要新知识来解决的问题所引起的。例如，如果一个新的阅读课程融入了评估工具，宣称可以帮助教师诊断阅读困难、定制教学内容，从而改善学生阅读能力，那么学校是否应该采纳该课程？为了做出明智的决定，学校管理者可能希望知道有哪些切实证据能支持课程开发者的说法。课程包含的教学策略将如何提高学生的阅读成绩？教师如何使用评估工具来获取有关学生阅读困难的准确、有用的信息？学生是否通过课程体验喜欢上了阅读？教师需要怎样进修才能熟练掌握评估工具？

最后，许多问题是由一些令人惊讶的，或是与我们对事物的理解相矛盾的事件而引发的。举个例子，请思考下面这个美国国家公共广播电台播出的故事。一位老师讲述了他的学生做一项科学实验的故事。在这项试验中，学生们把空的或是未装满的汽水罐放入一盆水中，并观察它们能否漂浮。为了使这项实验更全面，学生们又放入了两罐未开封的汽水，其中一罐恰好是无糖汽水。瞧！无糖汽水漂浮着，而普通汽水却沉了！两罐都是未开封的 355ml 的汽水，是什么原因造成了它们漂浮能力的不同呢？答案会在本章末尾揭晓。

　　无论问题如何产生，它们通常都会引导研究者进行系统的观察，以便得出可能正确的答案。在某些类型的研究中，这些观察是在没有太多因果前提或预期的情况下进行的。诚然，"进行研究就决定了我们要从能设想到的观察的无尽世界中选择一组特定的观察结果或事实"（Shulman，1988），但这种选择可能仍相当广泛和笼统。例如，在一项检测阅读课程的研究中，研究者可能会决定研究学生表现出的各种阅读困难类型，以及当他们与课程的不同部分互动时会发生什么；也有可能研究者想知道教师是如何实施课程教学的，有经验的教师和第一年的新手教师之间存在什么差异；最后，研究者也可能会想了解学生在课程中的体验及课程对他们阅读乐趣的影响。

　　相反，其他类型的研究要求研究者对一项研究问题提出可能的答案并进行检验。汽水罐的案例就很有说服力。在此案例中，学生们提出了一个工作假说，认为其中一个汽水罐的液体比另一个稍多一些（因此罐内液体的体积更大）。一个人对某个研究问题提出的假说或是参考答案，决定了在他看来在理解某件事情（下沉或者漂浮）时什么样的变量（在此例中，变量为罐内的液体）是重要的。该假说还指定了变量和观察到的事件之间的假定关系，即下沉的汽水罐应该比漂浮的汽水罐含有更多的液体。

　　为了检验假说的可行性，必须进行一系列特定的观察。在此案例中，学生们把两个汽水罐的液体分别倒入量杯，然后比较两个量杯的液体量，再将观察结果和预测进行比较。结果和预测的匹配程度决定了假说是被证实还是被推翻。如果假说被推翻了，就必须思考其他的解释。

　　任何研究中的观察行为，都能让研究者构建或验证关于正在发生的事情的某些命题。这些命题或者解释形成了各种理论的基础。在汽水罐的例子中，可以说学生们提出了这样一个理论——一个汽水罐所含的液体量决定着它是下沉还是漂浮。然而，他们在随后的观察发现，普通汽水罐和无糖汽水罐所含的液体量是一样的。因此，学生们被迫放弃把液体体积这一变量作为他们理论的一部分，并重新思考其他的变量。

　　同样，可以思考如何在阅读课程的有效性测试中构建理论，以帮助学生克服阅读困难，增加他们的阅读乐趣。虽然研究不会从特定的假设出发，但研究者可能会从这样一个问题开始：课程内在的教学策略如何影响学生的阅读能力？在回答这个问题时，他们可能会调查教师如何实际使用教学策略，并假设教师的行为会影响这些策略的运作方式。假设观察结果揭示了经验丰富的教师和新手教师在使用课程方面的系统差异，但这些差异并不能完全解释学生的表现。这就表明，课程和学习阅读效果之间的关系不仅仅是由有经验的教师与新手教师课程实施的差别所决定的。所以现在必须修正最初的假设，例如，加入额外的变量，如学生阅读困难的性质和教师调整教学策略以满足学生独特需求的能力等。最终，一幅有关课程使用和学习阅读的复杂图景或理论将被绘制出来。

　　从这两个例子中可以看出，理论构建的过程是递归的。每个阶段的调查结果都会影响后续阶段，这些阶段最终又会反馈来修改最初的假设或想法。这样，理论会随着新的结果不断地修正。图 1-1 说明了这个过程。这幅图也反映了一种理论的本质目的：解释某些现象的发生，并预测其未来的发生。因此，学习理论应该解释与学习相关的结果，并预测学习再次发生的条件。

虽然理论构建如我们迄今为止所描述的，似乎是有序和客观的，但实际并不一定如此。"理论不是在外部现实中发现的。相反，它是通过创造性的想象和个人认知能力编造、发明或构建的，这使研究者能够探索抽象概念之间的逻辑关系和因果关系"（Kettley，2010）。换句话说，研究者基于他们的训练、兴趣和假设在理论构建中做出大量决策。

图 1-1 构建理论的系统和递归过程

举例来说，选择哪些变量是一个需要研究的重要问题。如果你认为学习取决于学生的特征，比如他们的智力或天生的好奇心，那么你可以尝试就学生对课程的感兴趣程度以及他们总体上的聪明程度，来说明具体课程对学习阅读起到的效果。也就是说，兴趣更浓的学生被认为比兴趣平平的学生学得更好，综合能力高的学生被认为比综合能力低的同龄人学习起阅读来更好或更快。这种观点强调学生的内在能力及其对学习任务的作用。找到支持这一解释的证据，可能需要进行测试，评估学生的综合能力和好奇心，也需要采访学生，测评他们对教材的兴趣，然后将这些测验结果与他们的阅读表现进行关联。

你还可以假设，课程本身的设计影响学生学习阅读的能力。这或许表明，一些教学策略比其他教学策略可以更有效地促进学生学习阅读，或者，应该基于每个学生具体和独特的需求实施教学策略。这种观点强调教学，找到支持这一解释的证据需要分析课程，以及课程实施和学生成绩之间的后续联系。如何决定采纳哪种观点？一种观点比另一种更真实吗？有没有第三种观点，它承认以上两种观点以及学习阅读的文化背景在帮助我们全面理解阅读现象上都很重要？

类似的研究决定根本上起源于研究者对于研究现象持有的学科假设或信念。例如，人类学家对跨文化社会的研究方式与心理学家对同一主题的研究方式截然不同。

> 不同学科之间的区别在于：它们有各自形成问题的方式；它们以不同的方式定义自身领域的内容，并从概念上加以组织，系统阐述已发现并验证的原理，这些原理构成了在其领域形成和测试知识的基本原则。不同的学科有不同的原理（Shulman，1988）。

对学习的研究本身不是一个学科，代表各种各样学科观点的研究者都对此做过研究，从他们提出的各种学习理论中可以看出这一点。例如，行为主义心理学家认为，可以根据可观察的事件（环境的和行为的）理解学习。认知心理学家与之相反，他们认为，学习者头脑中的思维过程是学习的中介。第三种观点由社会心理学家提出，他们主张，学习是一种社会性活动，取决于学习者和他们所在的社会文化环境间的相互作用。关键点在于，这些信念决定了人们研究哪些关于学习的问题，形成哪些理论概念来加以解释。这也意味着，两个看起来相互竞争的理论甚至可能针对的不是同一类现象。一个学习理论没有阐明的某些方面可能由另一个理论来阐明。

在一个理论的发展过程中，研究会日积月累，也就是成为库恩（Kuhn，1970）所说的"常规科学"（normal science）。研究者基于此前的发现提出逻辑上顺理成章的下一步问题。他们的目的是阐述清楚已有的理论原则，必要时对这些原则做出修正，以解释预期之外或与此前的研究相矛盾的发现。

但有时，根据某一理论提出预测后，无论对该理论进行何种修正，预测始终无法得到证实。其结果是，运用该理论难以解释的反常情况不断增加，并且由于需要借助大量假设才能发挥作用，理论逐渐复杂化且实用性降低。出现这种情况时，将会有研究者提出真正具有竞争性的替代性理论，库恩称之为"超常态科学"（extraordinary science）。库恩认为这代表了科学进步与知识发展中的真正突破。

要成为有竞争力的竞争者，任何新的理论首先必须重新解释之前所有的研究发现，同时还要能够解释导致其被提出来的那些反常情况。在某一具体的理论定向中，这种情况会小规模发生。例如，认知心理学家提出新的长期记忆理论以解释现有理论难以解释的研究结果。当研究者整体转变理论定向，采纳与先前定向不一致的学科假设时，这种情况便会大规模发生。比如，一个人无法同时持有以下两种观点：根据外部可观察的活动可以完全理解学习；学习仅取决于内部思维过程。

威尔逊（Wilson，1998）认为，因坚持不同的学科假设而导致的知识分裂化，更多的是学术上的人为结果，而非对现实世界的反映，并且为说明知识的一致性（consilience），他提出了一项理论。他所说的一致性是指"通过将不同学科的事实和基于事实的理论相互联系，从而将知识'整合'，由此形成具有普遍性的解释基础"。例如，思考图 1-2 中左边的四个象限。这四个象限代表学者所研究的四个领域。每个领域都有各自的从业者、假设、语言以及验证标准，并且各领域选择进行研究的学习中的问题，彼此之间差别明显。

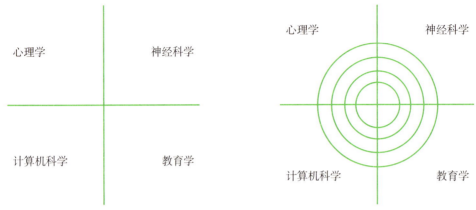

图 1-2　发展理论中关于学习和教学理论一致性的呼吁

资料来源：Adapted from Wilson（1998）。

现在看一下图 1-2 中右边叠加在四个象限上的同心圆。越接近最里面的圆，就越有可能遇到现实世界的问题（Wilson，1998）。而且，靠里面的圆存在的混淆情况也最多，并且在此处，四个领域的观点对理解问题和构建可能的解决方法十分重要。例如，在有关注意力缺陷与多动障碍（attention-deficit/hyperactive disorder，简称 ADHD）的争议上，尽管经过了多年的研究，但是其准确成因仍然未知（Tarver et al.，2014）。虽然 ADHD 被归为发育障碍，但是却可以持续至成人阶段。那么，如何有效治疗这种障碍呢？如果班级中有学生被诊断为这种障碍，老师又该如何做呢？针对这些问题，神经生理学、心理学、教育学等从不同角度给出了不同的答案。但从某一个体的观点来看，没有一种角度的答案是完全令人满意的。

当你在学习这本书所呈现、所讨论的理论时，要记住，如果我们将图 1-1 看作是理论构建过程的模型，那么我们也必须接受这些理论的暂时性。尽管我们可能不愿意这么想，但是理论并没有带给我们事情的真相，它不过是提供了一个概念框架，用以理解目前已经收集到的数据。采取一种"兼容有序"（Shulman，1998）的态度，并批判性地看待每种理论对理解学习所作出的贡献，或许是种明智的做法。认真思考如何将这些理论进行综合，以提出有关学习的新见解，也是有用的。你会发现，越来越多采取不同观点、来自不同学科的研究者正寻找共同基础来解决学习和教学中的棘手问题。这本书的最终目的是探讨理论应用问题，以及学习理论如何影响教学决策。问题探讨有时穿插在相应的教学理论阐释过程中，而教学理论因其与学习理论最为密切相关，将会在学习理论之后的章、节中进行讨论。

关于学习的定义

　　尽管本书介绍的多种学习理论间存在差异，但这些理论也不乏有关学习的基本的、明确的假设。首先，它们都指出学习行为是一种人类表现（human performance）或人类表现潜力（human performance potential）的持久变化。这意味着学习者能够完成他们在学习行为发生之前无法完成的行为。并且，无论他们是否有机会展示新习得的技能，这一点都成立。然而，在通常情况下，教师或研究者明确学习行为已发生的唯一方法是，要求学习者以某种方式展示他们已习得的内容——确立合理的学习指标，这在教学设计和理论构建中都举足轻重。

　　其次，如果某种行为被认定为学习行为，那么表现或表现潜力的变化，必须是学习者内在经验和外在世界相互作用的结果。该理论有几层含义：一些行为变化，例如，如精细运动控制的改变，可以归因于人体发展的成熟，所以不被视为学习行为；其他行为变化，如饿了去找吃的或喝醉后变得话多，这些显然都不是持久变化。因此，以上情形都不被视为学习行为。经验在学习行为中不可或缺，但需要何种经验，以及这些经验以何种方式导致学习行为的发生，才是学习理论的核心问题。

关于学习理论的定义

　　因此，学习理论是用来解释学习行为的一整套理论，这些理论将观察到的行为变化和带来行为变化的因素联系起来。学习理论明确了可用于理解学习行为的概念的定义，明确了与学习相关的概念间的关系，并具体预测了学习行为发生的条件。通常，学习理论的概念在本质上是抽象的，是由研究者构造出来用于描述心理学、神经学或社会学变量的概念。例如，"记忆"是学习在认知观下的一项心理学概念。换言之，人们可以数次展示出同样的行为，我们认为背后的原因在于人们记住了该行为。于是，研究者构造出"记忆"这一概念来解释这一行为。

　　学习理论也是描述学习本质的理论。它旨在描述以下三者之间的因果关系：学习行为发生时观察到的现象、产生学习行为的结构或流程、制约这些结构和流程的条件。用于确定学习理论组成要素的一个实用框架，主要着眼于以下问题：（1）事件；（2）方式和原因；（3）对象、地点和时间（Whetten，1989；Friedman，2003）。

- 事件：定义学习行为的结果，即哪些行为变化能用该学习理论来解释。
- 方式和原因：描述产生学习行为结果的流程，并解释学习行为的流程（包括与这些流程相关的任何假设）。
- 对象、地点和时间：说明学习行为发生的条件。这些要素以经验数据为基础，确定了产生学习行为的资源和经验，并为学习理论的应用设定了限制。

　　以上问题的答案以及形成答案的方式，反映了各类学习行为分析观点和出现的具体理论。

什么是教学理论

如果学习理论是关于学习的本质，那么，教学理论是关于教学的本质，这也是合理的。思考一下你在生活中遇到的各种教学方式：我们大多数人都经历过传统的课堂教学，有教师、教材、家庭作业和考试；也许你还记得你在大学里学习的科学实验课程，其中包括每周进行实验、收集数据和写实验报告；或者你在中学时参加的自由学校暑期课程，你在那里阅读关于黑人历史和社会变革的书籍；也许你想到了街边的邻居，你缠着他教你焊接，这样你就可以用废旧金属制作雕塑；或者你参加了线上培训，以习得你工作所需的专业会计技能；最后，像玛西[①]一样，你可能也加入了一个业余爱好者共同体，花了几个小时在模拟器上学习如何驾驶无线电控制的飞机。

这些都是教学例子，在每种情况下，都是以一种有意的方式学到了一些东西，因为这就是教学的性质和目的，但它们在系统性和实质性方面有所不同。然而，教学必须与类似的概念区分开来，这些概念的共同目的是有意引起学习，如教育（包括非正式教育和非正规教育）、学校教育、（课堂）教学和培训。

教育是最广泛的概念，指的是"为学习而设计的有组织的和持续的沟通"（Hamadache，1991），通常是为了培养一个参与性和生产性的公民群体。换句话说，教育就是学习实施教育的社会中被认为所需的技能和知识。大多数时候，"教育"指的是正规教育（formal education），即初等、中等和高等教育，其中有组织的机构（中小学校、大学、职业学校）负责向学生提供指导。教师构成了教育机构的劳动力，他们围绕学习课程中的主题内容提供持续的教学课程。

20 世纪 60 年代和 70 年代，当研究者认识到学校并不是学习的唯一场所时，非正式（informal）教育和非正规（nonformal）教育概念出现了（Hamadache，1991；Scribner & Cole，1973）。例如，对非洲部落社会儿童的研究表明，村里的长者将照顾儿童纳入他们的日常活动中，作为年轻人学习该文化的技能、价值观和习俗的手段。学习是有意的，但却是非正式的。没有固定的教育活动或学习时间表。

另外，非正规教育与正规教育相似，它比非正式教育更有条理，但它发生在正规机构之外。非正式教育旨在实现特定的目标，满足特定目标群体的需求。在成人教育课程中，老年公民可以学习如何操作他们的家庭电脑，这就是非正规教育的一个例子。非正规教育通常发生在共同体环境中，活动可能是一次性组织的，教员是兼职的教育者或志愿者（Hamadache，1991）。

学校教育（或基于学校的教育、PreK12 教育、学校学习）被定义为在学校进行的教学。它通常被视为正规教育的一个类别，指的是在小学和中学的教学，通常有一个由教师实施的标

---

① 我们在使用个人例子时都选择省略姓氏只用名字来表明身份。

准化课程，并定期进行统一评估，以确保学生达到预设的目标。学校教育的目的是在很长一段时间内按部就班地进行，并最终授予文凭。教学是教师的工作，尽管教学显然也发生在大学以及非正式和非正规的环境，但在通常情况下，主要是指发生在 PreK12 学校的教学。

最后，培训与非正规教育类似，是为特定的目标群体设计的，以实现特定的目标。然而，培训最常见的是与商业有关，需要习得特定的工作相关的技能和知识，而不是学习在文化或社会中生活所需的知识和技能。如果培训是由教师或教员进行的，那么教学很可能发生在培训项目中，但培训可以完全通过技术来进行，并由学习者自我指导，他们只需要在完成培训后证明他们已经掌握了所需的技能。培训也可以是非正式的，例如，经理指导新员工必须学会如何使用公司的专业设备或软件。

从这些区别中可以看出，教学是所有形式的教育、学校教育和培训的核心，而学习是预期的目标或成果。

关于教学的定义

那么，到底什么是教学？从至今的讨论中可以看出，教学可以是"任何有目的地促进学习的行为"（Reigeluth & Carr-Chellman，2009）。因为这可能发生在许多不同的环境中，发生在许多不同的条件下，更准确地说，教学是为了促进实现某些预期目标而故意安排的学习条件。在前面讨论的每一个例子中，无论目标是明确、具体的还是隐含的，学习都是有意的。例如，在非正规的环境中，预期的学习成果很可能是隐性的、不断变化的，而且不被该文化中的成员所承认，但他们为促进孩子的学习而采取的行动的有意性，并不亚于教育和培训环境中那些目标明确的教师。因此，教学的性质——要学习什么以及如何安排条件来促进学习——因学习的语境而异。为实施学习条件并促使学习发生而规定方法，是教学理论的目标，我们接下来将讨论这个问题。

关于教学理论的定义

学习理论是描述性的，旨在解释学习的性质和学习如何发生，而教学理论是规定性的，旨在提供可以保证学习的原则。1983 年，雷格卢斯（Reigeluth）将教学理论定义为确定能够提供最好的条件使得实现学习目标的可能性最大化的方法。他认为，有效的教学理论必须建立在现有的学习理论之上，或者与现有的学习理论兼容。例如，教学理论可以从学习理论中演绎出来，也可以从对教学的实验研究和对教学效果的测量中归纳出来。在后一种情况下，学习理论甚至可以被开发出来，以解释为什么在教学中实施的方法会以这样的方式来促进学习。无论是哪种情况，学习理论都明确了学习的内容和学习发生的条件之间的联系，并且可以进行解释。相比之下，教学理论则增加了教学方法的成分，将其作为实施所需学习条件的手段，以带来预期的学习成果。图 1-3 描述了学习理论和教学理论之间的关系，显示了一个通用学习成果的例子。

到 1999 年，雷格卢斯倾向于用"设计导向"一词来形容教学理论，因为规则在本质上是概率性的，而不是确定性的。也就是说，以设计为导向的理论为不同的情境提供了指导方法，增加了预期结果发生的概率，但却无法保证预期的结果一定会发生。然而，任何教学理论的目标都是"达到预期结果的最高概率"（Reigeluth, 1999）。在《教学设计理论与模型》（*Instructional-Design Theories and Models*）（2009）第三卷中，设计导向让位于简单的设计理论，雷格卢斯和卡尔－切尔曼（Carr-Chellman）提出了建立一个关于教学的共同知识库的任务。他们将设计理论描述为以目标为导向的规范性理论，其目的是为了确定完成学习目标的良好教学方法。这与描述性理论（即学习理论）有区别，后者的目的是描述因果关系。此外，"设计理论的目的是促进生成性结果；也就是说，它协助创造一些东西，而描述性理论则试图描述已经存在的东西"（Reigeluth & Carr-Chellman，2009）。

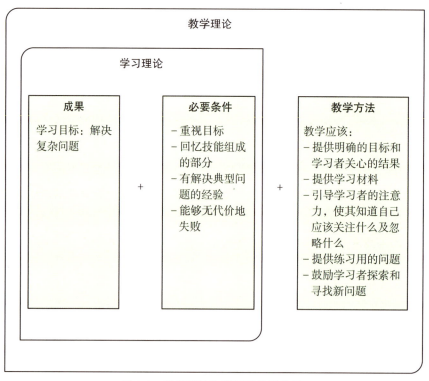

图 1-3　教学理论和学习理论的关系

图 1-3 中描述的例子说明了这一点。学习理论描述了使学习者能够习得解决复杂问题的能力的学习条件（大概是在某个合适的领域）。这些条件可以包括，例如，学习者相信这样的目标是很重要的，有助于其回忆起以前学过的解决问题的必要技能，在感兴趣的领域遇到典型问题，并且能够从失败中吸取教训。然而，为了最大限度地提高预期结果实际发生的概率，必须创建能产生适当学习条件的教学。在这个例子中，教学要为学习者真正关心的结果提供明确的目标，引导他们注意学习材料中的关键问题，提供大量的练习和反馈，以便学习者从错误中学习，并鼓励学习者探索和寻找类似性质的新问题。

即使从这个简单的例子也可以看出，教学方法可以通过不同的方式实施。教学可以采用不同的技术作为中介，也可以使用不同的方法（如项目、模拟或案例）呈现出复杂的场景，并在其中嵌入要解决的相关问题。为了说明这些众多的可能性，雷格卢斯和卡尔 – 切尔曼（2009）对教学设计理论的类型做了进一步区分。他们的区分超出了本书的目的，所以我们采用了教学理论这一术语，作为与心理学和教学研究文献相一致的最广泛的理论。本书介绍和讨论的教学理论涉及教学应该是什么样的，也就是说，什么样的教学方法是产生学习条件的必要条件，可以带来理想的学习成果。

一个有用的用于确定教学理论要素的框架包括四个组成部分，在制定教学时应该思考这些组成部分（Schott & Driscoll，1997）。

1. 学习者。教学的对象是谁？对学习者个人和集体有哪些了解？这些可以为教学方法的决策提供参考。
2. 学习任务（包括预期的学习成果）。要学习什么？什么任务能提供创造学习所需条件的最佳手段？
3. 学习环境（学习条件和教学方法）。学习环境如何能促进学习任务？什么样的教学方法（方法和媒体）最适合实现任务中的学习条件？
4. 参考框架（或学习发生的语境）。学习和教学所处的组织或文化语境是什么？在这种语境下，学习或教学会受到哪些限制或得到哪些给养（affordances）？

正如你所看到的，并不是所有的教学理论都必须涉及这些组成部分，但研究它们是如何做到的，可以揭示出理论之间的一致之处，以及尚未解决或需要进一步阐述的方面。它们也可能暗示了现有学习理论中尚未解释的问题。

学习和教学中的认识论

人们如何学习并不是心理学中的一个新问题，它在 19 世纪末就被确立为一种合法的研究追求。学习也不是心理学家的唯一领地，许多世纪以来，它一直是哲学家们深切关注的问题。什么是思维？它是如何发展的？什么是知识，我们是如何认识事物的？如何将知识与观点或谬误区分开来？什么是合法的知识习得方式？这些都是认识论（epistemology）的问题。如何回答这些问题反映了个人对我们如何获得周围世界的知识的最初假设。这些假设会影响到用来研究学习的研究方法和被认为最能促进学习的教学。

例如，"知道"密度会影响物体的重量（这是前面描述的汽水罐问题的一个线索），从而影响其漂浮能力，到底是什么意思？是不是只要确信非常密集的物体会下沉，而密度较小的物体会漂浮就足够了？还是说，知识点是一个人会选择泡沫块而不是石头来保持物体的漂浮？同样，什么才是认识物体密度和浮力之间关系的合法方式？一个人必须通过在水中实际操作不同的物体来体验这种关系，还是可以简单地通过视觉或语言例子来讲述清楚？

你很快就会看到，学习和教学理论家对这些问题采取不同的立场。有些人认为，知识是外部世界的内在表现，主要通过经验习得。这里的一个关键概念是习得的概念，它表明"头脑是一个要装入某些材料的容器……学习者是这些材料的主人"（Sfard，1998）。在这种知识特征下，帮助学习者"把外面的东西带进来"，也就是在内在表现出外部的东西的教学，可能对学习有最好的促进作用。

相比之下，另一些人认为，知识是学习者通过将条理强加于他们周围的世界从而积极建构出的解释。就这种知识而言，学习更多的是做（doing）而不是拥有（having），是建构（building）而不是习得（acquiring），是"由内而外"。也就是说，学习者将内部的条理方案强加给外部世界，以理解它。最能促进这一过程的教学可能是以探究为基础的，它为建构意义和理解提供了诸多机会。

第三种观点强调学习的社会背景，并强调学习者共同体在帮助理解世界方面的关键作用。参与是认识的关键概念，"学习……现在被认为是成为某个共同体成员的过程，'这'需要……有能力用这个共同体的语言交流，并按照其特定的规范行事"（Sfard，1998）。因此，教学是参与性的，学习者则作为不太熟练的伙伴参与到文化嵌入的活动中。

学习一旦发生，知识是如何表征的呢？学习理论家在这个问题上也采取了不同的立场，特别是在精神生活的性质和表征上。也就是说，知识是如何在头脑中表征出来的？支配心理现象的操作或规则是什么？认知工具或技术在表征知识方面起什么作用？知识仅仅是一种个人现象，还是在一个共同体的成员之间共享的？知识能否存在于共同体或社会所创造的器物中？像这样的问题，行为主义者认为不值得一问，但它们的答案对于从认知、发展或生理角度理解学习至关重要。心理现象已被概念化为思想之间的关联、有组织的知识的复杂模式，以及突触间的神经化学变化等，不一而足。在阅读本书的过程中，你将看到这些分析的每个层次都提供了一个独特的学习观。

让我们简单看看支撑现代学习和教学理论的主要认识论传统。在后面的章节中，我们还将回顾这些基础，以帮助你追踪特定理论的论点。

认识论传统

许多优秀的文章都介绍了心理学的历史，并描述了几个世纪以来哲学家对知识和学习的看法是如何变化的（Herrnstein & Boring，1965；Wertheimer，2011）。我们的目的不是要重复这些描述，而是要让你了解本书所介绍的理论的认识论基础。事实上，针对一种或另一种理论的批评有时带有认识论倾向。批评者诉诸被攻击理论的认识论假设，并认为这些假设是错误的。而如果这些假设是错误的，那么该理论的各个方面都必须受到质疑，其造成的影响最多是误解（misleading），最坏的情况是误导（misguided）。接受其他的认识论假设会让人们支持竞争性理论，这被认为能更好地解释学习，从而为教学提供更有效的指导。

然而，在对这些传统进行讨论之前，我们必须先上一堂关于认识论的词汇课，或者像威尔逊（1998）所说的那样，介绍一下"嘶嘶的后缀"（hissing suffix）。表 1-1 列出了代表各种认识论信念的概念，每个概念都与知识的性质或知识的习得方式有关。

表 1-1　有关认识论的概念与学习观

概念	定义
知识来源	
经验主义	认为感性经验是知识的唯一可靠来源
理性主义	认为理性是知识的来源，仅有经验是不够的，有些知识可能是天生的
证言主义	认为知识一旦获得，就可以留存下来并传给他人
知识内容	
怀疑主义	认为世界可能根本不"可知"（即我们的知识可能永远不符合现实）
现实主义	认为世界上的所有事物都可以被认识
理想主义	认为知识只包括关于现实的想法或表述
实用主义	认为知识最好以其在人类经验中被检验的实际用途来看待（即无论是否与现实相一致，什么都是有意义的）
语境主义	认为知识只有在特定的语境中才有意义。这是一个在哲学家中越来越流行的观点，与社会认识论相一致
学习观	
行为的	一种侧重于通过行为解释个人学习的观点，相关的学习理论与经验主义和现实主义相一致
认知的	一种侧重于通过思维的结构和过程来解释个人学习的观点；信息加工理论与经验主义和现实主义一致，而建构主义理论则与理性主义和理想主义更为一致
情境的	一种关注学习发生的语境或系统的观点，学习是通过活动来解释的。情境学习理论与实用主义和语境主义相一致

表中第一部分的概念是有效的知识来源。知识是来自于经验，正如经验主义者所声称的那样；还是可以来自于对事物的思考和推理，正如理性主义者所主张的那样？是否有一些知识在人们出生时就已经存在并因此遗传了？有一种有趣的猜测，例如，由于我们的进化历史，人类在遗传上会倾向一些恐惧的事情：蛇和蜘蛛对史前人类的生存而言是危险的，今天仍然使许多人感到恐惧。

最后，知识一旦习得，就可以留存下去，并通过证词（testimony）从一个人传给另一个人，这似乎显而易见。例如，当你通过在报纸或互联网博客上阅读来了解时事时，就会发生这种情况。根据对认识论感兴趣的哲学家的观点，通过证词了解知识的一个条件是相信其来源是可靠的和可信的。"我们似乎不能从那些我们完全不知道其可靠性的来源习得知识"（Steup，2018）。

表中第二部分显示的概念——怀疑主义（skepticism）、现实主义（realism）、理想主义（idealism）、实用主义（pragmatism）和语境主义（contextualism）——指的是知识的内容，或者说是假定可知的东西。怀疑论者质疑是否有可能认识这个世界；而现实主义者则认为所有的现象都可以被认识，即使它不是人类感官所能直接感知的。他们说，只要有合适的仪器，任何真实的东西都可以被检测到。例如，神经科学家通过磁共振成像研究阅读障碍，磁共振成像测量参与者在执行某些任务时大脑的激活模式。在开发出能够进行这种测量的尖端技术之前，这种研究是不可能的。

与现实主义者相对立的是理想主义者，他们认为知识只由关于现实的观念构成。在这种观点中，所有的感觉数据都是无序的和无差别的，要由头脑来解释，并将知识建构和组织起来。了解参与者的主观解释是理想主义观点的研究重点。知识在绝对意义上是否真实并不重要；相反，真理（因此，也是知识）取决于认知者的参照系。例如，一个害怕蜘蛛的人看到自己卧室的白墙上有一只蜘蛛，就去找人解决它。然而，帮他解决问题的人发现，所谓"蜘蛛"只是被蜘蛛网缠住的一点污垢。害怕蜘蛛的人表现得好像它存在一样，而这只蜘蛛在现实中是否存在并不重要。同样，在太阳是我们太阳系的中心这一公认的事实出现之前，科学家们也表现得好像太阳是围绕地球旋转的。改变一个人的参照系会改变其对其中解释的数据的理解。

实用主义占据了一个中间地带，在这里，现实得到了承认，但他们不认为知识一定要描述或反映现实。相反，人们认为知识最好根据其在人类经验中得以测试的实际用途来看待。也就是说，有时我们的概念会反映现实，但最重要的是它们在理解周围的世界时是否有意义和有用。因此，对实用主义者来说，知识总是暂时的。

例如，思考到我们对世界和周围事物的性质所持有的往往是不准确的心理模型，但这些模型还是使我们能够日复一日地有效运作。"这不是你应该做的！"你的反驳当然是："好吧，但它奏效了！"每次我们作者在电脑上工作时，都会想到这样的例子。我们关于 Excel 等软件的知识是足够的，且不是特别复杂。我们已经学会了使用某些命令，并用这些命令准确地完成工作。只有当它们失效时，我们才会发现，我们可以使用更有效或更理想的命令来完成我们想要完成的任务。因此，我们对 Excel 的个人心理模型是不完整的，有时也是低效的，但它们通常是有效的。它们对我们来说是有个别意义的。

最后，语境主义强调了语境对认识论的核心重要性。知识只有在特定的语境下才有意义，而且必须在该语境下进行理解。随着越来越多的人认识到知识具有深刻的社会性，这种认识论观点已经变得广受欢迎（Long，2002；Rysiew，2016）。社会认识论已经向探讨知识的社会维度转变，其中包括三个特别关注的领域（Goldman & Blanchard，2012）：第一，其他人的输入如何影响个人的知识和意义，这与上文讨论的证词概念是一致的；第二，集体社会认识论是指诸如陪审团或委员会等团体如何影响其成员的知识；第三，制度社会认识论关注的是系统层面的属性以及知识在社会中如何累积。在集体社会认识论和制度社会认识论中，重点从作为知识中心的个人转移到个人所处的更大的语境或系统。这代表了对认识论思考的重大偏离，这也反映在最近的有关学习的思考进展中。

表 1-1 的底部显示了关于学习的三种截然不同的观点，这些观点来自于我们一直在讨论的认识论假设，并显示了本书所介绍的学习和教学理论的特征。这三种观点——行为观（behavioral）、认知观（cognitive）和情境观（situative）——为分类和理解这些理论的基本原

理提供了一个有用的启发式和认识论的连续体。然而，重要的是要认识到，这些理论并不能完美地映射这些观点，尤其是接近应用的时候。例如，加涅的教学理论最初是从行为学观点发展起来的，但随着对人类信息加工的了解越来越多，他也加入了认知学的内容。同样，神经科学的进步也模糊了认知观和情境观之间的区别。神经科学家们现在能够测量的大脑变化，于是越来越多地将社会语境和交互视为学习的关键条件。

那么，是什么区分了这三种观点呢？首先是每个观点中相应理论所描述和解释的学习中心。行为观和认知观关注的是作为学习中心的个人，而情境观关注的是学习发生的语境或系统。也就是说，在以行为或认知为导向的学习理论中，学习被认为是可以根据它如何发生在个体学习者身上来解释的。与此相反，情境学习理论认为，学习是情境性的且依赖语境，因此不能仅仅从学习者个人的角度来理解。相反，学习必须从它所处的系统或社会角度来理解。学习中心的这种差异导致了观点之间的第二个区别，即用于描述和解释学习的理论重点和解释概念间的区别。

行为观理论从学习者的行为来解释学习。例如，B.F. 斯金纳（Skinner）的行为主义将强化相倚和强化程式作为负责行为改变和维持的机制。另一方面，认知观理论将学习者的思维过程和结构描述为学习中的解释概念。认知信息加工理论提出了编码和检索的心理过程、长期记忆的心理结构等。在图式理论和让·皮亚杰（Jean Piaget）的认知发展理论中，概念化的图式是记忆结构的特征。最后，人类活动是情境观的重点，知识是通过社会中人们的生活实践积累起来的。在这种观点中，学习被认为是更多地参与实践共同体。表 1-2 总结了这里描述的三种学习观的认识论假设，以及与之最密切相关的学习和教学理论。

表 1-2　学习的连续体观点

	行为的	认知的		情境的
学习中心	个人	个人	个人	个人所在的系统
关于现实的假设	现实是客观的	现实是客观的	现实是主观的、构建的	现实是阐释的、协商的、一致同意的
真理陈述的性质	泛化、法律、关注相似之处	泛化、法律、关注相似之处	工作假设、关注差异	工作假设、关注差异和相似之处
知识来源	经验	经验	经验和推理	经验和推理
理论关注	行为	思维	思维	行动
解释性概念	先行事件和行为后果	认知过程和结构	认知过程和结构	系统或社会过程和结构
	强化程式			
	行为变化			
联想学习和教学理论	行为主义	认知信息加工	皮亚杰的遗传认识论	情境学习
	新行为主义	图式理论	基于问题的学习	建构主义
	行为技能训练	概念变化	探究性学习	学习者共同体
	加涅的教学理论	认知负载理论	成人学习理论	基于游戏的沉浸式学习
		领域学习模型		

个人认识论

当你学习本书所介绍的理论时，请思考你自己对知识性质的假设，以及它们如何影响你对学习和教学的看法。近年来，人们对理解个人认识论的兴趣越来越浓厚，因为关于知识和学习的信念"似乎支配着个人日常生活的几乎每一个方面"（Schommer，1994）。例如，个人认识论信念会影响学生积极参与学习任务的程度，在任务变得困难时坚持下去的程度，以及如何应对不明确的问题或结构不合理的主题（Hofer & Pintrich，2002）。

个人认识论信念也会影响教师使用各种教学策略的可能（Brownlee et al.，2011）。一位认为知识是建构出来并通过思考和谈论想法而产生的教师，比认为知识来自于客观现实经验的教师更有可能选择讨论和小组的策略解决问题。

审视你自己的认识论信念的一个方法是思考你用来描述学习和教学的语言和隐喻。隐喻为理解和描述我们周围的世界提供了一个强大的概念工具，而且它们经常被纳入公开的、默认的假设和信念中。我们已经介绍了习得（acquisition）、构建（construction）和参与（participation）的隐喻，它们反映了特定的认识论观点。让我们进一步解读它们所提供的形象，然后思考采用一种学习隐喻而不是另一种隐喻可能会错过什么。

如果学习是关于知识习得的，那么知识被认为是认知者或学习者可以拥有的商品。这对学习者和教师的角色或教学的性质有什么启示？思考一下这种情景下的行动和控制的中心位置。斯法德（Sfard，1998）认为，这种学习的形象"从文明的黎明开始"就一直占据着主导地位，并深深地植根于我们关于学习的讨论之中。我们谈论学生是教学的接受者，教师通过传达概念、提供指导和传递信息来帮助他们学习。教师是"舞台上的圣人"，而学习者则是要被填满的容器。

现在将这一形象与作为知识建构的学习进行对比，知识被视为一座大厦。作为建筑工的学习者更积极地负责自己的学习，而教师在设计学习经验时可以扮演建筑师的角色。假设不是教师在设计建筑或知识本身，而是让学习者利用学习环境提供的条件和资源进行创作。这种观点有助于解释学习者在进入相同的学习环境和经历相同的教学时表现出的不同的学习成果。

在学习即参与的隐喻中，知识被概念化为共同体中的持续活动。学习过程似乎没有像其他两个隐喻那样有明确的终点（即一旦大厦建成，学习似乎就结束了）。学习者是共同体中的新手，在学习中受到更多专家成员的指导，比如教师或掌握得更好的学生。如果教师是一位"身边的向导"，那么教学就是一个提供资源和建模专业实践的问题。

表 1-3 显示了这三种隐喻所能提供的关于学习和教学的一些区别。

表 1-3　对比学习和教学隐喻

	习得隐喻	建构隐喻	参与隐喻
学习目标	个人充实	个人充实	共同体建构
学习	知识习得	知识建构	成为参与者
知识概念	拥有、商品	建筑、创造	实践、行动

（续表）

	习得隐喻	建构隐喻	参与隐喻
思维概念	器皿、容器	组织者、创造者	贡献者、成员
学习者角色	接受者、消费者	建筑工	学徒、新手
教师角色	提供者、传达者	建筑师、计划者	指导、教练、专家参与
反馈角色	纠正、修正	指导、课程纠正	合作、协商

将学习和教学概念化的比喻只受限于你的想象力。思考一下一个老师把她与学生的关系比喻为"我给他们浇水，他们就会成长"；或者一个学习者在学习一个特别困难的话题时说："我需要沉浸其中去思考"。如果一个老师把她的学生看成是植物，这可能意味着她相信差异化教学的重要性，就像不同种类的植物需要不同的生长条件。但是，"我给他们浇水"的说法也暗示了另一种可能性，即她可能认为自己的角色只是为学生提供他们需要的资源，而不包括额外的指导。毕竟，植物的生长不需要任何指导或指示。这句话中可能还隐含着权力和控制维度的意思，即只有老师才是学习所需的源泉。

从这个例子中，应该可以看出，对隐喻的字面解释可以揭示出以特定方式思考的学习或教学的弱点。这一点在建构隐喻中尤为明显。如果现实真的是主观的，学习者是他们自己的概念结构的建筑工，那么他们怎样做到与他人的理解一致？如果我们都对世界有明显不同的理解，那么世界确实太奇怪了。

当我们研究参与隐喻的一些逻辑含义时，也出现了类似的两难境地。如果学习和知识完全是语境化的，那么如何解释学习迁移的概念呢？有大量的证据表明，先前知识对学习很重要，也就是说，知道一些事情有助于学习其他相关的事情。这表明，学习者有一种习得的、在语境中不变的特性，这种特性伴随着他们从一种语境转变到另一种语境中（Sfard，1998）。那么，似乎没有一种隐喻足以同时概念化并理解学习。每一种隐喻都有优势，都能突出学习和教学的某些方面，而掩盖其他方面。斯法德（1998）认为，为了发展更好的理论和教育实践，需要"隐喻的多元化"。

> ……我们使用的隐喻不应该对不尽人意的做法负责，而应该对它们的解释负责。当一种理论被转化为教学方法时，排他性就成了成功的最大敌人。教育实践中极端的一刀切是一种过分的实用倾向。因为没有两个学生有相同的需求，也没有两个教师以相同的方式达到他们的最佳表现，所以可以相信，理论的排他性和说教的专一性甚至能使最好的教育理念失败。

当你阅读本书时，思考与所介绍的理论相一致的隐喻，思考它们阐明了学习的哪些方面，以及你在将理论应用于实践时想要达到什么目的。有些隐喻可能会比其他隐喻为实践带来更多有用的影响，这取决于你的目标。当你读到最后一章时，即进一步讨论个人认识论研究的最新进展以及它如何发展的时候，你将做好了阐述你自己的、合理的个人学习和教学认识论的准备。

本书的总体计划

学习和教学是本书的主题。学习理论关注并描述学习的过程，对许多学习理论家来说，这种描述是他们的主要目标，从中产生的应用知识都是偶然的。教学理论关注的是教学的性质，并为教学方法提供方案，以促进学习的预期成果。应用知识正是教学理论的目标。因此，学习理论和教学理论之间这种相互交织的关系反映在本书的各章内容中。在某种程度上，本书所介绍的理论的时间顺序尊重了学习和教学思想发展的历史。然而，我们也选择了在每两章专门讨论学习理论之后穿插一章来讨论教学理论。

在第 2 章中，我们介绍了行为主义的学习观以及斯金纳的激进行为主义。尽管我们对斯金纳之前的行为理论家进行了简要介绍，但他们对教学的看法相对较少，而斯金纳则对教学有很多看法，他的影响至今仍存在。多年来，斯金纳的著作受到了广泛的批评，行为主义也被宣布几乎死亡。然而，斯塔顿（Staddon，2014）解决了他认为使行为主义靠边站的缺陷，提出了一个"新行为主义"，即"可以恢复心理学的一致性，实现行为主义最初为自己设定的科学目标"。我们对这种新行为主义进行了详细的探讨，以了解它对学习和教学理论的影响。

第 3 章介绍了关于学习的认知观和认知的信息加工理论。这一理论在所谓的认知革命中处于领先地位，当时心理学中对心理事件的研究再次被接受，并取代了只关注行为的理论。第 4 章是本书的第一个应用章节，介绍了从行为主义和信息加工中产生的教学策略和理论。例如，行为技能训练是一种从行为学角度发展起来的教授复杂技能的方法，而有意行为改变的跨理论模型使个人能够通过应用行为学原理来改变自己的行为。相比之下，加涅（Gagne）的教学理论则整合了信息加工和行为主义的要素。

我们将在第 5 章、第 6 章和第 7 章中继续介绍认知观，但所涉及的理论会提供一个不同于信息加工的记忆和学习概念，对信息加工理论中难以容纳的现象进行讨论。

第 5 章提出与学习相关的发展问题，首先是皮亚杰的认知发展理论，然后是布鲁纳和维果茨基的贡献，重点关注发展发生的文化语境。第 6 章解决与知识的组织整理和使用相关的问题，以及在出现误解时如何修改知识。第 7 章是本书的第二个应用章节，重点介绍从这些学习的认知观中产生的诸如建构主义的教学理论。

第 8 章介绍关于学习的情境观，考察了关注思维如何产生意义的情境学习理论，以及语言和文化在这个过程中的重要性。情境观一直延续到第 9 章，第 9 章的重点是技术如何改变和增强学习环境和学习过程。第 10 章，即本书的第三个应用章节，介绍了从情境观发展而来的教学理论和策略，如社会建构主义、实践共同体，以及沉浸式、基于游戏的学习。

最后两章理论探讨了贯穿三种学习观的话题，并提供了一个机会来整合不同理论的概念并评估支持特定观点的证据。第 11 章重点讨论动机、情绪和自我调节。作为学习中的一个关键因素，几乎所有的学习理论都以某种方式探讨了这个问题。动机提供了一个整合各种理论的机会。第 12 章介绍了目前关于神经科学和似乎是学习基础的生理机制的研究。虽然研究主要集中在学习的生物学方面，但跨学科的努力也在逐渐增加，这样便于将行为观、认知观和情境观与神经科学的证据结合起来，从而更好地理解学习。第 13 章是本书的最后一个应用章节，介绍了增强动机设计、促进正念并帮助学习者采用适当的学习心态的教学方法。

最后，本书以"面向个人理论的学习和教学"一章作为结尾。这一章重新审视了个人认识论的话题，以及个人认识论对帮助你发展自己的学习和教学观点的影响。任何一本关于学习的书都必然反映出作者对"知识的本质"和"我们如何认识事物"的独特观点和个人信念。我们对要讨论的理论的选择、对这些理论的排列顺序、用来说明这些理论的例子，以及从中得出的结论，都是我们的学习观的线索。我们作为合作者，一起协商了共同的观点，这些观点从根本上反映了我们每个人的学习和教学理论。

结语

当你读完这本书时，你应该已经形成或调整了你自己的学习观。你应该可以对某一特定理论的优点或缺点形成了立场，因为它可能被应用于各种不同的教学问题。

你应该能够发现理论上的差距，并对未来的研究在哪里进行提出建议，从而获得收益。从本质上讲，如果这本书是有用的，那么无论你的实践是在教室、培训中心还是在实验室，你都将成为一个"拥有自反性的从业者"（reflective practitioner）。

每章开始都有概念图和大纲，为其中讨论的材料提供图形和文字框架。接下来是一个或多个情景，用具体的例子来说明这一章的一些理论概念；这些情景在这一章中得到了阐述，这样你就能感觉到每个理论在情境中的样子。我们在每一章末尾提出问题和建议活动，以帮助你在各章之间建立联系，并辨别不同理论之间的相似性和差异。

当你阅读书中介绍和讨论的例子时，试着找出你认为每种学习理论对章节开头提出的是什么、如何做、为什么、谁、哪里、什么时候等问题的答案。也就是说，必须要解释的学习是什么，如何解释这些学习，为什么假设的过程或结构会以这样的方式发生，谁参与了学习，学习是在什么地方和什么时候（即在什么条件下）发生的。还有，你如何解释我们讨论的与各种理论有关的例子，你认为我们的解释在哪些方面令人信服，你对哪些方面持怀疑态度且为什么。

最后，想想这里介绍和讨论的理论与你自己的实践有什么关系，无论你是一名学习者、教师、教学设计者、研究者，还是其他领域的实践者。在你自己的理解中，或者在没有理论能够完全解释的学习方面，理论与实践还存在哪些差距？你的答案能启发我们发现具有研究价值的领域，从而开展深入探索和研究。

汽水罐问题的答案：普通汽水比无糖汽水密度大得多，因为普通汽水含糖，而无糖汽水只含有极少量的人造甜味剂。

反思性问题与活动　>>>>>>>>>>

1. 昂格（Unger）、德雷珀（Draper）和彭德格拉斯（Pendergrass）（1986）表示，学习者可能难以理解与他们自己的隐性信念相冲突的认识论。因此，昂格等人建议，学习者应该反思自己对知识和知识获得方式的个人信念。查阅昂格等人的研究，并完成他们提供的调查（包括自我打分的说明）。你获得这个分数的可能原因是什么？

   参考资料：Unger, R. K., Draper, R. D., & Pendergrass, M. L.（1986）. Personal epistemology and personal experience. *Journal of Social Issues*，42（2），67–79.

2. 昂格等人（Unger et al., 1986）讨论了解释个体群体之间不同认识论信念的各种原因，例如性别。请同学们完成调查，然后讨论结果。造成你们分数差异的可能原因是什么？

   参考资料：Unger, R. K., Draper, R. D., & Pendergrass, M. L.（1986）. Personal epistemology and personal experience. *Journal of Social Issues*，42（2），67–79.

3. 根据肖默（Schommer）（1990）的研究，学习者持有的认识论信念可能会影响他们对待学习任务的方式以及他们随后的学习内容。具体来说，她研究了诸如"知识是离散且明确的""学习能力是与生俱来的""学习是快速的或根本不需要的"和"知识是确定的"等信念。她发现，那些相信学习是一种快速的、可有可无的现象的学生从他们的阅读中产生了简单而过于笼统的结论，并且对自己的学习过于自信。肖默的发现对教学有什么意义？教师或教学设计者应该关注学生的认识论信念吗？应该如何根据这些信念来改善教学？

   参考资料：Schommer, M.（1990）. Effects of beliefs about the nature of knowledge on comprehension. *Journal of Educational Psychology*，82（3），498–504.

4. 哪些关于学习和教学的隐喻引起了你的共鸣？列出一个隐喻清单，然后通过回答这些问题来探索每一个隐喻。从这个隐喻的角度来看，什么是学习？什么是教学？学习者的角色是什么？教员的作用是什么？学习环境的其他方面（如书籍或其他学习工具）的作用是什么？试着将这一练习作为班级活动，将你的答案与其他人的进行比较。你的答案与你在问题1中得到的认识论分数有何关联？

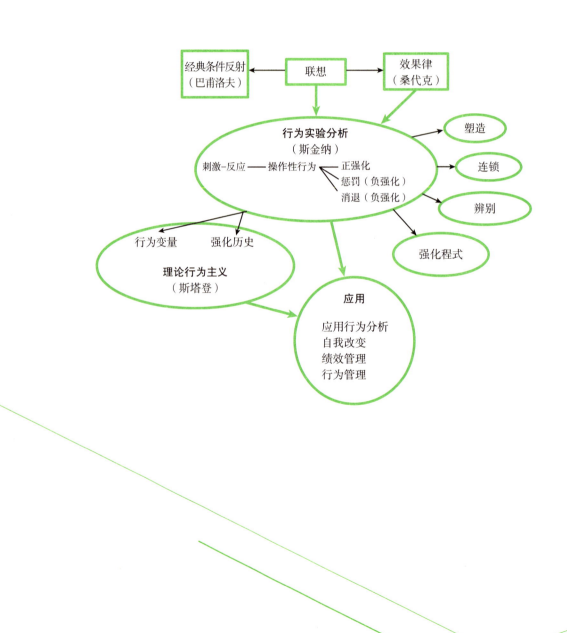

第 2 章
学习与行为

Psychology of
LEARNING FOR INSTRUCTION

• 健康管理

"预算会议！"是费城奶油奶酪的一则热门电视广告的开头。办公室人员聚集在会议室进行预算汇报，并大嚼百吉饼和奶油奶酪。这种情景在伊桑（Ethan）的办公室里每周都会发生，零食、甜甜圈、百吉饼……现在 50 岁的伊桑意识到他在过去十年中逐渐变胖了，不仅仅是因为工作中吃的零食，他忙碌的生活方式似乎让他没有多少时间定期锻炼，并且他在通勤路上要经过一长串的快餐店。在家里吃着汉堡薯条进行文书工作太稀松平常了。当医生告诉他必须开始服用治疗高血压和高胆固醇的药物时，伊桑决定是时候做出改变了。[①]

• 顾客忠诚

经常出差的杰拉（Jayla）喜欢入住"品牌酒店"。她是酒店忠诚计划（loyalty program）的会员，她在这家酒店中预订的每一晚都可以得到福利。其中包括免费的客房内互联网服务、用于预订餐厅和活动的专用服务热线，以及可兑换免费房的积分。杰拉只需再住两晚即可获得金级会员资格，因此，尽管酒店离她预定的会议场所很远，她还是在该酒店为下次出行定了房间。[②]

• 塔赫里老师的班级

塔赫里（Taheri）老师带的四年级班级反映了他所在社区的种族多样性——非西班牙裔白人、西班牙裔白人、美洲原住民、因纽特人和黑人。班上的男孩和女孩一样多，学生们的能力差距相当大，与大多数班级一样，学生的学习进度不同，少数学生很少参加小组作业，个别学生似乎长期调皮捣蛋。班级的公告板上张贴了以下核心原则：

（1）做好准备，准备好自学并与同学一起学习；

（2）积极参与，仅仅坐在班里不等于参与；

（3）聆听他人发言；

（4）尊重自己，尊重他人，尊重老师；

（5）要有勇气，学习意味着面对我们不知道的事情。

在每个学年开始时，塔赫里老师都会与学生讨论这些原则，然后和学生一起确定这些原则的含义以及如何根据原则来评估行为。

乍一看，上述这些情景似乎没有太多共同点。然而，这些情景说明了（或将充实）现代行为主义的基本原则及其在学习和行为管理中的应用。

---

① 该情景改编自 Freedman（2012）. The perfected self. *The Atlantic.*
② 该情景改编自 Feldman（2016）. The psychology of loyalty programs. *Medium.*

行为主义的基础

行为主义的根源可以追溯到两位有影响力的学者：俄罗斯生理学家伊万·巴甫洛夫（Ivan Pavlov）（1849—1946 年）和美国心理学家 E.L. 桑代克（E.L.Thorndike）（1874—1949 年）。他们两人都对联想主义感兴趣，联想主义本质上是一种学习理论，在心理学中很有名，但两人从截然不同的角度来看待联想主义。联想主义是指通过经验将观念联系或关联起来，越频繁地接触某一具体联想，相关的联结就被认为越强。联想（association）似乎能很好地解释学习。例如，面包这一刺激有可能更经常、更迅速地引出涂抹黄油的反应，而不是煎烤的反应，因为面包与抹黄油之间的联想经常被接触到，因而被很好地习得了。

巴甫洛夫的经典条件反射

巴甫洛夫将联想与反射学说结合在一起。在对狗的唾液条件反射研究中，巴甫洛夫（1897，1902）注意到，狗不仅对食物分泌唾液，而且经常对各种其他的刺激（如拿着食物的训练员的出现）也分泌唾液。他将狗因训练员的出现而分泌唾液的现象称为一种习得的反射，这一反射是因在适当的刺激（食物）与不适当的刺激（训练员）之间形成联想而建立起来的。换言之，就是某种中性的东西与能引发反应的东西配对出现，直到中性的东西也能引发反应为止的过程。这成为经典条件反射（也叫巴甫洛夫条件反射）扩展研究项目的开端。

根据经典条件反射（classical conditioning）范式，非条件刺激（an unconditioned stimulus，简称 UCS）在生物学上自动引发了非条件反应（an unconditioned response，简称 UCR）。例如，给猫喂食时，它会分泌唾液，就像向你的眼睛吹气时，你会眨眼，在儿童背后弄出巨大声响时，儿童会吓一跳一样。给猫喂食过程中的中性刺激被忽略了，比如打开铝罐用的开罐器。以上其实描绘的是图 2-1 上半部分的内容。然后，由于开罐器与 UCS（食物）配对呈现，条件刺激（conditioned stimulus，简称 CS）就获得了引发同样 UCR 的能力（即唾液分泌，见图 2-1 左下部分）。先前的 UCS 现在变成了条件刺激（见图 2-1 右下部分）。开罐器通常对猫分泌唾液没有任何影响，但当其不断与食物配对呈现时，就变成了条件刺激，即使没有食物出现，开罐器也会引发猫分泌唾液。

图 2-1 的内容让人们很容易想到经典条件反射的例子。狗看到心丝虫药丸（CS）就分泌唾液（即产生条件反应，conditioned response，简称 CR），因为骨头通常是和药丸一块给它的。一名学生在午餐时间临近（CS）时会感到恐惧和痛苦（CR），是因为他在学校食堂多次受到欺凌（UCS）造成的。

在对狗的研究中，巴甫洛夫展示了与经典条件反射相关的其他几种现象。例如，当与 CS 相似的刺激也不同程度地引起 CR 时，就会发生刺激泛化：被欺凌的孩子可能极度害怕上学，即使欺凌只发生在食堂。另一方面，当类似的刺激没有引起 CR 时，就会发生刺激分化，因为它从未与 UCS 配对。例如，当你的猫区分厨房中的其他声音时，可能会发生这种情况：这些声音类似开罐器的声音，但不会导致食物出现，在这些情况下，猫不会流口水。

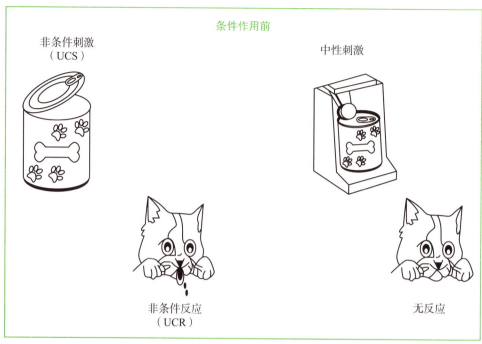

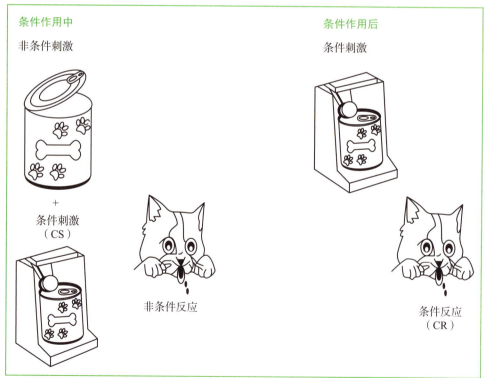

图 2-1　经典条件反射的阶段

最后，当条件刺激长时间暴露于没有 UCS 的情况下时，它最终将失去引起条件反射的能力。如此一来，条件刺激引发的条件反应开始消退。然而，如果条件刺激在一段时间后再次出现，那么条件反应可能也会突然重新出现。例如，假设你改用猫粮喂猫，操作开罐器不会导致猫获得食物。最终，猫听到开罐器的声音不会再流口水。但是如果在之后再次使用开罐器给猫喂罐头，猫很可能会再次流口水；条件反应会自发恢复。

一些条件反应，特别是那些涉及恐惧或焦虑的反应，不容易通过刺激消退而消除。相反，现在称为系统脱敏（systematic desensitization）（Wolpe，1958，1969）的逆条件反射已成为治疗各种类型恐惧的标准治疗技术。这包括将令人愉悦的 UCS 与最初引起恐惧的 CS 相配对。

最初由巴甫洛夫建立的刺激泛化与分化、消退与逆条件反射的原则后来成了斯金纳操作性条件反射的重要元素，对此本章稍后将再次讨论。

桑代克的效果律

和巴甫洛夫一样，桑代克对联想学说感兴趣，但他感兴趣的是感觉和冲动之间的联想，而不是刺激和反应之间的联想。换句话说，桑代克根据与行动相关的联想来研究学习。在他的研究中，桑代克还使用了动物（主要是猫和鸡），他制定了第一套用于动物学习研究的实验程序（Thorndike，1898），包括反复将动物放在"迷箱"中，并记录动物操作闩锁和逃跑所需时间的减少量作为学习的衡量标准。

实验结果使桑代克相信，当动物的行为产生令其满意的结果时，动物就会学会将感觉和冲动联系起来。换句话说，动物在箱子内部的感觉印象与导致成功逃脱动作的冲动之间形成了联想，因为该动作导致了令其满意的结果（即逃离箱子）。桑代克将这一原则称为效果律（the Law of Effect），它代表了对经典联想原则的修改，并对行为主义产生了深远影响。

最后，桑代克质疑动物存在心理联想。他试探性地提出，解释动物行为的联想并不一定意味着动物在行动时会感觉或思考，也没有必要将心理动机归因于它们的行为。桑代克说，也许动物没有记忆，没有想法可以联想。这个颇具革命性的观点是行为主义的另一大遗留问题，追随桑代克的行为主义者们非常大胆地扩展了这一观点。

早期行为主义

行为主义的概念由约翰・B. 华生（John B. Watson）（1913）引入美国心理学。华生提倡心理学应该只关注行为的客观数据。他认为，人们无法通过实验研究意识或复杂的心理状态，此外，很难找到这些心理状态明确和客观的指标，这也阻碍了对其的研究。在某些时候，人们不得不考虑行为的真实信息，行为研究应该在不诉诸意识或思想的情况下进行。在华生看来，仅关注行为也将消除心理学与其他科学之间的障碍。心理学的发现将"有助于物理化学术语的解释"（Watson，1913），回想起来，这种观点似乎预示着许多心理学家目前对神经科学感兴趣。像巴甫洛夫和桑代克一样，华生提出了一种联想主义的学习观。他相信三种基本情绪在出生时就存在：恐惧、愤怒和爱，而更复杂的情绪反应是通过联想或条件反射来习得的。他最出名的实验是利用小艾伯特（Albert）做的条件反射实验，小艾伯特是一个婴儿，华生试图创造条件让这个婴儿害怕实验室的老鼠（Watson & Rayner，1920）。遵循巴甫洛夫原则，华生使用巨大的噪声这一 UCS 引发恐惧，从而引发小艾伯特哭泣这一 UCR。小艾伯特最初并没有对老鼠表现出恐惧，随后，将噪声与他伸手触摸这只大而温顺的白鼠的积极反应相配对。在将噪声与老鼠配对七次后，华生去除了噪声，小艾伯特看到老鼠立刻哭了起来。老鼠变成了条件刺激，哭是条件反应。

在随后的测试中，华生和雷纳（Rayner）表示，小艾伯特在接触兔子和毛皮大衣时也会哭，他表现出了刺激泛化，巴甫洛夫曾用他的狗证明过这一点。他们打算测试一种消除条件性恐惧的实验法，例如逆条件反射，但一直没有机会，因为小艾伯特在最后一次条件反射实验后被带走了。他们推测小艾伯特的条件性恐惧可能会无限期地持续下去，除非他的家庭环境中意外出现了消除这种恐惧的方法。

华生和雷纳对小艾伯特做的条件反射实验的结果及其引发的对小艾伯特遭遇的关注，100年来一直是心理学讨论的话题。这项研究引发了人们对研究中的伦理学的关注，华生在不同的叙述中经常改变小艾伯特实验中的细节描述，这加剧了人们对研究伦理的担忧（Powell et al.，2014）。此外，哈里斯（1979）称这项研究设计不当，无法用当今的标准来解释，因此最好被视为"社会科学民间传说"。

小艾伯特之谜使得几个研究团队去寻找他身份的证据，他们的描述读起来像侦探故事（Beck et al.，2009；Fridlund et al.，2012；Powell et al.，2014）。鲍威尔和同事（2014）提供了有关小艾伯特身份的最令人信服的证据（如果这些证据属实的话）：他长大后脾气随和，没有明显表现出早期的条件反射实验产生的负面影响；他明显厌恶狗，但他的侄女将此归因于他的挑剔和对动物的普遍厌恶，而不是恐惧症般的恐惧。

尽管华生因为这项研究和后来的一些研究而受到指责，但他被同行们誉为受人尊敬的实验心理学家，并受到与他共事的学生们的深切怀念。玛丽·卡佛·琼斯（Mary Cover Jones）（1974）描写了她作为学生团体成员的经历，华生向该团体"推销"行为主义。"我仍然记得我们欢迎华生（1919）的《一个行为主义者所认为的心理学》（*Psychology from the Standpoint of a Behaviorist*）一书出版时的兴奋之情。它动摇了传统的欧洲心理学的根基，我们对此表示欢迎。那是在 1919 年，它为空想心理学的行动和改革转变指明了方向，因此被誉为'万应灵丹'"。

在华生之后的行为主义时代，联想的概念继续渗透到学习理论中。据推测，一种反应（R）是通过它与环境刺激（S）的联想而建立或学习的。例如，埃德温·格思里（Edwin R. Guthrie）认为，"伴随某一反应发生的刺激往往会再次出现，从而引发该反应"（1933）。由于一个反应发生前的最后一个刺激与该反应相关联，学习看起来好像是在一次练习中发生的。这被称为一次练习学习（one-trial learning）。

虽然格思里的观念从未被充分阐述，但克拉克·L. 赫尔（Clark L. Hull）（1943）的 S-R 行为理论"复杂得可怕"（Leahey & Harris，1997）且"冗长"（Staddon，2014）。赫尔研究了老鼠在迷宫中的学习，将它们的行为与迷宫结束时食物奖励的数量、概率和潜在延迟联系起来。他从他的实验结果中推导出一个复杂的数学公式来解释和预测老鼠的行为。赫尔认为，刺激和反应是有因果关系的，但最终观察到的行为取决于中介变量，如习惯强度和驱动力（即生理需要）。赫尔还提议在他的公式中添加一个具有物种特定性的常数来表示先天差异，这些差异可以解释在学习任务中观察到的行为的个体差异（Hull，1945）。

最后，E.C. 托尔曼（E. C. Tolman）拒绝简单强化的学习观，并相信行为由目的引导。托尔曼（1932，1948）称自己是有目的的行为主义者，他认为，生物体不会仅仅通过接近或奖励来获得 S-R 联结。他们有选择地从环境中获取信息，并在学习时建立认知地图。这有助于解释潜在学习：探索了几次迷宫的老鼠在随后的试验中发现食物的速度与在迷宫中不断被强化的老鼠的速度一样快。

托尔曼和赫尔都力图解释行为背后的机制，他们的观点介于华生的行为主义和现在的认知心理学之间。然而，斯金纳对学习的理论解释几乎没有用处。他对心理学的主要兴趣是对行为的预测和控制，在他看来，这不需要诉诸内部机制，就像托尔曼的认知地图或赫尔的习惯强度。人们无法直接观察老鼠大脑中的认知地图，必须从老鼠的行为中推断出来；同样，人们无法直接观察习惯强度，必须从老鼠对习得行为的持久性中推断出来。斯金纳认为，这样的推论既不必要也不可取。

斯金纳（1938，1974）的学习心理学方法是寻找环境变量和行为之间的功能关系。换句话说，他相信可以通过环境线索和结果来预测和控制行为。线索作为行为的先行事件，为行为的发生设定了条件。结果是使行为更有可能或更不可能再次出现的后果。学习过程中头脑中可能会发生的事情不是问题所在，也不是心理学研究的适当主题。

通常使用黑箱隐喻来描述斯金纳研究学习和行为的方法（见图 2-2）。也就是说，学习者是一个黑匣子，人们对里面发生的事情一无所知，也不能对此做出假设。此外，了解黑匣子内部的内容对于确定环境中的先行事件和后果如何支配行为并不重要。斯金纳（1950）甚至认为学习理论只是妨碍了收集行为改变的经验数据。他认为激进行为主义——与他的研究相关的行为科学——甚至不应该被视为一种理论。相反，它是对行为的实验分析（Skinner，1974）。

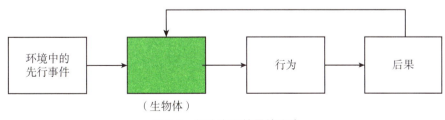

图 2-2　行为主义的黑箱隐喻

斯金纳可以说是 20 世纪最有影响力的行为主义者。他的方法论创新仍然是当今实验心理学和行为分析的固有组成部分。他关于操作性行为和强化的想法可用于广泛的应用环境，包括课堂管理、特殊教育、教学设计和绩效提升。然而，尽管具有适用性，激进行为主义"变得与心理学的其他部分越来越脱离"（Staddon，2014），它脱离了主流，但绝不像一些人宣称的那样已经消亡。最近的发展表明，行为主义已经准备好复活。例如，斯塔登（Staddon，2014）提出了一种"新"行为主义，即理论行为主义，它弥补了斯金纳方法中的缺陷，并为解释行为提供了统一的基础。斯塔登将自然和进化重新引入行为科学，并为更广泛的实践领域（如刑事司法、医疗保健和教学）提供了见解。

本章接下来的内容将继续深入探讨斯金纳的行为主义以及起源于此的学习原理，接着讨论斯塔登的新行为主义，然后讨论一下两种观点对教学的影响。

行为实验分析：斯金纳的行为主义方法

通过系统地观察行为并操纵周围的环境变量，斯金纳开始探索管理学习的规律。他将学习定义为一种或多或少持久的，并且可以通过观察生物体一段时间而监测到的行为变化。为了说明这一点，让我们回顾一下本章开始时讲的情景。假设伊森尝试了一条从办公室回家的新路线，以避免经过大多数快餐店。如果他一直坚持走这条新路线，那么可以说伊森已经习得了一条从家到办公室的替代路线。同样，假设"塔赫里老师的班级"情景中的伊莎贝拉有在课堂上通过疯狂挥手打断其他学生说话的经历。随着时间的推移，我们观察到，伊莎贝拉会等到其他学生说完再举手，而且等待的次数随着时间的推移而增加。按照斯金纳的定义，伊莎贝拉学会了在别人说话时倾听。最后，在"顾客忠诚"情景中，杰拉已经学会了入住"品牌酒店"，证据是她在那里预订房间的反复和一致的行为。

应答性和操作性行为

斯金纳区分了两类行为：应答性和操作性行为，后者引起了他的大部分注意。巴甫洛夫在他的经典条件反射实验中研究的 应答性行为（respondent behavior）是指对刺激做出反应时不由自主地引发的行为。例如，巴甫洛夫的狗对食物垂涎三尺，还例如小艾伯特对巨大噪音的惊吓反应。相比之下，操作性行为（operant behavior）则只是由生物体做出的。斯金纳认为，所有生物体本质上都是活跃的，会做出对其环境起作用的反应。大多数行为都属于这种类型，鸟儿在草地上啄食昆虫，人们在手机上打字，孩子们在睡前刷牙，都是操作性行为的例子。上面段落中描述的行为也是如此：伊森沿着一条新路线开车回家，伊莎贝拉举手，杰拉预订酒店房间。

强化相倚

为了理解为什么一些操作性行为表现了出来而另一些没有表现出来，斯金纳认为我们必须考虑与周围环境条件相关的行为。也就是说，我们应该看看行为的先行事件和后果。尽管先行事件设定了反应的背景，但反应的后果对于确定它是否会再次发生至关重要。例如，如果一只狗把鼻子放在蜂巢里被蜇了，那么，毋庸置疑，狗将很害怕重复这一行为。于是，斯金纳提出了如下的 S-R-S 基本关系：

$$S — R — S$$
（辨别刺激）——（操作性反应）——（相倚刺激）

这一关系提供了衍生出所有操作性学习定律的框架。由于相倚刺激的性质决定了反应是被强化还是消失，因此斯金纳便将这一学习原理称为强化相倚（Skinner，1969）。

斯金纳提出的强化（reinforcement）概念直接来自桑代克此前提出的效果律。简单来讲，如果行为受到奖励或被强化，它就更有可能再次发生。同样，如果某一反应的后果令人讨厌，则该反应不大可能再次发生。为了理解学习，我们必须寻找已发生的行为变化并决定什么样的行为后果导致了这一变化。例如，在狗的例子中，将鼻子凑近蜂巢去嗅的后果令其讨厌，因而它就学会了不再那样做。想想"健康管理"这一情景中的伊森。假设他更频繁地沿着替代路线驾驶，那么加强这种行为的后果可能是什么？鉴于伊森声称希望管理自己的健康，一个合理的假设是，避免去快餐店是他行为改变的原因。忠诚计划通过视情况而定的奖励（如免费航班或房晚以及未来购买折扣）来强化消费者的选择和支出。这些都是杰拉选择入住"品牌酒店"的后果。最后，想想"塔赫里老师的班级"情景里的伊莎贝拉，她增加了等待举手的行为。强化这种行为的后果可能是什么？老师的关注和表扬往往是学生课堂行为的有效强化物，所以也许塔赫里老师注意到了伊莎贝拉，并在她等待另一个学生说完后让她发了言。

在这一点上再次强调，斯金纳强化相倚的功能性质是有用的。也就是说，作为行为后果的强化可以提高该行为再次发生的可能性。但是如果这个概率没有被增强，那么强化就没有发生。同样，任何能增强这种可能性的东西都可以作为强化物（reinforcer）。例如，假设伊森恢复原路上班。由于新的行为没有保持，避免去快餐店不能起到强化作用。或者假设伊森继续沿替代路线行驶，但他仍在这条路线上的一家快餐店停了下来。虽然新的行为有所增加，但避免快餐店不能成为强化物。相反，新路线可能节省时间、有更少的交通信号灯或可以避开繁忙的交通，而这些后果之一是对增加的行为的实际强化。

有时，作为强化物的东西和我们预想的不一样，例如，尽管父母表示出不赞成，但孩子仍然经常犯错。发生这种情况是因为我们倾向于将强化视为奖励，而奖励通常具有积极含义。关键是，强化是根据其功能，即其对行为的影响来定义的。因此，我们日常必须谨慎使用斯金纳的原理，他的原理可能与他的科学观念不符。

通过对强化相倚进行系统性的实验操作，斯金纳详细阐释了对现有行为的加强或削弱以及全新行为学习的学习原理。此外，他研究了强化程式以确定已经学会的行为如何随着时间的推移而保持。尽管斯金纳实验的对象大部分是动物，但他对动物的兴趣纯粹是类比的。他的方法是在实验室研究动物，然后将结果外推到人类行为。事实上，强化相倚的例子在日常生活中比比皆是，同时也证明了它们在预测和控制行为方面的能力。

操作性行为的加强或削弱

强化的基本原则描述了学习者已经掌握的反应的简单加强或削弱。也就是说，观察可以发现学习者是否做出某些行为的次数少于预期，或是做出不良行为的次数过多。在第一种情况中，期望行为是强化的目的；在第二种情况中，目的则是削弱不良行为。正如已讨论的，相倚刺激的性质是决定行为发生的一个重要因素。

但斯金纳发现了第二个同样重要的因素。相倚刺激可以在反应后立即发生或呈现，以影响该反应的再次发生。例如，当伊莎贝拉在举手之前安静听他人讲话时，塔赫里老师对伊莎贝拉表示出赞赏和关注。或者，相倚刺激可以在反应之后避免或消除，从而对反应的再次发生产生后续影响，例如，如果避开快餐店是伊森走替代路线的原因，就会出现这种情况，因为"遇到快餐店"这种刺激被移除了。

综合考虑相倚刺激的呈现或移除以及该后果对行为的影响——加强或削弱——产生了一套强化的基本原理，见图 2-3。我们首先讨论强化反应的原理，然后讨论弱化反应的原理。

	反应强化	反应弱化
刺激的出现 与反应相倚	正强化 示例：员工因改进公司绩效的想法而获得奖金	惩罚 示例：狗跳到家具上，主人大叫着"不！"，并惩罚了它
刺激的移除或避免 与反应相倚	负强化 示例：学生在日常作业中表现出色可以免除每周测验	强化移除 示例：青少年因在课堂上发短信而被没收手机

图 2-3　强化的基本原理

正强化（positive reinforcement）。正强化是指相倚于某一反应的强化物导致了该反应的增强。强化物通常被认为以某种方式让接受者感到满意或愉悦，但正如前面所指出的，只有当强化物实际上具有增加行为的效果时，这种说法才成立。无论观察者如何评估强化物的特性，都是如此。正强化的例子我们在前面已经讨论过了。伊莎贝拉因遵守班级规则而赢得了老师的注意。在教室、家里、社交场合或工作中，我们都可以很容易地观察到其他正强化的例子。狗会因为"注意力集中"的行为而受到主人的奖励；员工因在工作场所表现出色而获得奖金；孩子们在学前班表现得很好时，就有机会玩他们最喜欢的玩具；教职员工在上午 9：00 之前到校就能找到停车位。然而，所有这些例子都提出了一个问题：究竟什么可以作为强化物，以及如何确定哪种强化物将有效地建立正强化相倚？

强化物的种类（types of reinforcer）。初级强化物（primary reinforcer）的强化价值由生物

学决定,因此无法习得(见图 2-4)。例如,食物是所有活着的生物体的生理需求,饥饿的动物会做出各种行为来获取食物。在著名的斯金纳箱(Skinner,1938)中,食物匮乏的老鼠学会了按下杠杆来触发能分发小颗粒食物的容器。虽然初级强化在人类学习中并没有广泛发挥作用,但它在某些情况下被证明是非常有用的,例如,使用一些食物来强化一个自闭症男孩戴眼镜的行为(Wolf et al.,1964)。

初级强化物 一种强化价值由生物学决定而非习得的刺激	示例: ·食物 ·水 ·睡眠 ·空气 ·性
条件性/次级强化物 通过与初级强化物的学习得到的关联而获得强化价值的刺激	示例: ·金钱 ·金色星星 ·代币 ·优惠券

图 2-4 强化物的种类

对人类学习来说,更重要的是条件性强化物(conditioned reinforcers)的概念。条件性或次级(secondary)强化物是那些通过与初级强化物的学习相关联而获得强化价值的强化物。因此,它们已被条件化,从而被强化。条件性强化物的例子包括金色星星、金钱和赞美。赞美是条件性强化的一个特例,因为它不是可以保存或用于交易的实物,如金钱、优惠券或棒球卡。出于这个原因,它被称为社会性强化物,并被证明对人类行为有强大的影响。例如,对学生在体育课上的表现做出简单的认可,会让他们对自己做出更多积极的评价(Ludwig & Maehr,1967)。同样,心理学专业的学生发现,当杂货店的检查员对顾客说"一定要系好安全带。请记住,××(商店名称)也关心你的安全"时,系好安全带的顾客人数大幅增加(J. Bailey,1998)。随着越来越多的证据表明社会互动在学习中的关键作用,赞美可能有朝一日会成为初级强化物,而不再是目前定义的条件性强化物,这种推测很有趣。

强化物的相对性(the relativity of reinforcers)。在回顾正强化影响行为的条件时,大卫·普雷马克(David Premack,1959)证明了学习者的高频行为可以用来强化低频行为。这种使高频行为相倚于低频行为以加强低频行为的过程被称为普雷马克原理(the Premack principle)。它就是一种正强化,并且被父母们有效地利用着:"你做完作业(低频行为)就可以打游戏(高频行为)。"

强化物的有效性(effectiveness of reinforcers)。普雷马克原理很好地说明了观察学习者的必要性,这能确定哪种强化物最有可能有效。普雷马克原理认为,选择强化物有这样的经验依据:作为强化物的行为应是学习者经常被观察到的行为。进行自由操作评估是一种类似的方法,可以凭经验确定对自闭症儿童最有效的强化物(Chazin & Ledford,2016)。评估包括安排与孩子在一起的时间,以便有机会在可能起到强化作用的许多不同的项目或活动中进行选择。

观察孩子们的选择会发现他们非常喜欢的和不太喜欢的项目。

有时，找到有效强化物的途径是有根据的猜测。年幼的孩子似乎喜欢彩色贴纸和金色星星；当有机会时，士兵们就会离开基地。许多成年人通过努力工作或做兼职来赚取更多的钱；消费者获取诸如优惠券之类的福利以供日后购买时，体现出了品牌忠诚。以上情境中的，这些都有可能成为有效强化物，但只有通过观察行为发生的情况，才能真正确定强化物的有效性。

负强化（negative reinforcement）。再次参考图 2-3。请注意，左列的两个单元格中呈现的行为原则导致反应被强化。在这两种情况下，该原则都被称为强化，强化总是导致行为增加。然而，与正强化相反，负强化通过移除或避免相倚于该反应的刺激来加强反应，而正强化是在导致行为增加的反应之后出现或呈现的刺激。

负强化原理最初是在斯金纳箱的老鼠实验中发现的。老鼠学会了按压杠杆，这次不是为了食物，而是关闭通过笼子地板上的栅栏传递的电击。因此，按压杠杆这种频率增加的行为，通过移除电击刺激而得到负强化。另一种思路是，负强化涉及对刺激的回避，正是这种回避强化了这种行为并导致其增加。老鼠在电击发生之前按压横杆以完全避免电击，而伊森则沿着不同的路线回家以避免路过快餐店。

负强化的例子在社会中很常见，例如，安全带背后的一个原则。在大多数汽车的设置中，铃声或蜂鸣器会响起，提醒驾驶员系好安全带，系紧安全带后声音停止。因此，通过消除声音，系好安全带这一行为的增加被负强化。其他示例包括将钱存入停车计时器，以避免收到比停车费用高得多的停车罚单；或在附近采取特定路线，以避免遇到速度驼峰。

使用负强化或正强化都可以达到相同的结果时，区分负强化和正强化有时可能会很棘手。以在线课程中经常建立的旨在促进学生参与的相倚事件为例。当所有学生都定期在讨论板上发帖、详细阐述概念并对同学的帖子发表评论时，讨论板的效果最佳。正强化策略可能是为每周发表达到一定数量的帖子的学生奖励积分。相比之下，负强化策略可能是扣分，让学生必须发布最少数量的帖子以免失分（例如，3 个帖子不扣分，2 个帖子扣 2 分，1 个帖子扣 3 分）。由于积分能提高学生的课程成绩（这是终极强化），这两种策略都能有效促进讨论板的参与效果。

负强化通常会与惩罚的行为准则相混淆。这种混淆源于"负面"一词的含义：如果某事是负面的，那么它一定是坏的；如果它是坏的，那么它必然导致行为的减少，而不是负强化带来的行为的增加。然而，造成混淆的原因可能是两种相互竞争的行为涉及其中，其中一种是期望行为，另一种则是不良行为。在这种情况下，期望行为可能会被负强化，而不良行为可能会被相同的刺激惩罚。

为了说明这一点，请参考 2003 年 11 月 29 日发表在报刊上的一篇关于拯救海龟的文章中所报道的内容。文章指出，环保主义者正在海龟巢穴周围撒哈瓦那胡椒粉以阻止捕食者。"该州的海龟保护官员说，他们知道'胡椒战略'，而且它似乎没有干扰海龟巢穴。他们将其描述为对捕食者的'负强化'"。然而，该策略不是为了增加行为，而是旨在通过应用厌恶性刺激来减少行为。这是惩罚捕食者的经典例子，它不是对捕食行为的负强化。但如果这么做的重点是增加捕食者的替代行为，而不是减少他们对海龟巢的破坏，那么这就是一种对替代行为的负强化。

惩罚（punishment）。如海龟的例子所示，惩罚是一种厌恶性刺激的发生或呈现，相倚于降低该反应率的反应。毫无疑问，其他惩罚的例子会立即浮现在脑海中。当松鼠每次遇到吠叫的狗时，它们就不会进入院子；一位跑车车主不再在特定区域停车，因为她的车每次停在那里时都会被树液覆盖；一名高中运动员在训练中打打闹闹，当他的教练罚他多跑几圈时，他就停止了打闹。在最后一个例子中，对某些不当行为进行惩罚，完全是期望该行为会停止并且不会再发生。惩罚虽然有停止行为的效果，并且它正是因为有这种效果而得名，但惩罚似乎也有不幸的副作用。首先，它的有效性往往是短暂的。也就是说，会被惩罚的行为可能会在实施惩罚时立即停止，但这并不意味着该行为必然会被遗忘。当狗不在时，松鼠会回到院子里；只有当教练在看他的时候，运动员才停止打闹。一只狗曾经提供了另一个很好的例子，主人不允许它跳到家具上，如果它尝试的话，主人就会用卷起来的报纸打它。惩罚似乎能有效减少狗跳到家具上的不良行为。但有一天，主人走进客厅，虽然没看到狗，但却看见摇椅在疯狂地摇晃着！

使用惩罚作为减少不良行为的策略还存在其他更严重的问题。当惩罚涉及强烈的厌恶性刺激或引起疼痛时，它会导致不良的情绪反应条件化。如果引起恐惧，那么回避或逃避行为可能会在不经意间被负强化（Skinner，1938）。逃跑和逃学就能很好地说明这一点。一个孩子在学校表现不佳，受到严厉惩罚，然后通过离家出走或逃课设法逃脱或逃避惩罚。

然而，痛苦的惩罚导致的情感副作用不仅限于恐惧。它可能会导致攻击性行为和愤怒，特别是在具有攻击性特征的个体中（Azrin，1967）。此外，惩罚可以作为攻击的模型。在一系列检查儿童攻击行为的研究中，班杜拉（Bandura）及其同事（1961，1963）证明，那些观察到他人有攻击性的人更有可能自己也有攻击性。对家庭虐待的研究证据进一步证实了这一点，总的来说，虐待儿童的父母自己在孩提时代也受到过虐待（Steinmetz，1977；Strauss et al.，1980）。

很明显，长期的惩罚可能会造成身体或心理上的伤害，尤其是在厌恶性刺激无法避免或逃避的情况下，可能会产生习得性无助现象。这是指对超出自己控制的事件的被动接受，这种现象首先在塞利格曼（Seligman）和 梅尔（Maier，1967）进行的经典实验中得到证明。在他们分两个阶段进行的研究中，对狗进行了难以忍受的痛苦电击。一些狗可以通过笼子里的面板来摆脱电击。而其他的狗无论它们做什么，都无法逃跑。在研究的第二阶段，狗被放置在一个盒子的两个隔间之一中。一个声音响起，警告那个隔间即将发生电击，狗可以通过跳过屏障进入第二个隔间来逃脱。之前被允许逃脱电击的狗很快学会了在听到这个声音时跳跃屏障。然而，之前被阻止逃脱电击的狗在这些新条件下并没有试图逃脱。

当个体认为他们的行为对厌恶性事件几乎没有影响时，他们也开始表现出习得性无助的症状。在学习的背景下，反复失败或努力不断被贬低会让学生觉得"我做不到。我不是一个好的读者（或作家、应试者等）"。

美国儿科学会（The American Academy of Pediatrics，简称 AAP）于 2018 年发布的一项政策声明中包含对体罚的研究，包括用于管教儿童的任何体罚（通常是打戒尺）或口头辱骂。研究结果表明，"体罚的影响是短暂的：在 10 分钟内，大多数儿童（73%）恢复了他们受到惩罚的那个行为"。回顾研究还发现，体罚会增加儿童的攻击性行为，对亲子关系产生负面影响，并增加儿童患心理健康障碍和认知问题的风险。父母体罚的历史与大脑解剖结构的变化和年轻人所经历的有害压力有关。这些发现促使 AAP 呼吁禁止体罚，并向儿科医生提供促进父母有效管教儿童的策略方面的建议（AAP，2018）。

尽管在学校使用体罚的情况有所减少，但体罚在美国的 19 个州内仍然是合法的，并且每年影响着超过 160 000 名学生（Gershoff & Font，2016）。对美国公立学校体罚普遍性的研究表明，体罚在应用中不平均。最容易受到这种惩罚的是男孩、黑人学生和残疾学生。由于与体罚相关的问题，教育、医学、心理健康和法律方面的专业人士以及各种民间组织都呼吁改变政策并禁止在学校进行体罚。

与惩罚相关的问题如此之多，那么是否有条件可以使惩罚达到效果和合理呢？鉴于上述所有原因，斯金纳本人反对惩罚：受到惩罚的行为会再次出现，攻击性和情绪创伤等副作用是惩罚的不良结果。然而，有证据表明，社会谴责避免了与惩罚相关的大部分副作用，并能有效抑制不良行为。社会谴责被定义为"表示出不赞成"（Van Houten & Doleys，1983），包括口头斥责、动作（如摇头）和面部表情（如严厉的表情）。对儿童进行的研究表明，社会谴责在谨慎使用时最有效：在冒犯行为发生后立即对其进行谴责，并且伴随着与被谴责人的眼神接触和近距离身体接触。结果还表明，当一些可接受行为被强化为惩罚行为的替代品时，社会谴责作为惩罚的效力会增加。

在《超越自由和尊严》（*Beyond Freedom and Dignity*）中，斯金纳（1971）将惩罚视作厌恶控制，并承认人类有能力了解惩罚的相倚性而无须实际经历惩罚。他将此称为遵守规则的行为，即人们通过遵守自己或他人制定的规则来避免受到惩罚。斯塔登（2014）在法律和威慑概念的背景下进一步讨论了这一点，即惩罚可以提早阻止犯罪行为的发生。他提供了一些例子，表明"任何形式的行为控制，无论是积极的还是消极的，都可能失败"，并且"如果我们相信该政策比任何其他选择都能够更好地减少犯罪受害者的数量，那么真正用到惩罚的情形很可能会得到缓解"。

强化移除（reinforcement removal）。虽然厌恶性刺激的出现或呈现可以减少行为发生的频率，但更有效的或许是移除对该行为的强化（见图 2-3）。强化移除是反应代价和罚时出局的基础。不过，我们首先讨论一下没有涉及强化的强化移除的一种特殊情况。

当先前存在的强化相倚停止时，消退（extinction）就会发生，从而导致反应频率降低。换句话说，一直保持某些行为的强化就会停止。例如，老师不再关注一个学生在空中疯狂挥舞手臂的行为，最终该学生放弃了这一行为。宠物主人无视狗的呜呜声，狗最终停了下来。

消退取决于时间和一致性。正如大多数宠物主人无疑都经历过的那样，被忽视的狗一开始会加倍努力地吸引主人的注意力。然而，在这一点上让步的主人有麻烦了！延迟注意力只是作为一种间歇性的强化程序，我们将在本章后面看到延迟注意力对强化行为的显著效果。对消退而言，重要的是始终不进行强化，最终这种行为就会减少。当消退像惩罚一样被用作减少某些行为的程序时，在消除不良行为的同时强化一些其他的期望反应也是有用的。这样，即使学习者因其他事情而失去强化，他们也会因某事得到奖励。

反应代价（response cost），就像消退一样，涉及去除相倚于行为的强化。但反应代价是通过罚款来完成的，即要求违规者返还一些先前获得的强化物。它可以对减少某些人的某些行为产生强烈而迅速的影响，具体取决于个人经历和罚款金额（Weiner，1969）。在西方社会，轻微违法的罚款通常是金钱。例如，超过限速的司机通常会受到巨额罚款，并会严格执行限速以控制他们的超速行为（Staddon，2014）。为了使其有效，罚款金额必须足够高以至于能减少行为再次发生的可能性，但可以肯定的是，无论罚款金额有多少，它对富人或成功逃避付款的人的影响可能较小。

在学校环境中应用的反应代价可以在以下示例中看到。在一次班级实地考察中，约翰逊女士负责六个最有可能制造麻烦的三年级男孩。旅行的那天早上，她告诉他们要遵守哪些行为规则，如果行为良好他们会获得贴纸，但每次违反规则都必须返还贴纸。约翰逊女士两次警告一名男孩的相同行为后，这种行为第三次出现了，她说："你知道规则是什么，对吧？"小男孩说是的，他含着泪把他迄今为止唯一获得的贴纸递给她。这个故事的好结果是，这个男孩在当天剩下的时间里表现很好没有捣蛋，并赢得了约翰逊女士一直保留到最后的奖励。

减少行为的最后一个准则是罚时出局（time out），它是通过在有限的时间内将学习者从强化不良行为的环境中移除来实现的。在某些情况下，很难准确确定导致某些行为的后果是什么。此外，也可能有几个事件伴随一个行为，并且它们都具有某种强化效果。例如，在一个典型的课堂情景中，一个学生喊"看我"的行为可能会导致老师停止上课而其他学生发笑，这两者都可能导致这种情况再次发生。那么，可能无法仅仅通过简单地忽略它（消退）停止这种行为。但是，也没有其他条件可以让反应代价成为合适的替代方案。在这种情况下，处理方法可能是个体会被完全从强化物中移除。

需要注意的是，在某些情况下，罚时出局可以强化而不是惩罚（Solnick et al.，1977）。例如，想象一下嘈杂的教室中，学生的破坏性行为导致老师让他们带着作业到安静的走廊里去。下一次课堂吵闹时，学生又这样了，结果也是一样的。这里发生的事情根本不是罚时出局；相反，学生逃离嘈杂的教室到安静的走廊里，这负强化了他的破坏性行为。

苏兹尔和梅耶（Sulzer & Mayer）（1972）建议，为使罚时出局最有效，应满足下述条件：罚时出局不应当在令人厌恶的情境中运用（如上例所示）。它应当移除所有的强化，应当能始终保持，而且出局的时间应该足够短（一般的经验规则是：学生的年龄是几岁，出局时间就是几分钟）。最后，像消退和惩罚一样，罚时出局应当与其他强化期望行为的程序一起使用。

图 2-5 描绘的是权变管理原理的概念树。它以可视化的方式说明了某些原理共有的特征（如强化行为的特征）以及每条原理独具的特征（如高频行为作为强化物是普雷马克原理独有的特征）。在该概念树中，每一原理还包括了一个说明其使用或出现的例子。

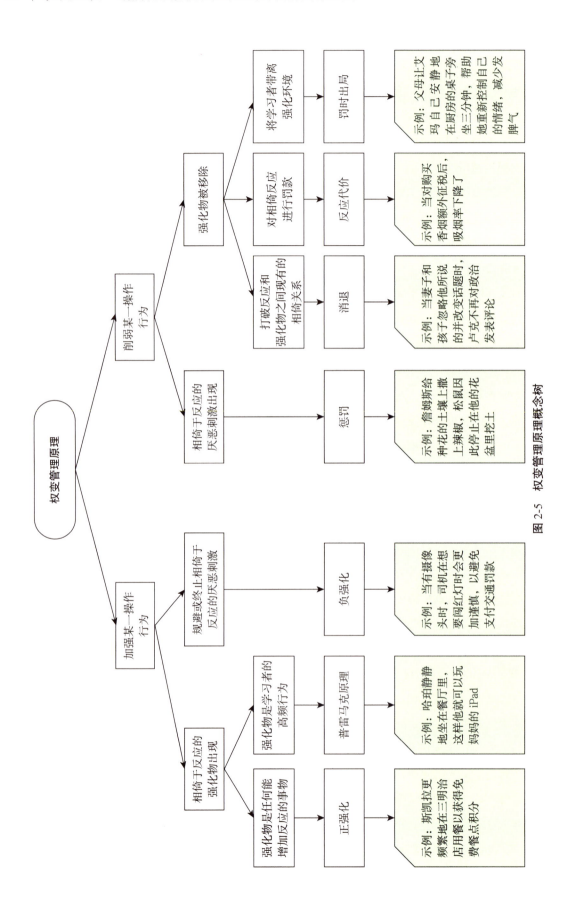

图 2-5　权变管理原理概念树

学习新行为

前一部分讨论的原理涉及已在学习者行为库中以某种程度出现的行为。可以说学习者已经知道了这些行为；学习到的似乎是行为表现的频率。但在学习者的行为库中还没有的行为要如何学习呢？例如，压杆并不是老鼠在其自然环境中会有的行为。同样，我们可以长时间观察斯金纳箱中的鸽子，但看不到它转一个完整的圆圈。在"塔赫里老师的班级"情景里，学生不可能自发地做出狐步舞之类的复杂行为。如果学生、老鼠、鸽子从未表现出可被强化的行为，那么这种行为该如何习得呢？行为主义者已确定出了三条原理用于学会新的、在很多情况下是复杂的行为：塑造、连锁、淡出。

塑造（shaping）。塑造是指渐进性接近目标行为的强化。它涉及正强化，因为强化物相倚于期望行为。但是在塑造的情况下，每次强化的期望行为只是接近目标行为，并且需要渐进性接近来呈现强化（Reynolds，1968）。为了让老鼠学会按压横杆，可能会加强近似动作，如靠近横杆、抬起爪子、将爪子伸向横杆、接触横杆，最终按压横杆。一旦老鼠做出了正确的反应——案例中是按下横杆——就遵循了正强化的原则。也就是说，老鼠的每次按压都会得到强化，直到表现出所需的行为频率。

人们已发现，塑造在帮助患有孤独症谱系障碍（Autism Spectrum Disorder，简称ASD[①]）的儿童学习说话方面特别有效。例如，在一项研究中，研究者使用一些食物来强化眼神交流、发出任意声音、发出特定声音，最后到孩子说出完整的单词和句子（Wolf et al.，1964）。然而，在这两个例子中，老鼠和孩子都是能够产生预期反应的，只是他们暂时还没有产生，这一点是有争议的。换句话说，按压杠杆不是一个难度很大的反应；自闭症儿童可以发出被进一步塑造成语言的声音。

对于最初并不在学习者的能力范围内的真正困难的反应，塑造是否同样有效？答案是肯定的。许多高难度的运动技能都是通过塑造学习的。例如，花样滑冰运动员通过首先掌握简单的动作（如螺旋旋转或转体两周）来学习冰上复杂的动作。他们还可能在陆地上练习和用慢动作练习某些动作，以接近他们最终要在冰上做的动作。1987 年的电影《辣身舞》（*Dirty Dancing*）中展示了塑造，名叫宝贝（Baby）的女孩正在学习如何在舞蹈教练约翰尼教的舞蹈步骤中进行托举动作，在尝试在舞蹈中做动作之前，她先在水中练习类似的动作。类似地，在 2016 年的电影《飞鹰艾迪》（*Eddie the Eagle*）中，奥运会选手艾迪通过塑造学习跳台滑雪，他在平地和低山上掌握近似的技能，最后成功地在奥林匹克山上跳跃。这些例子都说明了塑造成功的关键因素。在掌握更简单的近似技能之前，人们不会尝试更困难的近似技能。同样，在系统地塑造一种新行为时，在前一个行为已经牢固建立之前，不应加强对目标的进一步接近。如果期望学习者立刻迈出太大的一步，那么行为可能会失败，并且可能不得不在学习者已经反复证明成

---

① ASD 是根据典型孤独症的核心症状进行扩展定义的广泛意义上的孤独症，既包括了典型孤独症，也包括了不典型孤独症，又包括了阿斯伯格综合征、孤独症边缘、孤独症疑似等症状。——译者注

功的点上重新开始塑造。最后，借助塑造来确保能够根据所需反应立即提供强化也很重要。任何延迟都可能导致一些随机行为被强化并被条件化。

斯金纳（1948）称这种被强化的随机行为是迷信行为，并且通过向鸽子提供不相倚的强化来证明其诱因。他以随机的时间间隔提供食物，而不取决于动物的行为。然而，无论鸽子在强化发生时碰巧在做什么，都因为该强化而更有可能再次做同样的事情。因此，斯金纳观察到各种奇怪行为在无意中的条件作用，他认为反应和刺激之间的简单接近可以解释人类对迷信行为的学习。例如，你穿着某件衬衫参加班级考试，并且在考试中取得了很好的成绩。你穿那件衬衫得了高分，因此你开始将良好表现归因于与成绩无关的"幸运衬衫"，而事实上，良好表现是相倚于你的学习行为的。

连锁（chaining）。塑造被用来教授可能复杂而本质上又连续的新行为，而连锁则用于建立行为序列或行为链，当这些行为串联在一起时就构成了终端行为。连锁在人类行为中的一个典型例子是学习一种新舞蹈。每个舞步可通过塑造获得。但接下来，这些步骤会通过向前或向后的连锁而按序串联在一起。换言之，可以先练习舞蹈中的最后一步，然后逐步加上它前面的步骤（向后连锁）。也可以从第一步开始，逐渐加上它后面的步骤，直到能跳出整个舞蹈（向前连锁）。

其他常见的连锁示例包括 ASD 患者必须学会独立地运用个人护理技能（Wertalik & Kubina，2017）。穿衣、刷牙和刮胡子都是由串联在一起的步骤组成的终端行为。ASD 患者可以通过向前或向后连锁来学习执行这些行为，在每个步骤完成后要对他们进行提示和口头表扬。例如，刷牙的步骤包括取出牙刷，取下牙膏盖子，将牙膏挤在牙刷上，将牙膏盖好，用挤好牙膏的牙刷彻底刷每颗牙齿，漱口，等等。

辨别学习（discrimination learning）和淡出（fading）。到目前为止，除了行为的后果之外，关于环境对学习的控制很少被提及。行为被习得和表现出来是因为它们被强化了；非强化行为往往不会发生，至少在他们被忽视或惩罚的情况下是这样的。这是一个重要的区别。个体能够清楚地区分某些行为会被强化和不会被强化的环境。开玩笑地拍拍后背健身房里的人可能会咧嘴笑，但如果是老板或老师的反应会大不相同。因此，除了行为本身之外，还必须学习一些东西，那就是线索或辨别刺激（discriminative stimuli，简称 SDs），这是向学习者发出在何时何地执行行为的信号。

大多数在正式教学情况下的学习都伴随着提示。下课的铃声是下课的信号；在铃声响起之前起身离开是一种可能会遭到反对的行为。因此，在铃声响起之前，坐在座位上这一行为被强化；铃声响起后，在走廊中走动被强化。铃声只是作为提示，表明什么行为是适当的并且会被强化（或者相反，什么行为是不适当的并会受到惩罚）。

因此，辨别通常是通过一种行为在一种刺激出现时被强化，而在另一种刺激出现时被惩罚或忽视来习得的。或者，不同的行为可能会在第二个刺激的存在下被强化。例如，机动车辆驾驶员必须学会"红灯停，绿灯行"。因此，停车的 SD 是红灯，而通行的 SD 是绿灯。然而，在任何一种情况下，错误有时都会造成极大的代价，因此应用正强化和惩罚的简单原理可能不是产生辨别的最有效手段。

在对鸽子的研究中，特雷斯（Terrace，1963a，1963b）证实，通过淡出可实现几乎无误的辨别行为。他首先教鸽子啄一个红色的键，这样红色便成了啄的辨别刺激。接着过一段时间他就关掉红色（这导致鸽子不再啄键了）并逐渐延长时间间隔，关掉的时候按键是黑的。于是黑键成了不啄的辨别刺激。最后，特雷斯慢慢地用一种由弱到强的绿光代替黑键。由于鸽子从未啄过黑键，而且淡出又是逐渐地由黑键到很亮的绿键，于是绿键成了不啄的辨别刺激。

淡出的概念已应用到人类的行为上一样，它指最初用于形成预期行为的辨别刺激的淡出（Sulzer & Mayer，1972）。换言之，随着辨别线索的逐渐撤去，预期行为仍不断被强化。淡出用于教学的一个经典例子可参见斯金纳和克拉克沃（Skinner & Krakower）（1968）的"边写边看的书写"（*Handwriting with Write and See*）教学方案。在这一方案中，儿童在一本练习册上描写字母。慢慢地，字母的各部分（作为辨别刺激以形成正确的字母形状）逐渐淡出，要求儿童自己写出字母越来越多的部分，最终儿童可以自己写出完整的字母。强化是通过儿童所用的笔和纸之间的特殊化学反应实现的。当儿童书写的字母正确时，会形成黑色线条，但写错时，会出现橙色。淡出的其他例子有：在学生执行一系列为幻灯片着色的程序时，实验室教员给出的提示逐渐减少；打高尔夫球的专家给新手示范如何执杆和挥杆时，示范的次数逐渐减少。工业情景的工作辅助也是淡出的好例子：随着员工对其职责越来越熟练，他们越来越少地依赖辅助提供的信号。

保持行为

如果教学的目的不只是产生预期的行为变化，而且还要保持这些变化，那么，我们就必须确定保持行为的最有效条件。解决这一问题的一种典型的行为主义方法可能是找出一些自然发生的、高频率的持续性行为，然后研究使这种行为持续的后果。人们在拉斯维加斯或里诺玩老虎机的行为就是很好的例子。一些人站在那里几十个小时，往机器里投币然后拉动手柄，游戏者通常能得到回报，并伴随有闪光和响铃。这里到底发生了什么？

斯金纳在探寻节省他饲养实验对象的费用的时候，获得了一个有趣的发现（Leahey & Harris，1997）。当他只强化老鼠的一些压杆反应而不是每次强停时，该反应变得更难以消退。换言之，持续的强化在最初建立一种反应时是必需的，但对保持该反应并不是必要的。事实上，间隔强化可以更好地实现这一目的。通过系统研究强化程式，弗斯特和斯金纳（Ferster & Skinner，1957）能够确定何种强化模式会导致何种类型的行为保持。

有四种基本的强化程式（schedules of reinforcement）保留了下来。这些程式是根据强化相倚于给定的反应（比率程式，ratio schedule）还是相倚于时间段（间隔程式，interval schedule）而定的。此外，强化可以在固定的时间量或反应数之后有规律地呈现，也可以在变化的时间量或反应数之后无规律地呈现。综合考虑这些特点，我们得到了四种可能的程式（见图2-6）：固定比率（FR）、固定间隔（FI）、可变比率（VR）和可变间隔（VI）。

	强化相倚于：	
	反应	**时间**
强化持续出现	**固定比率** 例子： 航空公司的忠诚顾客每飞行25 000英里（约40234千米）就能获得一张免费机票	**固定间隔** 例子： 员工工作五年后可以获得晋升
强化间断出现	**可变比率** 例子： 随机拉动手柄一定次数后老虎机开始吐钱	**可变间隔** 例子： 主管不定时地策划员工表彰活动

图 2-6　强化程式的类型

总的来说，基于反应和强化不规律出现的可变程式的比率程式，能产生最频繁和最一致的行为。这是有道理的。比率程式强化取决于个体的行为率，他们的反应越多，得到的强化就越多，即使是在精益的程式中也是如此。例如，忠诚顾客旅行越多，赚取的里程就越多；或者消费越多，赚取的积分就越多。顾问和律师的工作时间越长，他们的收入就会越高。同样，可变程式意味着个人经历了一些不可预测的强化，而这种不确定性会导致更多和更一致的反应。也就是说，强化可能会在下一个反应或下一个时间间隔之后出现，因此个体会倾向于更频繁或更快速地反应以带来强化。为了获得老虎机的收益而进行的游戏操作是保持最高和最稳定反应率的可变比率程式的最佳示例。

无论是固定比率还是固定间隔的固定强化程式，都会产生与可变程式明显不同的特征行为。由于强化所需的时间间隔或反应次数每次都相同，因此行为往往会在强化前立即增加，然后立即暂停。例如，作为忠诚顾客，杰拉很可能会在"品牌酒店"多预订几晚房间，因为她只需要多几个晚上就有资格获得所需的奖励级别。当飞行常客接近黄金或白金级别时，他们会安排更多的旅行。然而，一旦获得这些奖励，相应的行为就会暂时减少。奖励计划在制订时的挑战是正确制订强化计划。"一方面，过于频繁地奖励一种行为会导致过高的营销成本；另一方面，奖励不够频繁将导致顾客无法积极参与"（Feldman，2016）。为了提高参与度，忠诚计划显然要制定"惊喜和喜悦"奖励，这些奖励在可变比率或可变间隔程式中提供未发布的强化。

预测和控制行为

如前所述，斯金纳对基于理论的行为解释没有兴趣。他的重点是强化成为行为改变的推动者，他认为对强化的精确说明才是必要的。他被认为是一位杰出的实验创新者，他的创新为研究者开辟了一个充满可能性的世界（Staddon，2014）。除了斯金纳箱（斯金纳更喜欢称之为"操作室"）之外，他还发明了实时追踪老鼠进食行为的累积性记录。累积性记录在使科学家能够测量个体被试的强化程式和旨在改变行为的特定相倚产生的影响方面具有巨大作用。通过累积性记录，可以测量强化历史并检查行为可逆性的概念。也就是说，确定任何强化相倚能有效控制行为的唯一方法，是在相倚发生之前将行为恢复到其基线。

在所谓的 ABAB 设计中，在实施任何干预之前（A 阶段或基线阶段），首先在其自然状态下测量操作行为。B 阶段标志着实验性治疗或干预的开始，该治疗或干预为学习者强加了一套新的行为相倚和强化程式。可以设计干预以增加期望行为或抑制不良行为。在预定的时间间隔后，开始反转到基线（或返回到 A 阶段），条件也恢复到其原始状态。在逆转期间，预计干预期间建立的行为发生率将再次接近其基线率。最后，再次重复干预，证明干预与其实施以改变的行为之间的功能关系。

图 2-7 显示了一个 ABAB 设计的假设记录，其中罚时出局被用于减少见诸行动的干预。正如数据所表明的那样，罚时出局被运用时见诸行动的次数下降，在逆转期间接近其基线水平，并在重新开始干预时再次下降。尽管可逆性是验证行为相倚的重要实验构念，但其在实际环境中的局限性显而易见。首先，建立对基线的合理估计，并执行 ABAB 设计的每个阶段至足够长的时间以此来证明强化相倚的有效性是非常耗时的。而且，更重要的是，一旦发生行为改变，将行为恢复到原来的速度可能会适得其反，甚至是不道德的。例如，ASD 患者一旦获得了通过行为干预学到的个人护理技能，就不应该被逆转。当行为改变的目标已经实现时，干预就被认为是成功的。

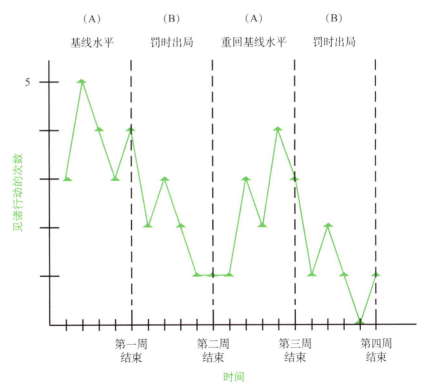

图 2-7　与罚时出局相关的见诸行为的发生：一种假设的 ABAB 设计

言语行为的特殊例子

细心的读者可能已经注意到，本章到目前为止还没有提到语言学习。斯金纳对语言保持着长期的兴趣，于 1957 年在《言语行为》（*Verbal Behavior*）中发表了对语言学习的广泛的操作性分析。斯金纳对待语言就像对待任何其他复杂的操作性反应一样，他提出，儿童的言语行为是用适当的言语标签塑造的，通过强化来保持物体和事件，而不适当的标签会被消除。

斯金纳在语言学习上的立场遭到了严厉的批评（Chomsky，1959），事实上，解释某些类型的话语是很困难的。尽管在操作性分析下，孩子学会用某个标签只称呼奶牛可能会站得住脚，但请考虑"我在找我的眼镜"这样的句子。人们对这种陈述的直接反应是根据这个人的想法来解释的：他把眼镜放错了地方，现在正试图寻找，他知道他的眼镜长什么样。但是斯金纳，不允许引用思想或思维，他会争辩说是人对自己搜索行为的观察刺激他控制言语陈述。也就是说，过去的搜索行为导致他找到了他的眼镜并停止了寻找行为，所以他学会了说"我正在寻找我的眼镜"作为对这种刺激情况的回应（Leahey & Harris，1997）。

这种对语言学习的描述似乎有点奇怪（Malcolm，1964），它没有说明单词的含义如何根据句子的上下文而改变。它也无法解释儿童如何使用未正式学习过的语法规则或如何说出从未听过的新句子（Baugh & Ferguson，2000）。斯塔登认为，斯金纳的方法更多地是将语言描述为行为的控制者，而不是传递信息的手段。此外，"斯金纳故意通过使用语言将自己和他的追随者与其他心理学家分开"（Staddon，2014）。在斯金纳的行为主义方法中，他坚持使用特殊的技术词汇，避免用理论来解释行为。不幸的是，斯金纳的行为控制语言导致他被广泛误解，这导致激进行为主义与其他心理学相分离（Heward & Cooper，1992；Staddon，2014）。斯塔登在《新行为主义》（*The New Behaviorism*）（2014）中用斯金纳的行为主义解决了这个问题和其他问题，他认为，需要一种"理论行为主义"来处理以前被行为主义者忽视的问题。我们接下来将讨论这种新行为主义。

新行为主义

"理论不仅仅是预测和控制"（Staddon，2014）。正如我们在第 1 章中所讨论的，理论是关于解释和理解的，但斯塔登增添了他认为的"好理论"的额外标准。一个好理论可能具有说服力，因为它总结了关于某种现象的已知内容。它还应该通俗易懂，并能推导出更有力的理论。由于这些原因，他发现斯金纳的行为主义是有缺陷的。斯塔登写道：

> 遵循斯金纳的大多数传统行为主义者将"预测和控制"视为心理学的根本目标，并欣然假设刺激和反应是我们所知道或需要知道的关于行为的全部内容。他们错了。即使预测和控制是我们的最终目标，看起来直接的路线并不总是最好的。如果直接以控制自然为目的——作为一项技术而不是一门科学——我们可能会错过基本规律，而从长远来看，这些规律带给我们的力量将超出想象（2014）。

尽管斯塔登不是当代唯一的行为主义者，但他"对两种激进的行为主义都做出了广泛贡献……并且行为实验分析……值得各行各业的行为科学家关注"（Amd，2015）。他的大量作品为行为主义的新方向提供了令人信服的案例，并为"当代实验心理学家提供了大量不可或缺的见解"。

对于斯塔登而言，发展行为主义学习理论的一个重要目标是构建动态行为模型，以生成与实际观察到的相同类型的累积性记录。他提供了一个类似正强化的基于简单的学习效果律的例子。然而，该模型并没有产生与斯金纳关于固定间隔强化程式的数据中所观察到的完全相同的结果。也就是说，该模型没有解释动物在固定间隔强化程式后暂停反应时表现出的短暂辨别。该模型也没有表现出间歇性强化后对消退的明显抵抗。根据这些结果，斯塔登得出的结论是，学习并不像单独强化所暗示的那样简单。

斯塔登描述了斯金纳从强化行为转变为选择行为的强化观点。从这个意义上说，强化就像达尔文的自然选择概念一样运作，有利于某些个体或特征的繁殖和生存。强化会"选择"行为，而操作性行为会通过适应强化相倚而"进化"。将达尔文的隐喻应用于行为主义的学习理论，这一点还没有被充分探索。此外，在斯塔登看来，斯金纳从未提及的行为变异（behavioral variation）过程与选择过程同样重要。换句话说，第一次使行为发生需要注意行为变异和变异机制。

达尔文隐喻为促使行为发生提供了建议。不断变化的条件会增加变化，从而可以生成一系列行为库。之后，我们可以通过强化更有选择性地奖励行为。然而，这仍然不足以解释学习，尤其是在高等生物体的学习。斯塔登将对高等生物体的学习的解释诉诸于与生物体的行为和强化历史（behavioral and reinforcement history）相关的内部状态的概念。也就是说，虽然可逆性是行为的一种属性（参见图 2-7 中的假设示例），但斯塔登认为，相同的行为，例如在基线和逆转期间，并不意味着相同的内部状态。他认为这种行为"具有深刻的历史意义"。两个生物体通过强化进入相似状态后，它们最初的行为方式可能相同，但是当条件发生变化时，它们的个体行为历史会导致它们的行为不同。斯塔登在实验室中证明了这种现象，并推断如果可以组合在一起并总结相同的历史，就可以预测行为。这成为理论行为主义的基础。

因此，理论行为主义（behavioral and reinforcement history）的目标是通过发现基于相同行为历史预测未来行为的规则，来理解和解释学习者的内部状态（Staddon，2014）。虽然内部状态的假设听起来很像第 3 章中介绍的认知主义，斯塔登没有说明这些状态可能如何在心理上呈现出来，也没有提出其与大脑生理学的任何关系。相反，他非常谨慎地将它们描述为中介变量而不是假设构念，他关注生物体如何被它们的经验改变。因此，斯塔登专注于构建行为机制的动态模型，这些模型"定义了每时每刻的经验如何改变生物体的状态"。

斯塔登的工作为实验心理学家和学习理论家提供了很多可以思考的内容，但它在实践中的应用尚未明确。在《新行为主义》（The New Behaviorism）的第四部分，斯塔登讨论了行为主义对社会的影响，其中涉及刑事司法、医疗保健和教学。他的叙述深思熟虑、发人深省，非常值得一读，但几乎没有为学习和教学提供有用的建议。从我们的角度来看，斯塔登有两个重要的含义值得关注和进一步研究。

首先是学习者的学习史和强化史对于理解他们的行为以及他们学习的内容和方式非常重要。尽管学习者之间有明显的相似之处，但没有两个学习者有完全相同的经历，即使是在同一个家庭中长大的学习者也是如此。出于这个原因，当他们对类似条件没有以同样的方式做出反应时，我们不应该感到惊讶。虽然这种观点与斯金纳将强化物视为个体特有的观点一致，但它远不止于此：它建议彻底分析个体学习者，以了解促成他们行为的先行条件，并预测有助于他们学习成功的条件。

其次是行为变异问题，"第一次得到正确的反应、正确的想法"（Staddon，2014）。在对教学的讨论中，斯塔登指出，需要建立一种有利于形成创造性操作的文化，有经验的教师可以从这些创造性操作中通过强化选择那些对学习有效的行为。他承认与有效学习行为相关的复杂性，表明先天和后天都可能"处于不确定的组合中"。然而，有一件事是肯定的：学习发生的条件不断变化，将促进可能引发有效学习的行为的变异。研究的目标是找到"那些能够激励学习者并产生真正创造性学习的变异驱动物"（Staddon，2014）。

行为主义对教学的贡献

行为主义不仅对心理学而且对教育也产生了深远的影响，很少有人对此有异议。它的影响范围广泛——从行为经济学和职业安全干预到教学设计。尽管行为主义的许多应用和新发展超出了本书的范围和目的（例如，生物体反馈疗法、临床抑郁症的治疗等），还有待他人研究。本节的其余部分重点关注行为主义已经并将继续做出重要贡献的四个实践领域：应用行为分析、个人自我改变、课堂教学和组织绩效提升。其中一些在第 4 章中进一步阐述，第 4 章介绍了与行为和认知观点相关的教学理论和应用。

应用行为分析

应用行为分析（applied behavior analysis，简称 ABA）已经成为一门不同于心理学的职业学科，其基本哲学是行为主义。它是一种采用行为主义原则的治疗形式，侧重于改善儿童和成人的特定行为，例如，社交和沟通技巧、卫生和日常生活技能等。事实证明，ABA 对于提高 ASD 患者的个人护理技能特别有效（Wertalik & Kubina，2017）。对于患有 ASD 以及非典型神经发育的个人来说，在非残疾人的社交和职业世界中生存通常具有挑战性。与行为分析师合作实施有针对性的行为干预的个人，可以改善个人卫生、时间与金钱管理以及清洁、烹饪等家庭技能。有一个典型的例子，患有 ASD 的幼儿在排便后养成了卫生习惯，并且他们的父母帮助他们从 ABA 诊所回家后仍能保持这种习惯（Byra et al.，2018）。

自我改变

应用行为分析师通常也与希望改变自己行为的个体一起努力，通常是为了改善他们的健康。例如，在开篇的"健康管理"情景中，伊森的故事由真实人物改编，在现实中，"伊森"的兄弟将他推荐给一位行为专家，以帮助他管理自己的健康。环境分析揭示了引发和强化不健康饮食习惯和缺乏锻炼的条件。改变这些条件，建立替代的强化相倚，并认真跟踪他的进步（食物摄入、锻炼和体重），这些使"伊森"减掉了 40 多千克。

减肥计划和增加锻炼的行为干预是解决美国成年人肥胖高发最常见策略之一，对该策略有效性的研究已持续 30 多年（Khaylis et al. , 2010；Lipschitz et al., 2015）。这些项目中使用的行为策略通常包括自我监控、目标设定、塑造、强化和刺激控制。最近，人们正在探索手机和互联网等技术，将其作为促进这些策略和提高个人监测自己进步能力的一种更容易的手段。

我们在第 4 章将讨论一个自我改变模型，现在有大量的经验证据证明其能有效应用于成瘾行为、体重控制和锻炼等。

课堂教学

尽管行为分析师和特殊教育教师通常关注个人需求，但是普通课堂的教师可能同时管理着二三十名甚至更多学生。同样地，教学设计者可能正在开发由个人或团体实现目标的教学。对于教师和教学设计者而言，行为原则对于在课堂、个性化教学和在职培训等教学环境中管理学习和行为都非常有用。

大多数教师很快就意识到，行为主义为管理学生在课堂上的行为提供了有效的策略。我们已经讨论过教师如何运用行为原则来管理个别学生的行为的例子。像本章开头情景中的塔赫里老师一样，许多人设立了班级规则和团体相倚，即对个人或整个团体遵守行为规则的标准强化。

一些教师认为在课堂上应用团体相倚的一种方法是代币经济（the token economy）（Ayllon & Azrin，1968）。在这个系统中，代币充当条件强化物，之后可以被交换成物品或特权。代币是因良好行为（被视为适当的任何行为）而获得的。但由于代币的运作方式很像金钱，学生可能会因违反规则或参与老师和全班认为的不良行为而被罚款。

对代币经济进行的 50 年研究已经证明它们是有效的，但它们如何发挥作用取决于某些强化物的可用性和价值，代币如何交换成强化物，以及为鼓励或抑制各种行为而建立的激励系统。将行为经济学的概念与行为分析相结合，有望帮助理解如何在许多可以应用的环境中优化代币经济的有效性（Hackenberg，2018）。

除了课堂管理之外，行为主义还影响了教学本身的设计和交付（Driscoll，2018）。教学目标（Mager，1962）源于行为主义，是一种可以定义教学后展示哪种行为、展示的条件以及控制行为表现标准的手段。同样，斯金纳（1958）本人提议通过程序化教学将行为主义原则应用于教授学术技能。他编写的程序文本《行为分析》（*The Analysis of Behavior*）（Holland &

Skinner，1961）是当时的典型例子，它采用小步骤教学和频繁强化来建立无误学习。然而，这种类型的教学有一个严重的缺陷：它很无聊。所有学生都必须按照相同的顺序接受教学。

分支式程序（Crowder，1960）演变为改进程序的线性风格。它们指导学生依据他们回答某些问题的方法来了解课程中的不同内容，从而使他们在阅读材料时可以跳过，或者在遇到困难时可以进行额外的练习。计算机技术的优势使程序化教学在判断和适应学习者的个人需求方面更进一步。基于计算机的教学现在很普遍，尤其是作为一种为员工提供专业自学培训的手段，无论是为了专业发展还是为了满足合规要求。例如，网络安全培训已成为许多大学和公共部门机构的强制性培训，员工可以在网上按照自己的进度完成培训。具有即时反馈的嵌入式实践是此类程序的特征，还可以根据个人对目标问题的回答分支到特定内容。

组织中的绩效提升

对组织绩效提升的关注聚焦于快速发展领域中的一个专业方向，即人类绩效技术（human performance technology，简称 HPT）（Kaufman et al，1997；Stolovich & Keeps，1999）。行为主义被普遍认为是这一交叉领域的重要起源之一，它强调可观察的绩效和激励在塑造行为中的重要性。"托马斯·F. 吉尔伯特（Thomas F. Gilbert）通常被认为是 HPT 之父。作为斯金纳的研究生，吉尔伯特的观点是在行为主义的原则和实践中形成的……他吸收斯金纳的原理并大胆地将其运用于工作场所"（Stolovich，2018）。

与行为分析师试图管理个人行为的方式大致相同，绩效技术人员试图管理绩效以实现利益相关者重视的组织成就。这通常发生在团队环境中。"管理绩效（而不是判断或评估绩效）是管理者通过有效授权、获得支持和与团队成员建立协同作用而取得成功的关键方式"（Bell & Forbes，1997）。一些行为原则构成了有效绩效管理的关键，包括与组织的业务计划和定期反馈相关的明确定义的员工绩效目标，包括结果知识和进度知识（Spence & Hively，1993）。

在传统的行为范式中，反馈是反应的结果，通常是对适当行为的强化。然而，数十年的反馈研究揭示了反馈的信息价值的重要性。也就是说，反馈不仅可以加强反应，还可以向学习者提供有关如何提升绩效的信息。结果知识提供了关于特定绩效质量的反馈，而进度知识提供了随着时间的推移绩效的反馈。

在组织内部绩效提升的研究中，反馈作为一种干预措施似乎具有深远的影响。例如，老年中心的顾问利用公众反馈来增加对中心的贡献（Jackson & Matthews，1995）。志愿者剪下优惠券，在背面印上老年中心的名字，然后将它们贴在当地杂货店的产品上。当顾客购买这些产品时，他们可以选择兑换优惠券或将相应面值捐赠给老年中心。虽然仅这么做就带来了一些捐赠，但当商店开始张贴标语公示每周通过"关怀优惠券"计划捐赠的美元的进展情况时，捐赠的面值和频率都大大增加了。

反馈是支持或阻碍组织中模范绩效的几个环境因素之一。在一项调查对绩效块（performance blocks）的看法的研究中，三分之二的员工和经理将反馈、预期绩效的明确指南、资源以及适当的激励等环境因素视为他们最大的绩效块（Dean et al，1996）。相比之下，只有三分之一的人选择了个人因素，如足够的知识和完成指定任务的动力。有趣的是，当教师被要求确定学生的绩效块时，个人因素却比环境因素更常被提到。因此，研究者得出结论，对工作环境的分析对于管理绩效的提升至关重要。

绩效提升计划是一个类似于行为管理或修正计划的过程（见表 2-1）（Van Tiem et al.，2012）。在组织优先级的背景下进行实际绩效和最佳绩效之间的差距分析有助于确定绩效提升计划的重点。一旦确定了性能差距，就必须分析其原因，以便为可能的干预措施的决策提供信息。例如，假设一家具有环保意识的超市想要增加顾客对布质购物袋的使用，他们可以培训人员鼓励购物者使用布袋或提供优惠券等激励措施来奖励使用布袋的行为，但如果购物者没有布袋，而商店也不出售或不提供布袋，这些策略将无效。

表 2-1　绩效提升计划

第 1 步：进行性能分析以确定期望性能以及"是什么（实际性能）"与"应该怎样（最佳性能）"之间的差距
第 2 步：确定绩效差距的原因（如缺乏环境支持、缺乏知识、缺乏技能或动力）
第 3 步：制订干预计划，包括适当的绩效目标、激励措施、专业发展和组织沟通
第 4 步：实施干预并管理变化过程
第 5 步：评估结果并根据需要进行修改

在这种情况下，原因分析将揭示对于期望行为缺乏的环境支持，干预计划应包括提供这种支持的手段。绩效提升的最后步骤是实施计划好的干预措施、在绩效差距缩小时管理变化，以及评估结果。例如，如果原因分析不正确或不完整，则可能需要修改干预措施并进行第二次尝试。

结语

将行为主义作为解释学习的范式带来的感知问题和局限性，导致研究者提出了认知、神经学、发展和其他理论构念作为理解学习的替代方法。对斯金纳来说，对内部学习机制的依赖导致心理学从行为科学转向"不应该问的问题"（斯金纳，1987）。他主张重新视行为为"本身为一个主题"。

然而，"所有心理学研究本质上都是行为研究，因为心理数据总会不可避免地采用可观察、可测量的行为形式，无论是条件反应、对问卷项目的反应，还是对墨迹的描述"（Bornstein，1988）。在《心理评论》（*Psychological Review*）的纪念刊中，金布尔（Kimble）和汤普森（Thompson）认同将现代行为主义称为"应用于研究行为生物体的科学方法的复杂陈述。从华生到现在，重点一直放在测量上"（Kimble & Thompson，1994）。

"因为行为数据最终必须作为所有心理学研究中的因变量，但它并不一定意味着内部状态、原因和动机是不适当的或误导性的构念"（Bornstein，1988）。斯塔登的作品就是这种说法的绝佳范例。尽管如此，作为行为主义者，他提出任何对行为的解释——不仅仅是预测和控制——如果不参考内部状态，都是不完整的。是否有证据支持他关于内部状态的概念或我们接下来将讨论的认知理论家提出的那些构念，这一点还有待确定。正如本章中的行为主义一样，在接下来的章节中，我们将探讨这些构念，因为它们在理解学习方面有解释价值，并且在计划有效教学方面很有用。

反思性问题与活动 >>>>>>>>>>>

1. 根据第 1 章中描述的认识论传统来考虑行为主义的原理，行为主义与哪种知识观最接近？有什么证据支持你的选择？

2. 观看由斯坦利·库布里克（Stanley Kubrick）在 20 世纪 70 年代制作的电影《发条橙》（*A Clockwork Orange*），分析在经典条件和操作条件作用方面使用的步骤。

   （1）这部电影呈现了什么样的条件作用形象或隐喻？

   （2）你认为斯金纳对电影中使用的步骤会有什么看法？

   （3）斯金纳可能提出哪些替代步骤来改变亚历克斯（Alex）的暴力行为？

   （4）20 世纪 70 年代发生的哪些事件可能会影响库布里克描绘条件作用的角度的决定？

3. 阅读斯金纳的《超越自由和尊严》（*Beyond Freedom and Dignity*）或《瓦尔登第二》（*Walden Two*），考虑以下问题。

   （1）斯金纳对"完美"社会的看法是什么？

   （2）你认为这样的社会能实现吗？理由是什么？

   （3）你认为这样的社会理想吗？理由是什么？

4. 描述一种学习情境，在这种情境下，你（或你的熟人）过去曾（或目前正）难以达到期望的表现。根据行为改变或绩效提升的原则分析该事件，然后制订一个克服困难的计划。最后，描述应该如何监控计划的实施，包括如果计划无效你会怎么做。

5. 阅读保罗·钱斯（Paul Chance）1992 年的文章《学习的回报》（*The Rewards of Learning*）和阿尔菲·科恩（Alfie Kohn）1993 年的回应《奖励与学习：对保罗·钱斯的回应》（*Rewards versus Learning: A Response to Paul Chance*）。是什么证据支持了他们的每一个立场？你觉得哪个论点最有说服力？为什么？

6. 游戏已成为吸引学习者的一种越来越流行的方式，"游戏化"（gamification）一词的意思是在学习环境中添加类似游戏的元素以鼓励和奖励参与。选择一个你熟悉的、在学习中使用过的游戏，并对其进行行为分析。也就是分析游戏中嵌入了哪些行为原则，它们的预期结果是什么。有关游戏如何采用反映行为和其他学习理论的策略的更多讨论，请参见第 9 章。

7. 正如你将在接下来的章节中看到的，许多理论家拒绝接受行为主义的概念，认为其他概念能更好地促进对学习的理解。请你就行为原则对从业者和研究者的有用性形成初步立场。

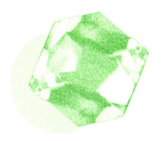

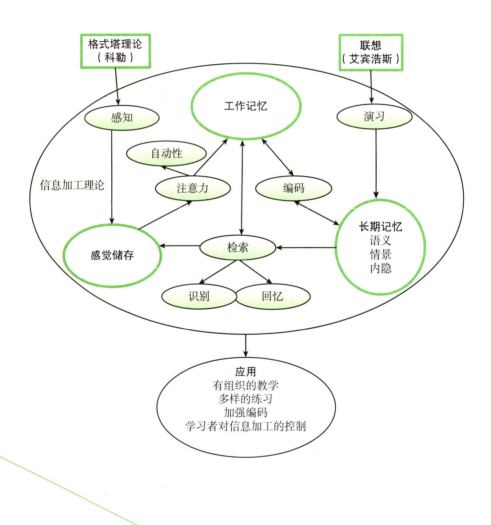

第 3 章

学习与认知

PSYCHOLOGY OF
LEARNING FOR INSTRUCTION

• 医疗培训

一位 64 岁的戒烟者来到大学医学院诊所进行例行健康检查。他询问主治医师自己是否患有慢性阻塞性肺疾病（COPD）。医生转向一旁正在观察的医学生，问他们需要知道些什么，还要做些什么，才能回答病人的问题。哈娜（Hana）回答说："对于成年吸烟者来说，一生中慢性阻塞性肺病的发病率始终是 22%，所以我们对该病人并不能妄下结论，我只能说他很可能患有慢性阻塞性肺病。"卡米（Camila）插话说："我注意到他一直在咳嗽，这是慢性阻塞性肺病的症状。我们应注意他在这期间出现的其他症状。"加布（Gabe）补充说："我们应该询问他是否曾有呼吸急促、胸口发紧或者感觉必须不停地清嗓子的情况。"

这时，医生转向病人，检查他的胸部，在病人深呼吸时轻轻敲打某些部位，同时大声描述胸部检查的结果。

• 会计关键时刻

威廉（William）是南方税务服务公司（Southside Tax Service）的高级合伙人，该公司是一家专门编制个人和公司纳税申报表的会计师事务所。在即将退休之际，他承担起了帮助新员工入职的任务，并就税务政策变化和企业管理策略对公司员工进行培训。为了给 4 月 15 日的"关键时刻"（Crunch Time）做准备，在申请截止日期前，威廉举办了一个研讨会，讨论自去年以来税法的变化。在喝咖啡休息的时候，他无意中听到了以下这段对话，对话的两人都只有不到一年的工作经验。

"说起来你可能不信，"梅森（Mason）说，"威廉做那个案子也太快了，我几乎跟不上他。"

"是的，"本杰明（Benjamin）回答，"好像他脑子里就有个计算器，算得那么快。我还不太明白税法的变化，感觉他就像在说外语一样。有时候，我完全听不懂他在讲什么。"

在进一步讨论之前，先快速回顾一下前一章所讨论的行为观点。行为主义者（behaviorist）如何解释这两个情景中的行为和事件？像诊断疾病这样的复杂行为是如何进行的？为什么梅森和本杰明在理解税法变化和威廉在培训中举的关于工作的例子时会遇到巨大困难？这类问题给行为主义（behaviorism）带来了难题。尽管行为主义主导了美国心理学半个世纪之久，但最终认知挑战还是取代了它。

简单地说，认知就是思考，而关于思考的研究在心理学范畴内并不是第一次出现。当心理学从哲学中分离出来时，它就成了一门研究精神生活的科学，关注思想的本质和内容（Bower & Hilgard，1981）。联想主义（associationism）是主导的框架，而行为主义是试图理解刺激 – 反应理论（stimulus–response associations）的自然发展过程。尽管斯金纳否认了心理事件的概念，但其他行为心理学家承认心理事件在刺激和反应之间的关联方程中的可能性：托尔曼（Tolman）用认知地图来解释老鼠的目的性行为，赫尔（Hull）借助于一些认知中介，包括习惯强度和驱动力（见第 2 章）。不过，他们的研究对象是动物。另一项与人类的联想学习有关的研究也处于发展阶段，这项研究关注于记忆中的想法之间的联系（association），而不是刺激和反应的关系。

语言学习传统始于赫尔曼·艾宾浩斯（Hermann Ebbinghaus），他开创了一个学习实验的新时代。艾宾浩斯假设，如果思想是通过联想的频率联系起来的，那么学习就应该基于重复经历的关联次数来预测。例如，"医疗培训"（Medical Training）情景中的医学生可能反复见识了咳嗽与慢性阻塞性肺病的联系，从而了解到这是一种常见症状。这种反复联想产生了艾宾浩斯和他之后的学习研究者所使用的实验范式。其中，自变量指的是一系列相关想法的重复次数，测量学习的因变量是被试对列表的回忆。

因为艾宾浩斯想要研究不受以往经验干扰的新联想的学习，于是他发明了无意义的音节，以简化调查。这些词以辅音 – 元音 – 辅音三元组合（如 *qap*, *jor*, *mol*, *kuw*）的形式出现，这些组合在他看来毫无意义，然后他给 16 个音节排好顺序。用这种方法，艾宾浩斯有一个可量化的程序来研究各种联想规律，还能研究整体记忆和遗忘。例如，艾宾浩斯在使用六个 16 音节列表进行实验时写道：

> 假设我学习这组列表，并且每一列表都是独立存在的，这样可以不出差错地重复，24 小时后以同样的顺序重复并达到同样的掌握程度，后面重复的时间可能只需要第一次所需时间的三分之二。由此而节省的三分之一工作时间，清楚地衡量了一名成员与其直接继任者在第一次学习期间形成的联系的强度。（1885，1913）

通过系统地改变诸如列表中的音节数、研究列表的数量以及研究每个列表所花的时间等因素，艾宾浩斯为一些关于记忆的明显事实提供了实验验证。例如，要学习的材料越多，学习的时间就越长。学过的东西放置的时间越久，记忆难度就越大。当你没有有意去记住一些材料时，一开始你会很快忘记它们，但随着时间的推移，记忆消退的速度会减慢。图 3-1 展示了艾宾浩斯经典的遗忘曲线，表明在没有预习的情况下，大约一半的新学习的材料在几天内就会被

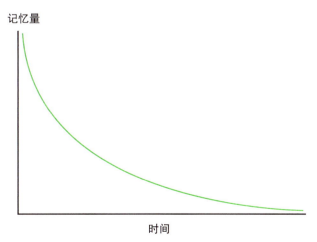

图 3-1　遗忘曲线

遗忘。不过，值得一提的是，艾宾浩斯的遗忘曲线是从语言学习实验中得出的。遗忘其他类型的学习经验（尤其是那些特别有意义的事件），可能会有完全不同的模式。

艾宾浩斯关于概念联想的研究为研究记忆的结构和组织奠定了基础，但它对感觉元素的知觉组织或为什么"意义"（meaningfulness）会影响人们的学习却鲜少提及。例如，假设无意义音节（nonsense syllables）suv 出现在艾宾浩斯的某一列表中。因为它与"运动型多功能车汽车"（Sport Utility Vehicle）的首字母缩写相同，所以很有可能今天任何人都记得它是列表中的某一单词。从另一个角度来看，联想主义专注于感知，并开始利用格式塔理论解释"意义"对学习的影响。

自 1912 年马克斯·韦特海默（Max Wertheimer）关于视运动的文章发表以来，**格式塔理论**（Gestalt theory）在德国得到了发展。韦特海默注意到，火车上两盏交替闪烁的灯似乎是一盏来回移动的灯。他将这种运动错觉，称为不能通过分析灯光的实际闪烁来解释的"现象"。相反，心理体验（即对运动的感知）似乎与构成它的感觉成分（即对闪光的感觉）不同。因此，格式塔心理学家认为知识不仅仅来自于经验，它还涉及认知者主动地对感官数据的组织。事实上，德语单词"格式塔"的意思就是"结构"或"组织"。联想主义完全属于经验主义知识传统，格式塔理论则属于理性主义知识传统（参见第 1 章）。

沃尔夫冈·科勒（Wolfgang Kohler）的英文版《人猿的智慧》（*The Mentality of Apes*）（1925）的出版引起了美国心理学家们的注意，因为他对类人猿的实验，挑战了当时风靡的记忆联想观点。科勒并没有让大脑学习思想之间的简单联系，也没有让大脑学习刺激与反应之间的关联，而是认为他实验中的类人猿学习了刺激之间的关系，并可以通过新的方式感知刺激来改进它们的行为。

科勒进行的典型实验是把食物放在笼子里的类人猿够不着的地方。在不同的试验中，可以通过以下方式获得食物：将一个阻碍性的盒子移开；将盒子堆叠在一起；或者将两根棍子放在一起，做成一个足够长的杠杆来获取食物。虽然一些类人猿试图获得食物的尝试失败了，但类人猿的行为并不是随机的。学习似乎也不是通过反复试错和逐步建立正确联想的模式，而是以一种有规律的、持续的方式进行的。相反，类人猿表现出了科勒所说的洞察力。经过一两次失败的尝试后，类人猿通常有一段不活动的时间，随后它们采用了正确的解决办法，并成功获得了食物。

科勒认为，他观察到的行为不能仅用联想原理来解释，因此他提出了一类"内在过程"，使类人猿能够把握情境的结构。那也就是说，他们获知了两件事物之间的关系，这是一种"基于事物本身属性的相互联系，而不仅仅是'彼此频繁跟随'或'一起发生'"（Kohler，1961）。因此，格式塔理论强调学习中的感知，即学习者如何"看到"问题情境。对于类人猿来说，要解决获取食物的难题，他们必须将用具的工具价值视为达到目标的手段。

我们现在有了继续认知研究的基础。联想似乎解释了记忆和回忆的许多方面，而感知是理解感官刺激的关键过程，也是使感官刺激更有意义也更容易记忆的关键过程。这类似于计算机硬件和软件之间的区别。硬件指的是储存在内存中的硬盘驱动器上的东西；软件获取信息，储存到内存中，再进行类似感知的操作。正因如此，计算机时代的到来极大地影响了心理学家看待精神生活和概念化学习的方式，这并不奇怪。

信息加工的早期概念

第二次世界大战后，计算机的诞生为如何看待学习提供了一个具体的隐喻，也为早期解释记忆、感知和学习方面的工作提供了一个统一的框架。刺激是输入，行为是输出，人们认为两者之间的联系是信息加工。然而，行为主义试图预测和控制行为（后来，行为主义与斯塔登一起阐释行为），信息加工理论（information processing theory）试图阐明导致行为的心理过程（Massaro & Cowan，1993）。

信息加工的概念最初来自于精神物理学家对感知、注意和记忆的研究。例如，布罗德本特（Broadbent，1957）提出了一个信息加工模型来解释注意力是如何运作的。显然，我们不可能一下子注意到所有事情，这意味着注意力是一种有限的资源。同样显而易见的是，我们能够有选择性地引导注意力，也就是让注意力关注某些刺激而忽略其他刺激。那么，这种选择性注意力是如何起作用的呢？当信息从两种不同的感觉通道（如视觉和听觉）同时到达时，会发生什么呢？

布罗德本特的模型将信息加工描述为类似于球掉进一个有两个分支的漏斗或 Y 形管。当信息到达 Y 形管时，通过 Y 形管两边的信息，竞相进行下一步流程，而注意力决定了哪些信息可以通过。你不可能边看书，边听别人说话，还能既看懂了书，也听懂了别人的话。你只能理解那些吸引了你注意力的信息。

布罗德本特还加入了即时记忆（immediate memory）的概念，以解释我们暂时记住事物的能力。他提出了一种循环电路，可以反复排演信息，直到得到回应为止。用球作为类比，想象管子刚好从阀杆底部上方的位置连接回 Y 形管的顶部。球可以无限地在 Y 形管左边或右边的循环中循环，直到被注意到并掉出 Y 形管。尽管这个模型解释了一些关于知觉和注意力的数据，但它在某些方面还是避免不了错误（Cowan，1988），布罗德本特（1984）也得出了这一模型可能已经过时的结论。

布罗德本特之后的大多数信息加工模型可以追溯到阿特金森（Atkinson）和希弗林（Shiffrin）提出的多储存、多阶段的记忆理论。现在被称为信息加工的"模态模型"（the "modal model" of information processing）（Atkinson & Shiffrin，1968，2016），提出了对内存的结构和过程组件的见解。也就是说，诸如注意力、检索和储存等受控过程作用于并驻留在记忆的结构组成中。这些记忆包括非常短暂的感觉记忆（sensory memory）、短期储存（short-term store）和相对永久的长期记忆（long-term memory，简称 LTM）。工作记忆（working memory，简称 WM）用来描述主要驻留在短期储存中的过程，并且随着时间的推移，工作记忆已经成为优于短期储存或短期记忆的优选概念。那么，在阿特金森和希弗林的广义多级多储存模型中，信息的流动及信息通过加工阶段后实现的转换如图 3-2 所示。

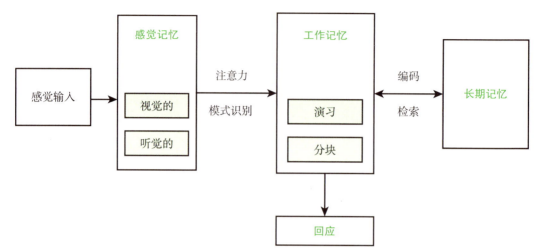

图 3-2　早期基于阿特金森和希弗林模型的对人类信息加工系统的构想

在该模型中，信息加工被认为是从"感知环境中感知信息"到"在长时记忆中储存信息"的线性过程。知觉是通过感官产生的，人们认为每一种感官都有相应的感官记忆，可以在很短的时间内储存无限数量的信息。例如，想象一下，你走进一个黑暗的房间，打开灯，然后熄灯。在灯光熄灭的瞬间，你对这个房间的视觉余像持续了 0.25 秒到 0.5 秒。类似的现象也会出现在听觉刺激上，只是听觉记忆会持续几秒钟，这几秒钟足以让人听到一整个完整的想法或主意。所有感官都被假定以同样的方式进行储存，但研究几乎完全集中在视觉记忆（visual memory）［或映像记忆（iconic memory）］和听觉记忆（auditory memory）［或回声记忆（echoic memory）］上。

与布罗德本特的模型类似，该模型通过注意力和特征识别来选择一些感觉信息进行进一步加工。也就是说，我们关注这些特定的刺激。这种选择性注意通常是自动发生的，也是有效的，但也会自动识别熟悉的特征或模式，这有助于将信息转移到短期储存阶段。例如，在"医疗培训"情景中，卡米拉的注意力被病人的咳嗽所吸引。也许是因为咳嗽与疾病通常相关联，对疾病的熟悉促使卡米拉注意到病人的其他情况。相比之下，本杰明在"会计关键时刻"情景中说，对他而言，培训听起来就像一门外语。威廉说的话对本杰明来说太陌生了，即使集中注意力，本杰明也很可能无法进一步加工这些信息。

一旦进入工作记忆，信息就将长期储存或通过一系列其他控制过程来做出反应。就像布罗德本特模型中的循环一样，排练使信息在工作记忆中保持活跃，要么使其产生反应，要么进一步加工并保留在长期记忆中。大多数人都有排练信息的经历，以便在记忆中把信息保持足够长的时间来做出回应，之后人们就忘记信息了。例如，假设在一次社交活动中，有人推荐你查找一个特定的资源或网站。你很可能会一遍又一遍地默念，直到你可以把它写下来，或到手机里去检索。然而，一旦你这样做了，你就不需要把这些信息保存在你的工作记忆中，信息就被遗忘了。

工作记忆保存的信息不仅有时间的限制，而且其保存的信息量也是有限的。换句话说，你一次只能拥有限定数量的想法，或者一次只能阅读和理解相对较少的短语。例如，对于非常长且复杂的句子来说，读者通常在读到句尾时已经忘记了句子的开头。分块（chunking）是一种通过将较小的信息块关联成较大的块，来克服工作记忆容量限制的过程。例如，大多数人不可能一次记住信用卡号码的全部 16 位数字，但他们可以记住由每 4 位数字组成的 4 个组块。

最后，要使信息达到一个相对永久的储存状态，并用于复杂的认知任务，就必须将其转为长期记忆。编码是将信息与记忆中已有的概念和想法联系起来的过程，这样能让新材料易于记忆，也不容易被遗忘。例如，在"会计关键时刻"的课上，如果威廉举出的例子以一种有意义的方式，将新信息与梅森和本杰明已经知道的信息联系起来，这堂课将会更有效。为了使编码运作，必须也激活检索过程。也就是说，从长期记忆中检索先前知识，并用于理解新信息。这会引起一种反应或编码，在这种反应或编码中，新信息被整合到已有知识的长期记忆中。尽管我们都体验过遗忘（本章后面会详细讨论），但我们假设一旦信息被加工成长期记忆，它就不会真正消失。至于记忆的容量，尽管很多孩子不这么认为，但长期记忆容量无限大，无法被填满。众所周知，长期记忆保留的信息数量和种类都是无限的。

表 3-1 总结了早期记忆研究中最初提出的信息加工的三个阶段。从那时起，人类信息加工的概念得到了发展，加强了对工作记忆的关注。你可能已经注意到阶段的顺序和作用于它们的控制过程似乎是"扭曲的"（Bower & Hilgard，1981）。模式识别（pattern recognition）就是一个很好的例子。它调用了"熟悉"的概念，但如果信息尚未到达长期记忆，那么为什么某些东西看起来似乎很熟悉呢？看来，信息加工早期发生的模式识别和其他编码过程一定与长期记忆中的信息有接触。接下来我们将转向修订后的信息加工概念，以及近阶段关于工作记忆和注意力的研究的应用。

表 3-1　多级多储存模型中内存储存的特性

特性	阶段		
	感觉记忆	短期储存	长期储存
能力	显然是无限的	少（4～7 块）	显然是无限的
持续时间	非常短（视觉信息少于 0.5 秒，听觉信息也只有几秒）	短（20～30 秒）	长（显然是永久的）
相关控制过程	特征识别注意力	排练分块	编码储存检索

信息加工的修订模型

解释长期记忆对注意力和模式识别等过程的影响是人类信息加工的多阶段、多储存模型的失败之处。其他问题也随着时间的推移而出现。研究发现，长期记忆中的特征和概念可以被传入的刺激自动激活。尽管我们把意识比作工作记忆，但越来越多的证据表明，可以在没有意识的情况下激活记忆。最后，信息加工的时间（即每个阶段在加工中起作用的时间）似乎比阿特金森 – 希弗林的多重记忆系统模型（Atkinson-Shiffrin model）所示的时间更复杂。数据与严格的线性顺序不一致，因为信息必须以固定的顺序通过每个加工阶段。这些问题和其他问题促使考恩（Cowan，1988）提出了信息加工修订模型，其简化版本如图 3-3 所示。

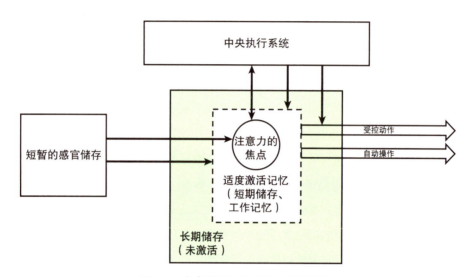

图 3-3　人类信息加工系统的修订模型

资料来源：Simplified from Cowan，N.（1988）. Evolving conceptions of memory storage，selective attention，and their mutual constraints within the human information processing system. *Psychological Bulletin*，*104*（2），163–191. Reprinted by permission.

考恩的修订模型与布罗德本特的早期选择模型以及阿特金森和希夫林的多重记忆系统模型有以下四个关键区别。

（1）修订模型认为工作记忆并非是先于长期记忆的一个独立阶段，而是长期记忆的一个激活子集。注意力则是工作记忆的子集。

（2）在短暂的感觉储存中，感知的刺激直接激活储存在长期记忆中的先前知识，中间并没有其他干预。

（3）增加了一个明确的中央执行功能，以指导自愿关注过程。在早期的模型中隐含了中央处理器或执行器的概念，因为研究人员意识到意志力，并观察到被试自愿控制信息加工方面的能力。例如，"医疗培训"情景中的学生会有意识地注意与患者病情相关的某些信息。

（4）修订模型更强调的是作为信息加工主力的工作记忆。

第四个区别源于考恩修订模型中的工作记忆概念，在阿特金森 – 希弗林多重记忆系统模型的三个概念中，工作记忆不仅仅是一个单一的加工阶段。它是所有复杂认知活动的基础，有助于计划、理解、推理和解决问题（Cowan，2014）。

在修订模型中，信息加工的组成部分在功能上是不同的，通过它们的信息流不是线性的。相反，修订模型可以同时在两个或多个组件中加工信息。那么与多级、多储存模型相比，修订版模型中的信息通过加工系统的方式有何不同？

首先，证据表明，人在两个阶段会存在感觉记忆：其中一个非常短暂，持续不到一秒；另一个稍长，可持续数秒，甚至可长达 10～20 秒（Cowan，1988）。第一阶段将刺激的物理特性保留了几百毫秒，这一时间足够激活长期记忆中的信息用于感知信息。这类似于原始模型中感觉记忆的概念化，这种感觉记忆非常短暂，在图 3-3 中被描述为"短暂的感觉储存"，并将箭头指向长期储存。在第二阶段，被激活的信息会促使对长期记忆更全面的搜索，把刺激发生环境的各个方面都考虑在内，而这将对感知起促进作用。因此，感觉记忆和长期记忆之间存在着一种未在原始模型中表现出来的交互作用。正如修订模型中所描述的，第二个阶段在考虑模式识别方面表现更佳，即熟悉的特性会被快速自动激活，以支持进一步的编码。

工作记忆一旦被激活，就会发生一系列繁重的加工过程。有时候，这种情况是在人们无意识的情况下发生的，比如当蚊子叮咬，穿透皮肤的感觉导致了你拍蚊子的动作。如图 3-3 所示，蚊子叮咬的刺激是通过感觉储存感知的，这种感觉是通过长期记忆中信息的激活自动识别的（即之前被蚊子叮咬的感觉和由此产生的发痒后果）。这种激活和再认会促使拍打蚊子的动作的自动发生，而没有人将注意力集中在刺激物上，也没有人意识到发生了什么。

在其他情况下，要么是通过有意识的努力，要么是通过长期记忆驱动注意力，让刺激成为注意力的焦点。想象一下，你边听音乐边做家庭作业。你的注意力集中在作业上，但如果声音从音乐转到歌曲或播到你特别喜欢的作品，你的注意力可能会突然转移。在此例中，音乐刺激被你的回声感觉储存所感知，回声感觉储存激活了足够的长期记忆来识别出"这个声音是音乐"，但是还不足以引起你的注意。然而，声音向歌曲的转变会引起长期记忆的注意，使你的注意力集中在它上面。这时再想将你的注意力转移回手头的任务就需要中央执行系统，它指导注意力，也控制加工过程（Cowan，1988）。如果你在继续做作业之前听了这首曲子的结尾，或者如果你想了想这首曲子，又或者你记得你最后一次听到这首曲子的时间和地点，你的中央执行系统也会受到影响。图 3-3 所示的双向箭头连接了工作记忆中的中央执行系统和注意力的焦点，代表了加工过程中它们之间的这种相互作用。

在长期记忆中，注意力可以集中于想法、记忆这样的内部刺激，也可以集中于来自感官的外部刺激。"陷入沉思"和"白日做梦"是注意力集中在内部刺激的常见表现。在学习等任务中，注意力的焦点是编码，将新信息的外部刺激与在长期记忆中的先前知识的内部刺激联系起来。中央执行系统产生刺激信息的有意注意、有意思考或有意行动，包括自愿和战略性地从长期记忆中检索信息和刺激控制行动。这些过程由图 3-3 中中间和最右边的箭头表示，代表从中央执行系统到工作记忆和长期记忆。

在原始模型中，长期记忆在修订模型中的作用是长期储存。这种记忆的本质、被储存的内容、记忆发生的方式，以及先前知识在学习中所扮演的角色一直是众多研究中的课题。在接下来的章节中，我们将更仔细地考查修订模型中所代表的人类信息加工的组成部分。阅读时请记住两件事：第一，计算机为人类信息加工提供了一个具体的隐喻，从而为描述和整合各种学习现象提供了一种语言现象；第二，为了使教学具有意义，也具有相关性，教学必须建立在学习者的先前知识之上，并帮助学习者在他们已经掌握的知识和他们被要求学习的知识之间建立认知联系。

感觉记忆和知觉

感知（perception）和模式识别是如何在感觉记忆中发生的，这个问题值得进一步讨论，因为当感知失败时，后续的加工或学习也会失败。正如本章前面所提到的，格式塔理论家强调知觉在学习中的作用，他们关注知觉经验的"单一性"。也就是说，人类不会把刺激的所有显著特征都看作是独立的、不相关的元素。相反，我们倾向于将刺激看成一个整体，一个比各部分之和更大的整体。此外，格式塔心理学家证明，为了构建有意义的解释，人类的知觉倾向于"超越所给信息"。也就是说，刺激的组织方式会促使我们以特定的方式感知它们。例如，听者听到的不是一连串的音符，而是连贯的旋律。

或者思考图 3-4 所示的内容，你所感知的不仅仅是组成每个图像的个体特征。闭合原理使大脑倾向于看到一个完整的图形，并填补点与点之间的空白之处，以感知图 3-4a 中熟悉的字母 A。接近性组织原则解释了为什么我们认为图 3-4b 中的点不是单纯的九个点，而是以三个点为一组的三组点。相互接近的特征往往被视为一个群体，而不是单个实体。这种相似性决定了相似的单位会被组合成一个整体，所以我们在图 3-4c 中看到的是一个黑色的 X，而不是一组不相关的黑白点。最后，简单性意味着知觉场被组织成简单的、规则的图形，而不是组成它们的个体特征。因此，图 3-4d 被视为"一个覆盖在三角形上的圆"，而不是"在 12 点钟、4 点钟和 8 点钟方向有三个小凸起的圆"。

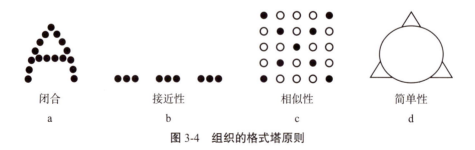

	闭合	接近性	相似性	简单性
	a	b	c	d

图 3-4　组织的格式塔原则

组织的格式塔原则有助于解释感知如何发生，还有助于解释被感知的内容，但不涉及我们如何识别或解释被感知的内容。也就是说，一个人必须已经熟悉字母 A，才能对图 3-4a 中显示的字母 A 的特点进行标记。从对模式识别的研究中我们了解到，即使一个物体以截然不同的形式出现，人们也很善于识别熟悉的模式。那么除了图 3-4 所示的字母 A 的变体之外，再来看看图 3-5 所示的字母 A 的不同变体。你怎么知道他们都是字母 A 的？此外，你如何识别出一个严重侵蚀的墓碑上的字母 A？

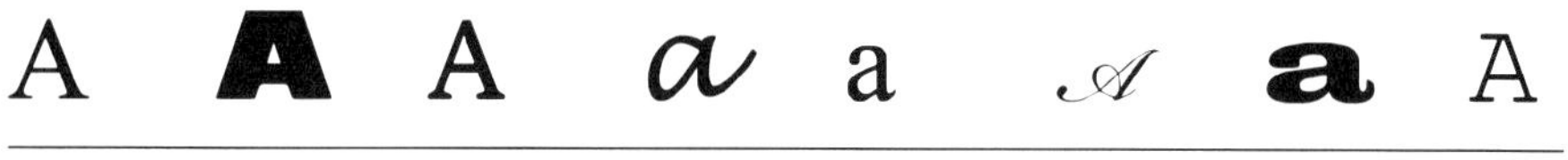

$$A \quad \mathbf{A} \quad A \quad \textit{a} \quad a \quad \mathcal{A} \quad \mathbf{a} \quad A$$

图 3-5　字母 A 的变体

研究人员已经提出了不同的机制来阐释模式识别，并且有证据表明，我们以各种方式阐释刺激。其中一种方法是通过储存在长期记忆中的抽象的、一般的原型来识别传入的信息（Mervis & Rosch，1981）。因此，图 3-5 中的所有字母与原型字母 A／a 非常相似，所以可被识别为字母 A。另一个例子也能解释这一原型模型，想象一下，当你等待朋友时，他们告诉你"注意一辆红色的车"，然后他们开着一辆暗红色的车经过。你很有可能注意不到它，因为大多数人认为红色的原型是消防车的那种红色。在此例中，观察一辆红色汽车的指令建立了一个影响感知的期望，当这个期望没有达到时，也就是说，所讨论的汽车的红色与记忆中的原型红色不匹配之时，感知就失败了。

原型模型与格式塔原理结合在一起，解释了侵蚀墓碑上的字母是如何被识别的。刻在墓碑上的字母很可能与我们记忆中的字母原型相吻合，而格式塔闭合原理则会促使大脑填补由于侵蚀而造成的字母残缺。

然而，也有证据表明，我们能够确实注意到传入刺激的不同特征，例如在视觉感知方面注意到颜色、方向、大小和形状。例如，表示"不"的通用符号是中间有一条划线的红色圆圈，这一符号显得格外突出，与它所覆盖的背景符号或单词截然不同。因此，有人提出了特征分析模型，认为感知是单独分析刺激的所有不同特征，再将它们整合成一个公认的整体的。所以大写字母 A 是由两条在顶部连接的竖线和一条横在它们之间的水平线组成的。但在分析了一个物体的不同特征之后，大脑仍然必须将这些特征组合在一起才能识别这个对象。特征整合理论（Treisman，2016；Treisman & Gelade，1980）为这一难题提供了解决方案，并帮助解释了感知和注意力是如何协同工作的：你只感知视野中的事物，注意力的"聚光灯"将一个物体的不同特征结合在一起，使你能够识别这一物体。

最后，语境和先前知识都以有助于或阻碍感知的方式影响感知。例如，在被侵蚀的墓碑上，其他清晰的字母组成的包含该模糊字母的单词提供了该字母的身份线索，一旦确定了其他字母，该字母的身份就会变得明晰。另一方面，如果先前知识的掌握程度太高，就会自动或近乎自动地产生感知，从而干扰校对等任务的感知。人们倾向于把单词读成它们认为的样子，而不是单词实际的样子。这就是为什么经常建议校对员在校对文本时倒读文本。以相反的顺序看单词打乱了阅读的自动技能，使校对员能够真实地感知每个单词和句子。

解决问题还需要克服先前知识对感知的影响。换句话说，必须以新的方式认识问题，才能找到解决问题的办法。本章前面讨论的科勒（1925）的类人猿的实验就是一个例子，因为类人猿必须认识到棍子的特性，将其做为敲击香蕉的工具。类似地，解决"如果池塘上的睡莲叶子每天成倍增长，池塘会在第 100 天完全被睡莲覆盖，那么池塘在第几天能达到一半的覆盖率？"这样的洞察题，需要通过逻辑角度来思考这个问题，而不是数学的角度。

心理学家研究问题解决中的洞察力问题已有近 100 年的历史，在此期间，他们学到了很多东西（Weisberg，2015）。有关学习的议题是让学习者能够熟练地从新的角度看待问题，以便解决它们。有证据表明，在许多不同类型的问题上的实践可能会有所裨益（Sternberg & Davidson，1983）。多种问题的练习可以使学习者更清楚地认识到情境在问题解决中的作用，从而更愿意考虑替代假设。也有证据表明，解决问题的策略可能无法在不同类型的问题之间很好地转换，这表明学习者需要在识别和解决特定类型的问题方面进行练习（Dow & Mayer，2004）。

先前的经验和情境对知觉的影响也集中在对学生的期望上。充分的文献资料可证明，教师对学生的期望可能会影响他们对学生成绩的评价，也会影响他们对学生的所作所为（Good，1987）。换句话说，希望学生在课上表现差，会使教师倾向于发现该学生更多的问题行为。同样地，对于一个学习好的学生来说，教师会倾向于发现该学生更少的问题行为。这种期望本身可能来自教师以前的经验，或者来自当前的环境，或者两者兼而有之。例如，教师已经学会了将某些行为与成绩好的学生和成绩差的学生、男学生和女学生、表现良好的和表现不佳的孩子联系在一起，并因此会认为有相关行为的学生会达到他们的预期。但情境也起着一定的作用。相对于总体表现好的班级来说，教师们对总体表现不佳的班级的期望可能较低。

尽管自我实现预言（Rosenthal & Jacobson，1968）已被广泛认可为事实，但矛盾的研究结果却不断增加，近期的证据表明，课堂中自我实现的预言是"小的、脆弱的、短暂的"（Jussim & Harber，2005）。此外，当教师对学生成绩有一个准确的期望时，这虽然不是一个自我实现的预言，但事实证明，教师们的预期通常是准确的（Jussim，2017）。因此，教师的行为举止比教师对学生成绩的期望更重要。戈登伯格（Goldenberg）描述了预期矛盾的两则案例，在这两则案例中，孩子们一年级的期末成绩与教师的预期形成了鲜明的对比。他在一个案例中得出结论说，"在应该采取纠正措施的时候，教师却没有纠正，是因为教师希望学生自己能做得很好"（1992）。在另一种情况下，"尽管教师对学生的成功抱有很低的期望，但教师的所作所为似乎影响了学生一年级的期末阅读成绩"。虽然期望可以影响教师的所作所为，但期望并不总那么重要。更重要的是教师是否关注学生的成绩，并在必要时采取纠正措施。

期望对感知点的影响再次影响了感觉记忆和长期记忆之间的相互作用，这是信息加工的修订模型的特征。但这里描述的例子也暗示了当教师解释学生的行为并按照他们的期望采取行为时，工作记忆和中央执行系统是参与其中的。如前所述，考恩的信息加工的修订模型非常强调工作记忆作为信息加工的核心，他在后来的一篇文章中指出，"工作记忆是心理学中使用最广泛的术语之一"，它对认知发展、学习和教育起着促进作用（Cowan，1988，2014）。其他研究人员显然同意这一观点，因为已经有大量关于工作记忆的研究，为理解学习提供了重要的见解。现在让我们把工作记忆作为信息加工的主力，并考察它目前的概念和影响。

工作记忆

"工作记忆的话题在认知心理学的研究中非常普遍"，考恩（2017）讨论了工作记忆的九种不同的定义。值得注意的是，人们对工作记忆很感兴趣，认知心理学家正在致力于大量的对工作记忆的研究，以全面描述工作记忆在信息加工中运作方式。就我们的论题来讲，形成了这样的通用定义："工作记忆是指在执行认知任务时可以被记住并使用的少量信息"（Cowan，2014）。

以下列出了工作记忆对学习至关重要的要素。

（1）工作记忆能力有限。工作记忆一次只能储存少量信息。

（2）工作记忆持续时间短。信息在工作记忆中保持活跃的时间都很短，直到对工作记忆做出进一步的加工为止。

（3）工作记忆有两种功能：储存激活的信息；利用这些信息来理解、解决问题和学习。

已知的关于工作记忆容量和持续时间的限制，在信息加工的原始模式和修订模型中是一致的。然而，过去 20 年左右的研究已经详细阐述了工作记忆的功能，并对如何优化加工和如何避免过度消耗个人的工作记忆能力产生了实际影响。

工作记忆的容量

本书前几章提到，头脑中一次能容纳多少信息是有严格限制的。在当代一项经典的研究中，乔治·米勒（George Miller）证明了被试只能从他们刚刚听到的数字列表中复述 5～9 个数字（中间值是 7）。不管列表中是数字、字母还是语块，结果都大同小异。米勒脑洞大开，问数字 7 是否有魔力：毕竟，有"世界七大奇观、七大洋、七宗罪、希腊神话中擎天神阿特拉斯的七个女儿、人类的七个时代、七层地狱、七原色、音阶的七个音符、一周的七天"（Miller，1956，1967）。然而，其他研究表明，成人的工作记忆能容纳三至五个语块，而儿童和年轻人的容量更少（Cowan，2010）。

儿童和成人工作记忆的差异让我们不得不提出疑问，这种差异是由于成熟还是由于其他因素造成的。也就是说，工作记忆容量的年龄差异可能会造成储存或加工的差异，这影响了工作记忆的能力。例如，学习者是否注意并用他们应该记住的内容填满工作记忆，还是因为关注与学习无关的信息耗用了更多储存容量？

注意力（attention）是工作记忆的一个关键方面，人们认为它在竞争目标之间分配和共享容量有限的资源（Barrouillet et al.，2011；Grabe，1986；Kahneman，1973；Shiffrin & Schneider，2016）。正如本章前面所讨论的，学习者能在一定程度上控制分配注意力的过程，学习者还必须有选择地集中注意力以达到某些学习目的。然而，要让如此有限的资源来控制我们所有的活动是极其困难的，所以必须有一种方法来克服这种认知限制。当学习行为自动发生，从而减少对注意力的需求时，这一方法就应运而生了。

学习者能在多大程度上专注于单一任务中的选定信息取决于许多因素。最明显的，也许是任务或信息对个人的意义。在拥挤的房间里叫你的名字会引起你的注意，因为你的名字对你来说意义非凡。相互竞争的任务或信息来源之间的相似性也很重要。当两个说话者都是同性，说话的音调和音量也相似时，就很难同时听到两个人说的话。想象一下，一个学生在努力听教师讲课的时候另一个同学在她耳边说话，那她既无法听讲，也无法听清同学在说什么。

任务的复杂性或难度是影响注意力的第三个因素。比如把纱线卷成一个球这样的简单任务，需要的注意力相对较少，而且这样简单的任务很容易与其他事情同时完成。看一部轻松的喜剧、玩拼图游戏、和家人谈谈明天的日程安排，这些都是可以同时完成的任务。但是，为了诊断而阅读病史或组装一套复杂的电路，就需要更全面且集中的注意力了。当一项学习任务的学习者几乎没有先前知识时，他可能需要更多的注意力。如前所述，在"会计关键时刻"的培训中，本杰明和梅森在参加培训时可能会感到困难，因为他们对正在讨论的内容没有足够的先前知识。

当过度执行学习任务（即使是复杂或困难的任务），或者信息来源变成习惯性的且学习者采用死记硬背的方式时，自动性（automaticity）就会产生，注意力需求就会下降。驾驶汽车就是一个很好的例子，它说明了自动加工和控制性加工之间的区别（Shiffrin & Schneider，1977，2016）。在大多数情况下，驾驶任务是自动的，例如，驾驶员可以边开车也专心听广播节目。但是，当交通繁忙或发生一些需要驾驶员集中注意力的不寻常事件时，驾驶就会转向控制性过程。此时，驾驶员必须更加密切地关注驾驶，从而听不到正在播放的广播内容。

我们已经发现了儿童和成人的注意力方面的差异，这解释了他们在工作能力上的差异。相对于儿童来说，成年人懂得更多，拥有更好地控制注意力的策略，能更好地专注于学习任务的相关方面。他们也不太可能分心或难以停止不相关的刺激。随着时间的推移，年轻的学习者也发展了这些能力，他们不仅能通过学习发展能力，还通过成熟期的变化来发展能力。此外，"工作记忆研究中最稳健和……最重要的发现之一是，工作记忆能力（working memory capacity）跨度测量预测了非常广泛的高阶认知能力，包括语言理解、推理甚至一般智力"（Engle & Kane，2004）。这使得制定教学策略以优化学习环境和避免加重个体学习者的工作记忆负担变得更重要。这就是认知负荷理论的目的，我们将在第 7 章进行讨论。

工作记忆的持续时间

信息在工作记忆中保留多长时间像是激活、排练（rehearsal）和衰变（decay）的一个函数。这一点可以用玩杂耍的比喻来说明（Nairne，2002）。想象一下，一个玩杂耍的人试图让四个盘子悬在空中。被抛高的盘子数代表了被激活的数量，再抛起类似于保持激活量的排练。

选择哪些盘子要重新抛起类似于注意力，当任何没被抓住的和没被选择的盘子由于重力作用而自发地落在地面上，从而使其无法收回时，就会发生衰变。用玩杂耍做比喻与现象学的经验非常契合，与工作记忆的历史数据也非常吻合。

例如，在序列位置效应的早期研究中，被试被要求学习一组单词或无意义的音节。通常，快速呈现 15 个或 20 个音节，在最后一个音节之后，被试会尽可能多地回忆音节。你可以猜猜他们记忆最深刻的是什么——是列表末尾的音节还是最后看到的音节。用玩杂耍的比喻来说，这就像连续把盘子抛到空中，在回忆任务之前没有任何时间去接住盘子，也没有时间重新抛盘子。由于所有的盘子都是一样的，任何一个盘子没有理由比另一个盘子抛得更高，所以时间是它们到达地面的顺序的关键因素。在所有的盘子都掉到地上之前，被试只能回忆出最近的那个盘子。

涉及连续位置任务的研究也揭示了另一种现象，这种现象被称为首位效应。当以较慢的速度展示音节时，被试不仅记住了列表上的最后一个音节，而且也记住了第一个音节（见图 3-6）。原因可想而知。在列表开始时，记忆中只有几个项目，被试有时间在项目之间排练他们看过的所有项目。换句话说，玩杂耍的人有时间再抛起掉落的盘子，但随着更多的盘子飞向空中，他就跟不上了。随着排练任务变得越来越困难，越来越少列表中的音节能得到排练，但和之前一样，被试将最后的音节回忆得很好，因为在回忆的时候它们仍然在工作记忆中。

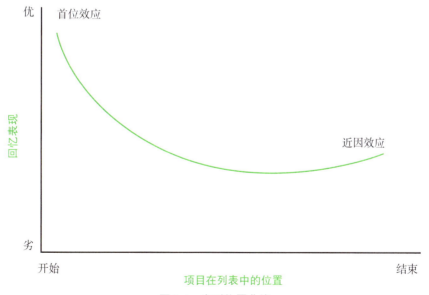

图 3-6 序列位置曲线

就持续时间而言，衰变大致与重力相似，因为未经排练的信息在工作记忆中只能保持 2～3 秒（Brown，1958）。由于排练在工作记忆中起着非常重要的作用，研究人员一直关注着排练到底是怎样工作的，工作记忆中储存了什么，以及如何操纵工作记忆中的信息来完成复杂的认知任务。

工作记忆的运作

也许最具影响力的工作记忆模型来自艾伦·巴德利（Alan Baddeley）（Baddeley，2000，2012，2016；Baddeley & Hitch，1974）。他提出了一个由三部分组成的系统（后来修改为四个部分组成的系统）来解释工作记忆是如何工作的。一个中央执行系统引导注意力，两个子系统暂时储存被激活的信息，音系回路储存言语和声音信息，视觉空间回路则储存视觉信息。巴德利（2016）这样描述这一模型：当被要求闭上眼睛，计算出他们所住的房子或公寓里有多少扇窗户时，"大多数人会在'脑海里'形成这间房子的视觉图像，然后四处数窗户的数量。中央执行系统创造并运行策略，画板保存图像，语音循环计数"。使用玩杂耍的比喻，中央执行系统决定以什么顺序扔盘子，画板在脑海中保留目标的视觉图像，语音循环进行投掷。一旦认知任务完成，就没有必要再将信息保留在工作记忆中，信息很快就会被忘记。

该模型被构造出来之后，巴德利（2000）又增加了一个情景缓冲，旨在支持有意识的意识，并能够将视觉和语言特征集成在一起，就像一个结合了口语和相关视觉信息的电视屏幕一样。通过这种方式，这些组件协同工作，以一种可访问且可解释的形式保存信息，可以用于执行认知任务。

除了中央执行功能的位置之外，巴德利的模型可以被视为包含在考恩的模型中（见图3-3）。在考恩的模型中，中央执行系统控制着所有的加工过程，而不仅仅是工作记忆中被激活的部分。巴德利的模型则更具体地提出了多个组件来加工不同类型的感官输入。巴德利（2012）和考恩（2014）指出，他们的模型对工作记忆做出了类似的预测，巴德利认为他们的差异"主要是重点和术语的差异"。

在奈恩（Nairne，2002）的研究中，长期记忆的替换概念是显而易见的，他专注于研究工作记忆中记忆和遗忘是如何发生的，也专注于研究在工作记忆里临时储存了什么。他认为，工作记忆的其他概念并没有明晰工作记忆中被激活的"项目"的性质，也不清楚排练是如何使它们保持活跃的。在他看来，玩杂耍的比喻会导致遗忘的误导性结论：重力是固定的，所以如果不加以控制，盘子就会以固定的速度落向地面——被人遗忘。然而，大多数数据表明，遗忘率是可变的，它取决于原始输入的性质、随后发生的刺激干扰，以及保留任务的特征。换句话说，不管记忆时间间隔如何，有意义的信息更容易被记住，而之后类似的信息会干扰目标信息的记忆。干扰现象就像你的伴侣告诉你一个清单，罗列了你需要在回家的路上买的东西。你边点头边想："香蕉、牛奶、饼干、麦片、苹果……除了苹果，你还想吃别的水果吗？"这是一个很短的清单，很容易就能记住，但苹果和香蕉都是水果，这一相似性造成了干扰。

因此，奈恩提出，工作记忆中的记忆像长期记忆一样是由线索驱动的。他将工作记忆概念化为记忆特征或线索的临时储存库，学习者利用这些特征或线索来重建刚刚发生过的事情。遗忘发生在线索被覆盖或因干扰而退化时和目标信息检索失败时。奈恩对工作记忆的观点为工作记忆和长期记忆中的记忆和遗忘提供了一个统一的观点，表明基于线索的检索无论是在短期还是长期都是一样的。

轶事证据（anecdotal evidence）与工作记忆和长期记忆之间界限模糊相一致。例如，如果在一场 50 分钟的讲座后进行突击测验，学生最有可能记住了课堂前 10 分钟和测验前最后 10 分钟所讨论的内容。同样地，大多数记者都坚持这样的原则，即重要信息应该放在文章的开头和结尾，因为读者最容易记住这些段落。此外，长期工作管理的概念被提出，以说明熟练的操作员在执行复杂任务时将大量信息牢记在心的能力（Ericsson & Kintsch，1995）。例如，棋手可以在没有棋盘的情况下下棋，他们能记住棋子的位置以及自己和对手的走法；检索指引提供了在玩游戏时随时获取信息的手段。

在工作记忆中，检索指引对于获取信息具有重要意义，而长期学习则需要额外加工来整合新旧信息。对于学习来说，维护排练是不够的。维护排练是为了激活和维护信息的一种信息排练。学习者会认为简单的重复是学习和长期记忆的有效方法，如在算数、拼写单词等高强度学习的情况下。他们可能是正确的，但重复更复杂、更有意义的信息，将无法确保学习者已经理解了新概念，也无法确保学习者能够利用这些概念举一反三或解决问题。

工作记忆和编码

编码（encoding）是指将刚输入的信息与已知概念和想法联系起来以使新材料更易于记忆的过程。如果任由自然倾向，人类总是会试图让事情变得有意义，把一些新的经验融入他们已知事物的结构中。在知觉和注意力中就能看到这方面的证据，我们可以认为这是编码的起点。然而，编码也可以使这些早期启动的内容永久存在。

研究表明编码可能以各种各样的方式进行，无法在此以任何全面的方式进行概述。但是，简要考虑已经研究过的编码方案的主要类型是有用的。首先，组织的概念长期以来一直是心理学家和教育家的兴趣所在（Bousfield，1953）。人们会把相关的信息分门别类，以便更好地学习和记忆。即使信息看似不相关，学习者也会把自己的主观意志强加在材料上，以便学习材料（Tulving，1962）。为了帮助学习者有意义地组织材料，大纲（outlines）（Glynn & Divesta，1977）、层次（hierarchies）（Bower et al.，1969）和概念树（concept trees）（Tessmer & Driscoll，1986）被证明是有效的。

助记法（mnemonics）和调解（mediation）（Matlin，1983）提供了其他有效的编码方式。例如，通过故事的形式将单词连接在一起来更好地学习一组不相关的单词（Bower & Clark，1969）。故事充当了调解人的角色，让清单上那些本身毫无意义的文字更令人难忘。对幼儿的阅读学习来说，这是一个益处良多的策略。对幼儿而言，单个单词一开始可能没有太多意义，但是，当孩子们在写故事时加入某些特定的单词，他们通常会发现以后阅读和识别这些单词会更容易。类似地，诸如 ROY G BIV 或 FACE 的助记法有助于学习和回忆光谱中的颜色，以及音乐中高音谱上的音符（reviews of mnemonic strategies by Levin，1993；Scruggs et al.，2010）。

最后，图像可以是一种非常有效的编码信息的手段。视觉图像的图片（levin & kaplan，1972）或简单地形成与文本材料相关的图像（Kulhavy & Swenson，，1975）可以有效地促进学习。一些教师发现，将这种方法与故事创作相结合，不仅可以促进学习，而且可以激发学生的学习动力（D. Cooper，1992）。

孩子们通过画插图来"发表"他们的故事。这样做，他们以一种非常个人的、有意义的方式加强了对单词的理解。

在结束这个话题之前，还是要指出一点：几乎任何精心编码的方法都比单纯的信息重复更利于学习。但使用哪种方法最好取决于学习者和学习材料。此外，已经形成独特而有效的编码策略的学习者不一定能从教学所强加的某些策略中获益。出于这个原因，人们对如何教学习者有效地开发并运用他们自己的策略产生了相当大的兴趣（Levin & Pressley，1986；Pressley & Levin，1983；Segal，Chipman，& Glaser，1985）。

例如，可以鼓励学习者发明自己独有的助记法。参加马西（Marcy）举办的一个研讨会的"酒后驾驶"项目的教员发明了"VOMIT（呕吐）"这个缩写词，以提醒参与者饮酒对驾驶工作的影响。（她已经想不起每个字母代表什么了，但毫无疑问，这些字母对参与者起了作用！这仅仅说明了个人助记法的有效性：对一个学习者有用的东西对其他学习者未必有效。）

自我提问也被认为是学习者将他们在课堂上听到的或在教学印刷材料中读到的信息进行编码的一种手段。有时，学习者会问自己一些问题来帮助理解材料，例如，"这个概念的含义与上一页讨论的内容有何不同"；还有一些问题需要举一反三，从而可以帮助学习者把新的信息和他们已经学过的知识结合起来。

为了让自我提问成为一种编码策略，一些学习者可能需要学习如何提出"好问题"（Snowman，1986）。教师可以通过问学生："你能问自己什么问题来确定你理解了？"然后对学生的回答进行反馈。此外，如果学生在课堂考试中使用基于事实的低水平问题进行评估，他们很可能会问自己同样类型的问题。要求学习者在课堂上和评估中展示推理思维也许会促使他们在编码时提出更多的自我推理问题（Ormrod，1990）。在第 6 章中，我们将讨论这一问题以及其他能将新信息与学习者先前知识联系起来的问题。

在关于工作记忆的这一节中，我们已经探讨了永久记忆的某些方面，事实上也的确存在永久记忆。实际上，将工作记忆过程与长期记忆过程完全分开几乎是不可能的，因为它们是密切相关的。例如，由于记忆过程在整合新旧信息方面的作用，在长期记忆的框架下，编码可以像在工作记忆的框架下一样易于讨论。当我们要考虑如何长期储存、记忆和遗忘时，编码将继续发挥重要作用。

长期记忆

你还记得昨晚吃了什么，或者你去年生日做了什么吗？也许你还记得某次希腊之行，在那里最难忘的事情是你骑着驴从陡峭的堤岸上滑下来，难忘的人有早上九点给你一杯茴香酒的店主，以及不断重复"非常抱歉，没有空房"的酒店经理。现在考虑一下这些记忆与你的知识有何不同：抗生素是用于治疗细菌感染的，而不是治疗病毒感染的；建立每月预算使你能够监控你的收入与支出，并为未来储蓄。虽然这些都是你保留在长期记忆中的信息的例子，但它们的不同之处在于，前一种是你独有的特定经验，而后一种是其他人共享的给你的一般知识。

图威（Tulving，1972）是第一个区分情景记忆（episodic memory）和语义记忆（semantic memory）的人。他认为这是两个信息加工系统，每个系统都有选择地接收信息，保留信息的某些方面，并根据需要检索信息。情景记忆是对特定事件的记忆，比如你记得在希腊骑驴下山的细节。语义记忆指的是储存在记忆中的所有一般信息，这些信息可以独立于它的学习方式而被回忆起来。例如，你可能不记得你是如何学会做个人财务预算的，因为你学会预算的环境并不是特别难忘，但你记得预算的基本方法。

第三种类型的长期记忆是内隐记忆（implicit memory），它指的是你可以无意识地、毫不费力地记住的信息。内隐记忆的例子包括经常练习的技能，如骑自行车或滑雪。你不需要有意识地记住如何使用这些技能；即使你已经多年没有用过这些技能了，你也可以不假思索地再次使用它们，还可以用得很好。因为内隐记忆通常是程序性的运动技能，所以内隐记忆有时也被称为程序性记忆。

虽然记忆的类型是相关的，但最受教育者关注的是语义记忆。一般来说，在学校或任何教学环境中应该学习的内容本质上都是语义的。对于如何在记忆中表示和储存语义信息，如何检索语义信息以供使用，以及如何遗忘语义信息，人们已经提出了各种理论。随着计算机技术的进步，研究人员开发用于人类记忆建模和模拟智能的系统的能力也在提高。你将在每个模型中看到技术对于长期记忆如何被概念化和被研究的影响。这也是人工智能（AI）的基础，人工智能的目标是通过编程让计算机有像人类一样的行为和学习方式。近年来，也有越来越多的神经科学方面的研究试图了解记忆是如何在神经层面工作的，这些内容将在第 12 章进一步讨论。就我们的目的而言，从认知的角度研究对长期记忆的了解以及对教学产生的影响是有益的。

信息的表征和储存

信息在语义记忆中的表征方式和储存方式，是长期记忆研究中的一个中心问题，也是几个世纪以来研究人员一直关注的问题。考虑到任务的难度，必须回答以下问题：长期记忆中究竟储存了什么？它是如何代表一个人所拥有的知识的？是否有与我们的感官相对应的不同种类的知识表征？例如，视觉记忆与思想记忆或气味记忆的表征和储存方式是否不同？记忆之间的关系是如何表示的？我们如何解释记忆中的个体差异？

表 3-2 总结了四种类型的模型，用于说明长期记忆中的信息储存。所有的模型都假设情景记忆是单独储存的，因此它们的重点完全放在语义记忆上。

表 3-2　长期语义记忆的拟建模型

模型类型	表征假设	模型解释的数据	模型面临的困难
网络模型	在一个庞大的互连网络中储存符号节点或命题。发展到包括基于规则的问题解决过程	记忆的个体差异 快速识别类型与财产关系 要点记忆	高度复杂，需要许多假设才能成功运行最新模型
基于样本的模型	样本储存，即一组概念或问题特征集	概念和问题的典型性，"模糊集"学习的渐进、动态性质	笨拙且无法解释语境的影响
分布式神经网络模型	分布式内存 非符号加工单元之间的联系	在大脑中植入记忆的可能性	不能很好地解释超出精确教导的泛化
双码模型	两类不同系统的代表： 言语系统储存文字，视觉系统储存图像；不具体说明表示的性质	具体文字和思想的记忆优势	如何衡量具体性和意象

然而，以上模型对信息在记忆中呈现的方式、模型能解释的记忆现象和模型不能解释的数据所做的假设是不同的。例如，网络模型（network models）（Collins & Quillian，1969）假设记忆由庞大的相互连接的节点或命题组成。在早期的网络模型中，节点代表概念，它们通过彼此之间的关系相互连接，所以翅膀是鸟类的属性，而苍鹭是鸟类的一种。

在后来的网络模型中，命题取代了概念节点作为记忆的基本单位（Anderson & Bower，1973）。命题指的是一种组合，它包括主语和谓语。因此，记忆中的不是表示内存中节点的"鸟"的概念，而是"鸟有翅膀""鸟会飞""苍鹭是鸟"等命题。约翰·R. 安德森（John R. Anderson）提出的模型或许是最全面的记忆网络模型，该模型强调命题的结构。当安德森及其同事构建出一个认知架构，该模型已经变得极其复杂。该知识架构不仅试图对储存在长期记忆中的语义信息储存方式进行建模，还试图对它解决问题的方式进行建模。理性思维的适应性控制（adaptive control of thought-rational，简称 ACT-R；Anderson，1976，1983，1996；Anderson et al.，2004；Schooler & Anderson，1997），最初被称为思维的适应性控制（adaptive control of thought，简称 ACT），现正在探索预测大脑实际功能的能力（Borst & Anderson，2015）。

起初，网络模型假设长期记忆的加工是以串行方式发生的。例如，假设一个学生正在阅读关于海岸线生态系统的材料，他看见一个关于苍鹭的句子。这句话将激发起学生一系列的记忆搜索，通过一次检索一条信息来想起关于苍鹭的其他事情。一次检索一条记忆路径不是特别有效，所以串行加工的假设让位于并行加工的假设也就不足为奇了，并行加工的假设指的就是一次检索多条记忆路径。

分布式神经网络模型（distributed neural net models）不仅假设记忆激活是一个并行过程，而且假设记忆本身是呈分布式排布，而不是像网络模型中那样跨概念节点或命题。相反，我们认为记忆是通过连接的非符号神经单元分布的，这些神经单元的运作方式类似于大脑中的实际神经元（McClelland，1988，1994；McClelland et al.，1986；Rumelhart，1995）。这些内容难以想象，所以贝赖特（Bereiter，1991）提出了一个"粗略的物理类比"来理解分布式神经网络是如何工作的：

> 想象一下，在一个光秃秃的房间中有成百上千个飞盘，它们通过粗细长短各异的橡皮筋相互连接。每面墙上都有一个夹子，你可以把飞盘固定在上面。取任意四个飞盘，在四面墙上每面夹一个。当这四个飞盘互相连接的时候，就会产生一个振荡。随着时间的推移，振荡将停止，飞盘种群将稳定在一种模式中，这种模式反映了橡皮筋施加的张力之间的平衡。

如果有人改变了固定在墙上的飞盘，或者改变了连接飞盘的橡皮筋的长度和粗细，振荡就会再次发生，从而形成一种新的模式。因此，知识体现在神经元之间的连接和单元相互作用时的特定激活模式中。神经元本身并不与单个神经元相对应，而是像一组具有共同目的的神经元一样运作（Pew & Mavor，1998）。

基于实例的模型（exemplar-based models）提供了与网络模型和神经网络模型完全不同的记忆概念。这与为了解释感知而提出的原型模型类似，这些模型假定概念和问题的实例储存在记忆中，当遇到新的实例时，这些实例就会被激活。这些实例是根据经验和实践创建的，包含共享特征的多个概念和问题（Smith et al.，1974）。面对新的问题或概念，学习者在记忆中搜索可以应用于新情境的类似类型的概念或问题。在大多数情况下，匹配不需要精确，只要与先前的经验足够相似即可，以便于理解和解决问题。例如，我们认为企鹅是鸟类，因为它们有一些共同特征（如翅膀和喙），但它们不会飞，所以不适合作为样本。绝大多数的鸟类都会飞，所以鸟类的例子将包含这一特殊特征，像红雀和蓝鸟这样的鸟类将被归类为比企鹅和鸵鸟飞得快得多的鸟类。

在诸如医学或数学等学科领域中，我们很容易想象到基于实例的模型，在给定的分类中存在具有共享特征或步骤的问题或诊断类别。

最后，视觉信息与言语信息是单独储存还是以不同的方式储存的问题是**双码记忆模型**（dual-code model of memory）的核心问题（Paivio，1971，1986，1991）。这个问题的产生是由于人们对帆船、苹果、斑马等具体词语的记忆比自由和正义等词语更容易（Paivio et al.，1969）。当文本用具体的语言而不是抽象的语言书写时，人们会更容易记住文本中的信息（Sadoski，2001）。具体的词语和语言唤起心理意象，并根据双码模型激活记忆中的大量代码。也就是说，研究人员提出了两种记忆表征系统，一种是针对语言信息的，另一种是针对非语言信息的。语言系统代表语言和文字的意义，而非语言系统代表除了视觉之外的心理意象和其他感官形式。任何一种系统都可以单独使用，但是将它们一起使用可以增强记忆，因为在回忆时可以使用两种代码。

网络模型和神经网络模型（neural net model）具有代表学习者个体差异的优点，因为个体的学习史可能形成不同的记忆网络。它们能很好地预测对于要点的记忆，并能迅速识别相关类别和属性关系。另一方面，基于实例的模型更好地描述了我们如何记住"模糊"概念，其中某些模型或多或少属于同一类型。神经网络模型很好地说明了人类学习的增量性质，并且随着连接权重的不断调整，它提供了人类学习的更动态的画面（Estes，1988）。最后，双码模型为解释意象对学习的积极影响提供了一种方法，并与模态特定加工的感觉和工作记忆假设一致。

就像盲人摸象的故事一样，各种模型提供了关于长期记忆的不同看法。每一模型都解释了一些学习现象，但没有一个模型能解释所有现象。例如，基于实例的模型和双码记忆模型没有说明记忆储存是如何发生的。而且，这些模型很难解释语境的影响。语境会或多或少地使概念意义的某些方面变得突出。如果你听到"帮我搬一下钢琴"这句话，你可能会把钢琴想象成一件很重的家具，但是"你钢琴弹得不错"这句话强调了钢琴的音乐特性，并引发了一个不同的形象（Barclay et al.，1974）。

网络模型和神经网络模型中的连接权重的概念有助于解决长期记忆中的一些问题。环境输入会（或来自神经网络内的输入）激活神经元之间的连接，在加强某些连接的同时削弱另一些连接。因为假设单元之间的连接具有不同的关联权重，所以学习发生在不断调整权重的过程中。此外，由于加工是并行进行的，许多不同的调整可以同时进行，并且可以根据新信息进行持续的误差调整。这将解释语境效应，并为解释认知发展提供可能性（McClelland，1988，1995）。一些有关预配的连接权重的知识可以运用到网络中。探索初始记忆结构的不同配置可能会在确定有多少人类记忆是"硬连接"的方面取得突破。

神经网络模型是心理学和计算机科学中的主流观点。像谷歌和脸书这样的技术背后的深层网络类似于心理学中开发的模型，而当今计算机的能力已让具有数十亿连接的网络进行建模和测试成为可能。然而，最近的研究结果对这些模型提出了挑战，因为它们不能很好地解释超出精确教授内容的泛化，所以它们被认为是有缺陷的（Bowers，2017）。似乎符号过程对泛化是必要的，但我们尚不清楚这对记忆模型或学习的神经生物学意味着什么。这将会在第 12 章中进一步讨论。

那么，我们能从长期记忆中的信息储存中得出什么结论呢？记忆是相互联系的，也是有组织的。在学习过程中，记忆容易受到语境的影响，通过练习，记忆会变得更强，当图像和其他非语言代码用于加工语言信息时，记忆也会得到增强。这些性质对检索和遗忘有明显的影响，我们接下来将讨论这一问题。

储存信息的检索

信息一旦储存在长期记忆中，无论它以何种形式储存，都可以被提取出来使用，随着时间的推移这些信息会被保留或被遗忘。相对来说，从长期记忆中检索（retrieval）的过程易于理解。先前知识被带回脑海，或是为了理解一些新的输入，或是为了做出反应。我们已经讨论过用先前知识来感知、理解和编码新材料。但是，根据先前知识做出回应会引发一个问题，即什么样的回应。考虑下面的两个问题，哪个问题可能更难回答？

> 问题 1："esoteric"这个词是什么意思？
>
> 问题 2：下列哪个词是"esoteric"的最佳同义词？
>
> a. essential（必不可少的）
>
> b. mystical（神秘的）
>
> c. terrific（极好的）
>
> d. evident（明显的）

显然，第一个问题比第二个问题更难回答，因为它提供的答案线索更少。线索检索和非线索检索间的区别与回忆和识别间的区别是一样的。要回忆信息，学习者必须给出一个答案，然后确定这个答案是否正确。然而，在识别中，潜在答案已经生成，学习者只需识别哪个答案是正确的即可。

回忆（recall）。在自由回忆情境中，学习者必须在没有线索或提示的情况下检索先前储存的信息来增强记忆。例如，在许多有关记忆的实验中，被试接触目标信息，然后告诉他们"写下刚刚读到的信息中，你能记住的任何信息"。同样，教师也会出这样的试题，比如，"写一篇关于美国参与第二次世界大战的文章"或"描述分布式人类记忆（distributed view of human memory）的观点"。由于不存在潜在偏差检索的线索，我们认为自由回忆的输出准确地表示了记忆中的内容。然而，研究人员发现，在这些条件下被试的回忆量往往很低，向他们提供线索可以增加被试者的记忆总量。

因此，线索回忆任务是指那些通过线索以帮助学习者记住所需信息的任务。当教师在作文题中添加限定词时，就会出现这种情况，例如，"一定要讨论珍珠港事件在改变美国战争政策中所起的作用"。演员学习角色的台词也属于线索回忆——前一行台词是记住下一行台词的线索。

识别（recognition）。与回忆不同的是，识别涉及一组预先生成的刺激信息，将这些刺激信息呈现给学习者，让他们做出决定或判断。在某些情况下，要求学习者确定他们以前是否见过该刺激信息，这一过程类似于新旧识别任务。这种性质的任务在记忆实验中很常见，还被应用于评估阅读理解（Royer，1990，1995；Royer et al.，1984）。例如，学生阅读一篇目标文章，然后完成一个句子验证测试。对句子的验证测试主要有四种类型：（1）来自文章原文的句子；（2）对原句进行释义，改词不改义；（3）意义改变的句子，即改变原句中的一两个词来改变原句的意义；（4）干扰句，与文章主旨一致，但与原句无关。读懂文章的学生应该能够识别原句和释义句，将其归类为旧句，并将意义变化句和干扰句归类为新句。另一方面，那些不能理解文章意思的人，可能会根据与文章中句子的相似性，认为意思变化句和干扰句并不是第一次出现。

两个因素似乎影响着新旧的识别。最明显的是记忆的强度，较强的记忆比较弱的记忆更易识别。但无论记忆的强度如何，仍然需要判定它是否与测试刺激匹配。想象一下，你正在选择与客厅地毯的颜色相匹配的窗帘，也就是必须根据你对地毯颜色的记忆来选定一套特定的窗帘。现在有两种可能情景：（1）窗帘不贵，并且如果颜色不匹配，你可以退货；（2）窗帘昂贵，你必须提前付款，且不能退货。在哪种情景下，你更有可能做出肯定的决定？

影响是否或新旧识别的第二个因素是基于识别任务周围环境的判断标准。即使两种情况下的记忆强度相当并与测试刺激相匹配，高风险条件下的标准还是会比低风险条件下的判断标准更严格。

如多项选择测验中所示，除了是非识别外，还有强迫选择识别。和以往一样，记忆强度在选择特定答案的决定中起作用。然而，决策标准不仅由整个任务周围的风险条件决定，而且由每个测试项目中的干扰因素决定。也就是说，对错误答案的严厉惩罚将减少猜测总量。即使如此，有四个干扰因素时，仅仅通过猜测能得出正确的选项的概率也只是25%。但假设在问题2中，你可以立即消除两个干扰选项。这样一来，答对的概率就增加到了50%——可能这个概率已经高到足以抵消惩罚了。这对考试结构的一个明显提示是：如果学习者被迫猜测，写出的干扰因素被选中的概率相等。

编码特异性（encoding Specificity）。无论预期反应类型如何，学习者在测试时获得的线索都会对检索过程产生很大的影响。研究人员研究了表明编码条件和回忆条件之间关系的两个不同的原则。

本质上，编码特异性原则（encoding specificity principle）规定，学习者使用的任何有助于编码的线索，都将作为该信息在测试时的最佳检索线索（Thomson & Tulving，1970；Tulving & Thomson，1973）。举个例子，想一想以下两个句子："容器装着苹果"和"容器装着可乐"。当你读到这两个句子时，你会想到什么画面？事实上，篮子是第一句话的有效检索线索，却不是第二句的；瓶子是第二句话的有效检索线索，却不是第一句的（Anderson & Ortony，1975）。

因此，检索在很大程度上受编码环境的影响。这表明，在介绍新概念时，展示不同的语境或例子很重要。这样，学生将有许多线索可用来帮助编码，这些线索以后可能用于回忆。如果新信息只在一种语境中出现，学生可能无法在试题中找到足够的线索来检索实际存在于记忆中的信息。

与编码特异性相关的是状态依赖性学习（state-dependent learning）概念。几年前，一项研究让被试在某一情况下学习成对的单词列表，然后在另一种情况下回忆这些列表（Bilodeau & Schlosberg，1951）。在会议（学习或测试）进行的房间、被试是站着还是坐着、单词列表的展示方式，这些情况都各不相同。结果表明，在相同情境下接受指导和测试的人回忆效果最佳。当教学情境与测试情境不同时，回忆会受到影响。自20世纪60年代以来对药物影响的研究表明，这些记忆差异可以用被试在学习和测试过程中的心理状态来解释。在特定的精神状态下（例如，不受酒精或其他药物的影响）获取的信息，在同一精神状态下记忆得最好（Goodwin et al.，1969；Poling & Cross，1993）。然而，大多数研究都测试了对新习得信息的检索。良好的学习反应似乎概括了状态的变化，却破坏了近期习得知识的回忆（Overton，1985）。

在情绪上，鲍尔（1981）也证明了类似的情绪现象。心情愉悦时学会的单词在愉悦的心情下比在悲伤的心情下回忆得更好，心情悲伤时学会的单词在悲伤时回忆得最好。鲍尔认为，情绪就像信息一样，在记忆中被编码。事实上，由药物、强烈的情绪和学习引起的大脑化学变化似乎都可以得到类似的解释。我们将在第 11 章和第 12 章进一步探讨情绪在学习中的作用。

遗忘

在某种程度上，所有的记忆理论必须解决遗忘（forgetting）现象。我们都会遗忘一些事情，但其原因不尽相同。遗忘最常见的原因是编码失败、检索失败和干扰。

编码失败（failure to encode）仅仅意味着在检索过程中查找的信息从一开始就未被学习过。学习者常常有知道的错觉。例如，阅读能力差的人通常无法很好地监控自己的阅读情况，所以他们即使没有读懂文章，也会认为自己读懂了。学习策略无效的学习者也面临同样的问题。他们倾向于把努力等同于学习，而不是监测学习策略的实际效用。例如，我们班上有个学生不明白为什么她在一次考试中取得了如此低的分数。"可是我学了几个小时！"她哭着说。当被问及她是如何学习的时候，她一脸茫然——当然是复习她的笔记和教材。重复的作用只能如此，而详细阐述则可能有助于确保课程材料牢牢地编码在记忆中。

编码失败的概念再次强调了在学习中拥有和激活相关先前知识的重要性。

无法检索（failure to retrieve）已被编码在记忆中的信息是遗忘的第二个原因，也即无法获取先前储存的信息。这类似于在计算机的硬盘驱动器中丢失目录。文件仍然存在，但如果没有适当的线索（即文件名），则无法获取文件，也无法检索文件。在这里，编码特异性和状态依赖性学习有明显的相关性。编码中运用的线索越多，其中的某一线索就越有可能有助于检索。此外，我们假设双码理论是有效的，在语言和意象系统中产生编码线索的频率越高，检索越容易。

增强检索的一种常见策略是记笔记。有时，这被称为外部检索策略（Kiewra，1985；Kiewra & Frank，1988；Kiewra et al.，1991），因为外部检索的产物笔记，充当了学习者外部的记忆储存器。仔细复习笔记的学生往往也比那些简单复习笔记的学生表现得更好（Peper & Mayer，1978），这在本质上优化了编码和外部检索的效果。

最后，早在信息加工理论之前，就有人提出干扰（interference）是遗忘的原因，这意味着其他事件或信息妨碍了有效的检索。麦格雷戈（McGeoch，1932）从两大规律来描述语言材料的遗忘。第一种观点认为，遗忘是学习和测试环境之间相似性的函数，就像编码特定性解释了现在的检索和遗忘一样。第二种观点阐述了干扰的条件，即大量事件和竞争信息会干扰目标信息的检索。此外，干扰可能出现在要记住的信息被获取之前或之后的信息中。例如，当你阅读本章，再阅读下一章，然后又难以回忆起本章的信息时，就发生了倒摄干扰（retroactive interference）。后期学习会干扰对早期学习材料的回忆，特别是随着对后期材料练习的增加。当我们觉得后获取的知识是更近期新获取的，因此对其产生比先获取的信息更强的记忆时，这个道理就说得通了。

然而，先前的学习也有可能干扰后来的学习。这被称为前摄干扰（proactive interference），前摄干扰的程度与最初任务的练习量有关。例如，一个长期打网球的人试图学习壁球。由于两者都是球拍运动，我们似乎有理由相信，了解其中一项运动将有助于学习另一项。但实际却是相反的，良好的挥动网球球拍的技能干扰了最近学会的挥动壁球球拍的反应。许多运动员会发现，就像打网球一样，他们整个手臂都在摆动，而不仅仅是手腕摆动。

在老年人对语言材料的学习和记忆中，也发现了一种前摄干扰（Rice & Meyer，1985）。这并不是因为受试老年人患有记忆缺陷。相反，他们的经验和先前知识太多了，所以他们往往会陷入正在阅读的细节内容，这使他们陷入回忆，而忘记了他们应该回忆的主要内容，也就是发生了前摄干扰。然而，当给他们提示主要观点时，就避免了干扰的影响，老年读者就和年轻读者记得一样多了。

相关人员可以通过提供构建主题如何和相关概念的视觉表达来帮助老年人学习和记忆，这将作为有用的编码和检索线索。同样地，由于成年人在学习和记忆方面的问题似乎是由于学习和记忆速度下降，而不是由于智力下降，所以让成年人按照自己的节奏工作是一种可取的教学策略。最后，成年人也可以像孩子一样学到更有效的编码和检索策略（Fry，1992）。毫无疑问，记忆衰退也可能是由其他情况引起的，如健忘症或阿尔茨海默病。然而，这些原因与教学的相关性相对较小，因此超出了本章的讨论范围。

信息加工在教学中的应用

花点时间反思一下本章讨论的信息加工的阶段和过程。这些阶段和过程对教学策略有哪些启示？本文已经提出了若干建议，并在第 4 章提出了一个基于信息处加工的集成教学模型。

尽管如此，仍然还有些一般性建议值得探讨：

- 提供有组织的指导；
- 安排广泛多变的练习；
- 增强学习者的编码和记忆；
- 增强学习者对信息加工的自我控制。

提供有组织的教学

教学组织一直是研究人员感兴趣的课题，因为人们会试图对任何新的信息施加一些结构或组织，以使其有意义。因此，如果学习者应该以特定的方式理解新信息，那么教学人员就必须组织起来帮助学习者进行理解。教学策略，如表明什么信息是重要的，并提请学习者注意这些信息的具体特征，可以促进选择性注意和适当的模式识别。为了增强编码和检索，以及抵消干扰的影响，也可以使用其他策略，比如使用图像，或以多种方式表示信息。

图示法（graphic representations）在促进结构化知识的获取方面特别有效，结构化知识表明了内容领域中概念之间的关系（Beissner et al.，1994；Jonassen et al.，1993）。诸如语义图、概念图和网络等技术可以帮助学习者分析、阐述和整合主题内容，并说明概念关系。在本书中介绍章节的概念图是图示法的良好示例。若设计得当，图示法将有助于组织和理解所讨论的概念。

安排广泛而多样的练习

大多数学习者都听说过"熟能生巧"这个成语，事实上，它颇具道理。正如前几章提到的，基本技能的自发性是一项理想的教育目标，广泛实践是实现这一目标的方法之一。行为理论家提出过度学习或练习一项技能，直至形成习惯，不需要有意识地关注。从学习运动技能的讨论中可以看出（见第 4 章），练习量并不是惟一重要的变量，练习的种类也很重要（正如运动学习理论家常说的"熟能生巧！"）。

从编码特异性中可以看出，如果从编码到检索，语境都发生了很大的变化，学习者的表现可能会受到影响。大量、多样化的练习可以帮助学习者将学习内容与多种线索联系起来，因此在考试时他们更有可能在一系列适当的语境中回忆起所学内容。

加强学习者的编码和记忆

进入大学时，许多学生都缺乏可以帮助他们在高中毕业后成为成功学习者的技能。通常，他们要实现的目标比他们高中时的目标要困难得多，这足以让他们面临失败的风险。为了帮助学生成为更好的学习者，社区学院和大学提供各种课程和体验，旨在增强学习者的编码技能和记忆力。这些课程所教授的策略直接来自本章所讨论的关于认知和学习的研究，尽管这些课程主要针对的是大学生，但绝不仅限于大学生。中小学教师、教学设计师和培训师，都可以帮助其学生提高自身的编码技能和记忆力。

表 3-3 展示了一些帮助学习者增强编码技能和记忆力的建议策略，还展示了与它们最相关的认知过程或原则。试想一下，你会如何在自己的学习中有效地使用这些策略？或者你会如何在学习者身上使用这些策略？

表 3-3　一些增强编码技能和记忆力的策略

建议策略	认知过程受影响
积极倾听，注意那些暗示重要记忆的线索	选择性注意
以多种方式和多种模式编码信息，使用缩写和图像	双代码，多重记忆连接
将复杂的信息分解为可完成的几个部分	分块
用对你有意义的例子详细说明新信息	编码的详细阐释

（续表）

建议策略	认知过程受影响
积极阅读；将这些信息与自己的生活联系起来，使之个性化	编码的详细阐释
用自己的话做笔记，不要只是逐字逐句地写下来	编码的详细阐释
超量学习，即使你已经掌握了，也要继续练习	排练，自动性
上课当天就复习课堂笔记	艾宾浩斯的遗忘曲线
以类似于需要回忆的方式学习信息	编码特异性
避免酒精、咖啡因、尼古丁或可能导致学习期间嗜睡的药物	情境依赖学习

提升学习者对信息加工的自我控制

当我们把焦点从教学转移到学习者身上时，信息加工的不同方面变得突出，这表明了不同类型的教学应用。在本章前面提到的执行控制过程，使学习者能够在工作记忆中引导注意力和加工信息。在元认知的框架下，这些过程已经得到了研究（Brown，1980；Duell，1986；Flavell，1979）。元认知（metacognition），也叫条件性知识，是指个体的思维意识以及伴随这种意识的自我调节行为（Prawatt，1989）。

> 在学习和解决问题的过程中，有代表性的调节行为包括：知道自己何时知道，何时不知道；预测个人行为正确性和结果；提前计划并有效分配个人认知资源和个人时间；检查监督个人解决方案及学习的尝试（Gagne & Glaser，1987）。

本章没有完整阐述目前已知的元认知技能及其习得知识，感兴趣的读者可参阅德里和墨菲（Derry & Murphy，1986）、迪尤尔（Duell，1986）对该论题的精彩评论。然而，研究结果通常表明，元认知能力取决于个人变量（person variables）、任务变量（task variables）、策略变量（strategy variables）及这三者之间的相互作用（Duell，1986）。

就个人变量而言，老年学习者似乎能比年轻学习者更好地了解自己的记忆力及记忆局限性。尽管似乎各个年龄段的学习者都能够学习各种记忆策略，但在使用这些策略时，老年学习者更有计划性和目的性。此外，证据表明，与其他儿童相比，有学习障碍的儿童学习效率更低，也缺乏学习计划性（Torgeson，1977）。这表明教员应该时常提醒年轻学习者及缺乏计划性的学习者何时使用记忆策略，以及如何使用记忆策略。

任务变量是指影响元认知策略使用的教学内容差异。例如，对学习者来说，将会用非常普通的学习策略来处理新信息。随着学习者对某一学科愈发精通，或如果他们将要学习的内容与他们已非常精通的另一学科有关，他们就会更多采用特定特殊的策略处理新信息（Gagné & Driscoll，1988）。对于使用或建议使用的特殊策略的教员来说，他们应该知道自己的学生对将要学习的内容的掌握情况。

最后，策略变量与元认知策略本身有关，还与学习者进行编码、储存和检索信息的各种方式有关。有些策略非常简单，只要告诉学习者怎么做，他们就能很容易习得。例如，将复杂或长时间的学习任务分成可处理的几个部分。然而，其他策略需要广泛的实践才能方便有效地运用。例如，用推理问题做笔记或进行自我提问。

教育工作者普遍认可自我调节技能在学习中的重要性，这在第 11 章中尤为明显。成功的学习者在他们的学校和学习经历中习得并完善这些技能，但那些不太成功和不太熟练的学习者又是怎样的呢？教导学习者在其学习中发挥积极且有目的的作用，一直是教员和研究人员关注的问题。现在有培训学生元认知或学习技能的课程（Dansereau et al.，1979；De Bono，1985；Feuerstein et al.，1980；Wang & Palincsar，1989；Weinstein，1982），其中一些针对大学生，另一些针对年轻学习者。一些关注与特定科目有关的特殊领域技能，如阅读理解，另一些则训练能运用在广泛的任务中的更通用的策略；一些和学校课程结合，另一些则作为独立的学习技能教程。

尽管这些方案五花八门，但有效的方案似乎至少有两个共同的标准。首先，学习者必须具有可能与他们正在学习的策略相关的先前知识基础。特别是当学习者对所学学科知之甚少时，特殊领域的策略是无用的。其次，学习者必须知道何时可以有效地采用各种自我调节策略，以及为什么可以采用这些策略（Prawatt，1989；Pressley et al.，1984；Sawyer et al.，1992）。知道如何变得有计划性还不足以保证真正的计划性，拥有类似这样的条件知识并不能保证个体总是运用这种知识。但是，意识到这种行为何时以及为什么有助于推进学习目标，有助于激励学习者参与元认知和自我调节。

结语

与行为理论家相比，信息加工理论家在追求理解和阐释学习的过程中侧重于认知。然而，他们绝不是唯一思考心理活动或学习进程中大脑中发生什么的人。其他的认知观点是在平行的轨道上发展起来的，它们更深入地考察了发展和先前知识在学习中的作用。这些观点将在第 5 章和第 6 章介绍和讨论。不过，我们首先将在第 4 章，即四个应用章节中的第一个章节，探讨行为和认知理论是如何产生强大的教学理论和策略的。

反思性问题与活动 ＞＞＞＞＞＞＞＞＞

1. 根据第 1 章介绍的认识论传统来思考信息加工理论。认知信息加工理论家与何种传统最为接近？有什么证据支持你的选择？

2. 在通俗文化和文学中寻找计算机隐喻学习和记忆的例子。《星际迷航》（*Star Trek*）的早期剧情很可能是其来源。根据本章讨论的信息加工模型，分析人物的行为。科幻小说是否违反了这些模型的假设或特点？若这些违规行为确实属实，请思考它们对学习和教学的影响。

3. 使用第 2 章问题 4 中描述的相同的学习情节，制订一个基于信息加工理论的改善行为表现的计划。该计划和你的行为主义计划有什么不同？计划分别突出了学习的哪些方面？它们是相互排斥的，还是联合起来更有效？

4. 假设"会计关键时刻"情景中的威廉向你求助改进他的培训，基于信息加工原则，你会提出什么建议？

✿ 第 4 章知识导图

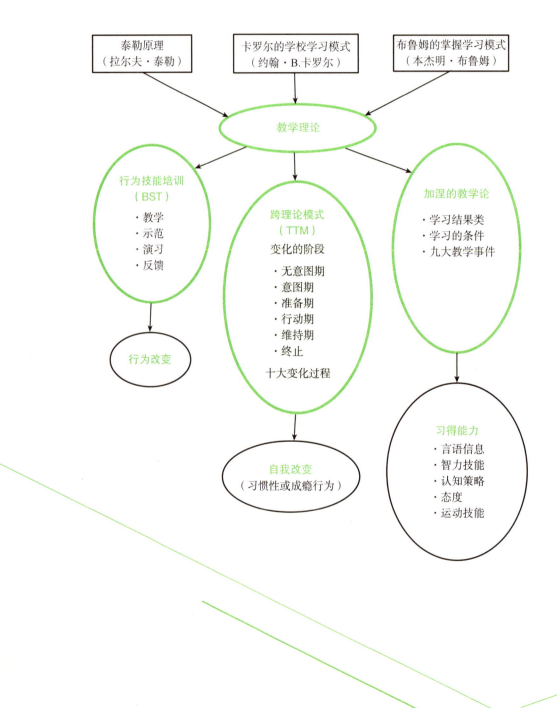

第 4 章
行为与认知教学

PSYCHOLOGY OF
LEARNING FOR INSTRUCTION

• 继续教育

近些年来，各类学校等大多数单位对在工作场所发生的不当性行为问题愈发敏感。针对这一问题的政策在不断更新，这揭示了一条明确的信息，即在校园里，性别歧视和不当性行为都是不能容忍的。为了促进所有校园成员都应在创造安全舒适校园环境中发挥作用的价值观，美国一州立大学启动了一项关于不当性行为的培训，并要求所有员工在线完成该培训。培训的重点是针对大学里性别歧视和不当性行为政策，提供与员工报告责任有关的实践，包括支持受害者的保密资源和战略。该培训（又称课程）的目标不言而喻：员工应该尊重同事和学生，拒绝参与任何形式的性别歧视或不当性行为，并对这种行为持零容忍的态度。

• 司机变化 [1]

有车祸史的司机更易采取危险驾驶行为，危及自己和他人的生命健康，也会对个人、经济、职业或社会造成损害。为了帮助他们控制自身不安全的驾驶习惯，并制订切实可行的改变计划，"3-in-3 司机变化课程"（3-in-3 Driver Change Course）专注于培养自我意识，了解改变的必要性，并有利于改变驾驶过程。课程参与者思考他们对驾驶习惯的个人认知，识别车祸的社会和经济后果，并制订个人行为改变计划。教员提供驾驶技巧的指导练习，并在每次驾驶课程后鼓励学员之间互相评价和讨论。教员还协助参与者规划后续支持，以帮助他们遵守对安全驾驶的承诺。

回想一下第 2 章和第 3 章提到的情景，它们与本章的"司机变化"情景有何不同呢？本书中的所有的情景都以某一方式涉及某一学习问题，用来说明整本书讨论的理论。但是，前两章的情景主要集中在学习者上，而本章的情景主要集中在教学上。在某种意义上，对于读者来说，从教员或教学设计者的角度来思考学习，是每一章的目标。毕竟，阅读本书的一个主要目的是获取对学习的充分理解，以解决学习和教学问题。但这是专门讨论教学理论，而非讨论学习理论的 4 章中的某一节。

早期的教学理论方法

1963 年，杰罗姆·布鲁纳（Jerome S. Bruner）在第 18 届美国督导与课程开发协会年会上发表开幕词，他说道："在过去几年里，就像今天任何能洞明世事的人一样，我愈发清楚，心理学和课程设计领域本身都缺乏教学理论。"格拉泽（Glaser，1966）也表达了类似观点，他

---

[1] "司机变化"情景基于一个教学设计项目，该项目导致了佛罗里达州开发了一个"3-in-3 司机变化课程"（3-in-3 Driver Change Course）。该课程旨在用于司机补救计划，目标是帮助改变那些在三年内发生过三次车祸的司机的行为。

写道："鼓励教育实践的科学基础日益增长的力量正在发挥作用。"与历史可以追溯到 19 世纪的学习理论不同，教学理论的有着更现代的起源。人们认为 20 世纪 70 年代是教学理论和教学设计模式应用开始蓬勃发展的十年（Richey et al.，2011），但早在 20 世纪上半叶，学者们的著作就为这一发展奠定了基础。

在这一章中，我们将考察基于行为和认知学习理论的教学理论。然而，在这之前，让我们简单地了解那些把注意力集中在教学上的基础性工作，包括泰勒原理（Tyler Rationale）、卡罗尔的学校学习模式（John B. Carroll's Model of School Learning）和布鲁姆的掌握学习模式（Benjamin Bloom's mastery learning）。对公立学校教育和教育在社会中的作用的关注，是 20 世纪初的一个重大主题（Dewey，1916），所以这些早期的教学理论方法同样关注基于学校的教学也就不足为奇了。

泰勒原理

拉尔夫·泰勒（Ralph W. Tyler）是美国教育和课程理论中大名鼎鼎的人物，因为他在 1949 年出版了一本名为《课程与教学的基本原理》（*Basic Principles of Curriculum and Instruction*）的书。20 世纪 30 年代，泰勒参与了一项被誉为"八年研究"（Eight Year Study）的重大课题，为重新设计高中课程寻找实验基础（Hlebowitsh，2013）。作为评估和评价方面的专家，泰勒构想了他所谓的分析和开发任何课程或教学计划的基本原理。该原理被称为泰勒原理（Tyler rationale），它确定了课程计划的四个基本问题（Tyler，1949）。

- 学校教育的教学目标是什么？
- 哪些教育经历最有可能实现这些目标？
- 教育经验该如何组织？
- 需要采用哪些评估方法来确定教学目的是否实现？

在他的书中，泰勒没有对这些问题做出回答；但是为了研究课程和教学的问题，他提出了研究这些问题的方法。他还提出，这种研究应考察学习者的特点、当代生活的经验、社会目标和专业知识。所有这些要素加在一起，成为有效的课程或教学计划的有力基本原理。泰勒的前三个问题与第 1 章定义的教学理论完全一致。有趣的是，第四个问题预示了教学设计理论和评估将在教学设计和开发中发挥的作用（Richey et al.，2011）。

卡罗尔的学校学习模式

虽然约翰·卡罗尔（John B. Carroll）是斯金纳的学生，但他和斯金纳有所不同，他对动物行为的实验研究不感兴趣。他更喜欢研究人类，并对语言和语言学充满热情。由于对心理学充满兴趣，卡罗尔结合了自身这一兴趣，专攻于心理测量学，特别是与外语能力评估有关的研究。他的研究表明，语言学习能力弱的人比能力强的人要花更长的时间，才能达到同一学习标准。将这一研究发现应用到其他认知技能或学科的学习上，就形成了卡罗尔的学校学习模式

（model of school learning）。

简单来说，卡罗尔的模式将学习看成关于时间的函数（1963，1989）。能力倾向（aptitude）指的是学生学习给定任务所需的时间。学习机会（opportunity to learn）指的是允许学习发生的时间。毅力（perseverance）指的是学生愿意投入学习的时间量。如果学生投入学习的时间量低于他们的能力倾向，或者他们愿意投入学习的时间量低于按照他们的能力倾向所需的时间，那么他们的学习成果就会劣于投入足够时间量的高能力倾向学生，或者愿意投入更多时间的学生。卡罗尔认为，只要另外两个变量达到最佳状态，即教学质量（quality of instruction）和学生理解教学的能力（ability to understand instruction），这些关系就会持续。也就是说，所有的学生都应该有接受高质量教学的机会，并且他们必须能够理解他们所接受的教学。如果其中任何一个因素没达到最佳状态，那么学生同样需要投入更多的学习时间。

卡罗尔的学校学习模式将大量对于教育研究的注意力引导到任务时间（time on task）和学术学习时间（academic learning time）上，但卡罗尔在对该模式25年的回顾中表示了一些惊叹。虽然该模式不直接涉及学生在教学中的实际做法，但卡罗尔认为该模式对学习至关重要。"我一直提醒大家注意，重要的不是时间，而是在这段时间内发生的事"（Carroll，1989）。卡罗尔进一步解释道，"我们没有完全将时间作为一个变量"，也没有对什么是高质量的教学进行足够的讨论。然而，该模式在其时代确实催化了研究和发展，并影响了布鲁姆的掌握学习模式的思想，我们接下来将讨论这一模式。

布鲁姆的掌握学习模式

1963年，布鲁姆首次提出的掌握学习（learning for mastery）构想是源于卡罗尔的学校学习模式，并从斯金纳等人的研究中攫取了灵感。卡罗尔认为能力倾向是关于学生学习时间的函数，布鲁姆认为如果该观点是正确的，那么应该遵循的是，如果有足够的时间和最佳的指导，90%以上的学生应该可以掌握所有学习任务。但布卢姆表示，在大多数课堂上，教师对能力倾向的概念来自他们对评分标准曲线的使用。也就是说，大多数教师预期大约三分之一的学生会有极大收获，另三分之一的学生对所学知识实现了"充分"（adequately）学习，最后三分之一的学生不及格或"勉强及格"（just get by）。为了改变这种状况，布卢姆呼吁教育工作者关注教学质量，将其作为学习的一个重要变量，并找到能够使学生达到高水平的方法和材料。

然而，布卢姆的教学质量观偏离了当时的主流做法，因为他强调的是满足个体学习者的需要。换句话说，学生应该在教学过程中采用最适合他们个人入门特点的学习条件，而不是采用对群体来说的最佳方法。考虑到卡罗尔模式中的其他变量，这意味着高质量的教学应该允许学生按照自己的节奏学习，提供适合他们个人能力水平的学习材料，并促进他们在学习环境中的毅力。在这些条件共同作用下，学生们将达成掌握学习。

在对掌握学习策略的研究中，布鲁姆（1963，1976）强调了其他对所有教学理论都很重要的一些问题。例如，我们必须能够定义什么是掌握，或以其他方式具体说明预期的学习结果；

我们必须明确学习任务的性质和教学策略，为学习个体提供高质量的教学。而且，类似于泰勒对评估的关注，我们必须确定学生是否有效地掌握学习，如果答案是否定的，我们还必须确定如何改进教学以确保学生能够掌握。

小结

从泰勒、卡罗尔和布鲁姆创建的基础开始，人们对教学心理学的兴趣在 20 世纪 70 年代和 80 年代不断增长，因为大多数人认为学习研究的目标是最终适用于有效的教学设计（Gagné & Rohwer，1969）。在某些情况下，研究结果提出了可以立即应用于教学情境的策略。在前两章中，我们试图提供可以从行为和认知研究中合理推导出来的应用。在其他情况下，不断增加的研究发现带来了更全面的教学理论和模型的发展，提供了比单一策略更广泛的适用性。这些就是本书应用章节的主题。当你阅读这些章节时，你会注意到我们使用的术语*教学理论*（instructional theory）和*教学模式*（instructional model）几乎是可以互换的。原因如下。

第一，除了范围大小外，很难明确区分理论和模式。一般来说，理论比模式更具有广泛性和包容性，同时，模式也比教学策略、战术、方法或程序更具广泛性和包容性。一个理论可以结合多个模式，这取决于该理论应用领域的定义方式。每个理论或模式大概率将会有多种策略或手段来实施其教学规定。最详细的层次是用一步一步的过程来指导创建指令的具体操作。

第二，我们在应用章节中讨论的研究人员以各种方式描述了他们的方法，例如，把他们提出的原则称为模型、理论、方法或一套指导方针。然而，他们的方法通常与我们在第 1 章中提出的教学理论的定义是一致的（见图 1-3）。也就是说，这些方法是规范性的，并且它们确定了为实现某种学习目标提供必要学习条件的教学原则。

第三，我们试图将结构和组织强加于各类研究领域，这些领域有时是混乱的，它们的发展或未来方向尚不明晰。随着世界变得愈发复杂，关于学习及其在教学中的应用的研究也变得愈发复杂。理论家可能会不止从一个研究中归纳总结出他们的观点，这对随后产生的理论分类和模式分类造成了困难。

在接下来的章节中，你将看到一个跨越多种视角不断演进的共识，这一共识有关于学习和教学的共同信念和实践。至于教学理论，其有效性的衡量标准是其吸引力、实践者的使用，以及对其阐述的原则的持续研究。

在这一章中，我们讨论了三种植根于行为和（或）认知视角的学习教学理论。行为技能训练（Behavioral Skills Training，简称 BST）包括一种特殊的应用行为分析方法，这已经在第 2 章中简要介绍和讨论过了。行为技能训练广泛应用于从幼儿到成人的个体中，以达到期望的他们的行为改变。和行为技能训练一样，行为改变的*跨理论模式*（transtheoretical model，简称 TTM）植根于行为主义，但它集成了更广泛的改变原则，专注于帮助个体改变自己的行为。跨理论模式主要用于减少习惯性行为或成瘾行为（如吸烟），也运用于增加健康行为（如体育活动），人们已经在一系列应用中对跨理论模式及其组成部分进行了广泛的研究。最后，加涅的学习条件（conditions of learning）集合了行为和认知的观点，形成了一种综合的教学理论，其原理是不同的学习目标需要达到特定和独特的学习条件。

行为技能训练

很难界定行为技能训练的确切来源。最近关于行为技能训练干预措施有效性的研究，似乎认为该训练是一种成熟的方法。参考行为技能训练的早期研究，当时的研究通常将其描述为一个既定的教学模式。追溯其历史悠久的引用，最终会激起对什么是行为分析应用程序的讨论（Baer et al.，1968）。贝尔（Baer）及其同事（1968）认为，BST 必须满足以下标准。

- 行为改变具有社会意义上的重要性，而不仅仅是理论意义上的重要性。
- 对行为进行了可靠的定量测量，具有实用价值。
- 实验分析清楚地证明了什么是行为改变的原因。
- 对促成行为改变的所有程序进行了技术上的准确描述。
- 随着时间的推移，可以证明行为改变是持久的。

虽然这些标准与任何行为分析的应用都相关，但它们为行为技能训练成为一个具体应用提供了基础。

一项关于员工培训中示范和反馈影响的研究，将行为技能训练定义为一套标准格式的程序。"首先，受训者接受简单的教学和目标行为的示范演示。接下来，他们进行角色扮演或参与目标行为，并观察他们在其中的表现。然后，他们在角色扮演或测试环节收到关于表现方面的反馈"（Krumhus & Malott，1980）。作者没有称其为行为技能训练，而只是对其进行了描述。这项研究证明了建模作为一种训练程序的显著有效性，而教学本身对行为的影响微乎其微。然而，本研究中的示范包括提供目标行为的实例和非实例（即行为技能训练方法中的示范）以及学习者对行为的实质性实践（即行为技能训练方法中的角色演习）。

BST 的组成部分

到 2004 年，"行为技能训练"一词被创建时，行为技能训练就是一种既定的教授新技能的方法，这些技能用于定义和衡量个人行为的变化。由于行为技能训练以行为为重点，通常由训练有素的教员或行为分析师一次只对一名学习者实施。然而，一些例子表明，行为技能训练已经在小团体中成功实施。训练包括四个部分：教学（instruction）、示范（modeling）、演习（rehearsal）和反馈（feedback）（Sarokoff & Sturmey，2004；Ward-Horner & Sturmey，2012）。

教学描述了获取目标行为的目的和过程，但它们也可以指导学习者在整个训练过程中的行动。教学通常以口头或书面形式出现，也可以集成为媒介格式，如视频。

例如，在第一项研究中，实验人员向每位特殊教育教员提供了一份程序的书面副本，这些教员正在学习对自闭症儿童实施一种特殊的教学方法（Sarokoff & Sturmey，2004）。在第二项研究中，实验者向工作人员口头描述了进行功能分析的目的和程序，即要学习的目标行为（Ward-Horner & Sturmey，2012）。在第三个实验中，实验者使用视频来结合教学和建模，向父母演示儿童汽车座椅的正确安装方法（Giannakakos et al.，2018）。最后，在一项针对学龄前儿童的研究中，训练中的成年人根本没有对儿童进行教学。他们首先为孩子们将要学习的自我保护技能做出示范（Poche et al.，1981）。

基于 BST 干预措施的各种调查研究结果都证明了将其作为一套培训方案的有效性。如何进行教学，或者是否进行教学，取决于学习者的特点以及要学习的目标行为。对不具备良好阅读技能的孩子或者不能专注于教学的孩子而言，书面或口头教学可能并不适用。某些技能最好作为向个人传达他们要学习的内容的手段。

BST 的第二个组成部分是示范，它为学习者提供如何学习目标技能的范例。大多数情况下，教员、培训师或实验者都采取这样的做法。虽然在教员一步步地演示要学习的技能时，可以现场进行示范，但据证明，视频是示范目标行为的一种成功且具有成本效益的方法（McCoy & Hermansen，2007）。视频的制作相对便宜，还能让学员反复学习，并确保目标行为的示范以标准化的方式进行。研究结果表明，ASD 患者特别受益于视频示范（video modeling）（Charlop-Christy et al.，2000；Gunby et al.，2010），这可能是因为视频能够聚焦和突出患者自身会忽视的相关线索或行为。

作为一种教学策略，示范也有社会学习理论的理论基础（我们将在第 11 章中讨论），并且其有效性已在各种教学情境中得以证实。作为 BST 的组成部分，它在社交技能、谈话技能、自我保护技能、枪支伤害预防技能和绑架预防技能等方面的教学一直颇为有效（Godish et al.，2017）。

BST 的第三个组成部分是演习，即让学习者在受控的环境中实践目标行为。无论是基于行为学习理论（behavioral learning theory），还是基于认知学习理论（cognitive learning theory），实践都是教学的重要组成部分。从行为学习理论的角度来看，学习者必须演示目标行为以获得强化，最终将行为置于刺激控制（stimulus control）之下。从认知学习理论的角度来看，在加工也同时发生的情况下，演习使信息在工作记忆中保持活跃，并提高编码记忆成为长期记忆的可能性。稍后将进一步讨论这一点。

通常，当人们要学习与其他人互动的复杂技能时，会通过角色扮演来完成演习。例如，学习使用特定技术与残疾学生一起工作的教员或工作人员，可以与模拟学生行为的其他成年人一起演习这些技能（Sarokoff & Sturmey，2004；Ward-Horner & Sturmey，2012）。同样，学习自我保护技能（如避开可疑包裹或被陌生人接近时该采取的行为）的孩子可以在模拟环境中进行演习（May et al.，2018）。在其他情况下，当学习者可能正在学习个人技能（如梳妆）或运动技能（如安装汽车座椅）时，让他们在现场执行技能非常重要。例如，研究人员指导参与者按照制造商的教学和视频中的示范，完成在汽车上安装汽车座椅的步骤。在整个训练的演习阶段，参与者都可以观看视频，并给他们提供一份清单，以确保他们完成每一步骤（Giannakakos et al.，2018）。当练习将孩子固定在汽车座椅上的技能时，会递给参与者一个娃娃，并告知他们："请把这个娃娃固定在座位上，并且要以对待真正的孩子的方法对待它们。"在本研究中，BST 的演习内容结合了现场和角色扮演的演习，同时还通过视频进行了持续性的示范和指导。

反馈是 BST 的第四个组成部分，它包括正强化（positive reinforcement）、纠正性反馈（corrective feedback），或两者兼而有之。例如，在前面提到的汽车座椅研究中，在下一次培训开始时提供每次培训的反馈。它既采取了正强化（简短的表扬，如"干得好"，并描述参与者值得表扬的内容）又采取了纠正性反馈（描述参与者所犯的任何错误，以及他们下次应该避免的错误）。相反，当幼儿以适当的方式回应绑架时，他们会受到社会强化的表扬，有时还会得到贴纸或荡秋千的机会作为奖励（Poche et al.，1981）。如果他们未能以正确的方式回应绑架，直到他们能采取正确的方式之前，训练者都会对他们进行重复示范和演习。

在 BST 中，我们通常认为反馈是对目标行为正确表现的强化。就像我们在第 2 章中看到的塑造一样，不正确的回应方式会导致技能回归到个体训练之前掌握的表现水平。当 BST 作用于幼儿或患有 ASD 的个体时尤其如此。然而，反馈在提供额外信息以帮助学习者提高成绩方面也起着重要的纠正作用。在这个意义上，它可以促进精细复述（elaborative rehearsal），也可以增强长期记忆的编码。虽然纠正性反馈已经部分纳入基于行为主义的教学标准，但因为人们预期它是认知角度的标准，所以在信息价值方面，它还鲜少被提及。

BST 的实施

BST 已被公认为在各种教学情境中向个人传授新技能的有效模式。遵循贝尔（Baer）等人强调的标准（1968），BST 干预措施的目标技能通常包括与安全、自我护理和独立生活有关的生活技能，以及给为残疾人工作的人提供的教学技能。这些是能够保护和改善生活的重要社会技能，它们旨在永久改变个人的行为习惯（即具有持久性）。为了确保是 BST 带来的行为改变，大多数研究人员使用多基线方法（multiple-baseline approach），而不是第 2 章讨论的反向基线（reversal to baseline）ABAB 设计。寻求永久的行为改变，却将个人的行为恢复到基线是不可取的，或者说是不负责的。因此，多基线方法指的是分阶段实施培训的组成部分或分阶段引入接受培训的个体。

在第一种情况下，BST 的多基线方法可以确定单个组件是否可以单独影响行为改变，或者是否需要所有组件一起或以某种方式组合才能达到预期的性能水平（desired level of performance）。如前所述，单靠教学不足以教授目标行为，这一结果已在其他研究中得到了印证。为了分析其他组成部分的个别影响，沃德 – 霍纳和斯特米（Ward-Horner & Sturmey，2012）运用多基线方法实施了 BST。在仅使用指令评估基线性能后，他们使用单个组件，即示范、演习或反馈来进行培训。这一阶段之后的表现将作为第二阶段训练的基线（第二阶段训练包含这三个组成部分中的两个）。最后，第三次训练结合了所有三个组成部分。结果表明，单独的教学和演习都不足以产生目标行为，二者缺一不可，但单独的反馈和示范则足以产生目标行为。然而，个体存在差异，这表明 BST 组成部分的相互结合在改变行为方面是最有效的，而且这种特定的组合可能是某个个体独有的。

在大多数情况下，其他评估 BST 有效性的研究实施了包含所有四个部分的培训，并采用多基线方法对参与者进行了循序渐进的培训，而不是采用分阶段进行的培训。这些研究的目的是证明 BST 在达到预期反应方面的有效性，它们遵循了类似的模式。

- 确定目标行为，包括要达到的标准以及衡量行为改变的方法。
- 根据目标受众和要获得的行为的性质，开发 BST 组件，包括教学、示范、演习和反馈。
- 进行基线评估，实施培训，并记录结果。
- 评估进展，必要时进行修改。

当我们仔细研究这些步骤时，考虑一下如何在"司机变化"情景中使用它们来教授特定的安全驾驶技能。

确定目标行为 (Define the target behavior)。为了改变行为，必须先确定要改变哪些行为，还要确定改变行为的具体内容。在执行此操作时要考虑的问题是：什么是可取行为？为什么习得这种行为对学习者至关重要？目标行为应该多久出现一次或到达什么样的掌握程度？在父母学习安装汽车座椅并正确地把孩子固定在座椅上的案例中，出于安全考虑，父母必须完全掌握这些技能，并每次都正确地完成这些技能。同样，对于那些特别容易受到潜在绑匪或儿童性骚扰者危害的残疾儿童来说，每当有陌生人接近他们时，他们做出适当的语言或肢体反应也是至关重要的。

在其他情况下，是否能够以 100% 的掌握程度实现目标行为似乎并不那么重要。例如，学习如何向患有自闭症的孩子介绍新食物的父母可能不会每次都成功，但他们仍然会改善孩子的饮食健康（Seiverling et al., 2012）。那么，定义预期行为和决定掌握标准则是第一步。这些决定将取决于诸如安全性、学习者的能力和生活质量等因素。在"司机变化"情景中，学习者是年龄、背景和教育水平各异的成年驾驶员。安全驾驶技能的执行对安全至关重要，因此合理的标准目标是 100%。例如，司机应在每次避开障碍物变道时使用转向灯，这能有足够的时间警告其他车辆其将采取的行动。

制定 BST 内容 (Develop the BST components)。了解学习者、目标行为和预期掌握水平，可以帮助决定要发展的行为技能训练的性质。在此步骤中要考虑以下问题。为了实现训练目标，BST 所有的组成部分是否都是必要的？它们是否都适用于学习者及其将要习得的行为？视频示范是教授目标技能的合理手段吗？如果是，是否有制作视频的方法、资源和时间？执行 BST 的演习阶段需要哪些资源？假设为了达到预期的掌握水平，需要进行多次培训，那么如何以及何时提供反馈？当反馈起强化作用时，最好在证明正确的行为后立即产生。另一方面，当反馈用于纠正错误时，学习者在错误发生后，在下一次执行目标行为之前提供反馈是最有效的。通过这种方式，可以促进学习者对正确和错误反应的区分。

尽管 BST 似乎是教授新技能的一种强有力的方法，但有证据表明，在自然环境中进行额外的示范和实践可能也是必不可少的，因为这可以确保技能的泛化，对幼儿来说尤其如此（Buck，2014）。在"司机变化"情景中，视频和参与者工作簿（participant workbooks）的组合提供了目标行为的说明和示范。另外的示范发生在基于车辆的训练组成部分中，该组成部分还提供演习和即时反馈。在培训期间，司机们会通过来自家庭成员或其他表现管理人员（performance manager）的反馈和强化来单独练习某项技能。

进行基线评估，实施 BST，并记录结果（Conduct a baseline assessment, implement BST, and record results）。在执行任何行为程序时，创建一个性能基线（baseline of performance）以衡量 BST 的有效性是至关重要的，而后就可以实施并监测其结果。在这一步，仔细观察很重要，因为只有通过行为观察才能检测到基线的变化。记录行为的发生也有助于确保监测到的是真实的变化，而不是想象的变化。我们很容易陷入一厢情愿的想法，希望改变，或者认为改变一定是在程序作用下发生的。在父母或其他人能在家庭环境中教授技能的情况下，应该教孩子们在观察时保持公正的态度，并保持准确记录的重要性。同样，根据一些观察到的例子，父母会很轻易地认为他们的孩子已经学会了一种新的行为。但只有通过精确记录，才能真正判断某一目标行为是否正在以预期的标准水平执行。

参加"司机变化"情景培训的人被教导要监测和记录自身的驾驶行为，并邀请一位家庭成员或朋友与其分享他们的进步。他们首先绘制出基线表现（baseline performance），然后密切关注他们在之后六周训练中的行为。

评估进展，必要时进行修改（Evaluate progress and revise as necessary）。根据前一步中保存的记录，我们将会很容易观察到基线行为是否发生了变化。假设目标行为已经达到预期水平，则不需要改变 BST 程序。然而，在教完一个新行为之后，为了确保新行为的持续发展，训练之外的一些概论是必要的。这可能是调整强化计划，提供备忘清单（reminder checklist）或偶尔的提示，或者通过额外的示范和演习进行"复习"试验。在"司机变化"情景培训中，鼓励参与者制订相互分享的"备份"计划，以帮助其确保成功达到标准行为（criterion behavior）。

另一方面，如果 BST 计划没有产生预期的结果该怎么办？任何可能性都可能是症结所在，但根据行为理论家的说法，通过简单的观察和对程序的系统修改，就可以确定哪一个是罪魁祸首。可能采用不同的方法实现特定的 BST 组成部分会更有效，或者应该尝试将不同的组成部分组合起来。无论出现的是什么问题，都应该适当修改程序，并重新执行。并重复这种监测结果和必要修订的过程，直到取得成功。

在行为理论的应用中，为了证明是特定的应用导致行为改变，而不是一些混杂的、随机的变量导致了这种改变，通常需要逆转基线（reversal to baseline）或多重基线（multiple baseline）的执行方法。然而，正如我们所看到的，在实际环境而非实验环境中，证明任何行为过程和行为之间的功能关系有几个缺点。创建合理估计的基线并用足够长的时间来执行每个阶段，用以证明过程的有效性是耗时的。更重要的是，如前所述，一旦发生了我们所讨论的行为改变，将会产生相反，甚至是违背伦理的效果，会将该行为恢复到原始的基准。因此，当行为改变的目标已经达成时，我们认为 BST 的大多数应用都是成功的。

有意行为改变的跨理论模型

众所周知，有些行为是极难改变的，特别是那些与我们健康有关的行为。多运动、健康饮食、学会管理压力或戒烟是我们经常听到的新年愿望，但同样我们也经常听到这些人随着时间的推移放弃实现这些愿望。然而，人们可以改变行为，而且确实可以成功地改变自己的行为。在第 2 章中，作为解决美国肥胖问题的策略，我们对减肥和增加身体活动的行为干预进行了简要的讨论。目前已有大量实证研究支持跨理论模型（TTM），以改变高危人群的健康行为（Prochaska et al.，1992，2015）。TTM 最初研究的是成瘾行为（addictive behavior）和个人如何成功戒烟，但目前 TTM 已广泛应用于与健康相关的行为，如药物依从性（medication compliance）、阳光照射（sun exposure）、酒精和药物滥用（alcohol and substance abuse）、营养问题（nutrition），等等。

为了开发 TTM，普罗查斯卡（Prochaska）和他的同事寻求人们如何有意地改变问题行为的方法，或是通过自己，或是通过专业辅助治疗。他们不仅集成了斯金纳的外在增强（contingency management）原则，而且还集成了心理治疗的主要理论。普罗查斯卡既没有引用斯塔顿的新行为主义（new behaviorism），也没有从认知角度引用学习研究，但他与他们有着共同的兴趣，那就是理解内部状态对行为改变的影响。然而，与他们不同的是，普罗查斯卡的内部状态概念（conception of internal state）是由人格和心理治疗理论提供的。

我们深入思考了普罗查斯卡的模式是否可以被视为一种教学理论，因此值得在本章中讨论。在我们研究的 TTM 应用中存在一些学习目标。在这些学习目标中，学习被定义为行为传统中的行为改变。个人打算学习与增加某些行为（如健康饮食、定期锻炼或涂防晒霜）或减少某些行为（如吸烟、喝酒或暴饮暴食）相关的新技能。此外，TTM 确定了个人改变行为所需经历的六个阶段，还确定了促进每个阶段和下一个阶段进展所需的过程。这些阶段在定义行为变化如何随着时间的推移而发生时具有描述性（descriptive），并包括意图、意志和行为的认知构建（cognitive construct）。确定适当的方法以促进预期变化的流程具有规定性，普罗查斯卡提供了应用这些方法的示例。显然，TTM 是一种适用于特定学习领域的教学理论，特别是改变习惯性行为。

最后，凯里（Kerry）在某一项目中应用了 TTM，并且"司机变化"情景也是基于这一项目的。她开发了旨在改变司机行为的培训，这些司机在三年内造成了三起车祸。前两起事故的后果包括强制驾驶员补救（mandatory driver remediation）和驾驶技能课程（courses on driving skills）。然而，第三起撞车事故被视为司机需要识别和改变不安全行为的证据。正如在行为技能训练的讨论中所提供的例子所示，BST 对于开发司机变化训练的某些方面是行之有效的。但是，在这种情况下，仅靠 BST 还远远不够。尽管发生多次车祸，但司机可能不会把他们的驾驶行为与车祸的原因联系起来。相反，他们可能认为自己才是受害者，并对自己的不安全驾驶行为持积极肯定的态度。例如，在没有打信号的情况下频繁超速和变换车道，会增强他们驾驶的动力和感受到控制力。在这种情况下，成功的行为改变需要改变意图和承诺，TTM 特别促进了这一点。

变化的阶段

表 4-1 显示了 TTM 假设的六个变化阶段。甚至在个体还未形成变化行为的意图之前，变化过程就开始了。如前所述，即使周围的人都意识到了问题所在，但当事人可能没有意识到问题行为，或者拒绝承认问题行为。在无意图期（precontemplation），人们也有可能看到了做出改变的必要性，并真的希望做出改变，即记住所有那些新年愿望，但实际上他们并没有考虑在不久的将来他们是否真会这样做。

表 4-1　有意行为改变的跨理论模型的变化阶段

变化阶段	描述
无意图期	没有改变行为的打算
意图期	打算在未来改变行为（即未来六个月内）
准备期	将在不久的将来采取行动（即在未来三十天内），并正在采取一些可衡量的措施来改变
行动期	已产生一些规律的公开行为，且这一改变未超过六个月
维护期	已产生一些规律的公开行为，且这一改变已超过六个月
结果期	没有复发的诱惑因素，且完全有信心保持行为改变

资料来源：Derived from Prochaska, J. O., Redding, C. A., & Evers, K. E.（2015）. The Transtheoretical Model and stages of change. In K. Glanz, B. K. Rimer, & K. Viswanath（Eds.）, *Health behavior：Theory, research, and practice*（pp. 125–148）. Wiley.

当一个人意识到自己的问题行为，并认真考虑在六个月内改变该问题行为时，他们就进入了意图期（contemplation）。他们可能还没有做好冒险的准备，但他们正在权衡这种行为的利弊以及改变这种行为的后果。"这种改变的成本和收益之间的平衡会产生深刻的矛盾心理，让一些人陷入沉思，这种现象被描述为慢性意图（chronic contemplation）或行为拖延症（behavioral procrastination）"（Prochaska et al.，2015）。旁观者经常对他们的习惯性行为和不适应行为做出积极性评价，所以他们很难理解改变这些行为可能需要的努力、精力和成本。

当个体制订行动计划并采取一些具体的行为步骤来执行这些计划时，他们就进入了准备期（preparation）。这个阶段将意图（intention）与行为（behavior）相结合，以至于人们已经开始改变，但还未达到预期的水平标准。例如，一个试图戒烟的吸烟者可能已经将其吸烟量减少到每天五支或更少，这是一个良好的开端，但不足以达到完全戒烟的标准。同样，一个想防止皮肤伤害的草坪护理人员可能已经预约了癌症筛查，但可能仍会不戴帽子或没有每天涂抹防晒霜。不过在该阶段，采取这样的行动是个体已经制订的行为改变计划的一个迫在眉睫的部分。

行动期（action stage）包括个体为实现其计划、改善其行为和环境，以实现其变化目的而采取的所有步骤。这一阶段的特征是在一天到六个月的某个时间内，将目标行为改变至可接受的标准。因此，在三个月后设法完全戒烟的吸烟者将被归类为行动期，需要一周时间来建立日常使用防晒霜和戴帽子模式的草坪护理人员也将被归类为行动期。因为行动期是行为改变最明显的时期，所以行动往往等同于改变。事实上，如第 2 章所述，TTM 中的行为可以立即成为一个典型的行为改变程序。

然而，许多问题行为，尤其是习惯性行为很容易复发，所以仅仅是行为改变本身是不够的。至关重要的是随着时间的推移对行为进行的维护，这就是维护期（maintenance stage）。例如，普罗查斯卡等人注意到，维持不是没有变化，而是变化的延续（Prochaska et al.，1992）。现在是时候要巩固在行动期取得的成果，并继续改变环境条件以防止问题行为复发。任何一个成功戒烟的人都可能会回忆起想要再次吸烟的诱惑：烟的味道，吐出烟圈时放松的愉悦感，以及和其他烟友的社会联系。如果可以避免暗示和强化不良行为的条件，并且处于可替代环境（alternative circumstances）下，那么抵制诱惑（resisting temptation）就变得更容易。要巩固新行为，构建环境至关重要，从而做到支持目标行为，并让其不断加强。

最后，结果期（termination stage）发出信号，完成对改变的行为的控制。处于这一阶段的人，不再试图重新从事习惯行为，并相信无论生活中发生什么，他们都将保持当前的行为。同样，新的行为已经变得常规和自动，人们认为这些行为是理所当然的。当每天锻炼已经成为一种习惯时，不进行锻炼就成了大多数人不可想象之事，这是永久改变健康行为的一个良好示例。然而，有证据表明，许多人并没有达到结果期，更现实的目标则可能是到达终身维持期（a lifetime of maintenance）（Prochaska et al.，2015）。再次通过一些阶段进行复发和循环也是自我改变者的特征。大多数人不会倒退到开始时的水平，他们会从错误中吸取教训，做出调整，然后再次尝试，直到成功（Prochaska et al.，1992）。

变化的过程

普罗查斯卡及其同事（2015）确定并定义了 10 个在 TTM 相关研究中获得最多实证支持的变化过程。表 4-2 展示了这些流程，并附有用于实施每个流程的策略示例。

表 4-2　有意行为改变的跨理论模式的变化过程[①]

流程	定义	样本策略促进过程[②]
意识增强	增强对行为选择前因后果的自我意识	提供有关皮肤癌风险和预防的信息
情绪舒压	增加消极和（或）积极的情绪用以激励采取适当的行动	分享皮肤癌幸存者和罹难者的个人故事

[①]　TTM 最初用于改变成瘾行为，但已被确立为在大量领域中改变行为的有效方法。为此，我们稍微修订了定义，以更广泛地涵盖该模式有效的应用范围。

[②]　所有的实施样例都涉及防晒、增加防晒霜的使用和戴帽子有关的行为。

（续表）

流程	定义	样本策略促进过程
自我再评估	重新评估个体的自我形象，是否有不健康的行为，是否有健康的行为	通过练习想象自己在晒黑多年后正在处理癌症病变的情境，而不是戴上标志性的帽子，涂上防晒霜来保护自己的皮肤
环境再评估	行为如何在家庭里和社会上影响他人的认知和情感评估	列出患有皮肤癌将会如何影响朋友和家人，然后列出戴帽子和涂防晒霜将如何成为其他人的榜样
自我承诺	相信个体可以做出改变，并且根据这一信念采取行动的承诺和再承诺	写一些鼓励性的信息和自我目标，将其贴在浴室镜子上
帮助关系	关心、信任、开放和他人对健康行为改变的接受和支持	告诉家人自己的护肤承诺，并通过提醒和奖励寻求他们的帮助
社交解放	增加健康社交的机会或替代方案	在车内多准备一顶帽子和一瓶防晒霜
替代行为	习得健康行为，并把它们作为替代不健康行为的习惯	用涂防晒霜代替涂晒黑油的行为
刺激控制	消除不健康习惯的线索并为更健康的替代方案添加提示	在外门旁边安装帽架
强化管理	进步之时，奖励自己或得到他人的奖励	要求家庭成员对戴帽子和涂防晒霜的行为进行奖励

资料来源：Derived from Prochaska, J. O., Redding, C. A., & Evers, K. E.（2015）. The Transtheoretical Model and stages of change. In K. Glanz, B. K. Rimer, & K. Viswanath（Eds.），*Health behavior：Theory，research，and practice*（pp. 125–148）. Wiley.

TTM 最初是为了影响成瘾行为的改变而开发的，对变化过程的定义反映了这一最初的重点。然而，如前所述，已在广泛的应用中证明 TTM 中效用，即减少不健康的行为，并且产生健康的行为。正因为如此，我们对普罗查斯卡的定义做了扩充，以显示它在成瘾行为之外的行为改变中的应用。普罗查斯卡及其同事还发现了阶段和过程之间的系统关系，如图 4-1 所示："这种整合表明，在早期阶段，人们依赖于认知、情感和评估过程。在以行动为导向的阶段，人们更多地依靠承诺（commitments）、条件（conditioning）、突发事件（contingencies）、环境控制（environmental controls）和支持来朝着维护或终止的方向发展。"（2015）

改变始于将个人从无意图期转移到意图期的过程。意识觉醒（Consciousness raising）、情绪舒压（dramatic relief）和环境再评估（environmental reevaluation）都是与增强意识和理解人们的行为选择如何影响他们周围的人有关的过程。例如，马西（Marcy）记忆犹新地回忆起在七年级时看过一个视频，视频讲的是一个人吸烟多年后的肺部状态。她提醒父母注意这一点，因为他们都是老烟民，以此帮助父母了解吸烟可能对他们的健康造成的潜在灾难性后果（意识觉醒）。她复述了视频中关于被诊断为肺癌的患者的故事，以帮助激励父母戒烟（情绪舒压）。最后，她和哥哥描述了二手烟对自身健康的影响，并指出了在家中吸烟的所有负面影响，如衣服发臭、烟灰缸脏乱等（环境再评估）。

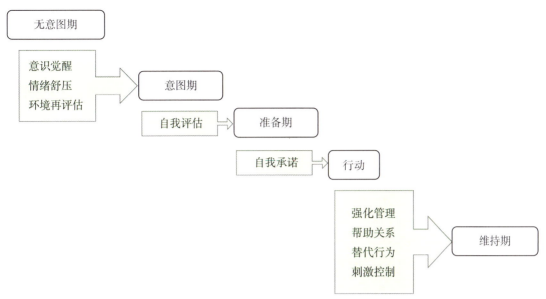

图 4-1　与变化过程相关的变化阶段

资料来源：Adapted from Prochaska，J. O.，DiClemente，C. C.，& Norcross，J. C.（1992）. In search of how people change：Applications to addictive behaviors. *American Psychologist*，47（9），1101–1114.

当个体认真地思考行为上的改变并准备采取行动时，自我再评估的过程就成为必然。这个过程包括对自我形象进行中肯的评估：是否有不健康的行为，是否有健康的行为。在戒烟时，吸烟者必须考虑他们自己的形象将有何改变，以及当他们不再是吸烟者时，他们会做何感想。或者，假设个体想形成在户外涂抹防晒霜和戴帽子来保护皮肤的习惯，当他们准备采取行动时，必须想象自己戴上帽子避免阳光暴晒后会怎样。他们不再会因为晒得黝黑而受到赞美，但也许可以因为戴一顶时髦的帽子而被夸奖。

开始采取行动取决于自我承诺（self-liberation）的过程，也就是拥有可以自我改变的信念，并做出承诺（或重新承诺）。一种显而易见的方法就是在冰箱或浴室的镜子上贴上关于该承诺的字条，用以不断提醒自己。尽管下一组流程似乎与维持期联系最为紧密，但它们通常在行动期才会启动。例如，玛西的父母告诉孩子他们戒烟的意图，并争取孩子们的帮助来实施他们的行动计划（帮助关系，helping relationships）。孩子们称赞他们的父母取得了进步，并提供了激励措施，比如他们在家里做额外的家务，以促进父母保持积极的改变步骤（强化管理，reinforcement management）。作为他们行动计划的一部分，父母扔掉了家里所有的香烟和烟灰缸，并要求朋友不要在他们周围吸烟（刺激控制，stimulus control）。

最后，父母试图用其他有益健康的行为代替吸烟这种不益健康行为（替代行为，counterconditioning）。父亲开始跑步，和马西一起步行去学校（学校在他上班的路上）。不幸的是，母亲的替代行为中发生了不益健康的转变，至少最初是不益健康的。因为她用吃硬糖代替在车里抽烟，并且体重开始增加。这促使她重新评估替代行为，于是她用无糖口香糖代替了硬糖；每当她在社交场合想要抽烟时，她就会拿着钢笔和铅笔让自己的手忙起来。

图 4-1 中并不包含社会解放（social liberation）这一过程，因为没有进行足够的研究来明确其与变革阶段的关系（Prochaska et al.，2015）。然而，轶事证据表明，它可能与维持期最为密切相关。也就是说，随着人们克服上瘾或习惯性不益健康的行为，取而代之的是更有益健康的行为，他们增加了健康社会环境（healthy social environments）的参与。例如，健身爱好者寻找志同道合的人成为他们社交圈子的一部分，他们也会寻找支持自己健身目标的环境（例如，在他们参加会议的城市中寻找散步的小道）。

TTM 的实施

普罗查斯卡认为，行为改变干预应该与客户准备改变的阶段相匹配（Prochaska et al.，1992，2015）。这意味着要在适当的时间（阶段）做适当的事情（过程）。例如，处于无意图期的人如果没有做出改变的承诺，就不太可能对第 2 章中概述的传统的、以行动为导向的行为计划做出良好反应。这就是"司机变化"情景中的培训基于 TTM 的原因。那些不认为自己驾驶行为不安全的人还没有做好改变的准备。在他们目前的状态下进行传统的行为改变计划很可能会失败，失败会阻碍任何未来的改变，也会强化他们认为不能改变的信念。

对检查健康行为改变干预中定制印刷通信的研究进行的元分析（meta-analysis）发现，定制通信比不定制通信的效果更好（Noar et al.，2007）。结果还表明，定制越多效果越好。也就是说，基于更多因素（如行为改变类型、个人特征、改变阶段）的定制比基于单一因素的定制更有效。此外，对更多的干预接触（intervention contact）来说，多定制比少定制具有更积极的影响。有证据支持 TTM 的假设，即"个人可能需要多个接触点（points of contact），在这些接触点中，可以根据他们当前的变化阶段进行动态调整反馈"（Noar et al.，2007）。最后，针对预防性行为（preventive behaviors）如涂防晒霜和筛查性行为（screening behaviors）如定期进行巴氏涂片检查或乳房 X 光检查的干预措施似乎最有效。

"司机变化"情景中的培训通过基于课堂的教学和基于车辆的教学纳入了多种接触点。活动旨在实施 TTM 的变化进程，并且推动司机通过变化的各个阶段。活动的交互性（interactive nature）为通过广泛的同伴和教员反馈进行调整提供了机会。在"司机变化"情景课程中，会指导司机制定他们倡导的个人行为改变计划，并在随后的几个月中继续进行。表 4-3 展示了以 TTM 为指导原则的"司机变化"情景课程设计。

虽然结果期是预期改变的最后阶段，但是像大多数教学程序一样，"司机变化"情景课程不足以观察到参与者对他们在驾驶习惯中所做改变的完全控制。然而，本课程纳入了旨在不仅影响行为，还影响参与者思想和感觉的教学策略，很显然这门课程超越了 BST 改变行为的典型范围。

表 4-3　以 TTM 为指导原则的"司机变化"情景课程

改变阶段	司机特点	教学策略	受促流程
无意图期 第一单元	目前不考虑改变："无知是福"	验证是否准备就绪 阐明改变是他们自己的决定 鼓励自我探索，而不是行动 解释并将风险个性化	意识觉醒 自我评价 环境再评估
意图期 第二单元	对改变持矛盾态度："骑墙观望" 不考虑下个月内改变	帮助学员将情绪反应与自己驾驶行为的后果联系起来 鼓励对行为改变的利弊进行评估 确定并促进新的积极结果预期 指导参与者制订行为改变计划	自我评价 情绪舒压 环境再评估
准备期 第三单元～ 第六单元	有一些改变的经验，并正在努力改变："试试水" 计划在一个月内采取行动	发现并协助克服关于意识觉醒的问题 帮助参与者识别社会支持 验证参与者是否具备改变行为的基本技能 鼓励最初的小进步	自我承诺 帮助关系
行动期	练习新行为长达三至六个月	关注重组线索和社会支持 增强处理障碍的自我效能 对抗失落感，重申行为改变的长期好处	社会解放 刺激控制 强化管理
维持期 后续电子邮件	持续致力于维持新行为 随访六个月至五年	制订后续支持计划 强化内部奖励	强化管理

资料来源：Abstracted and summarized from 3-in-3 Driver Change Course Design Document and Instructor Manual（Burner & Dennen，2010）.

我们在本章最后讨论的教学理论，比 BST 和 TTM 都更全面。在加涅漫长的职业生涯中，他亲身经历了 20 世纪下半叶学习心理学研究的思维转变。结果，他自己的思维从主要是行为的角度演变为行为和认知结合的角度。加涅想要了解学习的本质和带来学习的条件，他利用一切可用的研究作为他想法的基础。结果产生了一种理论，该理论定义了人类能够学习什么，定义了学习这些东西所需的独特条件，还定义了一种确保学习成功的指导方法。

罗伯特·M. 加涅与学习条件

在加涅职业生涯的早期，他致力于解决训练空军人员的一些实际问题。他特别讨论了这样一个问题：一个人在某项工作中成为一个有效的执行者需要哪些技能和知识。一旦确定了工作要求，接下来的任务就是确定如何让接受培训的人能够最大程度地达到这些要求。这一早期研究促进了加涅后续的研究，派生了构成他的指导理论的三个组成部分（Briggs，1980；Driscoll & Burner，2005）：

- 学习结果的分类法；

- 学习的条件；

- 教学的九个事件。

对衡量复杂的人类表现的担忧导致加涅用行为术语定义了人类可以进行学习的内容，但他用来描述学习结果类别的标签，从以行为为主要方面发展到了以认知为主要方面。同样，他最终采用了信息加工理论作为他理论的基础。因此，学习的条件包括内部事件（internal events）如先前编码的信息和外部事件（external events）如促进编码的细化方法。最后，教学事件最初源于对优秀教师所作所为的行为观察，后来成了为促进学习过程中发生的特定认知过程（如编码、记忆、检索等）而设计的方法或程序。下面让我们更加仔细地探究加涅理论的三个组成部分。

学习结果的分类法

试着回想一下第 3 章，认知心理学家对情景记忆、语义记忆和内隐记忆进行了区分。语义记忆被定义为对世界的通识知识，而人类如何获得这些知识是学习研究的特别关注点。但是，例如在"继续教育"情景中，学习一所大学对性骚扰的政策，和学会尊重同事和学生是同一概念吗？在探索促进学习的条件的过程中，加涅注意到学习的一般原则和知识领域之间的紧张关系，这一关系似乎与信息加工的需求有所不同。"如果研究人员得到了一个研究结果，表明某些条件有利于学习，他还需要知道这一结果可以推广到多大的范围。它是否适用于各个主题、各个年龄层次、各个班级？"（1972，reprinted in Gagné，1989）

加涅开始相信，最重要的是学到的能力。也就是说，不同的学习结果需要不同的教学方式，他寻找经验证据，证明所学能力应该如何获得，以及需要什么样的教学方式。想想人们可以学习的知识的范围，从事实性知识（factual knowledge）到复杂的认知技能（cognitive skills），从简单的性情（dispositions）到复杂的身体性征（physical feats）。例如，在"继续教育"情景中，员工必须学习大学中关于性骚扰的政策。但了解这些政策并不能保证人们会按要求检举违规行为，也无法保证能够形成尊重他人的工作场所。因此，除了认知性知识（cognitive knowledge）之外，员工还必须学习情感性知识（affective knowledge），（情感性知识）也被称为性情，因为它们涉及内部的感觉状态，它们使人们倾向于从事某些活动而不是另一些活动。

同样，在"司机变化"情景中，司机必须大量学习安全驾驶技能，其中涉及认知能力和身体能力，并将技能付诸实践。驾驶技能本身涉及肌肉的使用和肌肉的运动，但除此之外，驾驶能力也涉及心理因素。他们不必在每次驾驶过程中重新学习这些技能，但他们需要认知技能，如辨别（例如，刹车和油门）和判断（例如，在接近十字路口时减速）。情感性知识再次在司机遵守交通法规和采用安全驾驶行为的决定中发挥作用。

本杰明·布鲁姆和加涅生活在同一时代，他是最早提出人类学习能力包括三个主要领域的人之一。

这三个领域分别是：认知领域（cognitive）、情感领域（affective）和动作技能领域（psychomotor）。然而，他将大部分注意力集中在认知领域，开发了该领域内的水平分类法（taxonomy of level），该分类法已广泛运用于测试设计和课程开发（Bloom et al.，1956）。布鲁姆的分类法非常有用，影响也非常深远。从而，大量学者对其进行了重大修订（Anderson & Krathwohl，2001），并持续广泛运用。

修订版分类法反映了知识维度（knowledge Dimension）中的四种知识类型（见表 4-4）和认知过程维度（cognitive Process Dimension）中的六种认知过程（见表 4-5）。因此，知识维度包括事实性知识（factual knowledge，简称 FK）如掌握历史日期或科学术语，概念性知识（conceptual knowledge，简称 CK）（如掌握学习理论或教学模式），程序性知识（procedural knowledge，简称 PK）如掌握如何求解一元二次方程或平衡预算，以及元认知知识（metacognitive knowledge，简称 MK）如掌握高效学习或时间管理的方法。认知过程维度由学生用于记忆、理解和应用所学内容的六个过程组成。知识的类型和认知过程结合在一起，抓住了学习能力的本质，并产生了一种建立预期学习目标的方法。

表 4-4　布鲁姆教育目标分类法（修订版）的知识维度

事实性知识：某一学科的基本要素

FK1- 术语知识

FK2- 具体细节知识和元素知识

概念性知识：基本要素之间的关系

CK1- 分类和类别的知识

CK2- 原理和概括的知识

CK3- 理论、模式和结构的知识

程序性知识：使用技能、算法、技术和方法执行某事件的方法

PK1- 专业技能和算法知识

PK2- 特定学科的技术和方法知识

PK3- 确定何时使用适当程序标准的知识

元认知知识：关于认知的知识和对自身认知的意识

MK1- 战略知识

MK2- 关于认知任务的知识，包括适当的上下文知识和条件知识

MK3- 自我认知

资料来源：Adapted from Anderson，L. W.，& Krathwohl，D. R.（Eds.）.（2001）. *A taxonomy for learning*，*teaching*，*and assessing*：*A revision of Bloom's taxonomy of educational objectives*（Complete ed.）. Longman，p.46.

表 4-5　布鲁姆教育目标分类法（修订版）的认知过程维度

1. 记忆（Remembering）：从长期记忆中检索相关信息

1.1 认识、识别

1.2 回忆、检索

2. 理解（Understanding）：从教学中构建意义

2.1 解释、澄清、比喻

2.2 举例说明

2.3 分级、分类

2.4 总结、提炼

2.5 推断、总结、推算、预测

2.6 比较、对比、映射

2.7 解释、构建模式

3. 应用（Applying）：在既定情景中的应用过程

3.1 操作、执行

3.2 实施、使用

4. 分析（Analyzing）：将材料庖丁解牛，并确定各部分之间的关系

4.1 区分、辨别、聚焦

4.2 组织、集成、概述

4.3 归类、分解

5. 评估（Evaluating）：根据类型和标准做出判断

5.1 检查、监控

5.2 批评、评判

6. 创造（Creating）：以新的或重组模式将元素聚合在一起

6.1 生成、假设

6.2 规划、设计

6.3 生产、建造

资料来源：Adapted from Anderson，L. W.，& Krathwohl，D. R.（Eds.）.（2001）. *A taxonomy for learning*，*teaching*，*and assessing*：*A revision of Bloom's taxonomy of educational objectives*（Complete ed.）. Longman，pp. 67–68.

　　表 4-6 描述了将知识维度与认知过程维度交叉产生的分类表，以及每个单元中学习结果或目标的具体示例。因为在一种类型的知识和特定的认知过程中存在多个类别，所以每个单元也包含一个代码，用于确定具体的示例在每个维度上的分类法。例如，"实施 TTM 以制订管理社交媒体使用的行为改变计划"将被归类为概念知识——理论、模式和结构的知识〔Conceptual Knowledge—Knowledge of theories，models，and structures（CK3）〕，它展示了在应用（Applying）下进行的执行（Implementing）认知过程（3.2）。

表 4-6 修订版布鲁姆分类法及示例

知识维度	认知过程维度					
	1. 记忆（从长期记忆中检索素相关知识）	2. 理解（从教学中构建意义）	3. 应用（在既定情景中应用过程）	4. 分析（将材料恒丁解牛，并确定各部分如何相关）	5. 评估（根据分类和标准做出判断）	6. 创造（以新的或重组模式将元素聚合在一起）
事实性知识（FK）（某一学科的基本要素）	认清在地图上指定路线的标准表示符号（FK1-1.1）	描述麦克白（Macbeth）的剧情，主要人物是谁，这些人物间有着怎样的冲突（FK2-2.1）	用适当的符号演示一道数学运算题（FK1-3.2）	区分汉语的音调，并将它们与正确的意思相对应（FK1-4.1）	确定研究人员的结论是否是通过观察数据得出的（FK2-5.1）	／
概念性知识（CK）（基本要素之间的关系）	回忆一下加涅教学理论中的学习结果分类法（CK1-1.2）	对被观察的或被描述的精神障碍得例进行分类（CK1-2.3）	实施 TTM 以制订管理社交媒体使用的行为改变计划（CK3-3.2）	在关于亚马孙雨林这一报告中，坚定立场，是支持环境保护，还是支持商业发展（CK2-4.3）	从环境和经济影响方面评判拟议的气候变化解决方案的优缺点（CK3-5.2）	制定一个帮助出生在美国的学生过渡到美国大学的计划（CK3-6.1）
事实性知识（FK）（某一学科的基本要素）	回忆一下将药物剂量从盎司转换为毫升的步骤（PK1-1.2）	解释功能分析在制订订行为改变计划中的作用（PK2-2.7）	计算要铺设地毯的房间面积（PK1-3.1）	生成一个矩阵，用于判断哪种研究方法适合于调查何种类型的问题的标准（PK3-4.2）	判断两种解决数学问题的方法中哪一种更为行之有效（PK1-5.2）	就感兴趣的话题撰写一篇可发表的研究论文（PK2-6.3）
概念性知识（CK）（基本要素之间的关系）	找出阅读和理解课本章节的有效策略（MK2-1.1）	比较记忆策略与阐述策略辅助学习的效果（MK2-2.6）	实施组织战略，在规定的期限内完成科学项目（MK1-3.2）	进行自我分析，揭示期望行为的动机（MK3-4.3）	自我监控作业的完成情况，确保没有遗漏任任务（MK3-5.1）	在对学生的教学过程中记日记，反思自己的表现并制订改进计划（MK3-6.3）

资料来源：Adapted from Anderson, L. W., & Krathwohl, D. R. (Eds.). (2001). *A taxonomy for learning, teaching, and assessing: A revision of Bloom's taxonomy of educational objectives* (Complete ed.). Longman, pp. 28-31.

布鲁姆的分类法对于确定课程、单元和课程级别的学习目标非常行之有效，并且对于帮助教师确定他们希望学生学习的内容也是卓有奇效的。分类法强调期望的教学目标，而不是教学内容，因为不同的教师脑中制定的学习目标大不相同，但是却使用了同样的教学内容。例如，安德森和柯拉斯沃（2001）描述了四位教师，他们每个人都对学生应该从《麦克白》（*Macbeth*）的某一单元中学到什么有着不同的见解。其中一位教师集中在情节和人物的细节（事实性知识），而另一位引导学生注意该剧如何说明野心、悲剧英雄和讽刺的概念（概念性知识）。还有一位希望学生学习阅读戏剧的一般方法（程序性知识），第四位则希望利用戏剧促进学生对自身的反思和自身抱负的反思（元认知知识）。

布鲁姆的分类法还提供了对如何评估学习能力的指导。也就是说，学习者是否拥有某种特定类型的知识，必须从他们利用这些知识的方法来推断，这些方法包括记忆方法，也包括问题解决方法或管理自身的学习的方法。因此，分类法强调动词，这些动词描述了学习者的所学内容，并确保学习目标和旨在衡量这些目标实现的评估之间的一致性。

柯拉斯沃及其同事（1964）在认知领域扩展了布鲁姆先前的研究，开发了情感领域学习结果的分类法（见表4-7），辛普森（Simpson，1966—1967）计划开始研究动作技能领域学习结果的分类法（见表4-8）。自创立以来，这两种分类法都未被修订或取代，原因不得而知。其他分类系统也曾被提出，主要用于认知领域（Anderson & Krathwohl，2001；contributions to Reigeluth，1999），但也只有加涅将这三个领域（认知领域、情感领域、动作技能领域）整合到单一学习结果分类法中。

表 4-7　情感领域成果的学习分类法

接受	对某些信息敏感，或愿意接受某些信息
反应	参与或做某事
重视	因某事物的内在价值而表现出对某事物的承诺
组织	整合一系列价值，并确定其关系，包括哪些应该占主导地位
价值表征	将价值观融入总体哲学，并与按照该哲学的要求采取行动

表 4-8　辛普森对动作技能领域成果分类法的计划

认识	意识到刺激和行动的需要
开始	着手准备行动
试验	在教师或教员的帮助下反应
惯性操作	习惯性反应
复杂反应	解决不确定性并自动执行困难任务
调整适应	根据新情况调整对策
创作	创建新的行为或表达

根据加涅的研究（1972，1985；Gagné & Medsker，1996；Gagné et al.，2005；see also Driscoll，2018），学习结果有五种主要类别，它们是：

- 言语信息（Verbal information），即知道"是那个（that）"或"是什么（what）"；

- 智慧技能（Intellectual skills），即应用知识；

- 认知策略（Cognitive strategies），即采用有效的思维和学习方式；

- 态度（Attitude），即根据感觉和信念做出个人选择；

- 运动技能（Motor skills），即执行精确、流畅和精确计时的行为。

表 4-9 对这五个类别进行了总结，并给出了每个类别的示例。我们讨论了以下类别，并与布鲁姆分类法中分类的可比类别进行比较。在阅读时，请考虑获取学习经验的每种方法的优缺点，以及其中一种方法和其他方法间可能存在的差距。

表 4-9　加涅的学习结果的分类法及示例

学习结果	定义	示例
言语信息	陈述先前学过的材料，如事实、概念、原则和程序	列举皮肤癌的四大症状
智慧技能	应用知识	
区分	区分对象、特征或符号	感受两种面料的质地从而考虑用于窗帘内衬的织物
具体的概念	识别具体对象、要素或事件的分类	把工具箱里的扳手都拿出来
定义性概念	根据定义对事件或想法的新例子进行分类	用布鲁姆分类法对教学目标进行分类
规则	应用单个关系解决一类问题	计算亚特兰大勇士队的得分平均值（earned run averages，简称 ERAs）
高级规则	应用一系列新规则来解决一个复杂问题	生成管理客户组织中的重大变更的计划
认知策略	采用有效的方法来引导学习、思考、行为、情感	构建作为学习手段的样本测试
态度	基于感觉和信念做个人选择	在 48 小时内回复学生网上讨论板上的帖子
执行	精确、流畅和精确计时的动作	对已经停止呼吸的人进行心肺复苏

在认知领域中，加涅将言语信息（verbal information）归类为陈述性知识（declarative knowledge）。这是指学习者通过正规学校教育、书籍、电视和许多其他手段获得的大量有关的知识（Gagné，1985；Gagné & Driscoll，1988）。

加涅的言语信息概念似乎包含了布鲁姆分类法认知过程维度中的关于"记忆"的所有方面，还包含布鲁姆分类法中关于"理解"的某些方面。记忆似乎捕捉到了学习者不考虑学习内容意义的记忆信息。虽然他们可能能够回忆并背诵所学的内容，但他们可能无法用自己的话充分解释该内容，也无法以任何有意义的方式践行这些学习内容。另一方面，当达成理解时，学习者可以用通俗易懂的话或以其他方式解释所获得的信息。在这种情况下，信息不再是单独储存在记忆中的，而是与很多其他有关想法相联系的。由于显而易见的原因，理解被视为比惰性知识和习得知识（inert，memorized knowledge）更可取的一个教育目标。

在认知领域中，加涅分类法的第二类被称为智慧技能（intellectual skills）（Gagné，1985）。在布鲁姆的分类法中，智慧技能包含概念性知识和程序性知识（conceptual and procedural knowledge），并被分为五个按层次顺序排列的子类别：辨别（discriminations）、具体概念（concrete concepts）、定义性概念（defined concepts）、规则（rules）和高级规则（higher-order rules）。

加涅关于细分智力技能类别的想法源于他对学习层次（learning hierarchies）的研究（1968，1977）。学习层次是指在学习复杂技能之前，必须学习的作为其组成部分的一组成分技能（component skills）（Gagné，1985）。层次结构本身是根据所需终端技能的先决条件进行分析的结果。此外，层次中的单一技能与其直接先决条件之间的关系是"必要不充分条件"。

在布鲁姆的分类法中也存在一种层次关系，即在获得某些知识和技能之前，必须获得一些其他的知识和技能。可以用表 4-6 中的一个例子来说明。需要具备哪些必备技能和知识才能"计算铺设地毯的房间面积"？有可能会存在构成特定房间的形状（例如，构成 L 形房间的两个矩形）的概念知识，还可能存在关于面积的概念知识。使用数学符号解决问题也需要先决的事实性知识。

学习层次让教学计划有了三个明显的优势（Gagné & Medsker，1996）。首先，它们通过确定应该包括在一节课中的智慧技能的所有组成部分，来确保教学是完整的。其次，它们通过显示在处理其他组成部分知识之前，必须学习哪些知识从而达成适当的教学顺序。最后，它们通过关注基本组成部分知识而不是不相关的话题或"浅显易懂"的话题来进行有效的指导。

总之，加涅的智慧技能相当好地结合了布鲁姆的认知过程维度，即跨事实性知识、概念性知识和程序性知识的知识维度的应用、分析、评价和创造。"应用"体现在概念和规则的使用上，而"分析""评价"和"创造"则体现在"高级规则"的使用（或问题解决）上。为了确定哪些规则可能对解决给定问题有效，学习者必须分析它，生成子问题，注意重要的约束，设计可能的解决方案，并设想当解决方案实施时会发生什么。然而，分析、评估和创造也很可能出现在加涅分类法的下一个类别中。

认知策略由学习者引导自己学习、思考、行动和感受的多种方式组成。加涅（1985）认为认知策略代表了信息加工的执行控制功能，它们构成了布鲁姆分类法所定义的元认知知识和创造的认知过程。与布鲁姆的元认知知识概念类似，学习者使用认知策略来监控自己的注意力，用来帮助自己更好地编码新信息，并提高他们在考试时记住关键信息的可能性。学习者可以通过自己的试错经验来获得这些策略，或者可以教授他们已经明确被其他学习者证明有效的策略。

养成独特且有效的认知策略通常被认为是学会学习和学会独立思考的一部分。然而，学会独立思考也意味着学会创造性思维。创造性思维是由什么构成的是一个有一些争论的问题，但大多数人达成共识的是它涉及独创性，以全新且富有洞察力的方式看待问题，或找到一个其他人不认为是问题的问题解决方案。在区分解决问题和发现问题方面，也许布鲁纳（Bruner，1973b）阐述得最佳。在解决问题中，学习者解决别人定义的问题。此外，问题的现有参数通常会限制其解决方案，因此，所有的解决方案都将得到相差无几的结果。前面描述的地毯示例很好地说明了这一点。只有这么多的方法来确定需要多少地毯，所有的地毯经销商（如果他们想继续营业的话）为同一个房间进行的地毯用料预测，将产生大同小异的结果。

相比之下，学习者在发现问题时产生自己的问题，并将以前习得的规则和自己的个人思维方式施加在问题上（Gagné & Driscoll，1988）。布鲁姆的认知过程维度中的"创造"也是如此（Anderson & Krathwohl，2001）。举个例子，自 20 世纪 70 年代初以来，美国学术水平测验考试（美国高考，简称 SAT）成绩长期呈下降趋势，令人唏嘘不已。一些统计学家并不将其视为一个问题，声称观察到的下降趋势只是测试构建程序和统计回归效应（statistical regression effects）的假象。然而，一些其他教育研究者认为分数的下降映射出了一些教育问题。他们用来定义问题的方式，决定了他们解决问题所采取的方法。因此，人们认为美国教育体系出了问题，所以他们提供了许多不同的解决方案。这些解决方案就是认知策略的结果，或者说证据。

言语信息、智慧技能和认知策略都属于认知领域，而态度则属于情感领域。加涅（1985）将态度定义为基于感觉和信念做出的个人选择。例如，一个人对污染和生态的态度会影响其对废品的回收行为。同样，选择每月储蓄一部分收入反映了这类人对金钱和未来的态度。最后，在"继续教育"情景中，可能会以数种方式涉及态度学习（attitude learning）。知道性骚扰是违法的且在大学里是不能容忍的员工，仍然可以选择是否进行性骚扰。同样，了解大学性骚扰政策的员工，也可以选择是否检举性骚扰案件。

当各种"态度"结合起来，形成一套一致的集合、哲学或世界观用以支配随后的个人行动时，它们通常被称为价值观。根据情感结果的分类法（Krathwohl et al.，1964），我们可以将加涅对"态度"的定义纳入前两个层面的接受和回应。这两个层面也突出了形成态度的三个公认组成部分中的两个：信息成分（informational component）和行为成分（behavioral component）。也就是说，学习者必须知道与态度有关的信息，然后才能选择以特定方式做出反应，反应本身就构成了行为成分。形成态度的第三个组成部分也称情感成分（emotional component），是指频繁伴随个人行为选择的感觉。正如我们将在本章后面讨论的，在设计教授或影响态度的教学时，所有这三个组成部分都至关重要。

加涅分类中的第五类结果是运动技能，对应动作技能领域。加涅对于"运动技能"的定义是"精确、流畅和精准计时执行的表现，并且这一表现还涉及肌肉的使用"（Gagné & Driscoll，1988）。运动技能的例子包括发球、滑冰中的三轴跳跃、打篮球和举重。这些都是与体育有关的表现，并且本质上都是连续的。也就是说，尽管每个技能可以粗略地分为若干组成动作，例如，网球发球由抛球（toss）、接球（contact）和后续动作（follow-through）组成，但它旨在以单一的流体运动进行。

其他运动技能的例子包括由离散的子技能（discrete subskills）组成的复杂运动程序。例如，跳一支舞可能需要进行一系列离散的步骤。在帆船比赛中绕过一个标记需要升起一个帆，降下另一个帆，重新设置帆的位置，并移动舵柄以改变船的方向。从患者身上采集血样需要在患者手臂上套上袖带、定位静脉、对注射点进行消毒，等等。这些例子，连同再前面的例子，都说明了运动技能一般是结合各种认知技能一道获得的。例如，一个人想要打网球，除了要精确地击球外，还必须知道比赛规则和策略。因此，这不仅涉及运动技能，还涉及智慧技能和认知策略。

如前所述，加涅和其他教学理论家一样，提出了他自己的分类法，假设不同的学习结果需要不同的学习条件。因此，在教学设计过程中，必须考虑前面提到的复杂学习目标的多种类型的学习结果和学习条件，以支持获得所有组成部分。究竟应该提供什么样的学习条件，是下一节的主题。

学习的条件

为了规划教学中应该具备哪些学习条件，第一步是根据学习目标所代表的结果类型对学习目标进行分类（Gagné et al.，2005）。从教师或教学设计者的立场来看，这意味着要仔细思忖所期望的目的或结果。这也可能意味着将模棱两可或含糊其辞的目标合理地具体化。

在促进学习中对于教学目标的使用和有效性一直存在相当大的争议。教学目标源于行为传统，因为它们旨在规定学生所期望的学习行为（见第 2 章）。然而，大多数对教学目标使用进行的研究表明，其对有意学习（即与目标直接相关的学习）有些许积极影响或毫无积极影响，对随机学习（incidental learning）即与目标无关的信息有消极影响（Klauer，1984）。尽管取得了这些成果，但各项目标在教育和培训方面还依旧有着坚实的基础。为什么？

首先，关于目标的研究基础广泛，所以无效结果可能并不是真的无效。第一，大多数研究者定义的目标只是为了回忆信息。第二，通常来说，研究中使用的教学非常短，仅仅不超过几页纸。因此，目标在某些情况下与实验文本中的句子一一对应。第三，通常来说，使用学习目标时不考虑学生是否知道如何使用这种学习目标，事实上，除非向学生展示学习目标对他们学习行为有益，否则他们很可能会忽视学习目标。第四，大多数研究检验的唯一结果是一些学生的学习方法。因此，目标对学习者以外的任何人（如教师或设计师）的潜在好处仍然不得而知。

尽管目标对学习者的好处有限，但作为教学和测试的计划，其对教师和其他教学设计者来说仍然非常受用（Anderson & Krathwohl，2001）。大多数教学设计模型的中心原则（Gagné et al.，2005；Reiser & Dick，1996）和许多关于评估的文章（Nitko，2001）都认为应该在教学目标、课程和评估之间保持一致。确定这种一致性的唯一方法是从最初的目标陈述开始的。

一旦教学目标被分类为学习结果的类型，那么，教学计划就可以系统地进行。教师或教学设计者可以确定学习者习得每种所需的技能、知识或态度所需的特殊条件。表 4-10 总结了加涅提出的学习不同结果所必需的外部条件。回想一下，内部条件是由信息加工模型和对人类认知进行的研究规定的。

例如，在第 3 章我们讨论了提供有组织的教学和促进编码的教学策略。这些对于学习语言信息是至关重要的，因为学习者必须在他们已知的信息和将要学习的信息之间创建联系。这些联系越有意义，用于编码的线索种类越多，记忆就越有可能得到增强。另一方面，学习智慧技能需要不过度加载工作记忆、调用成分技能的先前知识，还要提示待执行步骤的适当顺序的条件。为了促进保留、概括或转移的内部过程，大量的例子和问题的练习是学习智力技能的必要条件。

表 4-10　加涅五类学习结果的关键外部条件汇总

学习结果的类型	关键外部条件
言语信息	1. 通过文字或者语言的变化方式引起学习者对鲜明特征的注意 2. 呈现信息以便将其分成记忆块 3. 为信息的有效编码提供有意义的语境 4. 为信息的有效回忆和泛化提供线索
智慧技能	1. 将注意力引向区别性特征 2.. 保持在工作记忆的范围内 3. 刺激回忆先前习得的成分技能 4. 为成分技能的排序或组合提供言语线索 5. 安排练习和间隔复习的时间 6. 运用多种语境促进迁移
认知策略	1. 陈述或演示策略 2. 提供练习使用策略的多种场合 3. 就策略结果的创造性或独创性提供信息性反馈
态度	1. 创建与所需态度相关的成功预期 2. 确保学生对受人敬仰的榜样对象产生认同感 3. 安排交流或演示个人行为的选择 4. 为成功的表现提供反馈或允许观察人物榜样的反馈
动作技能	1. 提供言语或其他指导以促进执行子程序 2. 安排反复练习 3. 对表现的准确性提供即时反馈 4. 鼓励使用心理练习

资料来源：From Gagné，R. M.，& Driscoll，M. P.（1988）. *Essentials of learning for instruction*（2nd ed.）. Allyn & Bacon. Reprinted with permission.

第 3 章还介绍了信息加工理论在加涅分类法中对促进元认知或学习认知策略的有益应用。这些措施包括向学习者展示具体的学习策略，确保他们有许多实践这些策略的机会，并就学习者的创造力和独创性提供反馈。调查儿童在教授问题解决策略的教学软件中学到什么的独立研究显示，尽管反馈提供了可以系统地用于解决手头问题的线索，但学习者最常使用的是试错法（trial and error）（Atkins & Blissett，1992；Duffield，1990）。然而，在这些研究中，我们并不鼓励学习者采取系统的策略，也不鼓励其他人帮助学习者快速解决问题。事实上，任何令人担忧的战略有效性的反映通常都不存在，也没有被培养。然而，对于认知策略来说，这种反思可能是必不可少的，因此应得到相关外部条件的促进。

加涅对学习态度的观点既反映了行为观点，也反映了认知观点。并且尽管没有证据证明他对 TTM 的研究有所了解，但是他的观点与 TTM 具有一致性。在纯粹的行为意义上，有些态度很可能是后天形成的，因为随着时间的推移，这些态度不断得到强化。将阅读视为一种消遣活动的乐趣，就是态度学习的理想结果的一个例子。另一方面，不理想的结果是"司机变化"情景中的没有进行安全驾驶的司机们。随着时间的推移，他们超速、在驾驶时存在侥幸心理或无视交通法规的习惯，很可能被同伴和注意力加强。

要学习或改变任何态度，学习者必须拥有各种相关的概念和信息。例如，未安全驾驶的司机需要知道，他们的行为害人害己的原因。在 TTM 中，这是通过自我意识和情绪舒压（dramatic relief）的过程来完成的，即提供关于行为的原因和后果的信息，增加情绪来对行为产生促进作用。在加涅的理论中，这是通过人类示范来实现的（Bandura，1969；Gagné，1985）。因为态度是一种选择，从榜样身上学习态度牵涉到学习做出与他们相同的行为选择。这是因为人们倾向于"像"那些他们尊敬的人或他们认同的人。为了使示范（或强化）在态度形成方面最有效，教学条件应该：（1）在学习者中创造一种期望，即他们将在选择的活动中取得成功；（2）提供与要执行的态度相关的活动（由模型或学习者进行的活动）；（3）对良好的表现进行反馈（Gagné & Driscoll，1988）。这些条件在 TTM 中也很明显。

最后，学习运动技能包括单独掌握成分技能，并将它们整合起来成为最终单一的表现。为了确定这种情况发生的条件，加涅结合了动机学习提出的三个阶段（Fitts & Posner，1967）：（1）早期认知阶段，在此阶段学习者试图理解执行子程序，或决定动作顺序的程序；（2）中间阶段，在这一阶段学习者进行成分技能和整体技能的交替练习；（3）最后的自主阶段，在这个阶段，技能表现变得几乎是自然而然的。人们认为这些阶段也是一种过渡（transition）即产生如何执行运动技能的想法、应用（application）即通过实践发展更高水平的技能和终身利用（lifelongutilization）即在获取技能后对技能进行微调（Gallahue & Ozmun，1995）。

与这些阶段相对应的教学条件需要提示子程序的方法（例如，口头指示或技能演示）、重复练习和即时反馈，以纠正错误并避免养成坏习惯的可能性。当学习者达到技能发展的自主阶段时，心理练习可能有助于帮助他们达到竞争的顶峰（Singer，1980）。例如，世界级运动员表示，在轮到他们参加比赛之前，对他们的整个表现进行想象是有好处的，记忆是有用的。然而，只有完美的练习，即有意识的练习（Ericsson，2006）才能让记忆完美；不完美的练习只会导致坏习惯，而且这些坏习惯有可能几乎无法改掉。

本节所述的学习条件似乎对各种结果的学习产生关键影响。至少，教学应该提供这些条件；当需要多种结果时，应该考虑所有类型的目标及其相应的条件。但是，无论学习内容是什么，在整个课程中，教学计划也需要注意支持所有在学习过程中假定发生的内部过程。加涅（1985）把这些外部条件称为教学事件（events of instruction）。

教学九大事件

加涅采用阿特金森·希弗林（1968）的信息加工模式作为其教学理论的概念基础，但他的执行过程观与考恩（1988）的修订模型是一致的。此外，尽管他接受了原始模式中固有的线性处理（linearity of processing），但加涅认为教学的作用是无关顺序的激活学习的过程。因此，他提出教学事件要全面地激活学习所必需的所有过程。

九大教学事件如下。

（1）引起注意（Gaining ttention）；

（2）告知学习者目标（Informing the learner of the objective）；

（3）激起对原有学习的回忆（Stimulating recall of prior learning）；

（4）呈现刺激材料（Presenting the stimulus）；

（5）提供"学习指导"（Providing learning guidance）；

（6）激发行为表现（Eliciting performance）；

（7）提供反馈（Providing feedback）；

（8）评估行为表现（Assessing performance）；

（9）促进保持和迁移（Enhancing retention and transfer）。

虽然加涅认为，大多数课程的教学事件大致遵循这个顺序，但他认识到这个顺序不是绝对的（Gagné & Driscoll，1988）。相反，根据学习者是谁和选择何种教学系统，实施教学事件的顺序和方式可能会有很大的变化。例如，教师在课堂上的所作所为，取决于他们的授课对象是一年级学生还是高年级学生。教师所采取的教学策略与嵌在计算机辅导中的活动或者为线上学习而设计的活动可能大不相同。但是，就学习而言，如果所有类型的活动旨在实施相同的教学事件，它们的效果应该是相似的。比较课堂教学和线上教学的几个例子将有助于说明这一点。

引起注意旨在引导学习者进行学习，并促进他们接收传入的信息。教师通常使用口头信号来做到这一点，比如叫个别学生的名字或说："大家听着。"在线上课程中，所有大写的信息，如"首先阅读（READ FIRST）"和"观看 / 互动（WATCH/INTERACT）"，可以引导学生，让他们为接下来的教学做好准备。

告知学习者目标创建了关于将要学习的内容的预期，该预期将影响与其相关的信息的后续处理。大多数课程大纲，无论是面授课程还是线上课程，都包括告知学生学习目标的陈述，但教员的简单陈述也足够了。当教师或教学材料没有明确说明学习目标时（或它们彼此冲突时），学生很可能从课堂上发生的事情和考试中出现的事情中得到线索（Driscoll et al.，1990）。

激起对原有学习的回忆让学生为编码做好准备，为在他们所学的和他们已经知道的内容之间创建联系做好准备。它还为学习者迁移知识做好准备，即将先前学到的东西应用于新问题或新语境。在任何时代，知识传授都困难重重，因此教员应帮助学习者回忆相关信息和先决条件信息。在课堂上这一步骤会非常简单，比如说提醒学生前一天或上周学习的内容。在线上课程中，课程内容的组织可以通过创建从一个单元到另一个单元的明确联系，来促进对先前知识的回忆。线上课程中嵌入的链接也可以让学生有机会立刻复习先前学习的材料或内容。

呈现刺激材料取决于将要学习的内容。如果教学目标是获取信息，那么刺激可以是包含该内容的教科书的某一章节、某一场讲座或某一部电影。另一方面，如果期望的结果是智慧技能学习，那么最有效的刺激是突出将要学习的概念或规则的显著特征。这可能是线上课程中的课堂演示或 YouTube 视频。呈现用于运动技能或认知策略学习的刺激，包括展示预期结果或给出口头指示（verbal directions）。对于态度学习，刺激是预期行为或预期选择的演示，并且这种行为和选择通常是通过示范来展示的。对于各种类型的结果，刺激呈现应强调预期结果的显著特征（distinctive features）或基本要素（essential elements），以促进模式识别和选择性感知（selective perception）的过程。

提供学习指导也取决于预期学习结果，并且它应该支持工作记忆并促进编码。我们必须认识到工作记忆也有其限制，还需要认识到对每种类型的学习结果至关重要且独特的学习条件。提供学习指导的强度取决于数个因素，包括学习者的能力和熟练程度、可用于教学的时间以及多个学习目标的存在。相对于能力一般的学生而言，出类拔萃或熟能生巧的学生可能需要的指导更少。例如，如果是受过高等教育的通信技术人员参加培训来学习技术的最新发展，通常在这种情况下，他们的目标非常集中。他们表示："只要告诉我，我应该知道什么，或者我可以在哪里找到所需的信息。"这表明他们需要的主要是刺激演示，但是对学习指导却很少需要。相反，参加第一门线上课程的高中生需要的学习指导可能很多，因为他们不仅要掌握课程目标，还要驾驭陌生的线上学习环境。

激发行为表现旨在为学习者提供练习的机会，在不受惩罚的情况下展示他们所学的知识。换句话说，假设错误仍在修正，表现仍在改进，这种情况下激发行为表现为衡量进展提供了机会。值得注意的是，必须从行为中推测出学习。所以对于激发行为表现来说，一个重要的问题是，什么样的行为将作为衡量预期学习目标的最佳指标。练习和参与线上讨论、课堂讨论或考试都是促进学习者学习表现的手段。

提供反馈使学习者了解他们表现的准确性，并帮助他们发现并纠正他们的错误或误解。然而，有时学习者可能只有一个模糊的概念，并不是彻头彻尾的误解。在这种情况下，反馈应包括对所涉知识或技能的重新传授（reteaching）或对知识相关话题的扩展延伸（extended elaboration）。教师参与线上讨论，还提供评分和范例来展示什么是良好的表现，这是向学习者提供反馈的适当方式。对于运动技能来说，反馈可以向学习者展示如何提高他们当前的技能，对于认知策略来说，反馈可以告知学习者他们的表现如何变得更具战略性或更具创造性。

评估行为表现是对学习者是否达到预期学习效果的正式评价。通常来说，评估行为表现会通过单元或章节测试、项目、投资组合、技能演示等来进行。它也往往是给定学生成绩的依据。然而，即使评估行为表现发生在课程的后期，也希望教员能对每个学生的良好表现给予适当的反馈（Gagné & Driscoll，1988）。

虽然促进保持和迁移是整个教学事件中的最后一环，但它往往在之前的环节就被纳入教学中了。例如，已经有人提出，各种例子和语境是学习者能够适当转移智力技能的关键学习条件。这些很可能是在学习指导期间就计划好的。类似地，每隔一段时间就定时回顾先前知识，促进智慧技能和运动技能的保持，并且可以重复多次，用于激发行为表现并提供反馈。

态度学习或许对知识的保留和知识的迁移有独特的要求。许多态度几乎不可能在原始教学中得以执行。例如，在"司机变化"情景中，司机必须在驾驶培训期间（vehicle-based training）练习安全驾驶习惯。他们只能按规练习安全驾驶，但培训的目标是让他们在没有被教员观察和监控的情况下，按照同样的方法进行安全驾驶。围绕"遇到这样的情况，你会怎么办"这样的问题进行角色扮演活动或讨论，可以促进这种情况下的知识保留和知识转移。这些活动的意义是鼓励学习者在接触到他人的知识和信仰体系时反思自己的知识和信仰体系。

加涅教学论的实施

有效的教学是否取决于所有的九个教学事件？同样的事件能否同时适用于多个学习目标？教师或教学设计者是否总是能对规划教学事件和学习条件负责？学习者是否有时不能对自己的学习负责？在回答这些问题之前，学习条件和教学事件的选择，以及做出这种选择的主体，应该先考虑学习情境的性质（Gagné & Driscoll，1988）。

例如，在德里斯库（Driscoll）等人（1990）研究的一个中学教室里，教师经常复习先前材料，带领学生复习先前知识，还会教授学生如何应用他们的知识，也许是因为在这些方面教科书的内容还有待提高。然而，在合作学习结构中，教师往往会依靠学生，从而双向相互提供学习指导和学习反馈。线上学习社区也可以设计成支持同行反馈和知识共享的形式，这可能是预期学习结果本身，也可能是实现学习条件和教学事件的方式。

面对复杂的学习条件时，我们需要在选择学习条件和教学事件时深思熟虑，这里复杂的学习事件是指学习者希望获得多个相关的学习目标。加涅建议将更大规模的活动或企业，作为传达教学目的和创建实现个人学习目标的有意义的环境的手段（Gagné & Merrill，1990）。在学习过程中，当这些个体学习结果被集成时，它们就会在学习者的头脑中形成一个图式。

最后，"如果涉及的教学事件比必要的教学事件多得多，那么很可能会导致部分学生的厌倦情绪。然而，若是涉及的教学事件少于所需，则会造成学习不足、学习方向错误或根本无法学习的严重后果"（Gagné & Driscoll，1988）。加涅和梅德斯克（Medsker，1996）指出，许多培训失败案例发生的原因就是忽略了九个教学事件中的一个甚至多个。例如，培训要么完全没有包括实践，要么包括的实践不足，认为从讲座或单向交流中获得的信息就足够了。正如加涅和梅德斯克所指出的，"听到一个新的产品线并不意味着销售人员可以向客户描述这一产品线，也不意味着销售人员可以利用信息来确定客户的需求。'接触'前沿技术并不能确保工程师能够在工作中应用这些技术。然而，许多培训方案存在无实践、实践太少或实践不当的现象"（Gagné & Medsker，1996）。也许规划学习条件和教学事件的最佳指南恰恰是学生自身。

结语

本章是四个面向应用的章节中的第一个章节。我们考察了运用第 2 章和第 3 章中讨论的行为和认知学习理论的教学理论和模型。行为技能培训是完全从行为角度发展起来的，并已在很大程度上应用于学习生活技能中，如与安全、自理或独立生活有关的情景。跨理论模型将行为学原理与心理治疗理论相结合，旨在改变成瘾行为。最后，加涅的教学论构成了教学设计模型的基础（Gagne et al.，2005），该模型广泛应用于培训环境中，用以优化学员表现。它定义了行为的分类法，还定义了习得这些行为所需的认知过程和条件。

这些研究为我们理解学习和教学起到了积极的促进作用。在下一章中，我们将讨论儿童的学习与成人的学习有何不同，以及这些差异对教学有何影响。

反思性问题与活动　>>>>>>>>>>

1. 选择一个具有改变行为目的的教学单元。从 BST 和 TTM 的角度来分析教学。两种方法都有哪些特点？根据你对这些理论的了解，你采用了哪些教学策略？你认为它们的效果如何？如果可能的话，观察学习者在教学中的表现，并将教学的实际效果与你的预测进行比较。

2. 使用加涅的教学论分析表 4-3 中显示的司机变化过程。预期的学习结果是什么？在列出的教学策略中有哪些学习条件？如果你是本课程的教员，你将如何实施加涅的教学的九个事件？

3. 将加涅或布鲁姆的分类法在你正在教授或希望教授的主题中加以应用，并在每个类别中生成范例。把你的范例（随机排序）呈现给某位同事，并请他把它们分成相同的类别。你们的分类一致吗？请你们对任一分歧进行讨论，并试图就任何一种分类法的有用性达成共识。

4. 利用本章讨论的三种理论中的每一种制定一个教学计划。说明你使用的实现既定教学目标的相关方法的基本原理。

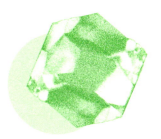

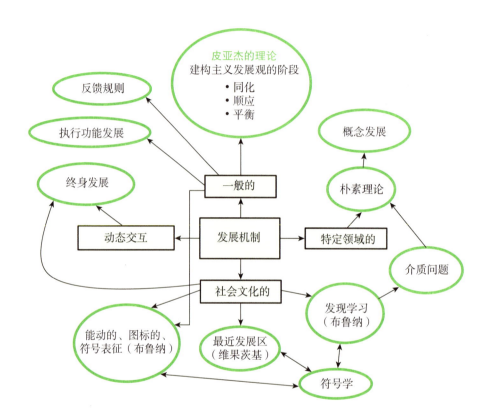

第 5 章
学习与发展

PSYCHOLOGY OF
LEARNING FOR INSTRUCTION

- **啊？！**

期中假期期间，C 教授和她 3 岁的女儿伊丽莎（Eliza）正在校园里散步，他们在创校人的雕像前停了下来。

"真有趣。"伊丽莎说。

"什么？"

"雕像不是活的，但你一直都能看到它们。"

C 教授沉思了一会儿，然后问："这有什么有趣的呢？"

伊莉莎回答说："嗯……爷爷去世了，这让人伤心，因为我们再也见不到他了。"

"哦，我明白了，"C 教授说，试图解开伊丽莎的困惑。"有些东西，比如动物和植物，是活的，所以它们会失去生命，这是一件令人悲伤的事情，因为它们不再存在了。其他的东西，像雕像，还有桌椅，从来都不是活的，所以它们能一直存在。"

伊丽莎想了想，歪着头盯着雕像。"是啊，是不是很有趣。桌椅不是活的，所以我们一直都能见到它们。"[①]

• 数学奇才

敏熙（Minhee）对去美国上学感到很兴奋，这是她第一次离开韩国。敏熙的父母要去美国的一所大学攻读博士学位，她就跟随他们来附近的学校上学。敏熙上六年级，数学是她最喜欢的科目。她从一年级就开始上英语课，她很渴望通过日常对话和数学应用题来测试自己的语言能力。在韩国时，她就很喜欢挑战，总想弄清楚问题到底在问什么，以及如何用算术方程来表达问题。

本周，敏熙的老师教的是分数的除法，所以全班都在学习解答这种类型的问题：

"贝特西（Betsy）买了 $1\frac{3}{4}$ 码的布料做一些旗帜。每面旗帜需要 $\frac{1}{2}$ 码。她能做多少面旗帜？"（对应算式：$1\frac{3}{4} \div \frac{1}{2}$）

又如，"迦勒（Caleb）有 $\frac{2}{3}$ 磅的碎牛肉。他用 $\frac{1}{2}$ 的碎牛肉做肉丸。他还有多少碎牛肉可以放在意大利面酱里？"（对应算式：$\frac{2}{3} - \frac{1}{2}$）

让敏熙惊讶的是，她的同学们觉得这些问题很难解决。只有少数人得出了正确的答案，而且大多数得出正确答案的人也无法为自己的答案提供解释。

我们该如何解释这些情景中所描述的儿童行为？像伊丽莎这样的学龄前儿童在问"为什么"的问题时会表现出"啊？！"的现象，这说明他们对大一点的儿童都能理解的概念缺乏区

---

① 此场景基于逐字记录的凯里（Carey，2015）等人对话。

分能力（Carey et al., 2015）。例如，尽管她的母亲试图解释，但伊丽莎区分不了死亡和无生命这两个概念，她在看不见（她去世的爷爷）和看得见（雕像、桌子和椅子等无生命的物体）之间的矛盾中挣扎。然而，当儿童长大到 5～7 岁时，他们会从身体器官的生物功能角度来理解生命。他们可以判断某样事物"活着"意味着什么，不再把生或死的概念附加于无生命的事物。

这种性质的观察显示了在理解或行为方面的年龄差异，这给不区分儿童学习和成人学习的学习理论带来了问题。这种区别本身是一个悬而未决的问题。儿童的学习方式是否与成人明显不同？还是说，他们之间所观察到的任何差异，都可以归因于成人具有更多的经验，而不是成人和儿童之间学习过程中的质的差异？此外，成年人是否在一生中继续以同样的方式学习，还是由于之后年龄或环境的原因，他们的学习也存在质的差异？

本章将探讨与这些话题有关的问题。换句话说，对认知发展感兴趣的心理学家关注两个主要目标（Perlmutter, 1988）：（1）理解认知如何随年龄而变化；（2）识别和解释这种变化的原因。

我们在第 1 章中把学习定义为通过个人的经验和与世界的互动而产生的变化，并把它与因成熟或成长产生的变化区分开来。另一方面，发展对学习中的成长和成熟起着独特的作用。一些理论家认为发展是学习的必要前提，并认为儿童的学习能力取决于他们的发展水平。例如，第 3 章提出的证据表明，与成人相比，幼儿的工作记忆容量是有限的。随着年龄的增长和工作记忆容量的增加，对学习的限制变得更少。相比之下，其他理论家认为发展是由学习推动和促进的。也就是说，环境经验与人类的能力相互作用，从而影响人们如何用他们所知道的东西来表达和思考。杰罗姆·布鲁纳（Jerome Bruner, 1964）断言："因此，认知的成长在很大程度上既由外而内，又由内而外。"这种观点有助于解释在"数学奇才"情景中观察到的文化差异。敏熙和她的同学处在同一年龄群，这将预测他们在认知发展上的相似性。但是他们作为不同文化成员的生活经历很可能存在很大的不同。

最后，人们对毕生发展越来越感兴趣，也就是说，发展如何贯穿成年期，并有助于解释儿童、年轻人、中年人和老年人之间与年龄相关的差异（Baltes, 1987, 1997；Lerner, 1984；Perlmutter, 1988）。从这个角度看，理论家们质疑发展是否存在终点，并着手解决增长和衰退或丧失的问题。毫不奇怪，成长主要与儿童的认知发展有关，而衰退或丧失则是针对老年人的研究的特点。然而，神经科学研究提供的证据表明，丧失（loss）的概念也有助于理解儿童的发展。鲍尔（Bauer）曾提到（2015），"最著名的例子是突触（synapses）的数量：成年人突触的补充只有在最初的过度生产阶段之后才能达到，随后是修剪（pruning）（Huttenlo-cher, 1979；Huttenlocher & Dabholka, 1997）"。也就是说，儿童的大脑在发育过程中会过度产生突触。在成年早期，修剪现象发生（见第 12 章关于这一现象的进一步讨论）。在大脑发育过程中发生的退化事件现在被认为是认知过程发展的原因之一（Gogtay et al., 2004）。

在本章中，我们从让·皮亚杰的著作开始讨论学习与发展，皮亚杰无疑是 20 世纪发展心理学领域最重要的理论家。在后皮亚杰时期（Barrouillet，2015），正如人们所知道的那样，发展理论扩展了他的工作，但也证明了他的思想是错误的或不完整的。皮亚杰忽略的因素也得到了研究，比如语言或文化可以塑造认知发展。最近，发展心理学家吸收了来自神经科学的证据，以帮助实现一个并非皮亚杰所希望的统一和全面的发展理论，而是"对发展变化的多层面和微妙的描述与解释"（Barrouillet，2015）。在这一章的结尾，我们一如既往，将讨论学习和发展对人的一生中的教学的影响。

让·皮亚杰的贡献

让·皮亚杰（Jean·Piaget，1896—1980 年）被人们描述为具有不同身份的人，有生物学家、哲学家和儿童心理学家。事实上，他也三者皆是。但是，在对这三个领域进行划分的同时，皮亚杰的工作旨在阐述一种知识理论，即儿童如何认识他们的世界（Gruber & Voneche，1995）。他以观察不同年龄的儿童如何思考而闻名，他是"有史以来最棒的'园丁'，能发掘出（儿童成长过程中）最吸引人、最重要的发展过程"（Flavell，1996）。皮亚杰使用了临床访谈法，这是他首创的一种研究方法，通过反复提问来探究儿童的理解能力。比起儿童的正确答案，他更关注他们的错误答案。换句话说，他认识到了"学龄前儿童对世界的'错误'或'可爱'的观念是一个复杂的、探索智力系统的迹象，该系统试图理解现实世界"（Miller，1993；Flavell，1996）。

皮亚杰认为，认知发展是一个积极的、建设性的过程，在这个过程中，当儿童与周围世界互动时，知识得以发明和再发明。他把自己的观点称为建构主义（constructivism），认为儿童积极地接近他们的环境，通过他们的行动获得知识。而且，这样的行动既不是随意的，也不是漫无目的的。例如，年幼的婴儿会立即吮吸放在嘴里的任何物体，他们把吮吸物体作为了解世界的一种方式。皮亚杰（1969）称这些为目标导向的行为图式（schemes），并认为图式随着儿童的发展而演变。

皮亚杰的理论主要有两个方面：（1）他的认知成长同化—适应—平衡模型，也被称为建构主义；（2）他认为发展是分阶段进行的。后者可能是他最出名的理论，也许是因为"皮亚杰的理论传达了一种几乎有形的对儿童思维方式的感受。他的描述给人感觉是对的。他的许多个人观察都相当令人惊讶，但他发现的总体趋势吸引了我们的直觉和我们对童年的记忆"（Siegler，1991，cited in Flavell，1996）。

皮亚杰的阶段理论

举个例子，在"啊？！"情景中，伊丽莎的想法对于她的同龄人来说是典型的，但对于大几岁的儿童来说则不是。皮亚杰的观察揭示了不同年龄儿童思维发展的不连续性。也就是说，在他们生活的不同时期，儿童的思维方式似乎是不同的，随着年龄的增长，认知变得更加复杂。这就好像儿童发展了"思考之前无法想象的（unthinkable）想法的能力，而不仅仅是以前没有想过的（unthought）想法"（Carey et al., 2015）。

这在皮亚杰用来研究他们的思维的守恒任务中似乎很明显，在这些任务中，处于某个年龄的儿童只关注任务的一个维度。例如，在数字守恒任务中，非守恒者会坚持认为，即使每一排的数据都相同，如果一排数据块更长，那么这一排的数据就比另一排多，因为"这一排更突出"。皮亚杰将这些观察结果作为发展阶段不变序列的证据，每个阶段代表着该年龄段儿童可获得的领域的一般认知资源（Inhelder & Piaget，1958，1964）。

因此，皮亚杰提出了描述不同年龄段儿童思维性质的四个阶段。

- 感觉运动阶段（Sensorimotor period）（从出生至 2 岁）：婴儿更加适应反射，能够形成对物体和事件的心理表征，即使它们被藏起来，他们也会认为物体是永远存在的。

- 前运算阶段（Preoperational period）（2～7 岁）：幼儿开始用符号进行思考，但他们很难理解他人的观点。推理往往集中在问题中的单一感知维度。

- 具体运算阶段（Concrete operational period）（7～11 岁）：儿童获得保护意识，理解了即使事物的外观发生了变化，它仍然保持不变。他们以逻辑的方式解决具体问题，但难以假设和系统地考虑问题的各个方面。

- 形式运算阶段（Formal operational period）（11 岁以后）：儿童发展能力，以系统和逻辑的方式检验假设和解决抽象问题。

尽管皮亚杰的阶段理论很有吸引力，但它所描绘的儿童思维的画面并非完全准确（Flavell，1996），大多数时候，它被放弃作为对认知发展的描述或解释（Barrouillet，2015；Carey et al.，2015）。随着研究婴儿认知过程的新方法的出现，研究人员发现了婴儿具有远远超过对他们这么小年龄所预期的能力（比如，Feigenson et al.，2004；Gelman，1972）。此外，有证据表明，大多数青少年，甚至是许多成年人，都没有达到或能经常表现出形式运算推理（formal operational reasoning）。在之前的推理阶段已经观察到退化，且假定同一发展阶段的任务之间的相关性低，从而反驳了各阶段有其特定的认知能力的观点。

虽然皮亚杰的发展阶段概念不能很好地支持进一步的研究，但他的建构主义得到了实质性的支持。"我们现在理所当然地认为'儿童显然不是一张白纸，被动地、无选择地复制环境呈现给他们的任何东西'，这在很大程度上是皮亚杰做出的贡献"（Flavell，1992，cited in Flavell，1996）。皮亚杰认为，儿童积极探索和适应他们的环境，这与生物适应的发生方式大致相同。当他们这样做时，他们会发展概念结构，影响他们在环境中注意到的东西，进而影响他们解释经验的方式。

皮亚杰的建构主义

在皮亚杰的理论中，儿童认知结构的基本组成部分是前面提到的图式。皮亚杰的预期图式理论的概念，将在下一章讨论，它有三种拼写形式（scheme，schema，and schemata）。这些术语在很大程度上已经不再使用，因为语言和来自信息加工、进化心理学和神经科学的证据已经进入了认知发展的理论研究。我们讨论的重点是皮亚杰关于儿童概念发展的能动性的观点。他提出了控制概念转变（conceptual change）的三种基本机制：同化、顺应和平衡。让我们依次进行检验。

当儿童根据现有的图式解释一个新的物体或情境时，就会发生同化（assimilation）。"如果你只有一把锤子，那么所有东西看起来都像钉子。"这句谚语就是同化的一个很好的例子。再想想那个把东西放进嘴里的婴儿。用嘴说话和其他图式，如抓、捣或扔，都是吸收物体信息的方法。因为这些图式对婴儿来说相对无差别，所以他们在使用时不考虑物体是否适合扔掉或放在嘴里。

需要注意的是，皮亚杰强调同化的功能性质（Siegler，1986）。也就是说，儿童和成人都倾向于应用任何可用的心理结构来同化一个新事件，他们会积极地使用一个新获得的结构。例如，有人观察到，学习说话的儿童没完没了地自言自语，不管有没有其他人在听。当儿童的概念结构足以理解他们的经验时，他们被称为处于认知平衡状态（equilibrium）。然而，如果意识到以前没有注意到的令人困惑的、矛盾的、不一致的或无法吸收的现象，就会导致不平衡（disequilibrium）。这可能描述了伊莉莎在"啊？！"情景中的状态。幼儿倾向于把生命归于无生命的物体，这被称为"儿童泛灵论"（childhood animism），他们不能区分事物是活的（alive），还是可见的（visible）、真实的（real）或存在的（existing）（Carey，1985；Carey et al.，2015）。正因为如此，伊莉莎对能够看到的不是活的东西感到困惑。

当必须修改现有图式或运算以解释新的经历时，顺应（accommodation）就发生了。这涉及重新认识一个问题，以理解不可调和的现象。然而，伊丽莎并没有这样做，因为她把桌子和椅子融入了她对雕像的理解；它们都没有生命了，但她还能看见它们。当顺应确实发生时，一个新的连贯整体就形成了，由此产生的概念结构与以前的概念结构不可同日而语。换句话说，思维上的变化是不可逆转的；儿童不能再回到顺应之前的思维方式。这个有点像是做咸菜。某个人把黄瓜放在盐水里，到了某个时候它们就变成了泡菜；它们不能再变回黄瓜了。这发生了根本性的变化。

皮亚杰认为，当认知平衡在顺应后恢复到更高的发展水平时，就会发生平衡（equilibration）。平衡是主要的发展过程，包括同化和顺应，它是解释认知发展的最早尝试之一，而不仅仅是描述它（Flavell，1996）。皮亚杰认为平衡是发展的驱动力，它随着儿童的发展而迭代发生（见图5-1），它特别表征了儿童从一个发展阶段到下一个发展阶段的过渡。虽然事实证明并非如此，但对概念转变的观察表明，它同仅仅获得事实知识有显著不同（Carey et al.，2015）。也就是说，仅仅学习新的事实并不会导致概念转变。儿童只是简单地把新的事实融入他们现有的概念结构中，就像伊丽莎承认没有生命的雕像、桌子和椅子即使没有生命，人们也仍然可以看到一样。

在对患有威廉姆斯综合征的个体进行的研究中，可以看到知识积累和概念转变之间的区别的证据（Johnson & Carey，1998）。这是一种基于基因的发育性残疾，患有这一综合征的成年人能够学习语言并获得事实性知识，但他们没有表现出正常发育的六岁儿童对生命和死亡的生物学理解。概念转变，或者皮亚杰理论中的顺应，使逻辑思维能够按以前不可能的方式发生。这就是皮亚杰强调的建构。但是，顺应究竟是如何创造新的概念结构的？儿童与环境的互动在这个过程中起着什么作用？像皮亚杰所认为的那样，概念转变是否存在一般的机制，还是说概念转变的发生取决于特定领域？

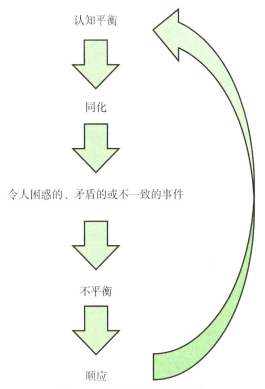

图 5-1　皮亚杰发展阶段理论

这些问题都激励了后皮亚杰时期的理论家们。

后皮亚杰认知发展理论

皮亚杰的理论对发展心理学领域产生了巨大的影响，因为它"范围如此广泛……而且……其方法如此具有系统性，并成功地在各种领域发现了一系列意想不到的发展性发现"（Barrioullet，2015）。在后皮亚杰时期，关于什么是发展、如何发展以及学习和经验在发展中的作用的争论接踵而至。这一时期，在继续寻找被假定为影响各种领域发展的一般机制的同时，也开始关注特定领域的发展过程。我们来看看这两个方面的重大进展。

发展的一般机制

倡导认知发展一般过程的人依靠并吸收了来自信息加工理论、神经科学和进化心理学的证据。首要问题是如何解释儿童在大多数领域表现出的逻辑思维的飞跃。工作记忆容量的成熟增长是一种可能性，这一可能性已被成功探索。然而，关于儿童规则使用和执行功能的研究也取得了可喜的结果。

儿童在大多数皮亚杰相关任务中的表现表明，他们遵循一种一维规则策略。西格勒（Siegle，1983）是这样描述的："如果你缺乏有关如何解决一个问题的直接信息，你就需要做一个定量的比较，最好是比较单一的值，即看似最重要的维度；当有更多被问及的维度时，则要选择具有更大的价值维度的对象"。这就解释了为什么当两排杯子里所含的液体数量相同时，儿童会选择较长一排的杯子，而且当液体从一个烧杯倒入另一个烧杯时，他们认为高而细的烧杯里所含的液体比矮而粗的烧杯多。

但儿童这样推理是因为他们缺乏工作记忆的能力，还是因为编码和先前知识的差异？西格勒（2016）指出，皮亚杰守恒任务对儿童来说是新奇的，这很可能是因为皮亚杰对学习的兴趣不如对儿童在缺乏特定知识的情况下如何推理的兴趣大（Piaget，1969；Siegler，1983）。因为这些任务往往突出一个单一、显著的维度，所以它们非常适合于引出西格勒所说的"回退规则"（fall-back rules）或"预掌握规则"（premastery rules），这些策略对于儿童所处的各种环境都是相当准确的。西格勒假设，儿童可能会专注问题最突出的维度，因为他们没有意识到其他维度也很重要。事实证明确实如此。当反馈明确地将他们的注意力引导到以前不被注意的维度时，儿童正确地解决了问题（Siegler，1983，2016）。也就是说，他们能够编码并应用这两个维度来解决问题。

西格勒的研究揭示了儿童在数学和科学问题解决中使用规则的其他有趣发现。除了皮亚杰守恒任务，西格勒还用了儿童更熟悉的问题，比如加减法中常见的数学题。结果表明，儿童使用多种策略，并以适应性的方式进行选择：当问题变得困难时，他们使用备份策略；当问题不正确时，他们转变策略，并根据任务要求匹配策略（Siegler，1984，1986，1995，1996）。在儿童发现一种新的、更有效的方法之前，他们的表现也变得更加多变，而且在更复杂的方法成为他们的惯用方法很久之后，他们还继续使用旧方法。

西格勒将这些发现归因于学习和发展的相互作用。认知发展不是凭空出现的（2016）。认识到应该对问题的哪些方面进行编码需要经验。儿童知道得越多，他们就越善于表达问题，并记住解决问题所需的关键信息。因此，西格勒强调，必须为儿童提供经验，向他们透露他们目前使用的策略并不平衡，并将他们的注意力引导到对解决问题至关重要的方面。他还强调了持续评估儿童思维的重要性，以指导和反馈决策。当知道儿童用什么策略来解决问题时，可以设计适当的反馈来突出他们没有注意到的问题的各个方面。

注意到情境的更多方面并构建问题日益复杂的表征能力，似乎也与儿童执行功能

（executive functions）的发展有关（Carey et al.，2015；Zelazo，2015）。回忆一下第 3 章讨论的指导注意力和信息加工的中央执行功能的重要性。执行功能技能（EF skills）指的是"自上而下、目标导向的注意力和行为调节所必需的神经认知技能"（Zelazo，2015）。这意味着认知控制功能涉及集中注意力、调节注意力、坚持和排除分心，以及控制冲动。执行功能技能与入学准备和学业成功有关，特别是阅读和数学方面。执行功能技能较好的儿童在成就上有更大的收获，也更能安静地坐着，集中注意力，并完成任务。另一方面，3～11 岁时较差的执行功能技能会导致 30 年后的健康状况更差和犯罪率上升（Diamond & Lee，2011）。

发展神经科学的研究提供了证据，表明执行功能技能依赖于特定的神经回路，这些神经回路适应环境的影响，并在使用中变得更有效率（Huttenlocher，2002）。因此，随着经验的积累，儿童获得了集中注意力的技能，使他们能够反思自己的学习，考虑他人的观点，并在工作时记住信息。

神经科学的研究结果将在第 12 章中进一步讨论，但似乎在学前阶段，执行功能技能的相关神经区域适应得很快。因此，学前阶段被认为是通过"适时、有针对性的支架和支持"培养执行功能技能的特别合适的时机（Zelazo，2015）。评估各种干预效果的实验揭示了支持执行功能发展的条件，其中包括以下方面。

- 儿童在做一项任务时，在做出反应之前促使其停下来反思。这使儿童有机会评估自己是否已经认识到问题的所有方面，并考虑可能与解决问题有关的其他观点。
- 引入不确定性或冲突，向儿童透露其所使用方法的不足，并使他们重新评估。发现不确定性可以引发反思和再处理，这会让他们注意到一个情况的更多方面，并构建对问题更复杂和微妙的理解。
- 使用能促进思维灵活性的任务，比如要求儿童确定自己的观点，然后采取另一种观点。
- 随着儿童的进步，可以对越来越复杂的问题提供重复练习。

戴蒙德和李（Diamond & Lee，2011）回顾了六种方法和四个以课程为基础的项目，这些项目得到了研究证据的支持，旨在改善儿童在学龄早期的执行功能。除了以学术为导向的干预，这些干预还包括身体活动和正念练习。他们的结论是：在最初，执行功能技能最差的儿童从干预中获益最多，这些干预包括针对较低的收入、较低的工作记忆广度和较差的抑制控制的干预。他们还指出，儿童需要不断挑战和实践执行功能技能以得到改进。最后，戴莫德和李建议，"提高执行功能技能和学习成绩的最有效途径可能不是狭隘地关注这些方面，而是要解决儿童的情感和社会发展（如所有四个提高执行功能技能的课程）和儿童的身体发展（如健美操、武术和瑜伽）"（2011）。

特定领域的发展过程

特定领域的局部发展理论是从两个关于儿童的主要观察演变而来的。第一个观察是儿童在不同学科领域的思考和推理不一致。正因为如此，我们很难像皮亚杰那样，认为一个普遍的概念结构会发展为所有逻辑思维的基础。第二个观察是，婴儿对世界有少许的直观或朴素理论（naive theories）。这促使人们认为，儿童出生时可能有一些核心知识，使他们能够处理其环境中特别相关的方面（e.g., Baillargeon et al., 1995；Carey, 2009；Spelke, 2000）。

例如，对 5 个月、8 个月和 12 个月大的婴儿的研究表明，他们可以跟踪那些隐藏在视线之外的物体，并且构建了一个最多有三个物体的精确数量的表征（Spelke, 2000）。这种定量的理解仅限于空间上不同的物体，而不是物体的集合、物体的部分或像沙堆这样可以改变形状的实体。这样的结果表明了一个特定领域的表征系统，其被假定为更复杂的数值理解的基础。

类似地，研究者研究了幼儿的直觉理论，如心理（Perner, 1991）、宇宙学（Vosniadou, 1992）、物质（Carey, 1991）和生物学（Carey, 1985）。在每种情况下，共同的中心问题都涉及儿童的概念知识如何转变，以及如何演变成对现象更复杂和更充分的理解。凯里（2009；Carey et al., 2015）提出了一种启动过程，儿童首先学习原始概念，然后将它们相互关联，从而构建更复杂的概念。例如，当儿童知道数字（1、2、3 等）与顺序出现的单词一、二、三等相匹配时，他们就有了数数的概念。

概念的发展似乎也反映了科学家发现新科学概念时的建设性过程。证据表明，跨领域的分析在支持学习迁移中起着重要作用，这将在第 6 章中进行讨论。意象推理似乎也发挥了作用，类似于科学家如何构建图像表征来描述他们所知道的和他们试图弄清楚的东西（Nersessian, 1992）。进行思维实验是促进概念发展的另一种策略，就像伽利略（Galileo）想象一个轻的物体和一个重的物体在自由下落，并得出结论：它们在真空中会以相同的速度下落。

类比推理、意象推理和思维实验都是深思熟虑的、反思性的理解策略，所以概念发展与前面描述的执行功能有关也就不足为奇了。凯里等人（Carey et al., 2015）报告了几项研究发现，表明相对于执行功能技能较低的儿童，执行功能技能较高的儿童能更快地获得成熟的生物学理论。执行功能技能较高的儿童也从旨在教他们身体机能如何运作的培训课程中受益更多。凯里的结论与之前西格勒的研究一致，即注意到一个人当前的概念理解中的矛盾——一种监督理解的反思过程——对概念发展至关重要。因此，伊丽莎在"啊？！"情境中质疑活着意味着什么，可能表明她的理解将要进入概念转变的阶段了。

除了研究促进儿童发展和各领域内概念转变的条件外，人们还研究了为什么某些能力对许多儿童造成巨大困难。其中一个困难的领域是分数和小数的运算。尽管数十年来美国加强了数学教育，并做出了许多努力来改善数学教育，美国八年级学生在解决"数学奇才"情景等问题方面的能力几乎没有提高。在 1978 年的一次全国评估中，有一个问题是"从 1、2、19、21 选项中选择最接近"12/13 + 7/8"的整数"，或者选择"我不知道"，只有 24% 的学生答对了"2"，最常见的答案是"19"。在 2014 年，向八年级学生提出的同样问题，只有 27% 的学生给出了正确答案（Lortie-Forgues et al., 2015）。

分数和小数计算的重要性不可低估。使用分数和小数运算在大多数学术领域都很普遍，在许多工作中都很重要（如护士或药剂师计算剂量），在日常生活中也很常见（如食谱、建筑和缝纫）。然而，学习分数和小数运算的复杂性为特定领域的约束提供了额外的证据。这并不是说在皮亚杰理论中才要求形式运算推理，而是说一些困难是数学领域固有的，而其他的困难则来自文化价值和教育系统。在他们的分析中，洛蒂 - 福尔格等人（Lortie-Forgues et al.，2015）确定了学习分数和小数运算中的七个特定领域的困难，从表示分数和小数时使用的符号到分数和小数运算中涉及的大量不同程序。而且，其中许多程序是不透明的。例如，为什么除以一个分数需要先求分数的倒数再相乘？虽然代数可以用来证明分数算法，但它通常在分数之后教授，这使得学生在试图学习分数算法时缺乏相关知识。

除了与学习分数和小数运算相关的内在困难，似乎还有教学和文化因素在起作用。在"数学天才"情景中，敏熙惊讶地发现，她的美国同学在解决韩国同学已经掌握的问题时遇到了困难。跨文化研究揭示了美国和东亚在如何看待和教授数学方面的差异。美国的数学教学偏重于程序性知识而非概念性知识，对分数和小数的除法不甚重视。

一项旨在提高中学教师知识和技能的专业发展效果的大规模研究表明，有理数教学对教师的教学实践和学生的成绩都没有影响（Garet et al.，2011）。此外，"对韩国五六年级数学教科书的分析结果显示，分数乘法问题的数量与美国教科书大致相同，但分数除法问题的数量是美国的八倍多"（Lortie-Forgues，2015）。另外，美国教科书对乘法的解释主要集中在重复加法上，但这种解释很难适用于分数和小数的运算。因此，美国常见的教学实践可能导致美国儿童相对于其他国家的同龄人先前知识不足。

这些跨文化比较提出了一个被皮亚杰和后皮亚杰理论家所忽视的问题。这并不是说文化对认知发展的影响被完全忽视了。相反，"发展心理学一直被一些理论所主导，这些理论主要寻求从个体内部因素的角度来解释生长和发展：同化和顺应的过程、冲动控制的过程、学习的过程、遗传倾向的过程、认知表征的过程，等等"（Bruner & Bornstein，1989）。无论我们讨论的理论是关于认知发展的一般机制，还是特定领域的发展过程，它们的焦点都是作为个体的儿童。语言和文化因素在促进发展方面不被赋予任何特殊地位，而被视为影响个体进程的外来差异来源。然而，它们成了我们接下来所讨论理论的中心因素。

互动、文化和认知成长：布鲁纳和维果茨基的贡献

在一次关于发展心理学家职业生涯的采访中，杰罗姆·S. 布鲁纳（Jerome S. Bruner）（1915—2016 年）说，他发现自己"在思考发展过程……（然后）去拜访了皮亚杰；他对我的问题的回答没有多大帮助。对儿童生活的环境，或这些环境产生的差异了解得太少了。诶，列夫·维果茨基（Lev Vygotsky）（1896—1934 年）早已去世，所以我没能去看他"（Bruner，2008）。然而，布鲁纳被维果茨基的思想所吸引，因为他们都相信发展取决于一个人的社会文化背景。"从智力上讲，在一种文化语境而不是另一种文化语境中成长意味着什么？"布鲁纳

沉思着（1973）。对布鲁纳和维果茨基来说，答案与社会中介学习有关，即儿童与环境中其他人的共构性互动。众所周知，社会建构主义是"思想、学习和知识不仅受到社会因素的影响，而且是社会现象的观点"（Palincsar，1998）。

思想的社会渊源

维果茨基（1962，1981）认为，高级心理功能首先是社会功能。例如，指向的手势是通过儿童与另一个人的互动来理解的。没有其他人的反应，儿童只是在抓取一些够不着的东西。当有人把儿童的手势理解为指向时，情况就变成了社会交换，正是在这种交换中，抓握的行为具有了指向的共同意义。渐渐地，当儿童学会了同样的意思，并故意用手势来指向东西时，人际理解就转化为了个人内部的理解。

同样，布鲁纳（2008）描述了幼儿如何跟随母亲的目光，注意她正在看的东西，或试图让她看到他们所关注的东西。这些互动对于决定儿童如何感知和理解周围的世界非常重要。在他的早期作品中，布鲁纳（1964，1966）提出了三种表征系统，似乎捕捉到了儿童在不同发展阶段的思维本质。儿童手势的例子说明了能动表征（enactive representation），即通过物理动作和模式化的运动动作对环境做出反应。当儿童能够使用约定俗成的意象时，图标表征（iconic representation）就发生了，而符号表征（symbolic representation）涉及语言或数学等符号系统来表征理解。布鲁纳认为，随着儿童对世界的理解越来越复杂，智力发展通常遵循一种模式，即从能动表征到图标表征，再到符号表征。

虽然发育顺序被认为是固定的，但它不依赖于年龄。事实上，布鲁纳以"任何想法都可以在学龄儿童的思想形式中诚实而有效地表现出来"这一陈述而闻名（1960）。这意味着两个重要的含义。第一个含义是，教师应该了解学生的先前知识。如果教学在本质上完全是符号化的，学习者可能不具备发达的符号系统，或者在特定的主题上没有相应的意象可以依靠。以"数学奇才"情景中的分数问题为例。从上一节我们得知，美国学生在分数除法方面有很大的困难，所以仅用方程表示问题不太可能帮助他们获得或发展解决问题所需的概念性知识。

第二个含义是，教师在教学中用来表达思想的手段对学生的发展至关重要。因此，对于美国学生来说，学习分数除法时，使用图标或能动的表征模式可能更有效。为了促进能动表征，教学可以采取游戏的形式，让学生表演问题，例如，测量和裁剪贝特西旗帜的布料。类似地，使用线条或饼状图来描述分数及其运算可以有助于图标表征。然而，一旦在这些模式中实现了理解，教学应提供精心排序的问题，这些问题需要逐渐更复杂和符号化的思考，以帮助学习者发展对基础概念的深刻理解。

对布鲁纳和维果茨基来说，儿童和成人之间特定类型的互动是理解发展的关键。布鲁纳强调了发现学习（discovery learning），并引用了一位老师的话，那就是使用"中等问题（medium questions）……把你带到某个地方"（1960）。中等问题是那些既不是琐碎的、容易被儿童回答的问题，也不是很难回答或依赖于远远超出儿童知识能力范围的问题。布鲁纳认为，发现的过程不是一个随机事件。相反，它涉及在环境中找到规律和关系的期望。在这种期望下，学习者设计策略来搜索和发现这些规律和关系是什么，通过媒介问题把他们的注意力引导到相关信息上，帮助他们生成假设，提出矛盾，并促进反思（Bruner，1966，1973）。

引导发现的一个有效手段是呈现令人惊讶的事件，并提出问题，引导学生弄清楚发生了什么。例如，作为科学学科中某单元的部分内容，一位七年级的老师进行了如下演示。如图 5-2 所示，将两个在宽开口处黏合在一起的漏斗放置在由彼此成角度的轨道制成的斜坡上，形成三角形。坡道构造使得一端比另一端更高更宽。老师让学生预测连接的漏斗将向哪个方向滚动。毫无疑问，他们都表明漏斗将向下滚动，朝向狭窄的一端。当漏斗向较宽的一端向上滚动时，学生们感到困惑，并要求再看几次演示。对于"这是不是反重力机器"的问题，大多数学生甚至愿意说"是"。

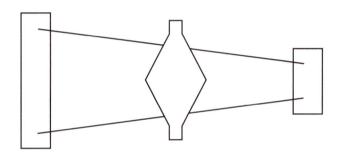

（a）漏斗放置在坡道上时的俯视图

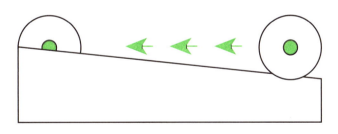

（b）当漏斗向斜坡较宽的一端下沉时，漏斗似乎向坡上滚动

图 5-2　"反重力"演示：7 年级学生在科学课上的一个意外事件

随着老师的提问，学生们发现他们忽略了两个重要的因素：漏斗的坡度大于斜坡的坡度，斜坡的一端较宽。总之，这确保了漏斗的质心在坡道宽的一端比其窄的一端更低。因此，质心在重力的作用下向较宽端向下滚动，但漏斗似乎向上滚动了（Friedl，1991）。

维果茨基以不同的方式探讨了教学与发展的关系，但得到了类似的结果。他试图理解技能发展的开端，并寻找方法来评估哪些能力尚未成熟，但正在成熟过程中（Vygotsky，1978）。将这些成熟的能力与已经完全开发的能力区分开来，引领维果茨基提出了最近发展区（zone of proximal development，简称 ZPD）的概念。ZPD 是在特定时间点上某个领域内独立和非独立解决问题之间的差距（见图 5-3）。随着维果茨基的作品在教育界越来越受欢迎，人们对他的 ZPD 做了很多研究，最近有人对他的 ZPD 概念到底是什么产生了争议（Clarà，2017；Gredler，2012）。

图 5-3　维果茨基最近发展区的概念

问题大多涉及在 ZPD 中发生了什么，以促进更成熟的概念的出现，使儿童能够独立解决比以前更多的问题。人们经常引用维果茨基的话："学习唤醒各种内在的发展过程，只有当儿童在环境中与人互动并与其同伴合作时，才能进行运算"（Vygotsky，1978）。这一陈述的后一部分被解释为认同同伴之间的合作学习将是促进认知发展的有效策略。然而，最近的解释指出了编辑们在 1978 年翻译维果茨基的《社会思想》（*Mind in Society*）时所采取的"重大自由"（the significant liberties）（Gredler，2012）；此外，之后维果茨基作品的翻译呈现了对 ZPD 更完整和更微妙的看法（维果茨基，1994，1997，1998）。这些澄清了维果茨基的信念，即儿童不能促进自己的发展，"教学过程'总是以儿童与成人合作的形式'"进行（Vygotsky，1998，引自 Gredler，2012）。

所以，维果茨基设想了儿童和成人之间是以什么样的合作来影响发展和改变 ZPD 的呢？"维果茨基所说的教学，指的是一种非常具体的东西：一种儿童与成人的合作，在这种合作中，成人形成一种对儿童来说新的意义，而儿童则通过维果茨基所谓的智力模仿行为来模仿这个意义"（Clarà，2017）。这最终会使得儿童能够概括意义，并在更高的理解水平上使用。支持智力模仿的教学活动是那些"教师与学生一起工作，'解释、通知、询问、纠正并强迫儿童解释'"的活动（Vygotsky，1987；Gredler，2012）。

这些活动并不意味着成人和儿童之间的直接交流，而是一个类似于布鲁纳的发现概念的对话过程。使这一过程不同于皮亚杰的建构主义的是布鲁纳和维果茨基的信念，即儿童与其说是在建构自己的概念，不如说是在挪用已经被文化建构的概念。教师和教学的作用是利用工具和符号，即符号学，向儿童传递概念（Palincsar，1998；Schmittau，2004）。符号学（Semiotics）

是一门符号科学，包括"语言、各种计数系统、助记符技术、代数符号系统、艺术作品、写作、图式、图表、地图和机械图纸、各种各样的传统标志，等等"（Vygotsky，1981）。注意与布鲁纳的三种表征模式的相似性，这些都是儿童在发展和获得纪律或权威知识时必须精通的意义方式。然而，根据使用它们的文化，概念工具和符号也会有不同的表现。那么，对布鲁纳（1973）和维果茨基（1934，1987）来说，智力的发展也是为了将特定文化的工具内化。

学习是一种文化工具的内化

不同文化的成员，由于其社会生活的特定和独特的要求，以不同的方式理解他们的经历。例如，对澳大利亚讲迪尔巴尔语的土著人民的研究表明，他们的概念分类图式与西方社会大不相同（Lakoff，1987）。请看方框 5-1 中列出的概念。你会用什么类别来分组？现在检验方框 5-2 所示的类别。土著人民所使用的类别反映了他们的社会，即他们世界的组成部分。相比之下，你的类别不太可能受到情境的限制，而更可能反映抽象的概念，像与浪漫有关的事物，如男性、女性、月亮、葡萄酒、无花果。这是因为更高水平的正规教育、城市化和技术与更多的脱离语境的且抽象的表征系统相关联（Greenfield，2009）。

方框 5-1　社会文化对认知的影响

将下列单词按你认为有意义的类别进行分类，并为每个类别提供标签或基本原理。

男性、女性、无花果、袋鼠、肉、狗、蜂蜜、蜜蜂、月亮、香烟、水、太阳、长矛、酒、风、鱼、泥、火、鸟、彩虹

现在，将你的类别与方框 5-2 所示的类别进行比较。

方框 5-2　澳大利亚说迪尔巴尔语的土著人民对概念的分类

Lakoff（1987）报告的研究表明，澳大利亚说迪尔巴尔语的土著人民有四种基本概念分类。方框 5-1 中的文字按他们的概念分类如下。

Bayi：男性、袋鼠、月亮、彩虹、鱼、长矛

Balan：女性、狗、鸟、火、水、太阳

Balam：无花果、蜂蜜、酒、香烟

Bala：肉、蜂、风、泥

对这些分类提出的解释包括：（1）经验领域（例如，葡萄酒是由水果制成的，水熄灭火）；（2）神话和信仰（例如，彩虹被认为是神话中的人，鸟被认为是女性灵魂）；（3）危险和异常的事物都有特殊的分类，即放在一个最小对比的类别中（例如，狗被认为是异常动物，所以它们出现在第二类，而不是和人一类）。想想这些分类与典型的西方思维有多大的不同。

即使是相同的内在能力，也可能因人成长所处的文化（和亚文化）的需求而表现出不同。对巴西东北部儿童卖糖果的研究（Saxe，1990）就是一个很好的例子。尽管所有被研究的儿童表面上都来自同一种文化（在这个意义上都是巴西人），但卖糖果的儿童对数学的理解却不同于那些不卖糖果的同龄人。并不是糖果销售商学习了标准的数字正字法来处理纸上的数字，而是糖果销售商制定了与货币兑换有关的替代程序。糖果销售商理解的是"与数学和生态问题交织在一起的糖果销售实践"（Saxe，1990）。

最后，越来越多的证据表明，文化价值观和发展模式会随着社会条件的变化而改变。例如，格林菲尔德（Greenfield，2009）和她的同事记录了墨西哥儿童和青少年在他们所生活的社区从农业和自给农场过渡到更商业化的经济时的思维转变。虽然编织纺织品仍旧是环境的文化中心特征，但女孩们从非常详细地呈现熟悉的图案发展到呈现更抽象的图案，并提高了呈现新图案的技能。类似的变化也发生在其他社区，这些社区的人口和社会复杂性、职业多样性、正规教育和技术都在增加。文化转变包括家庭规模缩小，更加强调独立和自力更生等价值观。

那么这种文化的影响对教学意味着什么呢？一方面，学校教育是文化的工具。学校所做的一切应使学生具备利用文化资源所需的认知技能（Bruner，1992，1996a；Cole & Bruner，1971）。布鲁纳（1996b）认为，这意味着儿童应被接受为文化的成员和参与者，并为每一代人创造和改造文化提供机会。那么，学会像数学家或历史学家一样思考，也意味着解决与学生自身特定文化相关的问题。

布鲁纳还呼吁改变对能力和表现的看法。如果表现仅仅被视为潜在能力的一种肤浅表达，那么生活在贫困地区的儿童和生活更好条件的儿童之间的成就差异就成为潜在能力差异的证据。因此，贫困儿童被剥夺了学习的权利。

相反，布鲁纳认为，应该在语境差异的背景下看待在课堂上明显的表现差异，即儿童在校外如何学习应用他们的技能。例如，在市中心生存可能需要口头谈判和虚张声势，但这些技能可能会被老师视为对课堂学习有破坏性或起反效果的。当老师了解文化如何影响技能时，他们将更好地利用学生的表现。换句话说，与其说是需要教授新的知识结构，不如说是需要让学生将他们已经拥有的技能迁移到与学校文化相关的其他情境中（Cole & Bruner，1971）。

在他职业生涯的后期，布鲁纳也开始意识到两种认知文化之间的差异，它们是逻辑科学思维和叙事思维。叙事思维是利用讲故事来肯定与家庭成员的联系，它通常是土著和少数民族家庭的主要互动模式。然而，当这些家庭的儿童在学校用故事表达他们的理解时，他们却被忽视，反而是那些以更习惯和更优越的逻辑科学方式表达自己的儿童更有优势（Lutkehaus & Greenfield，2003）。文化响应性教学包括将少数民族儿童的文化经验和参考框架纳入策略，以促进他们的学习（Gay，2010）。第 13 章提出并进一步讨论了体现文化响应性教学的具体教学策略。

维果茨基的文化历史观点也暗含了类似的含义，但他强调了发展如何随时间演变、随社会发展而变化的历史维度。换句话说，人类已经"历史地面对……日益复杂的问题背景，以及需要在这些背景下更通用和抽象的问题解决方法"（Schmittau，2004）。例如，巴西糖果销售商使用的计算方法在这方面是有效和高效的，但很难用于解决更复杂的数学问题。在数学的文化历史发展过程中，为了使更复杂的问题更容易解决，出现了算法（例如，当将数字乘以10时，在数字的右边加一个零）。因此，学习算法计算规则是适应现代数学概念工具的一部分。

从维果茨基的观点来看，同样重要的是获取条件性知识，即适应新情况的能力，以及对手头特定问题最有用、最有效的解决方法的应用。让儿童用各种方式解决问题，然后确定哪些方式"最容易"，这有助于他们灵活地适应任务要求。

通过这种方式，他们意识到在自然主义环境中使用的计算实践（如糖果销售商），引入了更正式和更强大的算术方法（Schmittau，2004）。

终身发展

虽然发展通常与童年有关，但无论如何定义，当一个人成年后，生物和文化的进化并不会停止。正如我们将在第12章中所讨论的，大脑的成熟一直持续到20多岁，突触的变化在整个生命周期中都会发生。文化也随着时间的推移而演变和转变，影响着人类发展的动态。虽然皮亚杰的理论预设了发展的终点——形式运算推理，但布鲁纳和维果茨基都不同意这一观点。事实上，布鲁纳说他"更倾向于认为我们会继续'发展'"，他建议发展心理学"放弃将其限制在早期生活的年龄限制。一个人对生活的文化预期在引导发展方面与荷尔蒙同样重要"（Bruner，2008）。

生命期发展心理学是一个具有多种观点的理论观点（Baltes，1987）。一方面，有一种观点认为，发展贯穿人的整个一生，不同时期（童年、青春期、青年和成年后期）之间存在着质的差异。另一方面，发展可以被视为一个人适应能力的任何变化，总是由得到（增长）和丢失（衰退）共同发生组成。从这个意义上说，衰老成为发展过程的一个组成部分。最后，发展被认为是由多种影响系统共同决定的。从这个角度看，文化和社会的作用是最重要的，但人类的可塑性潜力也是最重要的。人是由他们所处的环境所塑造的，但他们也通过文化影响环境，否定约束而不是被约束所限制（Lerner，1984）。

发展是一个终身过程

发展是一个终身过程的概念与皮亚杰的理论相似，因为它意味着特定年龄的能力，但与皮亚杰不同的是，这些能力发生在整个生命过程中，并增加了在成年或老年出现独特形式的智力的可能性。在第一个方面，某些任务的表现与年龄之间存在相关性，这表明儿童、青少年和成年人（年轻人和老年人）的思维方式不同。例如，成年人在解决问题时能熟练地回忆要点，但儿童记住要点的能力比他们记住逐字事实和事件的能力发展得更为缓慢（Brainerd & Reyna，

1995，2015）。

布雷纳德（Brainerd）和他的同事已经表明，这些差异似乎是不同年龄段错误记忆发生率的基础，也是青少年和成年人对风险的不同推理方式的基础。例如，想象一种情况，在这种情况下，一种冒险行为产生连锁反应的可能性很低，比如超速时发生车祸。根据客观事实推理，在这种情况下，青少年更有可能冒险，因为撞车是一个低概率事件。另一方面，成年人更有可能选择更加安全的行动，因为他们的推理是基于可能发生的后果的要点，即车祸意味着"死亡或致残"（Branerd & Reyna，2015）。

只有在成年时期，特别是后半生才出现的独特专业知识的问题，引起了人们对生活语用学的兴趣（Baltes，1987）。这涉及管理美好生活的知识和方法，它们通常被认为是随着年龄、实践和经验而产生的智慧。大多数关于智慧的研究都超出了本书的范围（Ardelt，2004；Baltes & Staudinger，2000；Staudinger & Glück，2011；Sternberg，1990）。不过，关于智慧，有两点值得注意。首先，研究人员已经区分了智慧和其他类型的积极的成人发展，比如在某些特定领域的能力是由经验产生的。虽然智慧有时被认为是人类发展的理想终点，但掌握其挑战（例如，深刻的见解、复杂的情绪调节以及对他人和世界福祉的投资）并不是发展的必要部分（Staudinger & Glück，2011）。

同时，也有学者主张在学校进行智慧教学（Sternberg，2001）。在这类观点中，智慧被等同于"明智的思考"，并被定义为应用隐性和显性知识实现共同利益。根据斯滕伯格的智慧平衡理论，这是一个在以下三个方面实现平衡的问题。

- 个人内部、人际关系和个人以外的兴趣。
- 短期和长期的时间框架。
- 三种可能的行动路线：适应现有环境、塑造现有环境和选择新的环境。

如何平衡这些方面取决于价值观，即共同利益对人们意味着什么。价值观可能是特定文化的，但与明智判断相关的技能和知识是普遍的，是通过学校和生活经验习得的。斯滕伯格的论点是，我们应该重视智慧，因此应该教授实现智慧的技能。

发展即增长与衰退

如前所述，发展通常与成长有关。随着年龄的增长，儿童的智力能力逐渐成熟和发展。同时，衰老一直与衰退联系在一起。人的精神功能变得缓慢，认知障碍在老年人中并不罕见。然而，在对大脑和认知的研究中，研究人员认为成长和衰退是形成发育的互补过程。我们已经提到了在大脑发育过程中突触的过度生成，随后在成年早期会被修剪。这样看来，某些种类的记忆遵循类似的模式。

你还记得生命早期发生在你身上的事情吗，比如，当你两三岁的时候？你多半不能。大多数成年人并没有与个人相关的或自传式的关于他们生命最早时期的事件的记忆，这种现象被称为儿童健忘症。有人认为儿童健忘症的原因是婴儿无法形成记忆。然而，越来越多的证据表明，早在婴儿和学龄前儿童能够口头表述这种记忆之前，他们就"对自传体记忆的各个元素的记忆表征进行编码、保留并随后检索"（Bauer，2015）。事实上，随着年龄的增长，情景性记忆和自传性记忆变得更加牢固和详细，那么是什么导致了儿童健忘症呢？

事实证明，即使是儿童也会表现出儿童健忘症，忘记了他们几年前才能记住的东西。此外，年幼的儿童比年长的儿童或成人遗忘得更快。由于儿童的遗忘率缓慢地接近成人，他们自传记忆的分布也与成人相似。因此，遗忘或丢失对记忆的发展起着重要作用。

在生命的另一端，研究人员将发展作为一种得失现象的观点应用到成功老去的研究中。巴尔特斯（Baltes，1987，1997）提出了具有补偿的选择性优化来描述老年人回应衰老的特殊适应。也就是说，当他们的自反减慢或精神功能下降时，人们会用补偿技能来维持总体表现的相当水平。

> 80 岁的音乐会钢琴家亚瑟·鲁宾斯坦（Arthur Rubinstein）在一次电视采访中被问及如何能保持如此高水平的专业钢琴演奏时，他暗示了三种策略的协调。第一，鲁宾斯坦说他演奏的曲子更少（选择）；第二，他表示，他现在更经常练习这些曲目（优化）；第三，他建议为了弥补机械速度的损失，他现在在快段前使用慢速弹法，以使后者显得更快（补偿）（Baltes，1997）。

观察到的老年人在各种认知和运动任务中的选择、优化和补偿策略，被认为是用于解释青少年专注于某些运动而排斥其他运动的差异表现的一种手段。也就是说，选择会影响所选择追求的目标；优化涉及实现成功的手段；而补偿是对损失的回应，以保持成功的功能。请注意这些策略与上一节讨论的智慧方面的相似性。

由多种影响因素共同决定的发展

讨论生命期发展的最后一个观点提出了相互影响的变量和过程（Lerner，1984）。也就是说，人类存在于多个层次（生物、心理、社会）以及多种环境（社区、社会、社会历史、文化）中。此观点认为这些变量之间的动态交互影响着人类的发展，并作为一个整体影响生命的发展（Baltes，1987）。

作为一种组织和理解这类众多影响的手段，巴尔特斯提出了三类影响：年龄级影响、历史级影响和非规范性影响。年龄级影响是指那些与年龄有很强相关性的影响，如生物成熟，这可能在儿童时期最为明显。这类影响往往是大多数对认知发展感兴趣的学者所关注的焦点。相比之下，历史级影响是那些与历史时间有关的影响，比如一个人从农业生活方式转向更加商业化的社会发生的变化。历史级的影响还包括那些与一代人有关的影响，即出生和成长时间大致相同的人。这些群体的成员，如婴儿潮一代、X 一代、千禧一代或阿尔法一代（截至本书撰写时的当前一代），表现出相似的特征，因为他们有着相似的生活经历。

最后，非规范性影响是那些适用于少数个人的影响，不遵循可预测的模式。这些将包括发生在个人生活中并改变生命历程的变革性经历。在形成时期生活在另一种文化中的人，将经历对其发展的非规范影响。

这些多重影响的动态交互表明，它们在整个生命周期内都会对发展产生影响。首先是可塑性潜力，也就是任何水平或变量由于其他水平或变量的变化而发生变化的潜力。这通常被认为是指人类的发展永远不会受到完全的限制或约束。例如，我们不能做的事情（比如在水下飞行或呼吸），我们可以发明机器帮助我们完成。从这个意义上说，通过利用文化或环境影响生物的约束或限制被扭转了。我们就这样被我们的世界塑造，反过来又塑造了我们的世界。

这暗示了第二个影响，即人们产生自己的发展。"强调个人作为其自身发展的生产者的生命期，导致了对自我调节、控制和自我效能过程的关注"（Lerner，1984）。我们将在第 11 章与动机相关的理论中进一步讨论这些概念。

最后，人的发展有干预的可能性。在认知发展理论中，这是教学在发展中发挥重要作用的论点。除了文化知识和信仰的代际传递外，教学还可以产生对发展有影响的变化。例如，旨在提高育儿技能和灌输早期学习价值的项目，可能有助于创造更丰富的家庭环境，促进学习，并减少面临学习问题风险的人口。

发展理论对教学的影响

不言而喻，人们对认知发展了解甚多；事实上，所有的课程和书籍都是关于这个主题的。我们鼓励你选择你感兴趣的话题，这些话题与你希望学习的特定学习者群体有关，我们在本章的最后提供了一些阅读材料。然而，到目前为止，这些理论能为教学提供哪些应用？不同理论观点的一致发现提出了在为不同年龄的学习者规划教学时应考虑的一些原则。

构建积极的学习环境

皮亚杰的建构主义强调儿童认识周围世界的主动性。事实上，这个词本身就体现了建构的方式，因为儿童通过他们在环境中的行为和与环境的交互来创建知识。园艺隐喻似乎也体现了大多数皮亚杰式课程的特点，这些课程强调以儿童为中心的教育理念。"基本的假设似乎是，儿童的思想如果种植在肥沃的土壤中，将会很自然地生长"（Brainerd，1978）。

然而，重要的问题是如何确保"肥沃的土壤"，即如何用促进学习和发展的特定类型的活动来构建学习环境。对于非常年幼的儿童，受皮亚杰启发的教育者主张游戏作为自我发现的教育策略的重要性（Brainerd，1978；Gruber & Voneche，1995）。在游戏中，儿童发起和控制自己的活动，操纵具体材料，并且从游戏情境中固有的反馈中学习。最重要的是，他们会进行自我激励，并坚持到活动完成（Wadsworth，1996）。

学龄儿童的主动学习环境需要更多的有意学习机制，本章讨论的理论衍生出至少三种可能性。首先，它暴露了儿童观念或思维方式不足的问题或策略。这是促进概念发展的关键第一步，稍后将进一步讨论。但是，提出"中等问题"，让学生思考他们是如何解决问题的，以及创建思维方式供学习者模仿，都是使学习者更多地意识到理解中的差距和矛盾的策略。

其次，我们已经讨论了促进儿童执行功能的重要性。积极的学习环境应该是旨在培养执行功能技能（如注意力、监控理解、在处理任务时考虑其他观点），以及反思解决问题的策略。在许多建构主义环境中，典型的做法是要求学习者自己发明解决问题的方法，或者用各种方法来解决问题，而不是遵循既定的过程。例如，在"数学奇才"情景中，可以要求学生们发明自己的算法来解决这些分数除法问题，然后要求他们互相讨论他们的理由。为了帮助发展条件性知识，学生们还可以讨论为什么有些时候解决问题的策略比其他的时候更有效，以及他们会在什么条件下选择使用哪种策略。

最后，获得个人文化的智力工具需要对该文化真实的活动。这不仅意味着社会意义上的文化，也意味着学科意义上的文化。儿童应适应科学家、历史学家或数学家的思维方式，这可以通过符合文化和学科的活动来实现。例如，谈论科学涉及"观察、描述、比较、分类、分析、讨论、假设、理论化、提问、挑战、争论、设计实验、遵循程序、判断、评估、决定、总结、概括、报告、写作、讲课以及用科学语言和通过科学语言教学"（Lemke，1990）。围绕学生自己的问题和询问组织问题，或其他解决学生认为令人信服的问题，是让学生参与真实的文化和纪律实践的一种手段（Laursen et al.，2007；Palincsar，1998）。

评估和利用先前知识

实施前面讨论的一些策略的关键是评估学生的先前知识，他们知道什么以及他们是如何思考的。正如我们在第 3 章中看到的，有效的编码依赖于调用先前知识，因为它影响新信息被感知、理解和存储在记忆中的内容和方式。在下一章中，我们还将讨论关于先前知识的不同观点，考察那些解释对信息加工理论带来的问题的研究结果的理论。先前知识的发展观至少为教学提供了两个重要的启示。

首先，很明显，儿童的学习能力比人们通常认为的要强。对皮亚杰阶段理论的接受导致老师对学生能学什么持有一定的期望，而这种期望又限制了他们教什么和如何教。他们认为儿童需要在发展上做好准备，教育才能有效。然而，来自后皮亚杰理论家，以及布鲁纳和维果茨基的工作的证据，支持学习引导和促进发展的观点。可是，要做到这一点，需要评估学习者是如何思考的、他们知道些什么，以便创建更先进的思维和认识方式。

这种评估应侧重于儿童用来解决问题的策略（Seigler，2016），他们拥有的关于某一学科的直觉理论（Carey et al.，2015），他们表达理解的方式（Bruner，1960，1966），以及他们可以独立解决和在专家指导下解决的问题（Vygotsky，1978）。这些都与学习过程有关，暗示着如何以满足学习者需求的方式进行教学，并促使他们以更有策略和更复杂的方式进行思考。同样重要的是，学习者对他们被要求学习的学科具备特定的先前知识，以及先决技能和知识与教学目标如何关联。

例如，洛蒂 - 福尔格等人（2015）在调查分数和小数为何如此难学的研究中发现，美国学生对整数算术和单个分数的大小的知识有限。当他们实施强调有理数量级知识的干预措施时，儿童对分数和小数算术的学习得到了改善。研究人员得出结论，"有理数量级的知识似乎对于理解有理数算术是必要的。如果不理解算术组合的数字的大小，就不清楚儿童如何理解算术运算对这些数字大小的影响"。

这个例子应该让人想起加涅在第 4 章中讨论的学习层次的概念。智力技能，如有理数算术，是由组件技能组成的，在掌握更复杂的技能之前，必须先理解这些技能。例如，对数学等领域知识结构的理论研究有助于了解儿童如何发展数字能力。此外，教学设计模型，如迪克（Dick）和他的同事（2015），提供了指导进行教学分析，以确定复杂目标的组成技能。

最后，施密塔（Schmittau, 2004）强调了课程提出问题的重要性，这些问题要求儿童持续和系统性地利用先前知识。也就是说，每个问题都应该"在某种重大方面不同于其前者和后继者，而不是成为对每个问题实行相同程序的一'组'问题中的一员。因此儿童必须不断思考"。

促进概念发展

儿童在一些领域的直观、朴素理论对教学提出了不一般的挑战。正如我们所说的，儿童不是一张白纸，他们的概念发展受到特定领域的学习限制。理解某些领域的高级概念需要完全重构直觉理论，这一过程超越了对自然发生的、基于经验的概念发展的简单同化和顺应（Vosniadou, 2007）。

例如，对儿童对地球的概念的研究表明，当学生面对与他们的经验理解相冲突的解释框架时，就会产生误解。根据他们的经验，地球是平的，东西必须有所支撑，否则重力会导致它们下落。当被告知地球是"像球一样圆"时，学生们构建了类似的模型，比如地球是圆的，但同时又是平的，像一个煎饼，或者有两个地球——一个是天空中的球形行星，另一个是人们居住的平坦稳定的地方（Vosniadou, 1988; Vosniadou & Brewer, 1992）。因此，虽然他们改变了对地球的一些想法，但他们没有改变理解科学概念所必需的一切。

除非能让学生理解他们的朴素理论如何与学科的先进概念相矛盾，以及他们创造的概念如何扭曲了科学观点，否则这样的错误观念很常见。要做到这一点，学习必须是有意的和元认知的。沃斯尼亚杜（Vosniadou, 2007）描述了由哈塔诺和尹噶可（Hatano & Inagaki, 1991; Inagaki & Hatano, 1998）开发的方法，旨在提供一个促进概念发展的社会文化环境。它由全班的对话组成，学生解决问题的相互冲突的替代方案，其中一些体现了学生持有的常见误解。成群的学生竞相寻找解决方案，并提出最好的证据和论据来支持它（Vosniadou, 2007）。这样的教学策略可以带来"教学诱导的概念转变"，即"不仅重构学生的朴素理论，而且重构他们的学习模式，创建元概念意识和意向性"（Vosniadou, 2007）。

概念学习也是一个领域中所谓的"原则性知识"的基础，即组织良好和有凝聚力的领域知

识，这是学校里大多数学习的目标（Gelman & Greeno，1989）。基于领域学习模型（MDL），
亚历山大（Alexander，2003，2005）提出了相关概念和知识发展的三个阶段：从"顺应"到
"能力"，再到"熟练或专业知识"。这一模型将在下一章进一步讨论。

支持成人学习

发展理论的一些应用不仅适用于儿童，也适用于成人。例如，评估学习者的先前知识很重
要，成人从积极的学习环境中受益，尽管这种环境的目标对他们来说可能不同。但是，儿童和
成人的一个明显区别就是生活经历。根据他们的年龄，成人在世界上经历的要比儿童多得多，
形成了更广阔、更丰富的知识结构来代表他们的理解。那么，在涉及成人的教学中，生命期发
展理论有哪些独特的应用呢？

在评估特定主题的先前知识的同时，评估成人作为学习环境的资源带来的相关经验是有
用的。成人教育领域的一个核心原则是经验分析（Knowles et al.，2012；Lindeman，1926，
1961）。同时，了解成人的生活状况和他们寻求特定学习目标的原因，有助于将他们的先前知
识和经验与他们希望发展的知识联系起来。事实也如此，由于生活经历的多样性，成人之间的
个体差异也会随着年龄的增长而显著。这表明在成人教育中更加强调自我导向，即协助成人学
习者设定个人目标，寻找相关内容，并监测自己的进步。

最后，成人学习的社会背景是由全球化、技术和不断变化的人口统计等因素形成的。"变
化的速度如此之快，以至日常生活中的一些日常任务也需要新的学习"（Merriam & Bierema，
2014）。这表明，成人将越来越多地出于个人和职业原因寻求正式和非正式的学习机会。

结语

在这一章中，我们探讨了人类发展的概念，因为它涉及学习和教学。在行为和信息加工理
论中，与年龄有关的学习差异在很大程度上可以用经验的差异来解释。老年人只是比年轻人有
更多的生活经验和更长的强化历史，导致他们的行为、学习和记忆不同。一个例外是工作记忆
容量，儿童的工作记忆容量比成人小，因此对他们的学习形成了更多的限制。

然而，相对于行为和信息加工理论，发展理论对整个生命周期中的学习的设想要复杂得
多。有些事情，如先前知识的重要性和作用，对学习是至关重要的，无论年龄。我们将在下一
章进一步讨论这个问题。另一些可能是学习者生命中特定时期所特有的，例如幼儿对世界所拥
有的朴素理论或成熟学习者利用其丰富的生活经验的能力。这种复杂性掩盖了单一模型或理论
的充分性。"全球索赔时代似乎已经结束"（Bruner & Bornstein，1989）。相反，许多理论都提
供了对学习和发展的某些方面的见解。正如我们在本书中所见，一种理论未涉及的部分由另一
种理论来解释。

反思性问题与活动 >>>>>>>>>>>

1. 本章所表达的学习与发展的观点如何符合第 1 章所述的认识论传统？关于知识的假设与第 2 章和第 3 章讨论的行为和认知视角有何相似或不同？

2. 为你可能教授或设计的某些教学构建一个学习者档案。要获得完整的配置文件，你应该指定说明教学的主题和总体目标，然后使用本章讨论的概念描述这些学习者可能给学习情境带来什么（例如，先前知识、朴素理论、相关的生活经验、执行功能技能、文化知识等）。

3. 使用你在"问题 2"中构建的配置文件，为教学制订一个计划。然后，假设你必须向完全不同的学习者（例如，将儿童换成成人）教授相同或类似的内容，教学将如何改变？用本章讨论的理论来证明你的答案。

4. 采用你可能使用前一章的理论制订的教学计划，讨论你如何根据发展理论修订它。哪些方面是你之前没有想到过的？

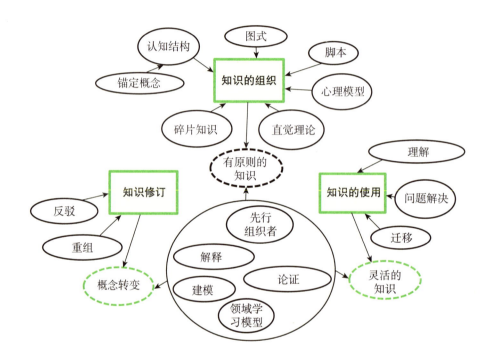

第 6 章
学习与先前知识

PSYCHOLOGY OF
LEARNING FOR INSTRUCTION

· 制作蛋黄酱 ①

烹饪研究提供了一个有用的例子，说明当人们不具备学习复杂学科的先前知识（prior knowledge）时，学习就会有困难。对于不会烹饪的人来说，并不清楚制作蛋黄酱的配料和过程。正因为如此，问他们蛋黄酱是怎么制作出来的就很有趣了。以下是实验者丹（Dan）与 8 岁女孩（CN）关于制作蛋黄酱的交流摘录。

> 丹：你是怎么制作蛋黄酱的？
>
> CN：制作蛋黄酱的方法就是看一本食谱。
>
> 丹：好吧，但不看食谱，你能猜出蛋黄酱里面有些什么配料吗？
>
> CN：额。
>
> 丹：你会怎么做？
>
> CN：呃，黄油……呃，让我想一想（停顿 5 秒）……嗯（停顿 10 秒）……把鲜奶油打到非常非常非常细腻，所以蛋黄酱很细滑。也许你就是这样做的，只用鲜奶油，把它打得非常非常非常细滑。
>
> 丹：还有别的吗？
>
> CN：你也许可以给它增加一点味道。
>
> 丹：什么味道？
>
> CN：（停顿 10 秒）带有点香草的味道。
>
> 丹：假设我说蛋黄酱是用蛋黄和油制作成的，你会怎么说？
>
> CN：我会说这大错特错。
>
> 丹：为什么？
>
> CN：你不能用鸡蛋和水做蛋黄酱——我是说油。
>
> 丹：为什么不能呢？
>
> CN：由于口感和柔滑度之类的原因。
>
> 现在实验者向男性心理学教授 GB 提出了同样的问题。
>
> 丹：你怎么制作像蛋黄酱类的东西？
>
> GB：蛋黄酱？怎么制作蛋黄酱？你不会制作蛋黄酱，所以你不得不一罐一罐地买。蛋黄酱……嗯……你把鲜奶油和……嗯……一些芥末混合在一起。

· 关于陨石的误解 ②

弗洛雷斯（Flores）教授与科学教育的职前教师一起工作，她知道，她的大学生们有时会

---

① 资料来源：Norman et al.（1976）.

② 此情景包含了肯德欧等人（kendeou et al.，2019）使用的部分示例文本。

和他们最终要教的中学生有同样的误解。通过让她的大学生们阅读下面的短文，她开始了一项关于克服误解的活动。

> 忙碌地工作了一天后，凯特（Kate）晚上出去跑步。大约跑了一半，她在一个拐角处停下来休息并做拉伸运动。凯特仰望着晴朗的夜空，喝了一口水。她看到一颗流星划过天空，就这样一直看着，直到陨石击中地面。她迅速跑了大约 400 米，到达陨石降落的地点。她到的时候，已经有好几个人在那里了。她注意到她的邻居杰瑞（Jerry）也来到这条街上想看看发生了什么事。
>
> 凯特警告大家不要触摸陨石，因为它会很热，他们会被烧伤。然而，杰瑞说，他们不应该担心，因为陨石实际上不应该是热的。

"谁是对的，凯特还是杰瑞？"弗洛雷斯博士问，"在小组中讨论你们各自的答案，并对陨石为什么是热的或是不热的做出解释。很明显，谷歌搜索是不允许的！"

了解鸡蛋和油被用来制作蛋黄酱，以及理解为什么陨石从太空坠落燃烧着，但坠地时并不热，两者似乎几乎没有共同之处。然而，两者都涉及学习和利用信息，特别是当信息发展成为一个学科领域内的原则性知识时。在第 3 章中，我们从信息加工的认知视角讨论了信息的获取、存储和检索。在第 4 章中，我们考察了在布鲁姆和加涅的学习结果分类方案语境中的信息学习。尽管布鲁姆和加涅对结果的定义不同，但他们的定义都包括这样一个概念，即学习者习得事实性和概念性知识，使他们能够解释事物并解决问题。在他们的方法中隐含着这样的想法，即学习者要习得一个丰富的、完整的和连贯的知识库。在第 5 章中，我们介绍了概念发展作为一个主要特定领域的过程，强调了这样一个事实，即孩子们带着基于他们日常经验的关于世界的内隐和直觉理论来上学。

然而，并不是只有孩子对他们周围的世界有自己的理论。所有的学习者在遇到任何情况时，都具有某种先前知识，这些知识既基于他们的日常经验，也基于他们通过正式教学所学到的东西。例如，在制作蛋黄酱的过程中，CN 和 GB 都不知道蛋黄酱中有哪些成分，所以他们根据自己所知道的知识和对蛋黄酱的感知经验进行类比推理。它是白色的，像鲜奶油——尝起来有点酸，像加了芥末一样。另一方面，有过厨师培训和经验的人，很可能有过去制作蛋黄酱的经历，知道它的成分是什么，也明白烹饪往往会导致配料完全转变的原理。

学习者的先前知识包括"事实、概念、模型、感知、信念、价值观和态度的混合物，其中一些是准确的、完整的并适合于语境的，其中一些是不准确的、不充分的……或根本不适合于语境的"（Ambrose et al.，2010）。毫不奇怪，当先前知识是准确的、充分的且与手头的任务相关时，就有助于学习。同样重要的是相关先前知识被激活，并对学习情境产生影响，但证据表明这并不能得到保证。学习者经常不把他们已经知道的东西应用到那些先前知识有用的情况中去。另一方面，当先前知识不起作用、不充分、不准确或不适合特定语境时，学习就会受到阻碍。图 6-1 总结了先前知识对学习的总体影响。

先前知识

当以下所有都符合时有助于学习：	当以下有任一符合时妨碍学习：
激活的	不起作用的
足够的	不充分的
相关的	不合适的
准确的	不准确的

图 6-1　先前知识对学习的影响

资料来源：Modified from Ambrose, S. A., Bridges, M. W., DiPietro, M., Lovett, M. C., & Norman, M. K. (2010). How learning works：7 research-based principles for smart teaching. Jossey-Bass. p. 14.

在本章中，我们将研究先前知识在发展专家所展示的复杂、相互关联和原则性的领域知识中的作用。我们考察先前知识的组织和激活如何影响学习和迁移，并讨论学习者如何修订他们的知识以克服误解并习得更复杂的理解。最后，我们以教学含义和发展专家知识的途径结束本章。

知识的组织

我们从前几章中得知，记忆中的认知或知识结构是通过经验组织和构建的。多年来，人们如何组织大量连贯的领域知识一直是一个争论不休的问题，但有一件事情是明确的：专家和新手在组织和使用知识方面非常不同。安布罗斯等人（Ambrose et al., 2010）将专家描述为这样一类人：具有丰富的、相互关联和多元的知识组织，能够在面临要解决的问题或要理解的新材料时利用大量资源。而新手的知识结构是稀疏和不相关的，这使得他们很难记住新信息或解决一个不熟悉的问题。

例如，对国际象棋专业知识进行的经典研究表明，国际象棋专家在回忆棋盘上棋子的位置方面远远优于新手（Chase & Simon, 1973a, 1973b；Chi, 1978）。当被要求在棋局中间检查棋盘时，新手和专家棋手在预测下一步棋的能力上也有所不同（Degroot, 1965）。虽然两组产生的可能的走法数量大致相同，但新手显然选择随机走法，专家则根据他们对每种走法的利弊分析，选择高度精选的走法。在类似的研究中，对棒球了解很多的被试能够比对棒球比赛知之甚少的被试从棒球比赛的总结中记住更多的内容（Chiesi et al., 1979；Spilich et al., 1979）。研究者假设，拥有更多先前知识的个体可以很容易地将新信息整合到他们的知识结构中，并且像国际象棋专家一样，立即识别出有意义的模式，从而增强他们解决问题的能力。

那么，我们感兴趣的问题是，知识是如何组织的？新手的知识组织如何变得更像专家的知识组织？正如我们将看到的，研究者为这些问题提供了不同的答案。

认知结构与锚定概念

"为学习和记忆有意义的材料而提出的认知组织模型假设存在一个分层组织的认知结

构 ……"（Ausubel，1963b）。大卫·P. 奥苏贝尔（David P. Ausubel，1962，1963a，1965，2000）在与认知信息加工理论平行且本质上不受认知信息加工理论影响的过程中，提出了有意义接受学习理论（theory of meaningful reception learning）。他对学校学习和如何学习一门学科的内容感兴趣。然而，这种学习必须是有意义的，而不是仅仅通过死记硬背习得，或在孤立的片段中记忆。奥苏贝尔提出认知结构（cognitive structure）是学习者的整体记忆结构或完整的知识体。认知结构按层次和主题组织，由一系列的想法组成，有最强大、最稳定、最具包容性的观念。

例如，如果你正在学习制作蛋黄酱，想一想你所知道的哪些烹饪知识可能与此相关。你知道烹饪包括把可能熟记于心或列在食谱中的配料混合在一起。一般来说，配料必须按照特定的顺序混合，并且可能会使用特定的混合过程，例如"搅拌直至湿润""搅拌直到顺滑"或"搅拌至柔软的峰状"。混合可能还需要不同类型的工具，例如勺子、叉子、搅拌器或电动混合器。图 6-2 显示了可能代表烹饪知识的部分层次结构。奥苏贝尔认为，等级较高的一般想法（例如，"烹饪相关准备"）比等级较低的具体想法（例如，最适合用于搅拌的工具类型）更稳定，因此更容易记住。

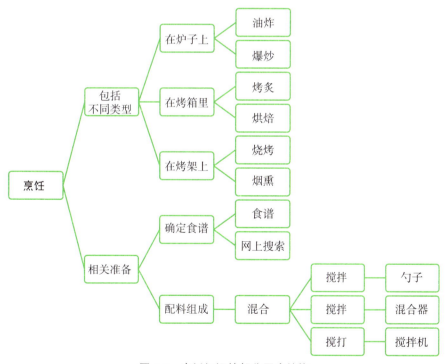

图 6-2　烹饪知识的部分层次结构

认知结构提供了一个整体框架，新知识可以融入其中。为了描述特定的联系是如何发生的，奥苏贝尔提出了锚定概念（anchoring ideas）。锚定概念是学习者认知结构中特定的、相关的观念，为新的信息和体验提供切入点。例如，在"制作蛋黄酱"情景中，GB 能想到的最相关的锚定概念是他可能无数次从冰箱里取出过蛋黄酱。

和 GB 一样，CN 不知道蛋黄酱的成分，也不知道如何制作，她脑海中浮现的最相关的锚定概念是"食谱"。然而，即使当她被告知配料时，她的反应也是不相信，很可能是因为她没有与制作蛋黄酱特别相关的锚定概念，也没有当某些配料混合在一起时可能发生的转变的锚定概念。毕竟，当这些配料混合在一起的时候，她又有多少直接的体验会呈现出完全不同的感知特征呢？

奥苏贝尔和其他人收集的证据证实了他的观念，即认知组织对学习有影响。例如，在一个学科中认知结构组织不良的学习者应该更好地使用教学材料来学习，明确概念之间的异同，事实证明这是正确的（Ausubel & Fitzgerald，1961；Ausubel &Youssef，1963）。相反，当学习者已经具备有组织的和稳定的认知结构时，这些材料对他们的学习不会造成影响（Ausubel & Fitzgerald，1961）。

罗耶（Royer）和他的同事们（1978）提供了另一种证据来支持奥苏贝尔关于认知组织影响学习的说法。他们让学生阅读标有虚构人物或名人名字的文章。在研究这些信息之后，学生根据句子的意义是旧的（即来自短文）还是新的（即以前从未见过的）来评价句子。当学生所读的文章表面上是关于一个虚构人物时，他们的判断是相当准确的。由于没有整合新信息的锚定概念，学生通过死记硬背来学习和回忆新信息。然而，当他们认为这些信息是关于名人的时，他们倾向于将那些新的但在主题上与该名人有关的句子误以为是"旧"句子。学生通常有关于该名人的先前知识，他们可以用来附加和整合新的思想，但后来这些新思想变得与他们以前所知道的没有区别了。

奥苏贝尔的认知结构概念对帮助学习者融入新信息的方法有着持久的影响，例如，先行组织者（advance organizers），这将在本章后面讨论。然而，他的理论被称为"极其模糊的"（Anderson et al.，1978），并让位于图式理论（schema theory），下面我们将对这一点进行讨论。

图式、脚本和心理模型

皮亚杰引入图式概念作为儿童概念结构的基石，而巴特利特（Bartlett，1932，1995）则被认为利用图式来表征记忆和记忆的建构性本质。巴特利特给他的研究对象读了美国土著民间故事《鬼魂的战争》（*War of the Ghosts*），并让他们反复回忆（分别在 15 分钟后，几周或几个月后）。他发现被试对故事的回忆包含不准确之处，这些不准确之处可能和他们自己的兴趣与态度直接相关。随着时间的推移，他们报告了更多的歪曲信息，同时也忘记了更多的故事细节。巴特利特的理论是，他们调用了一个相关的图式来理解故事，然后，在回忆时，使用这个图式来重建他们已经忘记的故事的细节。

巴特利特的实验程序被批评为是随意的，其他研究者尝试复制实验也未能重现他的结果（例如，Gauld & Stephenson，1967；Wheeler & Roediger，1992）。然而，伯格曼（Bergman）和洛帝吉尔（Roediger）（1999）指出，这些研究者没有非常严格地遵循巴特利特的实验程序。当他们更谨慎地复制巴特利特的实验程序，并实施旨在检验其他研究提出的替代假设的实验条件时，他们证实了巴特利特的发现，并得出结论："他提出的一般想法——记忆是一个由图式引导的建构性过程，经常发生扭曲和错误——是正确的。"

巴特利特主要对记忆如何随时间而变化感兴趣，但他的图式概念得到了多年来对意义或主旨的研究的支持，意义是编码和回忆的一个关键维度（Bransford & Franks，1971；Sulin & Dooling，1974）。例如，阅读下面的文章，并决定你认为它讲的是什么。

> 程序真的很简单。首先，将项目排列到不同的组别中。当然，一组可能就足够了，这取决于有多少事情要做。如果你由于缺乏设施而不得不去别的地方，那就要进行下一步，否则你就很好地完成了。重要的一点是不要过度。正所谓水满则溢，月盈则亏。从短期来看，这似乎不重要，但很容易出现矛盾。犯错需要付出昂贵的代价。一开始，整个程序会显得复杂，然而很快，它将成为生活的另一个方面。很难预见这项任务在不久的将来会结束，但是谁也说不准。程序完成后，再次将项目排列成不同的组别，然后就可以把它们放在合适的地方。最终，它们将被再次使用，然后必须重复整个循环。然而，那是生活的一部分（Bransford，1979）。

上面这段话每句看起来都不是特别难懂，但放在一起时意义不大。在没有被告知熟悉的"洗衣服"话题或图式的情况下，被试发现这篇文章很难理解和记忆（Bransford & Johnson，1972，1973；Dooling & Lachman，1971）。

当有多个视角合适时，调用哪个特定的图式也会对所学习和记忆的内容产生影响。例如，在比彻特（Pichert）和安德森（Anderson）（1977，1978）进行的研究中，要求被试阅读一段描述两个男孩子在房子前面玩耍的故事。一半的研究对象是从房地产经纪人的角度来读这个故事的，而另一半则是从窃贼的角度。正如预测的那样，他们记住了不同的东西。房地产经纪人被试记住了关于房间数量和住屋状况的细节，而窃贼被试记住了关于贵重物品和房子与周围邻居的隔离的细节。接下来又有了意想不到的发现。当被指示采用另外一种视角来回忆故事时，在没有重读故事的情况下，被试记住了更多他们第一次没有报告的信息。转变视角的方向似乎调用了一个提示不同类别的故事信息的图式。

为了解释这一点，安德森等人（1978）将图式定义为事物和事件的一般特征："表达这一点的另一种方式即为，图式包含可以用特定情况实例化（instantiated）的槽（slots）或占位符"。请考虑如何根据模式重新解释图 6-2 中所示的"制作蛋黄酱"情景和知识层次结构。"烹饪"模式很可能具有关于烹饪的细节的槽，如使用什么器皿、可以使用什么类型的混合等。这些是图6-2所示层次结构中较低部分的细节。在个人具有烹饪不同食物的经验或知识的程度上，这些槽可以用特定的细节或信息得以填充或实例化。因此，例如，一个缺乏经验的厨师可能不会用任何比搅拌机更详细的东西作为默认值来填充"混合"槽。

CN 和 GB 对如何制作蛋黄酱的问题的回答证明，他们没有把鸡蛋和油打在一起的经历，因此没有一个包含它的烹饪模式。正因为如此，他们试图用他们关于蛋黄酱本身的图式来回答这个问题，这种图式是基于蛋黄酱的味道和一致性等感知特征。这一不完整的图式导致他们对蛋黄酱是由什么组成的产生了不正确的期望。

图式[1]被认为代表"我们对所有概念的知识：那些潜在的对象、情境、事件、事件序列、动作和动作序列"（Rumelhart，1980）。为了说明图式的这些不同方面，鲁梅尔哈特（Rumelhart）提供了四种不同的类比：

- 图式就像戏剧。
- 图式就像理论。
- 图式就像程序过程。
- 图式就像解析器。

图式就像戏剧一样，它们有与环境不同方面相关联的变量，就像戏剧有角色、情景、动作等。例如，假设一个剧作家写了一个非常简单的剧本，讲的是打蛋黄来制作蛋黄酱。必须有一个打蛋的人，一个打蛋的器具，一个装鸡蛋的容器，以及该打蛋行动将发生的整体环境。打鸡蛋的图式与此描述非常相似。当剧作家指定谁打，使用什么工具，以及动作发生在哪里时，这相当于与图式实例化相同的过程。

换句话说，图式变量具有特定的值，这些值通常是受约束的。例如，只有某些工具是用来打鸡蛋的，打鸡蛋通常只在厨房进行。当没有明确赋值时，图式能够基于学习者的经验和先前知识进行推理。

所以，在我们的打蛋剧本中，如果你没有看到角色使用什么工具来打鸡蛋，你仍然可以用打蛋工具的默认值来填补这个空白。如果被问到用的是什么工具，你可能会回答："哦，打蛋器，手动搅拌机，类似的东西。"默认值是指尚未观察到的变量的初始猜测值。

"图式就像戏剧"的类比也产生了脚本（scripts）的概念，即在特定情况下指导人行动的图式。例如，一个拥有打蛋图式的初级厨师知道该做什么，在食谱要求打蛋时，他能用适当的工具执行正确的操作，就像我们打蛋戏剧中的角色一样。前面提到的洗衣图式是另一个脚本示例，它描述了完成该操作涉及的所有动作。

图式就像理论。理论使我们能够解释我们周围的事件和现象。在某种程度上，我们的理论是有效的，它们也允许我们对未观察到的事件做出预测。图式也是如此。"在某一特定时刻，实例化的图式集合构成了我们在该时刻所面临的情况的内部模型"（Rumelhart，1980）。这些内在的现实模型被称为心理模型（mental models），可以追溯到克雷克（Craik，1943），他认为心理模型很像物理模型，它帮助我们理解、解释和预测事物是如何运作的。

因为心理模型有助于推理和指导表现，所以它被视为图式，不仅代表一个人对特定学科的知识，还包括对任务需求和任务表现的感知。然而，它们是不完整的、不稳定的和具有特质

---

[1] Schemata 和 schemas 都被认为是图式（schema）的复数形式，然而，schemas 已成为文献中更常见的形式，也是原书中使用的版本。

的，随着经验而演变，它们是实用的，而不一定是准确的。例如，诺曼（Norman，1983）观察人们使用几种类型的手持版本计算器，并询问他们计算器的运作方法和对其的理解。他描述了他们对计算器工作方式的心理模型，如下所示。

> 我研究的课题之一（用四函数计算器）相当谨慎。她的心理模型似乎包含了关于她自身局限性和她可能犯的错误的信息。她评论道："我总是采取额外的步骤。我从来不走捷径。"在开始做题之前，她总是小心翼翼地清除计算器，按几次清除键。她写下了部分结果，即使它们本可以存储在机器内存中。

诺曼推测，大多数人养成了一种过度按清除按钮的习惯，因为这个动作适用于各种计算器中。因为有些计算器只需要按一次清除按钮就可以清除所有寄存器，即使它不是对所有计算器都准确，该规则仍允许泛化发生，并使心理模型在各种情况下工作。

图式就像程序，如计算机程序。它们积极评估输入信息的拟合质量，并且它们可能涉及一个子程序网络。再次思考打蛋，毫无疑问，对于给定的目的，打蛋的力度和时间有一个子图式。

最后，图式就像解析器，因为它们分解和组织输入信息以适应适当的图式结构。当我们讨论在学习的过程中如何激活先前知识时，图式的这一功能在本章后面的章节会更清楚地体现出来。

图式、脚本和心理模型已被用于表征各种知识，从特定领域的事实和概念到行为规范，例如，如何在一家高级餐厅点餐，或在另一个国家旅行时如何向某人打招呼。图式也被用来描述故事的叙事结构、数学问题的概念结构和科学原理的因果结构。虽然正式教学旨在促进适当和正式的图式结构的发展，但我们知道，学习者在接受教学时，基于日常经验，对事物抱有朴素或直觉的想法。接下来将考察这些想法是如何组织的，以及它们对学习的影响。

直觉理论与碎片知识

在第 5 章中，我们讨论了有关幼儿发展对世界的理解的直觉理论（Intuitive theories），但它们在所有年龄段的新手的学习中也起着重要的作用。"有些话题对学生来说，存在系统性级别的难度。像这样的话题在各个年龄层次都有，包括物理学中的物质与密度、牛顿力学、电学和相对论；还有生物学中的进化和遗传学。这些话题很难学，因为学习它们需要学生经历概念上的转变"（Disessa，2014）。换句话说，学习者对这些话题的先前知识是隐性的、根深蒂固的，而且往往是不正确的。了解新手的直觉理论与专家的规范知识有何不同，可以深入了解学生在掌握这些学科时所面临的困难，进而为发展教学提供指导，以克服学生所经历的困难。

迪塞萨（diSessa，2014）用他数年研究的物理学中的一个例子证明了新手和专家思考之间的差距：力的概念。图 6-3 展示了专家对将球抛向空中的力的理解和解释。图中，只有一个力——重力——作用在球上，把球向下拉，使它在向上的轨迹上减速，达到零速度，然后再向下加速运动。

相比之下，一个典型的新手对同一事件的理解和解释如图 6-4 所示。大多数新手认为有两个力，而不是一个力作用在球上。抛球的手施加一个向上的力，该力逐渐消失，并被第二个力——重力所克服，使球落到地面上。正如迪塞萨解释的那样，新手错误理解的向上的力实际上是物理学家的动量概念，它是指物体所具有的运动量。投掷的动作使球运动，但只有一个力作用在球的动量上。

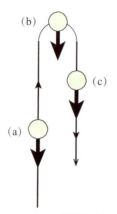

图 6-3　专家对投掷的解释

（a）只有一个力，重力（粗箭头），将球的速度（细箭头）向下驱动，（b）使其在峰值处为零，
（c）然后重力在球下落时将速度向下延伸。

资料来源：diSessa，A. A.（2014）. A history of conceptual change research：Threads and fault lines. In R. K. Sawyer（Ed.），*The Cambridge handbook of the learning sciences*（2nd ed.，pp. 88–108）. University of California Berkeley，p. 90.

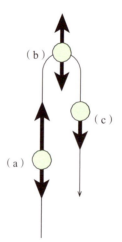

图 6-4　新手对抛球涉及的两个力的解释

（a）由手施加的向上的力克服重力并推动球向上，（b）但施加的力逐渐消失并与重力平衡；
（c）最后，所施加的力被重力所克服。

资料来源：diSessa，A. A.（2014）. A history of conceptual change research：Threads and fault lines. In R. K. Sawyer（Ed.），*The Cambridge handbook of the learning sciences*（2nd ed.，pp. 88–108）. University of California Berkeley，p. 90.

如何组织新手的朴素想法的问题，区分了目前研究概念转变的方法。正如第 5 章所讨论的，发展研究者提出了幼儿持有的直觉理论，这些幼儿随着年龄、经验和教学而成熟和变化（例如，Carey，1985，2009；Carey et al.，2015；Vosniadou，1992，2007）。在框架理论（framework theory）方法中，儿童的直觉理论形成了一个相对连贯的解释框架，可以解释日常现象，并对物理世界做出有限的预测（Vosniadou & Skopeliti，2014）。框架理论的工作原理与图式和心理模型非常相似，它提供了一个限制概念理解的框架结构。它也解释了专家和新手之间的差异，因为框架理论中的概念通常被分配到与科学理论不同的本体范畴。

再以抛球为例来思考力。新手对力的概念是把它作为一种实体：它是球的属性，被从手中迁移过来，并随时间消散。物理对象具有大小、质量和固体等属性，所以力似乎是另一种可以归因于物体（如球）的属性。那么，在新手的框架理论中，力处于"实体"的本体范畴，而不是科学公认的"过程"范畴。

框架理论方法假定学习者的直觉观念具有一定的一致性，并期望他们在框架理论的基础上进行一致的推理。另一方面，碎片知识方法（the knowledge-in-pieces approach）（diSessa，2014，2018；diSessa et al.，2004）表示，学习者拥有高度碎片化的幼稚知识，由成百上千个不清晰的方面或元素组成，他们在学习专业知识的过程中收集和组织这些方面的东西。迪塞萨称这些元素为"现象学原语"（phenomenological primitives，简称 p-prims），并将它们定义为人们对世界上自然发生的事情的一般感觉。

下面引用的现象学原语的例子说明了它们的前概念性和内隐性（diSessa，2018）。

（1）更多的努力会带来更好的结果。

（2）世界充满了相互竞争的影响，力量更大的影响"占据上风"，即使有时存在偶然或自然的"平衡"。

（3）情境的形状决定了其内行动的形状（例如，围绕方形行星的轨道接近方形）。

就像框架理论和心理模型一样，这些直觉碎片知识在典型的日常情况下起作用，但在其他语境中却失效了。然而，与框架理论不同，现象学原语不够系统性或集体性，不足以作为一个理论一致性地出现。相反，对于在什么语境中适当地调用什么样的现象学原语，现象学原语系统是通过"对各种语境的连接进行复杂的排序和相对优先级的排序"来发展的（diSessa et al.，2004）。

再一次回顾抛球的例子，迪塞萨发现学习者对力的解释更符合碎片知识方法，而不是框架理论方法。当老师要求学生解释力时，他们援引现象学原语 ，而不是一贯地从力作为球的一种属性的概念来推理。有些人从两种力量出发，做出朴素的解释，但当他们被暗示以不同的方式思考这个问题时，他们重新构建了自己的理解。还有一些人坚持他们朴素的想法，甚至在他们提高了规范性理解之后，也能对这个问题给出一个完美的物理解释。例如，一名学生反映，"她知道在别人看来，她用两种不同的方式描述投掷球体，双力平衡（balancing）模型可能会被判断为是错误的。但她觉得两者实际上是同一种解释"（diSessa，2018）。迪塞萨（2018）得出结论，情境中的显著线索引发了特定的现象学源语，结果就出现了一种或另一种抛投理论。

学习者是掌握了基本、零碎的直觉知识还是掌握了基于理论的、连贯的直觉知识，在文献中仍然是一个争论点。在近期的作品中，沃斯尼亚杜（Vosniadou，2018；Vosniadou & Skopeliti，2014）认为，争论双方的立场并不像看上去那么不同。作为框架理论方法的支持者，她承认学生们经常给出支离破碎、前后矛盾的解释，但他们这样做的部分原因可能是教学。当学生们第一次面对与他们的直觉理论不兼容的信息时，他们对连贯性的追求导致他们构建了综合概念。

例如，试图将"地球是圆的"的信息融入"地球是平的"的经验世界观中，就会产生地球像煎饼一样的概念。对于小学生来说，当他们体验过地球是一个扁平的、稳定的物理物体时，要理解它是一个天文物体就特别困难。构建一个像煎饼一样的地球的综合概念使他们能够纳入科学信息，同时保持他们幼稚的理论，就像物理学生一样，对他们来说，抛球的竞争模型是"真正相同的解释"。在这两种情况下，学生都调整了他们的心理模型，以回应教学，虽然这仍然不准确。

小结

学习者如何组织知识并不是一个完全确定的问题，但在我们讨论的不同观点中有明确的一致之处。还有一些重要的区别，这些区别对学习和教学都有影响。首先，学习者以有意义的方式组织他们的知识，无论它是以层次认知结构、图式、直觉理论，还是以前概念的片段来表示。意义取决于经验，既包括个体生命史中独特的间歇性事件，也包括人们随着时间发展而形成的规范性知识。例如，在马西访问秘鲁并了解了酸橘汁腌鱼的制作过程后，她的烹饪图式包括这样一个想法：食物中的化学变化可以在没有加热的情况下发生。然而，她的烹饪图式可能只是表面上类似于一个大师级厨师，后者的规范烹饪知识远比她的要广泛得多。

共识的第二点是，学习包括将新信息纳入先前知识。图式槽和心理模型通过附加的细节得以实例化，并且通过各种称为包容（subsumption）（Ausubel，1962，1963b，1968，2000；Ausubel et al.，1978）、吸积（accretion）（Rumelhart，1980；Rumelhart & Norman，1978）、同化（assimilation）（Chi，2013；cf. Piaget，Chapter 5）、协调（coordination）（diSessa，2014）的过程将更具体的想法添加到一般的认知结构中。

包容指的是一个新传入的想法被整合到记忆中已有的更普遍和更包容的锚定概念中的过程。这可能包括通过学习新的例子或案例来说明既定的想法，以及通过添加新的特征或细节来阐述现有的想法。奥苏贝尔还认为学习是在认知层次中组合思想，以在横向或上一级水平上创造新的理解（Ausubel et al.，1978）。与包容类似的是吸积，它描述了如何将新信息实例化为图式中的细节（Rumelhart &Norman，1978；Vosniadou & Brewer，1987）。茨（Chi，2013）使用同化来表示增加或填补心理模型中的空白，在这些空白中，学习者的概念中只是缺少正确的知识。最后，当学习者收集一大组现象学原语并组成一个系统如科学概念时，就会发生协调

（coordination）。这种协调，目的在于创建一个连贯和一致的概念，使其能够可靠地用于解释科学现象（diSessa，2018）。

然而，我们从直觉理论中看到，简单地将信息添加到现有的知识结构中并不总会产生准确的理解。有时，需要新的图式或需要转换直觉理论，以实现对学科的更规范或更纪律性的理解。鲁梅尔哈特和诺曼（1978）将重构称为新图式替换或合并旧图式的过程。就像皮亚杰的顺应机制一样（见第 5 章），重构导致知识组织与之前存在的知识不相称，一旦学习者改变了他们的理解，他们就不会回到以前的理解。

碎片知识观点代表了少数人的观点，他们认为这种转变是一个长期的渐进过程，而不是知识的重组。这种观点认为，当学习者遇到多种不同的使用概念的方式时，学习导致概念的不断对齐。因此，在许多重叠的背景下，连贯的概念理解随着经验而发展（diSessa，2014；diSessa et al.，2004）。需要指出的是，碎片知识方法"是专门为处理经验丰富的领域而开发的，比如力学。如果没有这种固有的丰富性，将其应用到其他领域至少有些投机，甚至可能值得怀疑"（diSessa et al.，2004）。尽管如此，安布罗斯等人（2010）表示，这一观点与第 3 章中提出的作为记忆基础的庞大语义网络以及专家知识组织的密集和连接的性质是一致的。

最后，在表征学习者先前知识的互联性和准确性方面，知识的质量已经与数量区分开来。有可能"知识库在增加，但存在不适当或无效的关系（高数量—低质量）。也可能有一个有限的知识库，但具有适当和有效的关系（低数量—高质量），或知识库既有限又无效（低数量—低质量）"（Kendeou & O'Brien，2015）。知识的数量越多，在有效关系中的相互联系越多（即质量越高），信息就越容易获取，从而可以促进记忆和学习新材料。

然而，正如本章开头所指出的，拥有与学习任务相关的先前知识是一回事，在学习过程中实际使用它或在新的情况下应用它又是另一回事。接下来，我们将讨论在学习和迁移过程中，先前知识是如何被激活和使用的。

学习与迁移中的知识激活

当你读到"关于陨石的误解"情景时，你想到了关于陨石的什么信息？弗洛雷斯博士的课堂活动和关于凯特和杰瑞谁对谁错的问题，旨在激发学生对陨石的先前知识的回忆。这是一种教学策略，可以帮助学生在学习和记忆新信息以及解决问题时激活和使用他们已经知道的知识（Pressley et al.，1992）。虽然这是一种有意识的激活先前知识的方法，但在大多数情况下，当学习者试图理解传入的信息时，这种激活会自动发生。在这一节中，我们首先看看如何激活先前知识以达到理解和记忆的目的，然后考察它在解决问题中的作用，最后思考如何激活先前知识以促进知识的迁移。

激活先前知识

慢速阅读下面的文章。当你这样做的时候，想想你脑海中出现了什么样的图式来帮助你解释文章，以及这些图式在你阅读时是如何变化的。

> 自石油危机以来，生意一直很惨淡。似乎没有人需要真正优雅的东西了。突然门开了，一个穿着讲究的男人走进了展厅。约翰面带着友好、真诚的表情，向那人走去（Rumelhart，1980）。

鲁梅尔哈特描述了读者如何试图解析和解释这段文字，逐句调用和评估可能的图式，以确定它们与故事的相关性，以及解释可用事实。例如，第一句话引出了一个业务（business）图式，这表明有东西正在被出售。在第二句中遇到"优雅的"这个词，使读者修改自己的解释：也许人们不想买既大型又优雅的车。展厅地板（showroom floor）与汽车销售图式是一致的，穿着得体代表一种特定的买家图式。你可以看到正在发生的自下而上和自上而下的加工之间的交互。阅读第一句话激活了先前知识中的图式，从而创建了对进一步信息的期望。只要满足了这些期望，人们就会将此图式实例化。而与预期相反的信息则会导致替代图式的激活或对当前图式的修改。

正如我们在本章前面的洗衣例子中看到的，当不能调用适当的图式时，理解和记忆就会受损。呈现话题或分配视角有助于理解，当可以使用多个图式来解释相同的信息时，就可以这样做，就像在关于房子的故事中那样。也就是说，当视角或主题激活特定图式时，学习者选择性地关注与图式相关的信息，而忽略与图式无关的信息（Pichert & Anderson，1977）。当人们发现自己处于必须解释正在发生的事情并做出适当反应的情况时，计划——或者更具体地说，脚本——也会指导行动。

"富人越富"现象发生在先前知识对理解和学习的影响中，这也许并不令人惊讶。例如，有充分的证据表明，低收入家庭的儿童掌握的词汇大约是高收入家庭儿童的一半，这使他们在阅读和学业方面失败的风险大大增加（Hemphill & Tivnan，2008；Neuman & Wright，2014）。另一方面，当学习者具有关于他们所阅读的文本中的话题的先前知识时，他们可以产生其他没有这种知识的学习者所不能产生的特定推断。当这些推论准确而恰当时，就会导致更深层的理解、更丰富的记忆表征，以及学习者随后更好地使用知识的能力（Kendeou & O'Brien，2015）。

然而，先前知识的激活并不总是自动发生的。学习者在阅读或遇到新的学习情况时，可能不会自发地回想起他们已经知道的内容。事实上，有证据表明，在教育环境中的许多学生倾向于将学校与他们所知道的一切分开，保持他们之间的不相关性，而且并不总是用他们在学校学到的东西来更新他们的知识（Peeck et al.，1982；Spiro，1977）。因此，就像"关于陨石的误解"情景一样，教员可能会通过各种策略促使学生回忆先前知识。

例如，发现回答关于待学习材料的问题在激活先前知识和促进学习方面起着强大的作用（Pressley et al.，1992），特别是当需要学生对问题做出解释时。解释似乎增加了学习者激活先前知识的程度，特别是在可能与理解新内容相关的广泛模式或原则方面（Williams & Lombrozo，2013）。

在合作小组中的大学生学会了生成和回答有关内容的发人深省的问题（例如，"什么是……的新例子？"或"……如何影响……？"或"你同意这种说法吗？为什么或为什么不？"），他们在课程考试中的表现优于同龄人（King，1990）。同样，回答关于学习的事实的"为什么"的学生——一种被称为"详细询问"的技巧，比只阅读包含要学习的事实的文本的对照组学生所记住的明显更多。普雷斯利等人（Pressley et al.，1992）认为，特别是对于说明性材料，不太可能促使先前知识的自动激活，对内容的解释是让学习者在学习过程中激活和使用先前知识的一种特别有效的方式。

最近的证据表明，学习者先前知识的多少会影响激活先前知识的不同策略的有效性。让学生在学习之前回忆他们所知道的关于一个话题的一切——所谓的动员——能够成功地帮助五年级学生记住故事内容（Peeck et al.，1982）。作为一项自下而上的策略，动员激活了可能尚未发展成连贯知识结构的松散联系的概念和信息。因此，它可能对于先前知识较少的学习者更为有效。

相比之下，观点采择（perspective taking）——一种自上而下、激活一个特定且相关的图式的策略，可能对具有完备的先前知识的学习者更有效。为了验证这一假设，韦策尔斯（Wetzels）及其同事（2011）对高中生和大学生进行了一项研究。正如预期的那样，动员帮助先前知识较少的学习者详细阐述和扩展了其有限的知识库，但随着先前知识的增加，动员的有效性降低了。另一方面，观点采择使学习者能够通过填补空白和更新图式来完善他们的知识，这对具有更多先前知识的学生更有效。

引发对先前知识的解释的影响似乎也与学习者所拥有的先前知识的程度和准确性相互作用。为了保证有效性，解释应该对什么构成一个好的解释施加标准，包括什么类型的推断是合理的，归纳可以走多远，等等（Williams & Lombrozo，2013）。"对于以下两类学生：一类是没有必要的背景来产生准确概括的学生，一类是没有遇到足够多的反证来证明这种观察胜过先前知识作为范围的线索的学生，提示解释可能会强化（reinforce）现有的错误观念"。因此，教师明智的做法是示范良好的解释，并考虑他们的学生是否具有足够的背景知识从而从中受益，以此作为激活这些知识的手段。

问题解决中的先前知识

先前知识在问题解决中也起着至关重要的作用。在科学领域解决问题的研究再次提供了证据，研究表明新手和专家在解决问题方面的表现不同，因为他们对一个学科的了解有很大的差异（Larken，1980）。例如，茨等人（1981）研究了新手和专家如何对物理中的各种问题进行分类，以及他们如何解决不同类别的问题。他们发现专家根据物理定律对问题进行分类，而新手则根据问题陈述中的表面特征对问题进行分类。当被要求解决问题时，专家首先分析问题陈述，以确定他们处理的是什么类别的问题。直到那时，他们才考虑候选解决方案，并从问题陈述中提取其他附加特征，以确认或拒绝可能的解决方案。而新手则专注于问题陈述中包含的信息，立即转到表面上看起来与问题信息相似的数学方程。

根据茨等人的研究（1981），专家对问题类别的选择激活了与问题类型相关的知识的图式。问题图式包含"关于典型问题目标、约束和对该类型问题有用的解决方案过程的信息"（Gick & Holyoak，1983；Gick，1986）。换句话说，专家解决问题的方法就是识别他们以前经历过的熟悉模式，并将这些模式与手头问题的相应方面相匹配（Margolis，1987；Reif & Heller，1982）。

由于他们有更多的学科知识，一个领域的专家倾向于使用基于领域的、图式驱动的策略进行推理，而新手则更依赖于一般的问题解决策略（如"将问题分解为其子问题"），这些策略在解决特定问题时效率低、力度弱。即使当专家使用一般策略将一个不熟悉的问题分解成子问题时，也会产生和评估潜在的解决方案，并最终达到可以应用已知解决方案的地步，这些都是新手从未做到的（Gick，1986）。

随着学习的进步和学习者知识的增加，解决问题的策略也会发生变化。这种情况尤其发生在学习者习得解决相同类型问题的经验，从而能够发展出该类型问题的图式的时候。吉克（1986）将比较工作实例描述为一种帮助学习者提取问题图式的有用策略。与工作实例进行类比也可以帮助图式构建，但学习者可能需要明确的指导，以便将适当的工作实例应用于新问题；类比问题解决很少会自发发生（Gick，1985）。

最后，雷夫和海勒（Reif & Heller，1982）建议对学习定量科学（如物理或化学）的学生进行明确的问题解决过程的教学。多年的经验使专家在这些领域解决问题时几乎是自动的，但新手解决问题的技能提高得很慢。雷夫和海勒的结论是，这些组成部分应该首先单独教学，然后集成，以实现有效的问题解决。也就是说，要学习如何：

- 使用图表和符号描述问题陈述中的信息和要解决的信息（基本描述）；
- 确定与问题相关的系统和原理（理论描述）；
- 通过探究问题中参数的不同可能值的含义来分析问题（定性分析）；
- 通过分解问题并应用相关原理来寻找可能的解决方案（解决方案构造）；
- 评估候选解决方案的优点（解决方案评估）。

解决问题的具体步骤可能因学科而异，但重点是应该明确地教学，注意学生如何将他们的知识组织成一个连贯的知识库。

先前知识与学习迁移

从某种意义上说，所有的学习都涉及迁移（transfer）（Perkins & Salomon，2012）。只要人们学习，先前知识就会被激活和使用。但正如我们所看到的，学习者并不会自发地在所有相关场合使用他们所知道的东西。这就是知识迁移的问题所在。通过教学学到的知识应该超越最初学习的范围。那为什么不总是这样呢？应该期望学习者在多大程度上应用他们所知道的知识，以及如何促进迁移呢?

"经过 100 多年的兴趣和研究,学习迁移仍然是心理学和教育领域最具挑战性、最具争议和最重要的问题之一"(Day & Goldstone,2012)。这很重要,因为大多数学习的目标是在现实世界中,在我们的日常生活中,以及在正式的学术场合中使用知识。这是具有挑战性的,而众所周知,在实验室研究中很难产生迁移(Gick & Holyoak,1980;Lobato,2012;Perkins & Salomon,1989)。事实上,一些研究者甚至说,有意义的学习迁移是极其罕见的(Detterman,1993),并建议放弃将迁移作为先前知识如何影响学习的一种解释(Carraher & Schliemann,2002)。这是有争议的,因为尽管对这一课题进行了大量的研究,但很难就什么是迁移、迁移是如何发生的以及如何促进迁移达成共识。

然而,在过去的 10 年里,令人兴奋的新研究方向重新燃起了人们对学习迁移的兴趣。让我们从"什么东西会迁移"的问题开始谈起。

迁移的概念(conceptions of transfer)。"迁移一词本身暗示了一种简单的模式,即在这里学习,在那里应用"(Perkins & Salomon,2012)。事实上,传统上将迁移定义为将从一个任务或学习情境中习得的知识应用于新的但类似的任务或学习情境中(Nokes,2009;Singley & Anderson,1989)。我们在第 4 章中讨论了迁移的例子,以及加涅旨在促进迁移的教学条件,比如为练习智力技能提供各种语境。学校里教授并定期评估这种迁移,但令人惊讶的是,学生并不擅长于此。戈德斯通和戴(Goldstone & Day)(2012)引用了"有趣但也可怕的案例,物理系学生 [Perkins(2009)] 在课堂上学习一个球需要多长时间才能掉到某一高度的塔的底部…… 然后在一次考试中,出题人给出了确定球掉到井底需要多长时间的问题……学生们抱怨他们在课堂上没有学过这种问题"。

正如已知(Chi & Vanlehn,2012),在两个问题迁移范式中,问题具有相同的潜在结构,应该激活相同的问题图式来解决它们。例如,上面描述的物理问题是相同的问题——从一定高度的塔落下或落入一定深度的井中——一个球下落某一特定距离(但表面特征不同)需要多长时间。

同样,在一项关于两个问题迁移的经典研究中,阅读一篇关于士兵同时聚集在一个堡垒上以占领它的故事,有望帮助大学生解决一个问题:使用辐射摧毁一个无法手术的肿瘤,同时又不破坏周围的组织(Gick & Holyoak,1980)。解决辐射问题的方法,就像解决军事问题的方法一样,涉及一种汇聚图式:在不同位置照射的低强度射线汇聚在肿瘤上杀死它。然而,很少有学生能成功地解决辐射问题,直到他们被明确提醒要使用他们读过的故事来帮助自己解决问题。在有提示的情况下,80% 的学生迁移成功。

从这项研究中,我们很容易得出这样的结论:运用暗示和提示来提醒学生将足以促进学习的成功迁移。然而,到目前为止,我们只考虑了一种狭义的迁移形式。"更广泛的迁移模式是将解释性概念直接应用于从初始学习中删除的新实例"(Perkins & Salomon,2012)。珀金斯(Perkins)和所罗门(Salomon)以学习和应用供求定律为例。学生从供应和需求的角度来解释超市橙子的高成本似乎非常合适和可取（即，在橙子的产地，假设需求保持不变，寒冷的冬天减少了供应，从而推高了价格）。但是，对于用同样的条件思考找女朋友的困难的学生呢？考虑这种情况的匹配或不匹配，有助于阐述供需概念，并揭示其能够或不能有意义地迁移的程度（Perkins & Salomon，2012）。

同样，勒拜特（Lobato，2012）认为，迁移应定义为"学习的泛化（generalization）……学习者先前的活动对她在新情境中的活动的影响"。她主张以行为者为导向的观点，即从学习者的角度来理解迁移。她的研究表明，新手不会像专家那样在先前知识和新奇情境之间创建同样的联系，但这并不意味着他们不会概括或迁移他们所知道的东西。相反，概括经常发生，但往往以意想不到的方式发生，这对教学决策有所影响。

例如，从一种角度来看，未能迁移可能被解释为未能制定解决类似问题的适当程序。从另一个角度看，同样的迁移失败可能是由于错误的概念。前者可以通过实例来纠正，说明如何将问题解决程序应用于表面上看起来不同但实际上具有共同结构的问题。纠正后者则更为困难。学生可能应用了正确的程序，但没有创建正确的联系，因为他们不了解该程序的概念基础。在这种情况下，教学应该聚焦于分离问题背后的概念以及这些概念之间的关系。

研究者还探索了迁移如何具有适应性。也就是说，学习者往往不仅仅是在新的语境中应用所知道的知识；他们也会在迁移的语境下调整和修正他们的先前知识。赫贺司（Hohensee，2014）称这种现象为逆向迁移（backward transfer），证明了中学生对先前学习的概念的推理方式受到后来学习的有效影响。也就是说，他们在学习二次函数后，对数学中关于线性函数的推理变得更加规范了。这很可能是后来的学习促进了对现有图式的调整，增加了图式的细节并创建了联系，从而增强了学生的推理过程。

我们怀疑逆向迁移发生的频率比人们想象的要多。例如，甚至这本书也说明了我们对学习理论的思考所产生的富有成效的变化，这些变化是我们学习有关新理论发展的结果。赫贺司（2014）还指出，大多数迁移观点关注的是新情境中的表现，而逆向迁移关注的则是对先前知识所做的改变。这两种观点都有助于全面了解迁移的情况。

最后，迁移的观点是"为未来学习做准备"（Bransford & Schwartz，1999），它将重点转到人们在知识丰富的环境中学习的能力。"当组织雇用新员工时，他们不期望新员工已经学会了成功适应所需的一切。他们需要能学习的人，他们希望他们利用资源（如文本、计算机程序、大学联盟）来促进这种学习。他们对未来学习的准备越充分，迁移就越多"（Bransford & Schwartz，1999）。在这种观点下，新手正在走向专业知识的轨道上。不期望他们一下子就达到专家水平，可以看到他们为未来学习做好准备的证据，不仅体现在眼前的表现上，而且体现在他们提出的问题、他们设定的目标和他们寻求的学习活动上。

因此，目前对迁移的看法反映了先前知识与其在新情况下的使用之间的丰富而复杂的关系。迁移这一术语所召唤出的隐喻已不足以描述这种关系或大多数教学的目标。相反，迁移的期望结果是学习者可以选择性地利用灵活的知识（flexible knowledge）以满足当前形势的要求，他们将在这一过程中进行调整和适应（Carraher & Schliemann，2002）。这表明，有组织的图式和心理模型构成了一个动态的网络，人们倾向于在现有知识和手头任务之间找到有意义的联系。那么，如何找到这些有意义的联系呢？

迁移的过程（processes of transfer）。我们已经多次提到这样一个事实：一些迁移是自动发生的，而另一些则需要有意识的努力。是什么让迁移在某些情况下变得困难，而在其他情况下很容易和不显著呢？珀金斯和所罗门（2012）提出了"检测—选择—连接（detect，elect and connect）"来描述学习迁移的过程。也就是说，学习者必须辨别出他们所知道的和他们面前的情况之间存在联系的可能性，他们必须选择努力追求这种联系并找到相关的联系，使这种联系有意义。这些过程有时是按顺序发生的，有时是在突然顿悟或理解的瞬间同时发生的。

当问题的表面特征匹配、表面特征与问题的底层结构相关、情境中的线索调用容易获得的图式时，就会发生容易或常规的迁移，所有这些都支持检测—选择—连接。在迁移困难的情况下，这些过程中的任何一个或多个都可能出现挑战。我们依次来考虑每一个问题。

我们已经提到了未能在先前知识与应适用的知识之间创建适当联系的情况。这种情况可能发生的一个原因是最初的学习本身是不够的。也就是说，学习者一开始对概念就缺乏足够的理解，导致日后也不能将其予以应用。具有多条路径连接图式的完善的知识结构对于确保先前知识的易于获得至关重要。第二个原因是学习者没有能力透过问题或情况的表面来与先前知识建立适当的联系。解决"落球"问题的物理学生和解决"肿瘤"问题的大学生未能看到新问题的表面特征，无法理解这是他们以前经历过的同类问题。

有时学习者创建的联系是对先前学习的过度泛化，或者以某种方式将他们的先前知识错误地应用到新的情境中。如前所述，当学习者以暴露他们缺乏概念理解的方式应用程序时，就会发生这种情况。勒拜特（2012）报告了一个高中代数学生的例子，他基于一种寻找楼梯和线条坡度的方法（初始学习）求解游乐场滑梯的坡度（迁移任务）。这种方法是在课堂上教授的，包括测量一个物体的垂直变化或"上升"，通过在物体上安装阶梯，然后测量水平变化或"运行"，最后用上升除以运行（Lobato，2012，见图 6-5）。

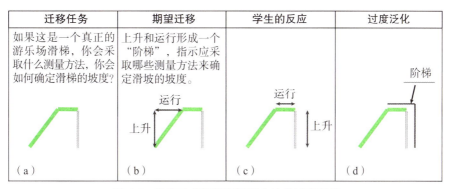

图 6-5 学生对求解斜率问题方法的过度泛化

资料来源：Adapted from Lobato，J.（2012）. *The actor-oriented transfer perspective and its contribu- tions to educational research and practice. Educational Psychologist*，47（3），237.

图 6-5 中的面板（a）显示了迁移任务，面板（b）显示了应用阶梯法解决问题的方法。图（c）和图（d）显示了学生的反应以及他错误地泛化楼梯方法的方式，将上升确定为梯子的高度，将运行确定为平台的长度。学生清楚地理解了确定坡度时"运行"与水平距离、"上升"与垂直距离概念的对应关系。但当他把阶梯法错用在这个问题上时，他错误地识别了它们。

当学习者没有认识到一个新的情境可能与他们过去所经历的有很大的不同时，也会出现过度泛化。他们在应用先前惯例的成功经验的基础上形成了一种思维，即使该情况可能会引起不同的反应，他们也会继续使用这种方法。例如，给出 7+2+5=7+____ 这样的新问题，孩子们忽略了等号，并应用了他们的加法知识，将所有数字加在一起，计算出总和为 21（McNeil，2008，cited in Schwartz et al., 2012）。

正如施瓦兹（Schwartz）和同事（2012）所说的，过度的迁移会发生，特别是当学习者可以使用熟悉的例程来解决旨在为新内容提供练习的问题时。例如，他们描述了八年级学生学习密度的比例结构，并使用密度 = 质量 / 体积（density = mass/volume）公式练习问题："学生们热情地应用这个公式，把物理公式变成了一个除法问题。他们把公式的变量（质量和体积）映射到案例的特征上……这样他们就可以进行相关的除法（质量除以体积）。他们在新中看到了旧，即一道数学题。他们没有看到密度的结构比率，这才是重要的新内容"。

除了与创建适当联系相关的挑战之外，学习者还必须发现相关联系的可能性，以确保迁移成功。虽然这听起来很像挑战我们已经描述过的创建联系，但有一个重要的区别。当学生被提醒他们有相关的先前知识时，或者如果他们被要求根据先前知识发明解决问题的方法时，他们可以而且确实将他们所知道的知识应用到了新的情境中。但是，如果他们未能发现迁移的可能性，这种性质的提示是无效的。学习者没有意识到他们已经并且应该在这种情况下使用先前知识。这可以解释为什么有 20% 的学生即使被提醒使用军事问题中类似的收敛图式，也无法解决肿瘤问题。

"关于陨石的误解"情景也可能有助于说明这一点。假设故事以凯特警告人们不要触摸陨石结束，因为它会很热。你会质疑她的陈述吗？对一些人来说，这个故事激活的最相关的先前知识是关于航天器返回地球时再入过程中发生了什么的信息。航天器配备了特殊的隔热罩，因为它们在飞行速度下与大气接触产生的摩擦会产生极高的热量。陨石也会经历同样的事情，它们在到达地面时会很热，这是有道理的。

但陨石与航天器的关键属性不同。它们是由岩石组成的，岩石不是优良的热导体，而且它们很小，这两点都意味着它们在下落时只会产生很小的摩擦热。此外，流星坠落时，与大气的接触会剥离其表面，使其接触地面时由寒冷的内部暴露在外。然而，由于故事的事实与许多人先前知识的某些方面相吻合，他们没有看到他们的解释与他们应该使用的相关先前知识之间的冲突——误解。

最后，选择寻找机会创建联系，并在新的情况下应用相关的先前知识，这说明了迁移的动机方面（Perkins & Salomon, 2012）。虽然有些迁移机会只是错过了，但另一些机会却是因为学习者不愿费心去追求而擦肩而过。我们将在第 11 章讨论与动机有关的问题。就目前而言，值得注意的是，迁移的倾向性以及激励学习者"成为'知识企业家'的愿望是有用的，他们会主动创造自己的机会来利用自己的先前知识"（Goldstone & Day，2012）。如何实现这一点将在本章后面的"对教学的影响"一节中进一步探讨。下面是一些可供考虑的方法。

> ……培养期望，即所学习的内容将与相关设定相对应；将以前的学习视为持续相关的；将使用先前知识视为社会需要；广义上说，鼓励学生把自己看作是自学和运用知识的主体（Perkins & Salomon，2012）。

知识修订

当学习者在学习过程中产生误解、相信实际上不正确的东西或激活错误的先前知识时，会发生什么？他们如何修改知识以纠正错误的理解？关于知识修订过程的理论比比皆是，因为不同过程的涉及取决于知识变化的性质。正如我们在本章前面所指出的，修改知识以纳入一个新的细节不同于重组先前知识以习得对一个现象的全新理解，也更容易实现。类似地，纠正一个不准确的细节也比纠正一个有缺陷的心理模型或幼稚的理论更容易。

还有一个问题是，当学习者遇到错误信息时会发生什么。他们如何避免将不准确的信息集成到先前知识中不当修订他们的知识？最后，很明显，学科本身在知识修订方面有所不同。我们已经看到，有些话题更难学习，但也有一些话题会让学习者产生情绪，这使得他们对与自己先前知识相冲突的信息的理解变得复杂。让我们来看看为修订不正确的知识和有缺陷的心理模型、影响概念改变和知识重组以及处理不准确信息而提出的过程。

通过反驳进行知识修订

针对某些知识为何难以改变的问题，茨（1992，2013；Chi & Roscoe，2002）假设初学者有不同的系统的误解。例如，凯特在"关于陨石的误解"情景中，断言陨石会是热的，这是一个单一的、不正确的想法，茨认为这是一个错误的信念。当图式的槽被不准确的信息填充时，就会出现错误的信念。因此，也许凯特过分夸大了她对宇宙飞船再入的知识，并把它的细节附加到她对陨石的图式中。

另一方面，心理模型可能是有缺陷的，或者图式在本体论意义上是不正确的，就像我们在直觉理论中看到的那样。"有缺陷的心理模型（flawed mental model）是一种不正确的朴素模型，其假设之间具有衔接性（coherence），其预测和解释也具有连贯性（consistency）"（Chi，2013）。大多数有缺陷的心理模型都是正确和不正确信念的积累，这些信念在日常生活中很有效，但与科学知识相冲突。不幸的是，日常的直觉误解往往战胜了技术理解。"玛西娅·莲（Marcia Linn，2002）举了一个很好的例子，她挖苦地引用了一个学生对牛顿原理的观点：'运动的物体在教室里倾向于保持运动状态，但在操场上会休息'"（引自 Perkins & Salomon，

2012）。

那么，学习者如何修正自己错误的信念和有缺陷的心理模型呢？在第5章中，我们提到了指出学生信念与规范科学概念之间的矛盾的重要性。做到这一点的主要手段是通过反驳（refutation），即"明确承认对某一话题的不正确信念，直接反驳它们，并提供准确的解释"（Kendeou et al.，2019；Hynd，2001）。由于学习者在正式教学和日常生活中通过阅读接触到大量的信息，研究者一直关注反驳文本的有效性。越来越多的证据表明，此类文本在支持各种学生和话题的知识修订方面是有效的（Danielsonet al.，2016；Kendeou et al.，2019；Tippett，2010）。

例如，"关于陨石的误解"情景中的故事取自肯德欧和她的同事用于调查知识修订过程的反驳文本。此情景提供了反驳的前两个部分：（1）承认凯特错误地相信陨石会是热的[①]；（2）直接用杰瑞关于它实际上不会是热的说法反驳凯特的信念。在肯德欧的作品中，反驳性的文本也提供了第三部分：杰瑞对流星进入大气层时发生了什么以及对为什么坠落的陨石不会是热的做出了解释。

肯德欧提出了知识修订组件（Knowledge Revision Components，简称KReC）框架，以说明当学生阅读反驳文本时，知识修订是如何进行的（Kendeou & O'brien，2014，2015；Kendeou et al.，2017）。该框架基于两个假设：（1）一旦信息被编码到记忆中，它就不能被删除；（2）记忆中的所有信息都有可能被重新激活，并影响未来的学习。这意味着知识修订不会"擦除和替换"先前知识。相反，学习者必须将新的、正确的信息集成到他们的知识结构中，然后必须减少不正确信息的激活，同时加强新信息的激活。这是通过KReC框架中的以下三项原则实现的。

- 共同激活，将新的、正确的信息与旧的、不正确的信息联系起来的过程。
- 集成，将新信息集成到学习者长期记忆中的过程。
- 竞争激活，即新信息将激活从竞争的、错误的信息中分离出来。反驳文本中的解释增加了新信息与记忆中其他信息的相互联系，然后这导致不正确信息的激活减少（Kendeou et al.，2017）。

再一次思考"关于陨石的误解"情景，当读者面对凯特和杰瑞关于陨石的说法之间的冲突时，也就是大多数人都认同的凯特的误解和杰瑞的直接反驳之间的冲突时，共同激活就发生了。集成和竞争激活发生在解释的阐述过程中，它提供了与正确概念相联系的丰富的因果信息和证据网络。因此，共同激活是知识修订的必要条件，但正是解释使正确的信息能够"胜出"

[①] 需要注意的是，认为陨石是热的是一种常见的误解（Will et al.，2019）。出于好奇，玛西在佛罗里达州立大学的办公室里向教职员工讲述了"关于陨石的误解"的故事，他们每个人都有同样的理解。四分之三的受访者在解释为什么他们认为陨石会很热时提到了航天飞机。有趣的是，参与威尔等人调查项目的明尼苏达大学学生中，没有一个提到航天飞机，肯德欧（personal communication，2019，August）表示他们对美国航天计划知之甚少。

并减少误解的激活（Kendeou et al.，2017）。

虽然肯德欧的工作集中于从文本中学习，但这并不是反驳的唯一手段。让学生比较和对比图表，或用类比和图形补充文本等策略也被证明有助于知识修订（Danielson et al.，2016；Gadgil et al.，2011）。这些策略使学生注意到自己的概念与科学概念之间的冲突，同时帮助他们将自己的先前知识与围绕科学概念的证据联系起来。因此，在弗洛雷斯教授的课堂活动中对解释的讨论和阐述也可能支持知识修订。

肯德欧对知识修订的描述主要与错误信念或有缺陷的心理模型有关，尽管 KReC 框架没有对学习者错误认识的性质或一致性作出先前假设。然而，有缺陷的心理模型可能需要的不仅仅是反驳单个错误信念来纠正，所以茨（2013）推荐了另外两种方法：从整体上直面有缺陷的模型，并驳倒它们的基本假设。在这两种情况下，反驳和知识修订进程都将按照 KReC 框架所述进行。

有些误解是如此强烈、如此抗拒改变，以至单靠驳斥是不够的。茨（2013；Chi & Roscoe，2002）认为，这是因为学习者的先前知识与正确的科学概念不一致。前面新手对力的解释就是一个例子。将力视为物体的属性不仅仅是一个错误的细节，他还把这个概念分配到错误的本体论范畴中。这样的概念与作为过程的力的正确概念不相容，需要学习者对知识进行重组以达到科学的理解。这通常被称为真正的概念转变（conceptual change）或激进的概念变化，因为发生的知识修订是变革性的。

通过知识重构实现概念的转变

早期有关通过重构进行知识修订的研究将这一过程比作科学范式的转变。也即，当发生以下四种情况时，新的科学概念就出现了：（1）对旧概念存在不满；（2）可以掌握新概念；（3）新概念似乎合理；（4）新概念开辟了新的研究领域（Posner et al.，1982）。这一观点现在被称为概念转变的"经典方法"（Vosniadou，2008），在今天的研究者中仍然很受欢迎。例如，茨（2013）认为，学生在将力等概念的分配迁移到不同的图式类别（即从"实体"到"过程"）时，缺乏意识是困难的一部分。对于其他困难的概念，学生可能只是对这个话题太不熟悉，无法转换到一个新的类别或图式，并使用它来吸收新的信息。

例如，考虑烘焙的概念及其与烹饪的关系。在图 6-2 所示的部分知识层次中，烘焙被显示为在烤箱中进行的一种烹饪。虽然这并不是不正确的，烹饪和烘焙专家经常认为这些概念是不同的和平行的，而不是分层嵌套的。烘焙通常需要精确地称量食材以取得理想的结果，而烹饪允许根据厨师的喜好在称量和食材方面有更大的自由度。任何一个"猜测"过酥皮制作的人可能都经历过酥皮制作过程中产生的黏糊糊的混乱情况。换句话说，烹饪图式的固有假设和程序不适用于烘焙，并且缺乏关于替代烘焙的知识图式会带来不幸的后果。

另一方面，了解替代概念并不总是导致它们被接受或导致学习者知识结构的改变。近年来，"温和的概念转变"被用来描述"（1）先前知识与要学习的信息冲突；（2）存在对该知识的高水平承诺；（3）存在与该投入相关的激活的情感"的情况（Sinatra & Mason，2008）。学习者可以坚信特定的想法，因为这些想法与一生的经验是一致的，比如物体会以不同的速度掉到地上；或者，他们可以对与宗教信仰、政治观点或个人意识形态相一致的概念产生深刻的情感认同。

承诺程度和情感投入程度都会影响学习者对与其先前知识冲突的新信息的反应。例如，听到陨石降落在地球上时不是热的，就不太可能被认为是对某种根深蒂固的信念的挑战。然而与此同时，凯特不会因为邻居杰瑞说陨石不会是热的就改变对陨石的观念。如上所述，对学习者来说新概念似乎必须是合理的，而合理性取决于对新信息和信息源可信度的潜在真实性或有效性的判断（Lombardi et al.，2016；Lombardi & Sinatra，2018）。假设凯特发现陨石为什么不热的解释是合理的，她会相应地重组她的知识。

另一方面，有着根深蒂固信念的学习者可能会发现冲突信息和替代理论不如他们当前的概念可信，因此，他们拒绝做出改变。金和布鲁尔（Chinn and Brewer，1993）发现，学生以可预测的方式对"异常数据"，即与他们先前知识有潜在冲突的信息做出反应。他们会忽略它，拒绝它，说它没有关系，把它放在一边，以后再考虑它，重新解释它，或者用它来修改或重建他们的概念。正如我们前面所讨论的，当学生试图融入信息而不改变他们朴素的观念时，这有时会导致合成观念的产生。只有当学生认为证据和解释是合理的时候，他们才会发生概念上的转变。此外，当学生批判性地评估竞争性解释的证据和论点时，可信性发生了变化（Lombardi & Sinatra，2018）。

例如，在课堂教学活动中，中学生对与两种气候变化模型有关的证据进行了反思性评估，这两种气候变化模型要么是人类引起的气候变化，要么是由于太阳能量增加引起的气候变化。这项活动要求他们就是否支持以及在多大程度上支持一个或另一个模型而言判断证据的权重。结果表明，学生对证据的评价越严格，他们对科学上公认的人类引起的气候变化模型的判断就越合理，他们对气候科学的了解也就越多（Lombardi et al.，2016）。

刺激学习者检查他们所知道的和他们如何知道的活动，促进了对可评价性判断的重新评价，这反过来支持了知识重构和概念转变。此外，让学习者参与进行实验、创建论点和明确地考虑替代理论都为概念转变创造了必要条件。即它们突出了学习者先前知识与新信息之间的冲突，使学习者意识到替代概念，促进了学习者对证据质量和有效性的评价。我们将在本章后面的"教学应用"部分讨论旨在促进概念理解的教学策略的具体例子。

抵制错误信息

为此，我们提出了一个隐含的假设，即学习者在教育经历中遇到的新信息是准确的。然而，今天普通人通过互联网、24小时新闻网站和其他电子来源习得的信息量几乎保证了学习者看到或听到的一切都不一定会是真实的或准确的。此外，错误信息可能源于无意的错误，如记者在得到所有事实之前就把故事归档，也可能是故意的歪曲（Rapp & Braasch，2014）。例如，伴随着社会中虚假信息的增加，尤其是在社交媒体上，"后真相"和"假新闻"等词在公共话语中变得普遍（Lewandowsky et al., 2017）。

这超出了本书审查错误信息问题的范围，因为它涉及政治或社会趋势。但是，简要地看一下与正规教育语境中的学习和教学有关的话题，这么做是有益的。因此，关键的问题是：学习者如何忽略无效信息，如何避免将其集成到他们的先前知识中？

熟悉的信息的一个不幸的影响是，它可以增加一个人的信念，无论信息是否有效或信念是否有根据。"熟悉被认为是一种快速的、与语境无关的自动过程，让我们能够快速识别先前遇到的信息"（Swire et al., 2017）。另一方面，回想一些以前遇到的不正确的信息，需要花费精力对待，并且检索经常失败。正因为如此，旨在纠正误解的信息有时会产生相反的效果，即所谓的熟悉造成的逆火效应（backfire effect）。例如，遵循前面讨论的 KReC 模型，误解及其反驳应一起提出，以共同激活现有知识，并能够集成新的、正确的信息。然而，首先提出的一个熟悉的误解可能会使学习者记住误解，而不是它不准确这个事实。

因此，重要的是增加对新的、正确的信息的熟悉，以促进它"胜过"错误信息从而获得关注并激活记忆。用科学上准确的信息进行引导可以增加其熟悉度（Darner, 2019），在修正解释中提供更多细节可以增加先前知识和新信息之间的联系（Swire et al., 2017）。此后，重复、阐述和加强正确的信息，而不参考错误信息，有助于提高纠正错误的显著性。

最后，当学习者将与他们的先前知识相冲突的信息解释为以某种方式威胁到他们的身份或世界观时，会发生更严重的逆火效应。这可能发生在学习者在情绪上对一个特定概念投入时，而质疑这个概念就像攻击，从而引发了防御。因为人们有动机以支持他们先前概念的方式进行推理（Kunda, 1990），学习者很可能忽视、拒绝或产生与他们坚信的概念相冲突的证据。

正如我们在知识重组中所看到的，让学生参与论证和证据的批判性评估是克服逆火效应的有效手段。而论证的重点，应该是准确性，而不是说服力。因此，对于学生不准确的说法，应给予"我明白你为什么会得出此结论"或"这是一个常见的误解，所以让我们检验一下证据"的态度。像这样承认不准确和准确的陈述在理解信息和证据方面都是有用的，它们把重点放在了周密的推理和准确的目标上。

学科的影响

我们大多数关于知识修订的讨论都涉及科学的话题。一部分原因是因为大多数关于直觉理论、概念转变和知识修订的研究都是以科学话题进行的。迪塞萨（2014）暗示学生在学习这些话题时存在困难，这一事实使他们的研究特别成熟。朴素理论在科学和数学中很常见，与学生期望习得的正确或科学有效的知识相比，朴素理论相对容易识别。知识修订要求学生在发展符合既定科学或数学原理的规范性知识时减少对直觉理论的依赖。

另一方面，在历史这样的学科领域，概念既不与物理世界有关，也不一定与学生的日常生活有关。与科学概念不同，历史概念往往是抽象的，从不同观点出发的历史学家不会以相同的方式定义。"与教科书经常反映的相反，历史不仅仅是对日期、事实的叙述，也不仅仅是对过去发生的事情的真实反映，以及对原因和后果的解释"（Limón，2002），历史也是社会价值观、意识形态和身份的载体。正因为如此，对学生先前知识的"情感紧缩"（affective retrenchment）会使其特别抗拒改变，"因为个人不想改变它"。

例如，想想美国奴隶制的历史和遗产。《1619 年项目》（*The 1619 Project*）（New York *Times*，August 18，2019）重塑了奴隶制及其影响（历史和现在）被理解的方式，它的公开既受到赞扬，也受到诋毁。这说明了利蒙（Limón，2002）所提到的历史元概念（meta-concepts），即思考历史是什么，什么是历史证据，历史的目标是什么，在历史中什么是有效的来源，以及在历史中构建良好解释意味着什么。争议的产生是因为可以从不同的角度和不同的目的来看待历史。如果把今天的价值观和意识形态应用于过去的事件，而不考虑当时价值观的不同，也会造成误解。因此，历史上的知识修订涉及思维的转变，从个人语境转向对元概念的理解，以及态度、价值观和意识形态的潜在修改。

对于社会科学中的知识修订，也可以提出类似的论点。像历史一样，对经济学和社会学等学科的概念变化研究较少，因为当该领域的理论存在分歧时，难以在"更好"或"更坏"的概念之间做出判断（Lundholm & Davies，2013）。然而，"民主社会的有效运作和发展需要选民对其世界的经济、政治和社会学动态有实际的了解"。出于这个原因，关于概念转变在这些话题中意味着什么以及学习者如何从新手转向更专业的视角的研究正在增加。

与历史一样，元概念在社会科学中也很重要，因为学习者必须解决这样一些问题，如在这门学科中什么算作数据，什么样的因果解释是相关的，以及个人与集体或系统有何不同（Lundholm，2018）。至少，这需要一种超越个人经验的眼光，以及鉴赏语境和价值观对复杂社会现象的影响的能力。

对教学的影响：专业知识的发展

我们能从上述讨论中得到什么启示？很难不同意奥苏贝尔（1968）的观点。"如果我必须把所有的教育心理学归结为一个原则，我会说：影响学习的最重要的单一因素是学习者已经知道的东西。确定这一点，并据此教导他。"问题是怎么做？领域学习模型（Model of Domain Learning，简称 MDL）（Alexander，2003；Alexander et al.，2004）为理解和促进专业知识的发展提供了一个有用的框架。尽管 MDL 是作为一种专门适用于学术学科学习的方法开发的，但已积累的证据开始支持其在专业知识学习中的有用性（Kulikowich & Hepfer，2017；Kulturel-Konak et al.，2015）。我们首先描述了 MDL，并简要研究了支持其在学术领域使用的证据。然后，我们思考一些教学策略，以帮助学习者在他们学习专业知识的旅程中激活、使用和创建他们的先前知识。

领域学习模型

领域学习模型（Alexander，2017）源于对先前知识的研究，这是本章的重点。亚历山大认为，随着学生传统学科能力和熟练程度的提高，有必要对在学校进行的学习进行研究和建模。基于与先前知识在学习中的作用相关的原则，亚历山大首先区分了知识的广度（一个人对一个学科领域的了解程度）和知识的深度（一个人对一个领域内的特定话题的了解程度）。她特别关注的是具有内部联系、整合良好、有依据的知识的习得，而不仅仅是事实或程序的累积。

然后亚历山大引入了*策略加工*（strategic processing）的概念来解释新手和专家之间的差异。如我们所见，专家在学习、保持、问题解决和迁移方面使用的策略与新手不同，因此先前知识和策略处理之间的关系是显而易见的。最后，她纳入并跟踪学生在学习过程中的兴趣。与策略处理一样，*兴趣*（interest）也是专家和新手不同的一个方面。在本章中，我们讨论了在学习者处理和接受新信息时，对与动机和情绪相关因素的考虑越来越重要。"兴趣"这一概念不仅描述了学生情景性兴趣的短期影响，即这种兴趣是由特定情况下引起学生注意的话题所激发的；还反映了学生对某些主题的持续性个人兴趣，即在长期的时间里，他们对这些学科抱有想象和热情（Alexander，2003，2017）。

对专家和新手的研究，让亚历山大意识到专业知识拼图中缺失的关键部分。一个人不会从一开始是一个新手，然后突然就成为一个专家。相反，发展某一学科的专业知识是一项长期的冒险，在这个过程中会发生种种微妙但意义重大的转变（2003）。因此，亚历山大假设了专业知识发展的三个阶段：适应、能力，以及熟练程度 / 专业知识。这些阶段并不是根据时间跨度进行划分的，而是表征个人在学习过程中表现出的知识程度、策略处理和兴趣。

适应（acclimation）是学习的初始阶段，因为学习者开始面向一个对他们来说全新的学科领域。他们的先前知识是有限的，由朴素理论、有缺陷的心理模型或概略且不连贯的图式组成。在这一阶段，学习者识别信息是否准确的能力有限，也不能辨别哪些信息与他们面临的学习任务相关。他们倾向于使用表面学习策略，而深层次和持久的兴趣尚未发展。

相比之下，在第二阶段——*能力*（competence）——学习者已经基本掌握了一门学科的基础知识。他们的先前知识反映了更强的连贯性、更准确的心理模型和更规范的理解，这些理解与他们所学习的学科一致。他们倾向于在学习情境中同时使用表层加工和深层加工策略，他们的兴趣变得更加个人化，对学习任务的情境因素的依赖性降低。

在专业知识发展的最后阶段，学习者已经达到*熟练程度*（proficiency）。他们的先前知识既广泛又深刻，他们"精通该领域的问题和方法，并积极参与问题发现（problem finding）"（Alexander，2003）。也就是说，作为专家，精通一门学科的学习者几乎只使用深层加工策略，他们寻求在该领域内产生新的知识。个人的兴趣非常高，参与度不依赖于学习任务的情境因素。

过去几十年来，越来越多的证据支持 MDL 作为专业知识发展的一般模型。例如，对处于特殊教育不同知识阶段的个人的知识、兴趣和策略加工状况的研究结果是对该模型强有力的支持（Alexander et al.，2004）。然而，从数据中出现了四个组别而不是该模型反映的三个，这表明能力阶段可以更好地理解为两个层级：早期能力和中等能力。

在本研究中，早期能力组中的个体是特殊教育的本科生和刚毕业的研究生。他们比构成适应组的普通教育学生表现出更高的知识和兴趣水平，但他们在使用表层处理策略方面与普通教育学生相似。相比之下，那些以博士研究生为主的中等能力组表现出较高的深度处理策略使用水平，其专业兴趣水平高于早期能力组或适应组，但低于熟练组。熟练组主要由教师组成，该组在兴趣和策略处理方面显著高于其他三组，在知识方面高于除中等能力者外的所有组。

随后的研究结果表明，随着专业知识的发展，能力阶段是持续时间最长的阶段，先前知识、策略加工和兴趣之间的相互作用在此阶段也是最为复杂的（Kulikowich & Hepfer，2017）。证据也支持 MDL 作为专业教育项目设计和评估学生在这些项目进行过程中技能和知识取得进步的框架（Kulturel-Konak et al.，2015）。我们的目标是，该模型可以有助于根据先前知识在学习中的作用，来考虑具体的教学应用是如何促进学习者在各个阶段的专业知识发展的。然而，需要理解的是，这些阶段代表了一个连续体，是学习者本身——他们所具有的先前知识、策略处理和兴趣——决定了他们在这个连续体中的位置。

加强知识组织

还记得第 3 章中的"会计关键时刻"情景中，培训研讨会的参与者很难理解讲师所讲的内容。这有时被称为"专家问题"，它在教学情境和日常对话中都很常见。某学科的专家认为他们的听众有足够的先前知识来理解他们，并且他们的知识组织方式和自己一样。然而，正如我们所看到的，情况并非如此。处于适应阶段的学习者尤其需要指导来组织输入的信息，并与他们的先前知识创建适当的联系。

为此，奥苏贝尔（1960，1963b，2000）提出了先行组织者（advance organizer）的概念，将其描述为教学前提供的引导性材料，"如果学习者需要有效地学习和记忆新的教学材料，先行组织者可以在其已知内容和需知内容之间架起桥梁"（Ausubel，2000）。先行组织者的有效性已经被研究了几十年，结果各不相同（Barnes & Clawson，1975；Corkill，1992；Hartley & Davies，1976；Mayer，1979；Preiss & Gayle，2006）。先行组织者的有效性之所以难以确定，问题在于如何界定它们，以及是什么让它们与概述或总结等其他策略不同。

奥苏贝尔（2000）认为，先行组织者满足以下条件：

- 都是相对简短的引导性材料；
- 应在授课前进行展示；
- 比之前的指令更为抽象、概括和广泛；

- 增加学习者现有认知结构中与教学材料相关的锚定概念的可用性；
- 提供用于结合和记忆教学材料中包含的细节的支架式教学法；
- 必须以学生熟悉的术语表述，并且易于学习。

虽然奥苏贝尔在提出先行组织者时考虑到了文本材料，但其他人建议视觉或口头材料较为合适（Mayer，1979）。重要的是先行组织者提供了激活、组织和阐述先前知识的线索。比较组织者还可以明确澄清可能容易混淆和必须加以区分的概念之间的异同（Ausubel，1963a，2000；West et al.，1991）。

图 6-6 显示了两个视觉组织者的例子，我们已经成功地使用它们来介绍不同的学习理论。这两个隐喻利用了个人对黑匣子和计算机的了解，并将其映射到行为主义和认知信息加工的主要概念上。

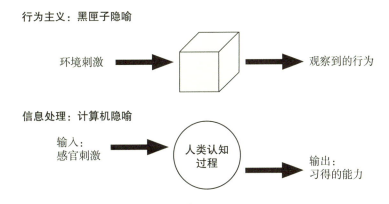

图 6-6　学习理论的先行组织者

在前者中，没有提到学习者内部的事件或过程，因为学习者内部发生的事情被认为与行为理论无关。相反，在后者中，提出了特定的假设，认为这种过程类似于计算机处理信息的过程。大量的证据表明，先行组织者和比较组织者对于处于适应阶段的初学者尤其有益，他们可能缺乏特定领域的先前知识，难以理解教学材料。根据其结构，组织者不仅激活学习者所拥有的知识，还帮助他们生成初步的、不完整的图式，这些图式成了以后学习的基础（Gurlitt et al.，2012）。

促进理解

达到专业知识的中等能力阶段和更高水平需要对学科领域有一定的理解。研究者和教师所说的理解都反映在他们评估学习的方法中，比如要求学习者解决问题、提出解释、评估主张以及判断论点的合理性。理解还意味着与学科领域内接受的规范知识和学科知识的一致性。

我们已经讨论了一些促进概念理解的策略，如突出学习者先前知识与新信息之间的冲突，提供包括反驳误解在内的解释，以及让学习者参与对证据的批判性评估。这些都是基于学科的探究和随后的概念理解的核心实践示例：建模、解释和论证。

建模（modeling）不仅指探究的产品即模型，还指学习过程中生成、批评和测试模型的过程（Lehrer & Schauble，2018）。作为某些目标系统或现象的表示，模型是由科学家、工程师、教师和设计师发明的，以帮助使目标系统易于理解。要使模型有效地促进理解和学习，它们必须是可学习的、功能性的和可用的（Norman，1983）。也就是说，一个好的模型易于学习，很可能利用了学习者非常熟悉的信息。一个好的模型是功能性的，因为它对应于它要阐明的目标系统的重要方面。然而，就代表系统的所有重要方面而言，它可能不是一个完整的模型。在许多情况下，可能需要几个模型来完全概念化所需信息，或者随着元素的添加或删除，模型可能会渐进地发展并变得更加复杂（Clement，2013）。最后，一个好的模型易于使用，这一点再次主张了一系列不完整的模型要优于一个对学习者处理能力产生负面影响的完整模型。

另一方面，建模作为一个过程，强调让学习者参与学科的意义构建实践。例如，在基于模型的教学方法即克莱门特（Clement，2013）倡导的科学学习方法中，学生参与一些建设性活动，这些活动可以反映学生已有的观念，并在此基础上进行建构。也就是说，学习者从局部模型中最熟悉的概念开始，并以小的渐进步骤，完成模型的应用以及后续改进。随着学生和教师的投入，模型经过不断地评估和修改而发展，直到它更接近目标概念。学生用于建模的表述性资源也可能随着他们理解的加深而演变，从具体、物理的模型建构手段，到使用该学科专家常用的符号系统和抽象表达。

正如我们在本章前面所看到的，解释（explanations）作为一种教学策略促进了先前知识的激活，它们在修订知识方面起着至关重要的作用，尤其是当它们伴随着对错误观念的反驳时。解释也被视为理解和学习的衡量标准（见第 4 章关于理解作为学习结果的讨论），与模型一样，解释也随着学习者概念的增长和变化而演变。作为学习者参与的学习过程，解释"可能包括产生用于解释的想法、修订解释、测试和评估解释，并通过论证为其辩护，也就是在一个共同体内产生、完善和证实解释所需的所有过程"（Chinn，2018）。

最后，论证（argumentation），探究涉及的第三个方面，是指任何专业知识阶段的学习者"产生、捍卫和评估关于世界如何运作的主张"（Berland & Russ，2018）。在与他人对话时，学习者会形成新的理解，因为他们会对自己的想法和支持性证据进行批判性评价。正如我们前面提到的，论证不是说服别人接受自己的观点，而是为了使想法和证据成为研究和批评的对象，以追求准确性。

让学习者参与建模、解释和论证，对于促进对学科内容的理解至关重要。但它也促使学习者审视自己已知的内容和其获知的途径，继而促进了推理实践本身的概念转变。这一点指向认知目标，也是像科学家、历史学家或其他领域的专家那样思考的意义所在。正如亚历山大（2017）所说，"没有人能在尚未体会某一领域的基础性质的情况下达到中等能力"，一个领域的基础性质不仅包括其内容，还包括其产生知识的实践。

促进先前知识的迁移和使用

在相关的地方和时间迁移或使用先前知识，通常被认为是最重要的教学目标之一。教师希望学生把在学校学到的知识迁移到日常活动中，比如在超市判断廉价商品的好坏，对能源的使用做出明智的选择，或者在地方和全国选举中投票。银行高管希望经理学员能够运用他们在培训项目中习得的在职知识和技能。飞行员必须能够在飞行过程中解决他们在模拟器和印刷教学材料中遇到的类似问题。

在本章的前面部分，我们提出了一些方法来促进学习者发现在新情况下使用他们已知知识的机会，以有意义的方式将他们的先前知识与他们即将学习的知识联系起来，并选择创建这种联系的能力。对于处于学习初始的适应阶段的学习者来说，让他们接触各种实践和多种学习语境环境是至关重要的。这些条件促进了问题图式的发展，并帮助学习者确定概念适用范围的限度。例如，那些抱怨他们在课堂上没有学过类似问题的物理系学生，如果他们在不同条件的多个语境背景下研究落球的问题，他们可能会表现得更好。

在许多语境环境中学习也有助于学习者培养一种预期，即他们已经知道的知识将在新的情况下适用。在教学中加入提示，提醒学习者他们已经知道的东西，并将他们的注意力吸引到有意义的联系上，这将有助于他们学习新材料。后一种策略对处于早期能力阶段的学习者尤其有用，他们普遍认为先前知识对学习很重要，但在创建适当的联系方面可能需要帮助。例如，我们在本书中包含的章节间和章节内的引用旨在提醒大家以前读过的材料，你到目前为止学到了什么，这将帮助你在先前知识和新想法之间创建相关的联系。

最后，注意到学习者经常以意想不到的方式迁移先前知识的事实，教师应警惕会导致知识的错误应用的过度泛化或思维僵化的实例。正如我们前面指出的，这些实例提供了一个有用的手段来诊断迁移哪里出了问题，以及为了提高学习者的理解，哪些知识修订是必要的。

结语

如何习得、表达、获取和使用领域或学科知识的问题是一个复杂的问题，而且没有简单的答案。本章介绍了几种当代的关于学习、思考和问题解决的知识表征方法，这些方法提供了超越第 3 章讨论的认知理论和第 5 章讨论的发展理论的见解。但是，它们以及本章讨论的理论仅仅触及了问题的表面。

第 7 章将更深入地探讨从这里提出的学习理论发展而来的一些教学理论和策略。在第 8 章，我们将考察学习的情境观，它提供一种学习观，因为它植根于并产生于各个文化的习俗、人工制品和工具。

反思性问题与活动 >>>>>>>>>>

1. 考虑一下理论家们在本章中对知识和知识习得所做的隐性假设。它们最适合哪种认识论传统？有什么证据可以支持你的立场？

2. 先前知识组织的概念与第 3 章提出的长期记忆模型有何相似或不同？各占学习表现的哪几种？

3. 描述一项可能的研究，从框架理论和碎片知识的角度来研究教学设计的不同效果。哪些变量可能对于检验很重要？对于这些变量，你认为这两种观点有什么不同？

4. 选择一个涉及学习者发展心理模型的教学目标。描述你将设计何种教学以确保学习者习得所需的模型。

5. 选择一个教学目标，并使用领域学习模型对目标学习者进行学习者分析。

6. 在公众对科学、技术和医学的理解中，错误观念比比皆是。在这些领域中选择一个常见的误解，并描述你将设计什么样的教学来提高人们对目标概念的理解。

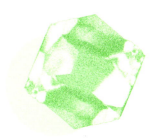

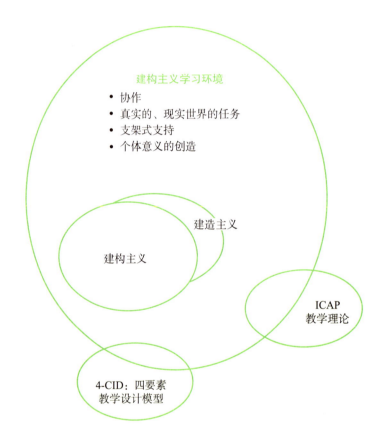

第 7 章

建构主义与教学

PSYCHOLOGY OF
LEARNING FOR INSTRUCTION

• 初入护理

护理专业已经存在了相当长一段时间了。事实上，它是校园里历史最悠久的专业之一。在过去的 5 年中，随着资深教师的退休，教师队伍发生了很大的改变。在上一次教师会议上，入学率低、现场督导员的反馈不佳以及课程评估等问题，都被认为是需要对该专业课程进行全面改革的原因。学生护士无法应对复杂的医疗情况。现场督导员报告说，学生掌握了执行护理任务所需的事实、过程，尤其是数学知识，但在面对模糊不清的问题时，她们无法做到灵活处理。该专业以其毕业生的高技能水平而自豪，但根据最新的全国排名，他们在这方面已不再出众。爱德华多（Eduardo）是一名新入职的教师，也是一名有 15 年经验的护士。他在博士课程中学过护士教学的一些新方法，虽然初来乍到的他不确定剩下的保守派会不会接受他的建议，但他必须试一试。

• 课程难题

在返回大学攻读全日制硕士学位之前，天赋异禀的安妮（Anne）已经当了 10 年的中学教师。除了完成自己的研究生课程，她还负责教授两节本科教育导论课程，该课程招收所有学科的学生，希望能借此形成新的专业领域。在中学课堂上，安妮采用合作学习和解决问题的方法来设计她的课程。这种方法之前很有效，虽然当时她和学生只有每周一次的短暂会面，且须达到广泛的学习目标。当时，她将不同的学科领域整合到一系列的课程中，让学生们制作教学用具，如过山车模型，以及解释其工作原理的海报。而现在，在她的本科课程中，安妮发现除了讲课和考试之外，想要进行其他的教学活动很有挑战性，因为这些内容对她来说也是新的——她只比她的学生高一个阶段，而且班级人数明显增多，课程的学生只比她的初中学生大 10 岁，没有那么渴望知识，准备也不够充分。她很肯定学生们和自己一样都觉得这门课很枯燥。但她能怎么办呢？

在前两章中，我们从学习者的角度讨论了学习是如何进行的，探讨了发展以及先前知识在知识获取和完善中的作用。和第 4 章一样，本章的开篇情景也集中在教学理论和实践上，具体与建构主义学习环境有关。学习是人的天性之一。学习会发生在正式的、结构化的环境中，通常被设想为教师在教室前面向一屋子专注的学习者传授知识。这也是情景"初入护理"中爱德华多的同事们熟悉和适应的学习方式。学习也发生在非正式的、非结构化的环境中，比如在海滩上，汹涌的海浪会让堆沙堡的人学到关于潮汐的知识。这也是情景"课程难题"中的安妮试图在中学生的问题解决式、实践整合式课程中模仿的学习方式。而真实的学习可能介于以上两者之间的任何位置，具有不同程度的正式性和结构性。

在设定相同任务的人群中学习，例如一群学生共同建造过山车模型和制作海报，是在建构主义学习环境中学习的核心。建构主义学习环境是有意设计的环境，旨在为学生提供通过体验、测试、谈判、互动、模仿、质疑、寻求、构建等诸多形式与他人一起学习的机会。但这些环境不是自由放任的，也不像在沙滩上的下午一样随意。它们是经过深思熟虑的、有目标的、有组织的教学方法，用于改善通常混乱的、无组织的学习过程。建构主义学习环境的价值建立在一个理念基础之上，即该学习方法会带来深刻的、有意义的、个性化的理解和知识的积累。

建构主义学习环境之所以在早期和基础教育中占据了一席之地，在很大程度上是因为它们反映了儿童自己学习的方式，正如皮亚杰、维果茨基和布鲁纳理论中提到的那样（见第 5 章）。然而要将这些想法应用到成人学习环境中，则需要仔细规划。许多 K12 的课程可能依赖于年龄分层的教室所带来的发展相似性，而一个满是成人学习者的课堂则不同，他们每个人都可能有自己不同的技能组合。在各种情况下，建构主义学习环境的目标、假设和特点是什么，我们又该如何将它们体现出来？在前一版中，本书对建构主义学习提出了五项广泛的建议，具体如下。

（1）将学习置于复杂的、真实的、相关的环境中。

（2）将社会协商作为学习的一个重要部分。

（3）支持多维视角和多种表征方式。

（4）鼓励学习中的主体性（ownership）。

（5）培养对知识构建过程的自我意识。

这些建议现在已被普遍接受，并提供了背景，用于对使用建构主义方法进行学习时的具体情况做更为细致的额外描述。本章首先将对建构主义进行一般性讨论，然后再探讨相关的教学理论。

建构主义

建构主义（Constructivism）是指学习者通过与其他学习者及其所处的环境进行社会互动来创造意义的过程。它取决于学习者的先前知识和技能组合，而学习是一个完全在学习者内部进行的过程。建构主义教学是创造环境给养、教学材料和行为期望的过程，以便学习者在建立新知识时以他们自己独特、真实的方式积极参与其中。这种新知识的建立通常依赖于一些技能，如解决问题、推理、批判性思维、对现有知识的运用以及对正在学习的内容和学习过程本身的反思。

正如第 5 章所讨论的，皮亚杰的建构主义——有时被称为认知建构主义（cognitive constructivism）——关注同化、顺应和平衡的过程，目的是让学习者建构新的逻辑思维方式，这些方式是他们在该学习事件之前所不具备的。维果茨基也与建构主义有关，他代表的观点通常称为社会建构主义（social constructivism）。在这里，重点是学习者即儿童通过与成年人的社会互动获得知识，发生的环境与布鲁纳强调的发现学习法很类似。这些发展理论是教学建构主义的基础，是对建构主义学习环境的有意设计。

由于起源于发展心理学，建构主义多年来一直被 K12 课堂广泛接受。但它也在高等教育中有了一席之地。护士和医学教育领域已迅速成为新的建构主义学习环境出现的领域。在情景"初入护理"中，爱德华多在试图说服他的同事探索建构主义教学时，可以把他的个人经验带入其中，但在解释他想为护理专业带来什么时，他也可以指出文献中向社会性学习的转变，也就是让学生在建构主义学习环境中学习。建构主义学习的本质不仅反映了医学专业人士将在其中工作的现实环境，有人认为，这一过程本身也反映了科学方法本身："我们断言，建构主义模型建立在这样一个前提下：大脑自然地试图通过现有知识解读经历，然后在一个与假设—演绎推理或科学方法相同的过程中建立和阐述新知识，从而从世界中提取意义（Dennick，2016）。"

因此，建构主义学习环境在许多方面都是有意构建的微观世界——在这个世界中，好奇的、社会性的人类在他们正常生活的过程中每天都在构建意义。对于爱德华多课程的学生来说，通过建构主义方法，他们可以在学习如何解决问题的同时学习基本技能。

但是，这种学习过程，这种知识的构建，需要什么呢？在这些环境中，学习者必须参与四个具体的过程：引出先前知识，创造认知失调（cognitive dissonance），在有反馈的情况下应用知识，以及对学习进行反思（Baviskar et al.，2009）。爱德华多在读博士时，作为博士生教学实习的一部分，导师会带着博士生和护理专业学生一起去巡查病房。导师首先会向小组提问——激活先前的知识——然后他们会提出一个旨在引发认知失调的问题，也就是皮亚杰所说的认知失衡（cognitive disequilibrium）。导师提出的新问题所带来的解决问题的过程，要求护理专业学生用他们已有的知识来解决未知的问题，这样他们就可以增加他们的先前知识。他们的做法是在轮流提问和回答的过程中，每个人都有机会提出和回答问题。

对学习进行反思是建构主义学习过程的一个关键部分，因为它有助于使学习过程中连接的节点清晰可见。这是一种支持顺应的方式，是对个人独特知识和理解的重组。例如，从事田野调查（fieldwork）的学生通常被要求写一篇田野调查日志，在其中写下他们的经历、学到的东西以及他们仍然不确定的东西。这四个过程导致了知识的构建，这是学习过程的一个临时终点，直到它重新开始。

在这样的学习过程中，模型被建立和测试，个体带着自己独特的新知识离开，然后这些知识又回到这个递归过程中等待下一次的修改。虽然发生的学习对学习者来说是独特的，但关于建构主义学习环境中学习的性质（即知识的建构）可以明确以下原则：

（1）它和意义的形成是个体和社会的主动过程；

（2）它涉及文化背景下的社会调解；

（3）它是由现实世界的真实环境促成的；

（4）它是在学习者先前知识和经验框架内进行的；

（5）通过引入内容、技能和社会领域的多种视角和表征，它可以得到更为深入的整合；

（6）它是由学生的自我调节、自我调解和自我意识促成的。（Doolittle & Hicks，2003）

例如，护理专业的学生通过角色扮演案例研究来学习如何应用自己的技能和如何解决问题，由此可以建立模型，学习如何评估处理一个在改变静脉输液时突然脾气暴躁的病人。在这种情况下，建构主义学习环境是真实的，这意味着它与支持学习迁移的工作环境非常相似。在情景"初入护理"中，爱德华多作为教师和学生都经历过这样建构主义的学习环境，他可以向他的同伴讲述这种学习环境的经验和效果。图 7-1 以建构主义的方式描述了广泛接受的建构主义学习过程，其中学习是建立和检验模型的经验过程，知识是与其他人、已知信息和环境相互作用的产物。深色矩形代表已知信息，浅色矩形代表学生个人在学习过程中产生的独特个人知识。图 7-1 强调了社会和文化环境、个人信仰、偏见、先前知识和直接指导等影响因素在学习的递归过程中所发挥的作用。

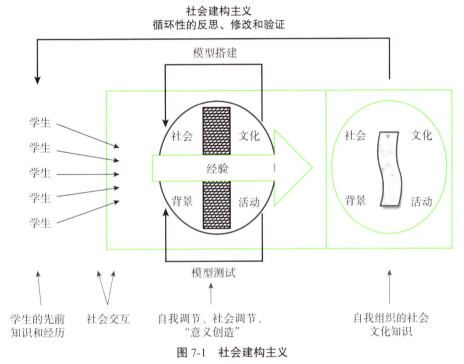

图 7-1　社会建构主义

资料来源：Doolittle，P. E.（2014）.Complex constructivism：A theoretical model of complexity and cognition.*International Journal of Teaching and Learning in Higher Education*，*26*（3），486–498.

在"课程难题"这一情景中，安妮在过去的教学中使用了建构主义，但她正在努力寻找一种方法，将其应用于成分复杂的班级中的成人学习者。她试图回忆一些遇到困难但最终成功的教学经验，希望这能给她灵感。她想起了曾经与一位不太了解建构主义的实习教师合作的经历。安妮意识到，这就是她在教育导论课上需要做的事情：打造类似于实习教师的体验。但是该怎么做呢？她的课堂会是什么样子呢？建构主义学习环境具有明显的环境和行为特征，并依赖于对知识、学生和学习的假设，包括以下内容。

（1）课程强调大概念，从整体开始，扩展到包括各个部分。

（2）学习是互动式的，以学生已知的内容为基础。

（3）知识被视为动态的，会随着我们的经验不断变化。

（4）教师的作用是互动式的，建立在协商的基础上。

（5）教师与学生进行对话，帮助他们构建自己的知识。

（6）评估学生作品、平时观察、学生观点，以及考试。过程和结果一样重要。

（7）重视对学生问题和兴趣的追求。

（8）学生主要以小组形式工作。

（9）材料包括原始材料和可操作材料。（Bada & Olusegun，2015）

　　特意设计的建构主义学习环境需要清晰体现上述这些假设，但如何做到这一点呢？所有这些建构主义学习环境的假设都可以很容易地应用到本章后面对建构主义、建造主义、4-CID 模型和 ICAP 教学理论的讨论中。本书的目的不是为建构主义教学方法之间的关系建立一个分类法或模型。然而，一个基本假设是，我们所讨论的教学方法在某种程度上具有建构主义的性质。接下来我们先讨论建造主义。

建造主义

　　建造主义（Constructionism）是一种与建构主义非常相似的学习方法，但它有明确的制造某物的意图。西蒙·派珀特（Seymour Papert，1928—2016 年）被认为是这种方法的创造者，他在麻省理工学院的计算机科学领域工作。他后来当选了麻省理工学院媒体实验室的联合主任。情景"课程难题"中的安妮在 20 世纪 80 年代初，以初中生的身份第一次接触到建造主义学习体验，当时她在计算机科学课上使用 Turtle Logo（乌龟标志）编程语言。派珀特是开发这种语言的团队中的一员，这种语言在 20 世纪 70 年代用于机器人技术，但当个人计算机逐渐普及之后，它转变成了一种使用乌龟图形的屏幕语言。安妮上中学时，她的团队的目标是通过给乌龟下达指令，也就是给乌龟的动作编程，让它画出某些形状或图案。

　　麻省理工学院媒体实验室最近的一项创新是一个名为 Scratch 的免费编程工具。有了它，安妮教的中学生可以通过使用他们组装的代码块来构建演示文稿、故事、动画和游戏，就像他们使用乐高积木来建造汽车和宇宙飞船一样。在这两种情况下，支撑编码能力的复杂技能组合被一种可以取得同样复杂结果却更简单的方式所取代。这些工具的目标是建造一个看得见摸得着的产品，同时建立学习者的信心。派珀特在其职业生涯的早期特别提到了数学恐惧症，他关注的是创造支持学习者的方法，使他们保持兴趣，继续努力去学习更复杂的技能。

　　建造主义与建构主义的不同之处在于，建造主义关注产品的创造。由于这个原因，它特别适用于学习者在其职业生涯中被期望制造一些东西的领域。它非常适合计算机科学和工程领域，在这些领域中，产品是学生所参与的学习的直接应用。在学习成果与有形产品无关的领域，运用建造主义教学方法就有一定挑战性了。第一步是要确定学生将创造的最终产品。为了做到这一点，情景"课程难题"中的安妮决定，她将把教育导论课程的学生分成不同小组，根据他们课堂上的案例研究和角色扮演创建"第一学年生存指南"。学生们还要创建某种参考手册，其中应包括课堂上的概念。安妮向全班同学解释说，他们可以充分利用这个手册，并随着项目进展不断完善。阐明对最终产品的期望，并提供具体标准和评价准则，这些都是学生成功的关键。

支持建造主义学习中学习者的另一种方式是构建学习过程。罗布等人（Rob & Rob，2018）提出的建造主义学习的教学框架为教师和教学设计者提供了一种构建这一过程的方法。知识是通过实践建立起来的，但是是以一种非常具体的、递归的方式进行的，包括创造、展示、完善和多次修改；并且这一过程是在小组中进行的，有教师的指导和反馈。但他们认为，这在严格的建构主义环境中是不存在的。他们的框架以五个教学概念为中心，五个概念分别是"学习环境，即背景、媒介和促进者；项目化学习，即通过合作创造有意义的产品；系统开发生命周期，即创造有意义的人工制品的过程；小组展示，即分享最终产品；以及技术的作用"（Rob & Rob，2018）。只要确定了合作的最终产品，该框架就可以在任何领域使用。

建造主义学习环境体现了之前讨论过的建构主义学习环境的特征。提出者们推荐了一个为期一学期的项目，但更短的时间也是可行的，因为这允许对群体构成进行调整以及制作多件产品。无论持续时间长短，都强调小组内部和小组之间的合作以及创造的周期性，类似于教学设计者眼中的快速的原型设计，其中评估和反馈也被纳入到设计和开发步骤。

工具或技术是另一个在其他建构主义学习环境方法中不一定会出现的特征。所使用的工具或技术可以各式各样，包括头脑风暴的白板、用于演示的软件，等等。与任何用于教育目的的学习技术一样，所使用的工具和技术首先应该与学习目标相一致（关于学习技术的进一步讨论，参见第 9 章）。如果有使用该技术的学习曲线，则应对其提供足够的时间和指导。虽然教师不一定是这方面的专家，但他们应该能够提供指导，以支持学生获取相应的技能，这与他们对各种学习成果的支持是类似的。

4-CID：四要素教学设计模型

四要素教学设计模型（Four Component Instructional Design Model，简称 4-CID），和接下来要讨论的 ICAP 理论一样，并不完全是建构主义。4-CID 模型具有建构主义和客观主义的特点，其总体目标是让学习者通过参与精心设计的支持性教学活动，为自己创造真实的新知识，其中可以包括直接教学。由于个体意义建构的目标，以及从模拟世界环境到真实世界环境的转换，这一模型的讨论与建构主义的讨论并行不悖。4-CID 模型是一种为复杂的现实生活任务设计指导，并支持同时获取知识、技能和态度的方法。它最初是为专业发展和工作能力而开发的，但现已扎根于教育领域，尤其是在 STEM 领域。然而，有关用这种方法设计所取得的教学效果的证据并不丰富。一项元分析对八项相关研究进行了调查，结果显示该方法取得的效果由中到高不等；根据知识获取和技能测试的措施来看，该模型是有效的（Melo & Miranda，2015）。

4-CID 模型乍一看非常复杂，但如果分部分来看，整个模型就变得更容易理解了。我们建议读者自行查找该模型的图片，因为它在互联网上很容易找到。该模型有四个基本组成部分：学习任务（learning tasks）、支持性信息（supportive information）、过程性信息（procedural information）和部分任务练习（part-task practice）。想象一下有一系列的 L（L L L L），每个 L 代表着整个教育计划的一个学习阶段。因此，第一个 L 的学习环节可能代表学习过山车设计中的力学原理。第二个 L 则代表情景"课程难题"中的过山车物理学原理。这两个主题都很复杂，且都与高效建造山车模型以及制作海报解释其力学和物理学原理的能力有关。这种将较小的学习目标从较大的学习体系中分离出来的做法，与教学设计者经常采用的方法没有什么不同，即为实现一系列学习目标，先从其中的单一目标为起点开发教学。不同之处在于任务的系统性和顺序性分块，以及在每个学习环节的不同点上为学习者提供各种类型和程度的支持和练习的支架。

这一系列学习任务的设计都考虑到了可变性。个人的学习任务应与应用学习的环境一样多样化（van Merrienboer & Kirschner，2018）。开头的两个情景所描述的学习环境都是这一点的反面例子。对人们进行复杂任务的培训或教学，如课堂管理或使用死读书（drill-and-kill）的方法与病人互动，是一种客观主义的方法。安妮和爱德华多的同事一样，只是讲课和考试，而这并没有让台下未来的教师们体会到做教师的乐趣。学习环境、最佳学习方式与应用学习的环境之间的脱节，正是爱德华多所在学校护理专业排名下降的原因。

若要使用 4-CID 模型来设计开篇情景中的任何一种教学，则首先要确定应用场景，即工作场景的复杂性。在此基础上，将确定每个学习部分的独特学习任务，并将采取以下步骤为每个学习环节开发相应的教学：设计学习任务，开发评估工具，排列学习任务，设计支持性教学，分析认知策略，分析心理模型，设计过程性信息，分析认知规则，分析前提知识，以及设计部分任务练习。

4-CID 模型中的学习任务也是有支架的。教师在学生需要时提供支持和指导，并随着学生技能的提高而慢慢退出，直到整个任务的这一部分不需要支持。一旦学习者能够独立完成一个复杂的任务，他们就开始进行下一个学习活动。这在模型中表现为开头的实心圆圈，反映了较多的支持和指导，而周期结束时的空圆圈则表示不再需要支持和指导。学习者在获得知识或技能方面的能力取代了支持，填补了支持逐渐退出所留下的空间。

模型中的 L 划分了各个学习环节，进一步代表了第二个组成部分，即提供给学习者的支持性信息。这是学习者原本不知道，但为了完成任务需要知道的信息。就像迁移一样，它应该帮助学习者"检测、选择和连接"（Perkins & Salomon，2012；参见第 6 章）他们已经知道的东西和手头的情况，同时为他们提供关于任务本身的信息。具体而言，这些支持性信息"描述了任务领域的组织方式，以及如何以系统的方式处理该领域的问题"（van Merrienboer & Kirschner，2018）。与支架式支持不同的是，它在学习阶段不会发生变化。它是稳定不变的。

在整个学习活动中，支持性信息是不变的，因为它与任务的复杂性有关，与学习者自己的认知无关。让我们回忆一下第 6 章对心理模型的讨论。每个学习者都有自己的模型，反映出他们认识事物的方式。在情景"课程难题"的例子中，每个学生在开始做过山车项目时，都有一个关于事物如何运作的想法，也就是他们的心理模型。当他们学习与过山车运动有关的物理知识时，可能会有他们不知道却与学习任务相关的信息，如可用于建造过山车的金属密度。这种支持性信息会被提供给他们。

从活动开始至结束，学生都需要知道金属的密度，并且所提供的信息不会根据学习者在此过程中所处的位置而改变。一个成功运作的过山车比例模型或过山车设计师的讲座，也会被认为是支持性信息。学习者的知识和心理模型当然会在学习活动中得到完善，但支持性信息的职能不是为了取代，而是为了促进这种改善。提供这种类型的学习者支持就是 4-CID 模型的关键。

驱动该模型的一个核心假设是认知负荷理论。这种教学设计理论植根于记忆的信息处理模型（参见第 3 章对当代记忆观点的详细讨论）。简而言之，认知负荷理论提出，学习者的工作记忆可能会被耗尽，从而导致认知过载，在这种状态下学习是无法发生的。

认知负荷理论还区分了相关认知负荷（germane cognitive load）和外部认知负荷（extraneous cognitive load）。当学习者的认知负荷达到极限，或者当他们面对大量的信息却无法理清哪些是重要的、哪些是与任务相关的、哪些是需要搁置的时，学习者根本无法学习，因为他们没有那么多工作记忆（Ayres & Paas，2012）。如果他们无法学习，就无法发生迁移。回顾第 5 章，当学习不充分、学习者在学习过程中未能激活和 / 或连接他们的原有知识，以及当他们过度概括时，迁移就会失败。4-CID 模型对有支架支持的迭代方法的关注，为教学设计者和指导者提供了一种加强学习迁移的方法，特别是对于复杂的、现实世界的任务而言，这些任务不是死记硬背的，而是需要执行任务的人从他们的知识中汲取力量，对工作环境的不可预测性做出适当的反应。

第三个要素是过程性信息。这种信息也被称为及时信息，为学习者提供常规的、程序性的或过程性的信息，即他们可能不会自动知道，但完成任务却需要的信息。它可以是任何形式，可以是一系列步骤的列表（如如何调整静脉注射泵），也可以是教师在实验室环境中四处走动帮助学生。"学习者借助操作说明来形成认知规则，将特定的'认知'行为与特定情景联系起来"（van Merrienboer & Kirschner，2018）。过程性或及时性的支持必须在此刻提供给学习者。例如，如果一个学生正在使用计算机程序建造一个模拟的过山车，并且在重量分配方面做出了错误的选择，那么屏幕上可能会弹出一位智能导师，向学生提供建议，并指出他们在任务中需要的信息，以便学生继续完成任务。

4-CID 模型的最后一个要素是部分任务练习。这些练习都是学习大型任务的常规方面的机会，以达到熟练完成的程度。部分任务练习可能并非必要，但一旦采用，学习者就需要了解它是如何融入大任务中的，以便通过该练习受益。如果期望护士在头脑中进行剂量计算，他们可能需要部分任务练习来记忆乘法表或计算百分比。要让护理专业的学生明白，为什么要让他们练习计算百分比，直到他们能够在头脑中准确而迅速地完成这一工作。重要的是，教学材料和教师要为学习者勾勒出整个任务是什么，以及设计所有的学习活动如何配合以共同完成这个整体的任务目标。这不仅有助于组织学习者的思维，而且还能使他们愿意充分参与。

情景"课程难题"中的安妮意识到，这就是她的课程所缺少的，也是她希望持续一学期的小组项目能够为介绍性材料提供语境的原因。如果她能把每堂课的讲课形式变成基于小组的角色扮演，让学生们应用所阅读的材料，而不只是听课和背诵，这就表明安妮希望他们能吸收所学的知识以通过学校要求的考试，但更重要的是，要让他们从教师的角度理解学习这些内容的原因，以及为什么这些信息在学校环境中十分重要。通过学习活动，依靠课堂的镜像特点，同时提供渐进的技能和知识学习机会，安妮的学生将学会如何执行复杂的教学任务，如课堂管理等。

ICAP 教学理论

互动、建构、主动、被动（Interactive，Constructive，Active，Passive，简称 ICAP）教学理论是一种"简洁而全面的理论，它定义了学生如何基于认知以一种具体而明确的方式使用教学材料，这种方式可以跨越学习者的年龄、学科领域和背景"（Chi et al.，2018）。参与度基于可观察到的学生行为的存在或缺失，以及学生是否在给他们的学习材料中添加新的信息。该理论基于以下三个假设。

（1）学生的行为和产品可以决定认知参与的模式（例如，通过观察他们在做的事和正在制作的产品，可以看出他们所使用的批判性思维的类型）。

（2）学生的行为和产品意味着可能发生的"知识变化过程"（knowledge-change processes，简称 KCP），其中 KCP 是学生个人知识变化的方式；四个 KCP 分别为存储（storing）、激活（activating）、链接（linking）和推断（inferring）。

（3）学生行为与 KCP 的对应虽不完美，但也足够充分。

表 7-1 描述了该理论的组成部分，即学生在每个组成部分中进行的学习活动和认知过程。"ICAP 包括三个组成部分：一个由四种参与模式组成的分类法和每种模式的操作定义；一个可以根据与四种行为模式相对应的认知过程，来定义参与程度的指标；以及一个可以预测学生学习的分级水平的假设，同时也是参与模式的功能之一"（Chi et al.，2018）。

表 7-1　ICAP 学习理论的组成部分

学生参与	互动	建构	主动	被动
定义	协作	生成	操纵	关注
案例	任何依赖"相互和互惠的生成性对话"的活动（Chi et al.，2018）	用自己的话做笔记，提出问题，问问题，画概念图，预测，发明，辩论，归纳，自我评价或监测自己的进展，创造，阐述自己的想法，发明	动手学习：指向或打手势，暂停或倒退视频，旋转物体，画线，突出显示或剪贴文本，混合化学品，从选项中选择，复述材料	默读、看视频、听讲座而不做其他的事情

（续表）

学生参与	互动	建构	主动	被动
学生行为	学生们共同合作，为教学材料添加新的知识——如果不合作就想不到的知识。在此有两个标准：每个人的贡献都必须是生成性的，而且每个人都必须参与彼此的想法	学生在学习材料中加入新的想法。这并不意味着创造了新的内容领域的知识（例如，学生创造了一条历史的时间线，但他们并没有发现一些世界上未知的新的历史事实）	学生用学习材料做一些事情，但没有增加新的信息	学生们只接收信息而不做任何其他事情
知识变化过程	存储、激活、链接和推断同伴的知识贡献，自己已激活的先前知识／链接已存储的新信息	存储、激活、链接和推断已激活的先前知识，或链接已存储的新信息	存储、激活、链接和激活先前知识，链接和存储新信息	存储
适用性	适合大多数学习环境，最适合学习	适合大多数学习环境，优于操纵	适合大多数学习环境	适合仅依赖回忆的情况

资料来源：Derived from Chi，M. T. H.，Adams，J.，Bogusch，E. B.，Bruchok，C.，Kang，S.，Lancaster，M.，et al.（2018）.Translating the ICAP theory of cognitive engagement into practice.*Cognitive Science*，*42*，1777–1832.

就学习效果而言，互动优于建构，建构优于主动，主动优于被动，即 I>C>A>P。这种等级预测适用于不同种类之间，而非同一种类之内。通过该框架分析数百种不同情况后，该结论获得了进一步的支持。由于推理行为，ICAP 可以进一步分为 IC 和 AP 两个集群。也就是说，在 IC 条件下，学生参与推断，这意味着他们正在建立超越现有课程材料和他们现有知识的联系。这也是深度学习（deep learning）和浅层学习（shallow learning）的区分。因此，IC 活动产生深度学习，AP 活动产生浅层学习（Chi et al.，2018）。

ICAP 理论已在高等教育中得到有效应用，尤其是在护理和 STEM 等领域，这有助于不断增加对从业者有用的研究结果。虽然需要进行更全面的研究，但不同人口群体（社会经济地位、性别或种族；Wiggins et al.，2017）之间没有表现出差异的这一事实使该模型十分具有吸引力。在有效性方面，为合作准备具体的任务可以改善表现（Lim et al.，2019）。在情景"初入护理"中，爱德华多的守旧派同事们抱怨学生们只在小组工作中进行社交，但爱德华多知道这是因为学生们没有得到有关如何在项目和任务上进行协作的指导。协作是一项需要教授和支持的技能。将主动导向或建构导向的个人准备活动设计到建构导向的合作课中，可以更好地支持学习（Lam & Muldner，2017）。例如，在"课程难题"这一情景中，学生们可能都要在分组工作之前画出他们各自的过山车设计草图并列出基本特征。

目前对这一小部分的研究并不全面，但却表明人们对 ICAP 教学理论的效果越来越有信心。虽然 ICAP 也并非仅是建构主义性质的，但 ICAP 教学理论中最有效的学习活动即互动式学习活动，显然植根于建构主义学习。该理论值得探索，因为与理论中的其他方法相比，有经验证据可以支持这种建构主义方法的有效性。该理论概述了学习活动的不同层次：从本质上的建构主义到更传统的死记硬背的学习。

情景 "初入护理" 中的爱德华多对 ICAP 理论非常熟悉，并将其视为帮助改善其新部门教学方式的一种方法。分享一些循证实践有助于证实他提出的观点，即在上课时如果学生之间有更多的合作，教学就会更有效。而大多数的保守派则乐于讲课和考试。在即将到来的年度教员务虚会上，爱德华多被派去负责讨论如何解决该专业全国排名下降的问题，因此他决定以互动课的形式来进行讨论。他提供了与排名有关的内容材料、同行项目的信息以及他们自己学生的反馈。该小组共同制订了一个改进该专业的计划，包括与校内资源合作，重新制定课程设计和教学方法。这种共同创造不仅在不同程度上促进了同事们接受大多数的新变化，而且当爱德华多透露他的讨论方法是仿照建构主义的方法时，他的同事们也出人意料地表示接受。

由于 ICAP 理论关注的是学习者所做的事情，所以它将教员的角色与学习者的角色分开。这种分离允许将教师的行为与学习者分开检查，特别是他们遇到了什么样的教学挑战。例如，茨等人（Chi et al., 2018）在他们的纵向研究中发现，6 至 12 年级的教师在实施互动活动时有困难。他们推测这是因为教师可能关注的是协作机制，而不是有待改进的互动的性质，这个问题可以通过有效的培训来解决。这些教师在打算设计建构活动时设计了主动活动，并且难以将他们所接受的培训整体迁移到课堂上，茨等人再次指出这两者都是培训差距。

这种培训差距也是教师在课堂上有效实施 ICAP 的最大挑战；教师接受的培训需要包括更多的实践和反馈（Chi et al., 2018）。教师们还需要解决自己在合作学习方面的错误观念：在合作过程中会失去对课堂的控制，无法识别行动中的有效合作，以及无法给遇到困难的小组提供及时的帮助（Chi et al., 2018）。采用该理论的教学设计者和指导者需要确保他们确实是在设计自己想要的东西。

与建构主义相关的批评

建构主义学习环境中的学习是在与他人合作中构建个体意义的过程。这些环境的优势在于协作性、社会性，以及能带来深度学习和有效迁移的真实方法。然而，这种学习方法并非没有批评意见。在本章的最后一节中，我们将讨论有关测量的问题、制造社会学习环境的细微差别，以及对学习材料的精心设计等问题。

建构主义学习环境中最重要的问题之一就是测量。具体来说，就是要能够衡量学习环境的确切特征对学生成就的影响。每个学习者在学习环境中的经验都有其内在的独特性，这是建构主义学习环境能够如此强大的原因，但它也是测量问题的核心。2013 年有一项对有关建构主义教学的研究文章进行的元分析发现，161 项研究中有 117 项使用了定性或混合方法；只有 7 项是实验性或准实验性的；37 项是严格的定量研究，主要使用自我报告调查来获取定量数据（Gunduz & Hursen, 2015）。虽然定性研究是有说服力的，并为各种领域都贡献了重要的知识，但它不能衡量影响或效果。它能促进更好地理解学习者和教员在建构主义学习环境中的个人经验。从这个不断增长的研究库中，我们可以继续改进我们将建构主义原则应用于学习和教学的方式。但是，由于以建构主义为导向的教学的本质，测量的问题可能会持续存在。

使用建构主义学习和教学方法的教育工作者面临的另一个问题是这种方法的社会性质。人们普遍认为，课堂是其所处的文化环境的缩影。这意味着，社会上存在的所有偏见和不公平现象都可能，而且经常会在课堂上重演。作为学习过程的一部分，社会协商的意义意味着课堂环境中的成员彼此密切互动，发挥着他们各自的才能和观点。当这些观点（无论是学习者的还是教师的观点）不公正或不公平时，社会学习契约就会破裂，并且可能会对处在文化边缘的人造成伤害。这种情况会是什么样的？而我们能做些什么呢？

对学习者学习或做事的能力进行基于性别或种族的评估就是一个很好的例子。性别失衡是克里在本科写作课上遇到的一个问题。她发现在以建构主义为导向的小组活动中，男性的声音占主导地位，这让她感到不安，并对活动进行了一个小小的改变。学生们没有直接进行小组讨论，而是先各自花一些时间学习先行组织者（advance organizer），或在进入社会学习阶段之前写下自己的想法。这种方法对班上性格内向的同学也有好处。通常情况下，以课堂为基础的活动，比如讨论，可能进展很快，并由外向的、反应快的谈话者主导，以至于那些性格内向、思考型的学生无法被聆听或充分参与。当我们有话要说时，就会更容易被听到；导师和教学设计者需要确保在需要合作的时候，每个人都做好了准备。对于那些需要时间来思考所讨论的话题的学习者来说，在开始合作活动时，把一些想法写出来，有助于支持他们的参与。

阿尔特（Alt）研究了基于讨论的研讨班中的社会学习与对多样性和挑战持有的开放性（openness to diversity and challenge，简称 ODC）之间的联系，她的研究结果"指出了建构主义学习环境与 ODC 之间的牢固联系，超过了一些社会经济变量、学术成果以及性别、年龄和文化等学生个人特征"（2017）。她指出，学习环境的协作性质是她发现的关键。阿尔特的学生是通过社交活动来学习的。设计良好的建构主义学习环境本质上是协作的，可以为学习者创造机会来练习与其多样性能力相关的社交技能。

此外，关于一项活动的说明应包括明确的方向，即每个人都应占用空间和让出空间。也就是说，必须向学习者强调，小组活动取决于每个人的贡献，这意味着每个人不仅有责任做出贡献，而且要确保其他人也做出贡献。根据建构主义方法调整课程，需要在学习者之间以及学习者和教师之间发展一种相互信任的学习文化。

"所以我基本上是通过修改我同学的论文来帮助他们提升写作质量？"一名研究生最近问克里的一位教师同事。这位学生认为自己比同龄人更熟练，认为这项活动对他没有任何好处。他不相信他的同学能给他带来什么，也不相信教师设计活动的目的是为了双方的利益。

对成人学习者的透明度，特别是关于合作方式的好处和期望的透明度，有助于创建这种信任。无论入门技能如何，制定可以同样完成的任务，为每个人提供给予和接受的机会，从而不会造成或突出不平衡。例如，在结构化的同伴反馈活动中，学生通过一系列的提示，对同学的作品进行批评，就像他们在批评期刊文章时一样，这是一种将重点从写作技能转向批判性思维技能的方法。对成人学习者的同理心是教学设计过程的一部分；这意味着他们考虑的是整个人，而不仅仅是实现学习目标的最有效方式（Vann，2017）。

由于建构主义学习环境促进深度学习而非浅层学习，并能模仿学习者在课堂之外的情况，所以它越来越常见。但是与大多数教学环境一样，课堂环境也不是非此即彼。克龙涅矩阵（Cronje's Matrix）是一种理解方法，用于理解教员和教学设计者在创造学习环境和教学时所做的决定。克龙涅矩阵将建构主义和客观主义放在垂直轴上，四个象限即构建（construction）、沉浸（immersion）、整合（integration）和注入（injection），反映了两者之间的相关可能性。

- 构建的设计方式是，学习者通过在以前的知识和经验的基础上，内在地构建自己的意义。
- 沉浸式学习的客观主义和建构主义元素都很低。没有明确的证据表明，沉浸式学习中存在为学习者构建意义提供机会的有意识尝试。
- 注入式学习的客观主义元素很高。它强调的概念是，预先产生的知识、技能和/或态度以尽可能有效、预先确定和预先消化的方式转移到学习者身上。
- 整合是在适当的条件下将教学和构建结合起来（Cronje，2006）。

正如 ICAP 理论和 4-CID 模型所阐明的，建构主义和客观主义的方法可以协同工作。这两种方法不兼容的想法已被证明是不实际的（Elander & Cronje，2016）。如果不在课前进行阅读，或在部分任务中练习技能直至达到自动性的程度，学习者所做的准备将不够充分，这会影响他们参与生成性学习活动，或者整个任务将不会那么容易实现或自动完成。克龙涅矩阵是了解现状的一个好方法，有助于指导决策设计的构思。

结语

通过教学设计者和教师用于指导建构主义学习环境发展的理论和模型，本章节探讨了建构主义学习环境的特点。建构主义起源于发展心理学（第 5 章中讨论过），它依赖于先前知识的概念（第 6 章中讨论过）。建构主义学习环境是一项繁重的工作，需要大量的思考和准备。这种学习环境依赖于学生公开参与的意愿，并且它们不总是容易评估的。然而，他们越来越流行，主要是因为这种复杂性也存在于课堂之外的世界中。

接下来，第 8 章将讨论学习的情境方法，第 9 章将重点讨论技术在学习中的作用，第 10 章则将再次关注第 8 章和第 9 章的教学内容。

反思性问题与活动 ＞＞＞＞＞＞＞＞＞＞

1. ICAP 和 4-CID 对彼此有什么影响？将该理论与该模型进行比较和对比。

2. 回顾第 3 章、第 5 章和第 6 章的内容，找出其中介绍的学习理论与本章介绍的理论和模型之间的联系。

3. 爱德华多在向他的同事介绍改用建构主义的方法时，应包括哪些内容？请为他开发一个脚本。

4. 找出或使用你自己的一个不使用建构主义学习的教学计划。如果你要把这堂课转变成采用建构主义学习的课程，请概述你将做出的主要改变。

5. 编写和 / 或使用教学目标是大多数教学设计者和许多教师认为理所当然并且很少考虑的事情。然而，正如你在本书中所看到的，目标来自于行为主义传统，反映了经验主义的学习观点。由于这个原因，使用目标的做法受到了建构主义者的批评。考虑到目标在评估中发挥的作用，目标和评估应该如何改变以符合建构主义的要求？

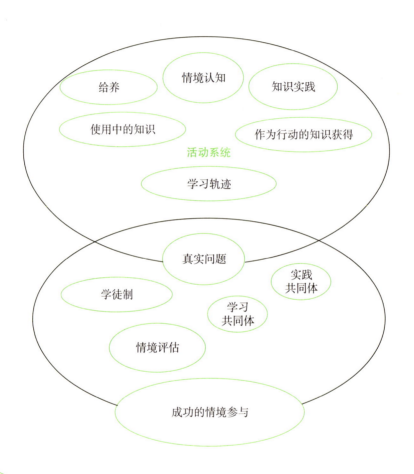

第 8 章
学习与情境性

• 设计挑战 ①

凯莉（Kylee）和萨米尔（Sameer）离开了遥控俱乐部的会议，他们的脑袋里满是想法。他们都是工程师，凯莉是电气工程师，萨米尔是机械工程师，他们正在带领一个为一家非营利公司工作的跨学科团队，该公司的使命是为世界偏远地区的自然灾害幸存者提供所需的药物。为了获得资金，该团队必须为无人机开发概念验证。也就是说，他们必须设计、建造和驾驶由无线电遥控和电池供电的，能够携带排球大小和重量的有效载荷的飞机。飞机必须能够起飞，在空中停留至少两分钟，并在其有效载荷完好无损的情况下成功着陆。

团队中没有成员知道如何驾驶遥控飞机，也没有人设计过可飞行的车辆。萨米尔和凯莉决定向他们社区的当地无线电遥控飞行员寻求建议和信息。他们在每月一次的无线电遥控俱乐部会议上做演讲，提出很多问题，并听取从机翼配置到电池尺寸等各个方面的想法。

• 研究助理

卡罗（Carlo）是一所重点研究型大学的教育心理学研究生。在读博士的第一年，他还没有决定自己的职业方向，所以他学习必修课程，并参与任何有趣的学习机会。他作为他主导师的研究助理加入了一个项目，帮助开展和报告有关阅读和学习文本材料的认知过程的研究。卡罗的第一个任务包括查找与研究相关的已发表文章，以便团队审查和联系潜在的研究网站。

随着时间的推移，卡罗帮助收集了一些数据，并与团队中更多的高年级研究生一起准备在区域会议上的研究报告。到年底，他全身心投入到研究中，带头设计并进行后续研究。他还开始与其他大学从事类似研究问题的研究者合作。

回顾第 6 章的内容，语境在学习中起着重要作用。与不熟悉的学习语境相比，在熟悉的语境中学习者可以更容易地将新信息和技能与他们已经知道的东西联系起来。类似地，当一个适当的模式未能被激活时，学习者会遇到理解学习材料的困难，并被迫记忆或以其他方式死记硬背。最后，当语境从学习转变为应用或实践时，学习者往往无法将他们在一种语境中获得的知识转移到另一种相关语境中。这就是为什么在许多语境中学习被推荐作为一种策略来帮助学习者在他们的先前知识和新语境之间建立联系并帮助他们建立对迁移的期望。

语境与本章开头的两个情景有何关联？在"设计挑战"这一情景中，团队面临工作语境中的一个问题，要解决这个问题，需要在工程、项目管理、沟通和管理预算方面应用先前知识。但这也意味着进入无线电遥控飞行这个陌生的领域，需要学习一些知识为原型飞行器的设计和

---

① 这个情景的灵感有两个来源：SAE Aero Design® 竞赛和关于世界上第一个用无人机运送疫苗的报告（联合国儿童基金会，2018 年 12 月）。首先，SAE 赞助的大学设计系列竞赛是一年一度的挑战，"让（工程学院）学生能够设计、建造和测试真实车辆的性能，从而超越教科书理论"，无论是飞机、汽车还是雪地车。设计挑战的目的是为学生在移动相关行业的职业生涯做好准备。其次，为了寻求创新方式为偏远地区的儿童提供医疗服务，联合国儿童基金会与两家公司合作，在南太平洋岛屿瓦努阿图测试用无人机运送疫苗。

操作提供信息。此外，团队中至少有一名成员必须学会能足够好地驾驶无线电遥控，这样才能驾驶该飞行器进行实验性试飞。

相比之下，在"研究助理"这一情景中，语境在学习中扮演着不同的角色。卡罗通过作为他的主导师"大师院士"的学徒来学习院士的技能，他帮卡罗申请拨款并指导他的研究计划。随着卡罗能力变强并能够为项目的实施和方向做出越来越多的贡献，他被赋予了越来越多的责任。

然而，在这两种情况下，学习都是在实践中进行的。这种学习也被称为实践中的学习（learning-in-practice）（Lave，1990，1997，2019），它代表了一种与目前讨论的理论根本不同的学习方法。在这一点上，理论侧重于个体——他们的行为如何随着学习而改变，他们如何获得技能和表达知识，以及他们如何在主题领域形成概念性的理解和专业知识。尽管语境在这些观点中很重要，但它在背景中，是可以作为学习的中介物并影响特定结果的许多个体差异之一。

相比之下，情境观（situative perspective）将语境直接置于重要位置。问题"不在于学习是否有定位，而在于它是如何定位的"（Greeno et al.，1998）。也就是说，学习是通过参与学习者所属的班级、工作场所、共同体或文化的实践来实现的。它密不可分地嵌入了物理、社会和历史环境以及为学习者提供的所有环境中。"人和语境共同运作以创造结果"（Turner & Nolen，2015），这意味着学习是一个辩证的过程。当学习者参与并通过他们的参与学习时，他们也改变了参与的社会过程。

"研究助理"这一情景中的卡罗很好地说明了这一点。他的研究能力随着他的参与而增长，因为他学会了如何提出好的问题并进行仔细的研究来调查这些问题。通过这种学习，他对团队其他成员和与他们共同完成的工作的立场发生了变化。他获得了更多的权威来指导研究过程、他人参与的状态以及他自己参与的状态。

在我们深入研究情境观对学习和教学理论意味着什么之前，有必要先简要回顾一下历史，看看有助于当前情境学习兴趣的一些发展。需要指出的是，情境观并不像本书中讨论的许多其他理论那样成熟。此外，它出现在从人类学到生态心理学再到神经科学的不同领域，使得人们很难就基本概念的共同含义达成一致。甚至在现代学习理论中将情境观置于何处或者如何称呼它，也不是一个固定的问题。

在本书的前一版中，玛西在题为"学习与认知"的一节中放置了一个关于情境认知的章节，其中包括认知信息加工理论、有意义的学习和图式理论（Driscoll，2005）。她注意到维果茨基的工作对情境学习理论家的思想的持续影响，以及一些研究者将情境认知与皮亚杰的建构主义和维果茨基的社会文化理论联系起来。这仍然是真的。例如，申克（Schunk，2020）用一章专门讨论建构主义（作为章节标题），他在其中讨论了情境认知、皮亚杰的认知发展理论、布鲁纳的认知增长理论和维果茨基与社会中介学习相关的社会文化理论。关于语境影响的单独一章将文化和共同体以及教师、同龄人和家庭作为此类影响的例子。

　　另一方面，奥梅罗德（Ormerod，2020）区分了社会文化理论，她将维果茨基与皮亚杰和其他语境观进行对比，在其中讨论了情境学习。这些"其他"观点包括具身认知（即思维和学习是全身现象）、文化作为语境，以及生物生态系统理论。然而，在所有情况下，语境仍然是背景，无论是申克还是奥梅罗德所呈现的大部分教学含义都不是独一无二的，也不一定归因于情境学习（例如，课堂讨论、探究式教学、合作学习等）。

　　我们的立场是，情境观与行为观和认知观形成了鲜明的对比，行为观和认知观是第 1 章表 1-2 中显示的连续体的一端，并为教学提供了独特的含义。

情境性案例

　　情境学习、情境认知、知识获得中的情境、学习中的情境、认知情境、情境观、实践学习、活动学习、语境化，这些都是描述情境观的方式，通常很难确定它们是否意味着相同的事情，或者两者之间是否存在有意义的差异。也许这就是为什么情境观作为总术语指代一系列类似方法的原因，这些方法"关注比单个动因的行为和认知过程更大的交互系统"（Greeno et al.，1998）并将学习视为"始终是一种文化 / 历史实践"（Lave，2019）。

　　20 世纪 90 年代，随着《情境认知和学校教育文化》（*Situated Cognition and the Culture of Schooling*）的出版，关于知识情境性的想法引起了教育界的极大兴趣（Brown et al.，1989）。在这篇文章中，布朗等人（Brown et al.）认为许多传统的教学实践会导致知识惰性，或者学生无法在相关语境下使用他们所知道的知识。这是我们在第 6 章中讨论并在"设计挑战"这一情景中提到的迁移问题，但布朗等人（Brown et al.）从来没有这么叫过，他们从一个完全不同的角度来解决这个问题。"开发和运用知识的活动，"他们说，"与学习和认知是分不开的，既不是附属于学习和认知的，也不是中立的；相反，它是所学内容的一个重要组成部分"（1989）。

　　他们将学生与从业者和"普通人"（"just plain folks"，简称 JPFs）进行对比。这项研究在拉夫（Lave）的研究之后，是关于日常活动中的学习的人种学研究。学生难以解决复杂的现实世界问题，因为他们倾向于以脱离语境的方式记住学校的规则和算法。另一方面，从业者和 JPFs 在使用情境线索解决紧急和复杂问题的能力方面相似，JPFs 通过因果故事而从业者通过因果模型解决问题。布朗等人（1989）将 JPFs 和从业者能成功解决问题归因于知识的语境性质。换句话说，"介于两者之间的问题、解决方案和认知不能脱离它们所嵌入的语境"。

　　布朗等人提出的知识、学习和认知的情境性质并不是一个全新的想法。萨奇曼（Suchman，1987）因将情境概念引入认知科学界而广受赞誉，布朗等人（1989）在脚注中承认他们的工作基于先前对活动理论家的研究（Engeström，1987；Leontiev，1981）以及对专注于日常认知的社会学理论家的研究（Lave，1988；Rogoff & Lave，1984）。格林诺（Greeno，1997；Greeno et al.，1998）指出，这种对交互系统的理论关注已经在心理学文献中被提倡了多年，其中引用了巴特森（Bateson，1979）、杜威（Dewey，1896，1958）、吉布森（Gibson，

1986）和维果茨基（Vygotsky，1934，1987）等的理论。最后，作为情境观潜在认识论的语境主义起源于威廉·詹姆斯（William James，1907，2013）和查尔斯·桑德斯·皮尔斯（Charles Sanders Peirce，1955）等实用主义哲学家。

尽管情境观在 20 世纪 80 年代越来越受欢迎，但并非没有批评者，他们质疑它是否贡献了任何新的或与认知观不同的东西。例如，安德森、雷德和西蒙（Anderson，Reder，and Simon，1996，1997，2000）提出了一系列与情境观相关的主张，然后继续展示如何从认知观处理这些主张。他们的结论是，情境观和认知观在许多重要的教育问题上是一致的，因此采用情境认知的"模糊语言"几乎没有什么收获。

格林诺（1997）通过确定安德森等人（Anderson et al.）提出的论点的预设来回应这些批评，并说明这些预设如何与情境观的预设形成对比。从本质上讲，格林诺描述了认知观和情境观在关于知识本质的最基本、最基础的假设方面有何不同。他认为安德森等人根据认知预设来解释他们讨论的主张，因此没有准确地代表情境认知理论的观点。他们反驳说，格林诺在语言上令人毛骨悚然（Anderson et al.，1997）。他们还得出结论，信息加工教学方法的证据比基于情境认知的方法的证据更有力和更有效（Anderson et al.，2000）。

从那时起，尽管格林诺（1997）希望研究这两个角度的人能够告知和挑战彼此的问题、结论和论点，但认知和情境观的研究计划仍彼此相对孤立地进行。然而，近年来，情境观变得越来越普遍，出现在心理学的许多领域（Turner & Nolen，2015）并牢固地嵌入学习科学中。学习科学是 20 世纪 90 年代建立的学科领域（Sawyer & Greeno，2009）。无论学科如何，情境研究都将重点从个体心理学转向语境化。也就是说，"我们无法在文本中找到意义，在细胞中找到生命，在身体中找到人，在大脑中找到知识，在神经元中找到记忆。相反，这些都是主动的、动态的过程，只存在于文化、社会、生物和物理环境系统的交互式行为之中"（Clancey，2009）。

问题是，这对理解学习意味着什么？它对教学有什么影响？我们接下来转向这些主题。

情境性与学习

回想一下第 1 章的内容，其中学习理论被定义为一个概念框架，将表现或执行能力的变化与被认为会带来这些变化的因素联系起来。也就是说，学习的结果可以通过在某些条件下发生并受条件促进的过程来解释。我们目前讨论过的学习理论都包含这一点：这些过程是个体的，在认知理论的背景下，是每个学习者内部的。学习理论可能会考虑社会和文化因素（有关皮亚杰、布鲁纳和维果茨基的讨论，请参见第 5 章），但在大多数情况下仅考虑它们如何影响学习。学习仍然被视为"学习者内化知识的过程，无论知识是'通过探索获得''从他人那里获得'，还是'在与他人交互中获得'"（Lave & Wenger，1991）。

相比之下，情境观认为，学习是关于随着个体参与活动系统而发生的转变，即个体和系统的转变（Sawyer & Greeno，2009）。换言之，学习者和语境都因学习者的参与而改变。理解学习需要超越个体层面的分析和理解，需要在语境或活动系统的层面上理解学习。

情境观试图理解成就或动机与情境的关系，包括参与者做了什么，"学习"是如何建构的（在教学期间），学生身份在学习中的作用，话语的性质和后果，使用的材料，等等。重要的是不仅要普遍预测学习的结果，还要检查和解释结果是如何在语境中发展的（Turner & Nolen，2015）。

作为活动系统的学习语境

如果学习是通过参与活动系统进行转化的，那么将学习语境视为活动系统意味着什么？在最基本的情况下，活动系统（activity system）是"任何比个体大的东西"（Greeno & Engesröm，2014）。它可以大到是有学生和老师的班级，或者有受训者和指导员的工作场所的研讨会。它也可以小到是与单个学生一起工作的导师或与学徒一起工作的电工师傅的组合。凯丽和萨米尔的团队研究原型飞机模型是一个活动系统，卡罗的研究团队也是如此。即使是单个学生与计算机程序或图书馆资源交互以解决某些问题，也是一个活动系统。

活动系统有三个组成部分：主体（个人或群体）、客体（个人或群体正在从事的工作）和资源（个人或群体用于将客体转化为预期目标的内容）。以"设计挑战"这一情景为例，团队成员共同构成主体；他们的目标是设计一种遥控飞行器，以满足特定规格并实现特定目标；他们可用的资源包括每个团队成员的工程专业所代表的先前知识、设计和施工的原材料，以及他们接触并向其学习的无线电遥控俱乐部成员的工具和知识。随着他们扩大理解以实现预期结果，团队使用这些资源产生出的想法、计划、原型和试飞成为人工的中介物。

然而，从最基本的组成部分分析学习语境只能说明故事的一部分。活动理论已经发展到可以解释集体活动系统中个体主体与其团体之间复杂的相互关系。图 8-1 显示了活动系统的一般模型（Engeström，1987），你可以在其中看到我们一直在讨论的基本活动系统，它是最上面部分的三角形。"椭圆形用来描绘客体，表明面向客体的行为总是以明确或隐含的方式具有模糊不清、意外、解释、意义建构和变化潜力"等特点（Engeström，2001）。

团队在"设计挑战"这一情景中理解他们的任务，应用他们所知道的，并试图结合他们从遥控飞机试飞中学到的东西，可以试想一下他们进行的讨论和新的理解。当我们考虑集体活动系统中主体、客体和资源的嵌入性时，情况会变得更加复杂，如图 8-1 的下半部分所示。设计团队的共同体就是它为之工作的公司，拥有所提供的所有限制和机会。公司有特定的使命、文化和管理员工工作类型与他们如何相互交流的政策。与此同时，该团队正在与一个遥控建模者共同体合作，该共同体拥有自己的实践（即重复的活动模式）和设计团队必须理解和尊重的管理规则。实践共同体作为学习的特定参考框架将在本章后面讨论。

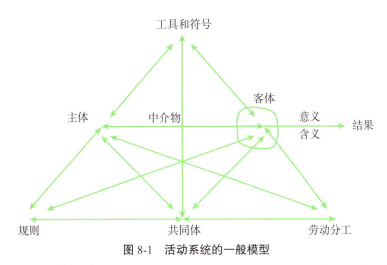

图 8-1　活动系统的一般模型

资料来源：Engeström，Y.（1987）. *Learning by expanding*：*An activity-theoretical approach to developmental research.* Orienta-Konsultit.

　　将学习作为参与活动系统的结果的相关研究，也产生了与客体有关的有用区分。最初，马顿（Marton）和庞（Pang）（2006）区分了：（1）教师的预期学习对象；（2）在语境中实际可以学习的内容（确定的学习对象）；（3）学生实际学习的最终结果（最终的学习对象）。然而，在"设计挑战"这一情景中没有教师，即使有，学习者也可能有自己的学习意图。因此，格林诺（Greeno）和恩格斯特罗姆（Engeström）（2014）扩展了概念化以包括他们所谓的"学习者的主要兴趣对象"（见图 8-2）。这解释了学习者的能动性，以及关于他们自己的行为和参与学习情境的决定。

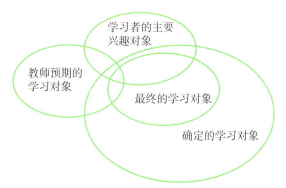

图 8-2　学习对象的各个方面及其相互关系

资料来源：Adapted from Greeno，J. G.，& Engeström，Y.（2014）. Learning in activity. In R. K. Sawyer（Ed.），*The Cambridge handbook of the learning sciences*（p. 134）. Cambridge University Press.

　　例如，考虑卡罗在"研究助理"这一情景中的经历。毫无疑问，他的主导师对卡罗应该作为研究助理参与学习的内容有自己的目标，例如，如何提出好的研究问题或在团队中协作。在这种语境下他可能学到的东西——确定的学习对象——包括更多，但如果卡罗真的要达到他的导师希望他达到的结果，那么他的目标至少应该与导师的目标重叠。卡罗自己的目标——学习者的主要兴趣对象——可能与他的导师不同，但只要在目前的情况下可以实现，他就可以实现自己的这些目标。最后，卡罗的最终学习对象代表了他实际获得的结果，无论这些结果是他本人所期望的还是他的导师所期望的。

由于学习情境是动态的，学习目标往往会偏离教师的意图或学习者的最初兴趣。与他人的交互会带来机会，并且随着学习的进行，学习者兴趣和意图也会发生变化。恩格斯特罗姆最近的工作展示了参与者实际上如何"通过阐明对象的新版本来接管和重新引导学习过程"（Greeno & Engeström，2014）。随着团队更好地处理他们的任务并完善他们的目标，很容易看出这在"设计挑战"这一情景中是如何发生的。此外，他们与遥控飞机飞行员共同体的交互可能会将他们带到一个完全出乎意料的方向。

那么从情境的角度来看，学习者究竟学到了什么？如何识别或定义学习的结果——学习者的最终学习对象？我们接下来转向这个话题。

学到了什么：作为成功情境参与的知识获得

"个体的知识获得从根本上说是人与世界交互的一种能力"（Collins & Greeno，2011）。换句话说，知识获得（knowing）是对活动系统的成功情境参与（successful situated participation）。大多数情境理论家区分"知识获得"和"知识"，其中知识获得存在于人们与其社会和物理世界的交互中，而知识是一种了解的工具（Cook & Brown，1999）。知识是可以拥有的东西，就像在知识体系中一样，但知识与行动（即人们所做的事情）有关。知识获得不是"在行动中使用的东西或行动所必需的东西，而是作为行动的一部分的东西"。知识是使用中的知识，只有通过使用知识，通过解决手头问题的实践，才能充分理解知识。

这些实践包括话语模式，共享推理和解决问题的策略，共同的交流方式，以及与共同体或学科相关的其他社会实践。换句话说，要成功地参与任何共同体或活动系统，人们必须学会以该系统常见的方式思考、交谈和行动。图 8-3 中描绘的矩阵有助于说明我们在这里想表达的意思。

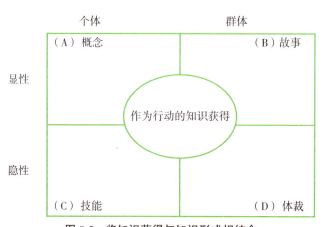

图 8-3　将知识获得与知识形式相结合

资料来源：Synthesized from Cook，S. D. N.，& Brown，J. S.（1999）. Bridging epistemologies：The generative dance between organizational knowledge and organizational knowing. *Organization Science*，10（4），381–400.

矩阵的维度区分显性知识和隐性知识，区分个人和他们所在的群体或共同体。显性知识是我们可以描述的自己获得的知识即概念性知识，而隐性知识则反映在我们不一定能描述的技能表现上，如骑自行车。库克和布朗（cook & Brown，1999）认为，"赋予显性和个体特权……至少反映了过去三个世纪西方文化的主要认识论"。也就是说，这里的重点是个体心理学以及学习者如何获得概念性知识和技能（象限 A 和 C）。

然而，如图 8-3 所示，象限 A 和 C 只是知识方程的一半。知识也以显性和隐性形式存在于群体或共同体中。明确种类的共同体或团体知识包括关于如何做事的故事以及指导共同体成员行动的正式政策。代代相传并包含在新员工入职培训中的组织知识是显性群体知识的一个例子（象限 B）。隐性共同体知识，即库克和布朗标记的类型（象限 D），指的是用于理解和解释共同体内行为和经验的隐性框架。这些是随着时间的推移，协商和建立的共同体实践所具有的独特而有用的含义。

例如，在"设计挑战"情景中，凯丽和萨米尔在当地遥控飞机机场尝试原型飞行器的首飞时会遇到隐性共同体知识。大多数遥控飞机飞行员在其他人首飞时不进行飞行，这是一种常见但主要是默认的做法。

这不是一个正式的规则，但经验会告诉经验丰富的飞行员，尽管他们调整飞机的状态从而平稳飞行，但是在首飞中任何事情都可能发生。因此，最好不要有其他飞机同时在空中。然而，这种做法并没有被明确教授或学习；随着时间的推移，它从遥控飞机飞行员之间的交互中出现。

最后，图 8-3 中所有四个象限的"作为行动的知识获得"的重叠代表了知识与知识获得的交互。如前所述，知识是情境活动背景下的一种工具，"为我们与世界的交互赋予了特定的形状、意义和纪律"（Cook & Brown，1999）。也就是说，知识为我们的行动提供信息和指导，但知识也存在于行动中。例如，凯丽或萨米尔可以拥有大量关于飞机和飞行的复杂知识，随着项目的进展，他们肯定会使用这些知识。但他们除非真正尝试否则不会知道如何驾驶遥控飞机。同样，在飞行中对其进行测试之前，他们无法知道他们的原型设计将如何承载所需的有效载荷，而此类测试飞行可能会产生洞察力，从而让他们获得新的工程知识。

情境学习的概念和过程

从情境的角度可以很明显地看到，"学到了什么"与"学习如何发生"并不容易区分。它们密不可分，紧密相连，并处于活动之中。尽管如此，我们可以考虑人们如何学习与世界交互并有意义地参与他们的文化、社会、生物和物理环境。

交互给养

为了理解人们如何"与世界交互"，情境理论家们转向研究知觉的心理学家吉布森（J. J.

Gibson，1977）的观点，吉布森创造了"给养"（affordance）一词来描述生物体在其环境中的生存方式。他认为，世界的特征为知觉可以做什么和不能做什么提供了线索，这些线索促使生物体以特定方式行动。

举一个简单的例子，思考一架立式钢琴可以做什么、不能做什么。因为它又大又重，不太可能经常移动，这意味着它为筑巢的棕榈虫（一种在佛罗里达州无处不在的蟑螂）提供了一个稳定、黑暗、温暖的家。这些特征会被虫子认为是诱人的，导致它们在那里定居。但是钢琴能给其他生物带来什么呢？他们认为钢琴可以做什么？对于练习音阶的学生来说，它提供了一种制作音乐的工具。对于敲击琴键的幼儿来说，它提供了一种非常令人满意的制造噪声的方法。对于打扫客厅地板的人来说，它提供了一个堆放报纸和杂志的地方。钢琴的各种特性会根据与它交互的人的不同而促使不同的动作发生。

此外，某些属性或给养仅通过生物体与环境的交互出现。当幼儿或学音乐的学生按下钢琴键时，发出的是音乐还是噪声？在熟练的演奏者手中，钢琴会产生各种各样的音乐和戏剧效果，这取决于演奏者的不同，例如，思考钢琴家李伯拉斯（Liberace）与弗拉基米尔·霍洛维茨（Vladimir Horowitz）之间的对决。因此，给养的概念暗示了生物体与其环境之间的动态、交互和互惠关系。"事实"本身"不是某种独立意义上的世界的属性，而是交互的产物"（Clancey，1997）。或者，正如吉布森（1966）所说，"在灵长类动物区分出一根棍子的物理特性之前，在它们的知觉中棍子不会被用作耙子，但它们独立于动物对其的知觉"。因此，给养随着生物体的行动而出现。

当考虑到人作为生物体的复杂性时，人对给养的感知必须超越自然世界（Clancey，1997）。也就是说，人们不仅与环境的自然物理特性进行交互，而且还与他们设计出的对象和建构的概念进行交互。以用于在线教学学习管理系统（learning management systems，简称LMS）的设计和合作学习的概念为例。LMS的早期设计并没有很好地支持学习者之间的交互，而这对于合作学习至关重要。相比之下，今天的设计提供了同步和异步交互，并提供专门设计用于支持大小团体学习者之间协作的工具。然而，如果个体学习者的责任不是其设计的一部分，那么合作学习任务仍然可以提供"免费加载"的机会。

作为情境的认知

如前所述，在第3章到第6章中介绍和讨论的所有认知和记忆模型中，固有的基本假设是知识是某种外部现实的内部表征。信息就在那里，由人类加工系统接收和存储，无论是作为记忆网络、认知结构还是图式。然而，情境观的基础是假设认知"发生在世界内部，而不是被理解为以某种方式独立于世界或处于外部的'思想'"（Whitson，1997）。认知被情境化已经演变成几个不同的想法。

"首先，认知不仅取决于大脑，还取决于身体（具身论题，the embodiment thesis）。其次，认知活动经常利用自然和社会环境中的结构（嵌入式论题，the embedding thesis）。第三，认知边界超出了个体生物体的边界（延展论题，the extension thesis）"（Robbins & Aydede，2009）。最后，认知是发展符号网络（Greeno et al.，1998）或符号学（Cunningham，1987，1992；Whitson，1997）的问题。让我们依次简要地讨论这些想法。

具身认知（embodied cognition）涉及身体如何塑造思想的问题。例如，有证据表明，认知（知觉、思考、行动）具有直接和间接的感觉运动基础。在直接意义上，具身是指认知过程对大脑和身体的依赖。也就是说，个体积极参与环境、处理感官输入并产生运动输出（Robbins & Aydede，2009）。在间接意义上，认知加工发生在没有环境输入的情况下，如思考、做白日梦或回忆。但是这种加工仍然涉及大脑的运动区域。具身认知解释了为什么精英运动员和音乐家可以通过形象化和心理练习来提高他们的表现。

与此类似，伯根（Bergen，2012）提出了具身模拟假设，即"我们通过在脑海中模拟体验语言描述的事物会是什么样子来理解语言"。他报告了使用功能性磁共振成像（functional magnetic resonance imaging，简称 fMRI）来确定当人们被要求执行不同的认知任务时大脑的哪些区域处于活动状态的研究，并得出结论："我们不仅在实际知觉或行动时使用灵长类动物的知觉和行动系统，而且在我们理解关于知觉或行动的语言时也是如此"。

嵌入式认知（embedded cognition）是指人们使用环境来最小化认知负荷的方式。换句话说，人们不是在精神上存储解决问题所需的所有信息，而是在解决问题的语境中找到存储和操作这些细节的方法（Wilson，2002）。罗宾斯和艾德德（Robbins & Aydede，2009）引用了一个熟悉的例子，杂货店装袋工将物品分类到不同的空间区域以方便包装（例如，一个区域放轻质或易碎物品，另一个区域放重物或冷鲜物品）。此过程可以轻松高效地确定每个袋子中包含哪些物品，从而大大减少了完成任务所需的脑力劳动。另一个熟悉的例子可以从人们跟踪密码的无数方式中看出，从将它们存储在电子密码库中到将它们记录在智能手机上的文件中，从中都可以看出这一点。

大多数情况下，当学习者找到使用手头工具管理学习和解决问题的方法时，他们会表现出嵌入式认知。使用哪种工具或策略通常取决于权宜之计，即以最少的努力完成工作。

延展或分布式认知（extended or distributed cognition）是一种认为认知是一种共享资源，认知活动分布在个体和情境之间的概念。换句话说，认知被认为发生在个体大脑的范围之外，延伸到物理和社会世界。"在认知领域，没有人是一座孤岛"（Wilson & Clark，2009）。这意味着个体环境中的外部资源通过在功能上整合到更大的认知系统中来增强他们的认知。威尔逊和克拉克指出，广义上的写作技术可能是历史上最引人注目的社会文化认知资源，它在物质上改变和增强了人们的能力，包括"几千年来西方世界的教育、培训、军队、商业和军事征服"方面（2009）。

分布式认知可以在"设计挑战"这一情景中组成团队的人的集合中看到。每个团队成员都拥有不同的工程专业以及与设计、项目管理和预算相关的不同知识和技能。他们并不都知道完全相同的事情，解决手头问题所需的各种知识分布在他们之间。此外，他们使用的工具帮助他们展示他们的知识并推进他们的集体目标。

然而，嵌入式论题和延展式论题之间的区别并不明确，即使对于情境研究者也是如此。例如，有些人认为"认知是由大脑产生的；而颅外方面在给定的认知功能中发挥核心作用，这一事实并不赋予（concede）其认知'信用'。实证研究无法解决问题，因为无法区分关于认知在哪里的两种主张"（Roth & Jornet，2013）。还有一些人认为，探索认知延展的极限是有价值的。"在每种情况下，问题是我们在哪里能找到功能集成的系统，允许其承载者执行认知任务。我们认为其中一些仅存在于脑中，而另一些跨越了颅边界，并将认知资源整合到个体环境中。这就是大自然的方式"（Wilson & Clark，2009）。

正如我们在本章后面和下一章中讨论的那样，分布式认知的论题对学习环境及其设计产生了一些引人注目的影响。符号网络或符号学的认知（cognition as semiotic networks，or semiosis）源自人们对自己在解释环境时协商意义的方式的关注。回想一下第 5 章中的例子，一个孩子学习用手指东西这一手势以获得够不着的东西。这个手势变成了一种相互协商的理解，意思是"我想要那个"。换句话说，手势变成了一个符号，也就是说，一种代表或指代别的东西的东西。第 5 章中提到的符号学理论声称世界上的所有知识都是以符号为中介的（Cunningham，1987，1992）。人们解释他们周围的物体和动作，并通过"书面记录或绘制符号、标志性的手势或图表，以及口头、手势、书面或绘制的索引（Peirce，1897—1910，1955）"形成表示其意义的传统方式（Greeno et al.，1998）。这些符号系统，包括语言和数学，特定于群体和活动的环境和实践，并作为集体意义建构的资源。

大多数人在突然遇到不熟悉的文化时，例如，去另一个国家旅行时，就会意识到自己的文化符号系统。例如，玛西（Marcy）回忆起她在伊朗的最初几周，她在研究生毕业后在那里住了将近两年。她在那里没有汽车，因为公共交通既高效又便宜。想拦下一辆公共出租车的话，你要站在路边伸出手，就像在美国搭便车的人那样。当出租车减速或转向你的方向时，你喊出想去的地方，如果出租车司机正朝那个方向行驶并且车内有空位，他就会停下来。但有时，出租车司机会点点头，然后加速离开！起初，玛西对这种行为感到困惑：出租车司机点头示意后却开车离开了。然而，她很快就明白了，在伊朗，点头并不像西方文化中那样表示同意，它的意思是，"不，我不去那里。"

符号学网络的情境分析可以揭示大量关于任何学习情境中正在发生的事情。例如，学生经常要学习一些没有明确教授的实践，但他们仍然必须学习才能成功参与学习活动，如轮流或在适当的时候寻求帮助。不熟悉课堂的不成文规则——隐藏课程（Sawyer & Greeno，2009）——的学生可能会以教师不期望或不理解的方式行事，从而导致意想不到的不良后果。

例如，吉（Gee，2015）描述了丽奥娜（Leona）的案例，她是黑人儿童，在学校分享了一个不符合老师故事分享活动意图的故事，老师随后告诉孩子她没有理解故事。老师假设丽奥娜了解分享活动的规则，其中包括围绕某个主题进行的一种特殊谈话，从而为学生准备说明性阅读。此外，老师未能认识到丽奥娜在她的家庭文化语境下的社会化，而这与讲故事有关。孩子基于自己的文化去理解讲故事的含义，而这与老师的意图完全不同。不幸的是，"这种'文化误解'……可以而且经常使像丽奥娜这样的孩子与学校、学校语言和读写疏远"（Gee，2015）。

如果某人不具备成功参与活动所必需的隐性知识，那任何活动中都会发生同样的事情。例如，如果一名遥控飞机的新手飞行员在另一名飞行员进行首行时试图起飞，就很可能会遭遇严厉的目光或被更有经验的飞行员阻止飞行。

在整章中，我们将学习描述为对活动系统的参与，并将知识获得描述为成功的参与。我们还经常参考嵌入在活动系统中的实践，包括团体和共同体。现在是时候将这些概念清晰明确地结合起来并将学习视为提高人们参与实践共同体的能力了。

参与实践共同体

实践共同体（community of practice，简称 CoPs）是一群人"对他们所做的事情有着共同的关注或热情，并在定期互动时学习如何做得更好"（Wenger-Trayner & Wenger-Trayner，2015）。

萨米尔和凯丽在"设计挑战"这一情景中拜访的当地遥控俱乐部是一个实践共同体，他们的工程师同事小组也在研究类似的设计问题。研究儿童如何学习阅读的教育心理学家组成了一个实践共同体，这就是"研究助理"情景中的卡罗为了加入而正在做专业准备的实践共同体。其他实践共同体可能包括在在线环境中协同工作以促进专业发展的 K12 教师们、在他们的工作中探索更有效流程的质量控制经理们，或者一群将他们的身份定义为学校的气候科学倡导者的学生们。

实践共同体定义了共享实践的兴趣领域或边界。实践共同体指追求这种兴趣，正在互相学习并为共同体的集体知识做出贡献的成员共同体。实践共同体描述了共同体成员共享资源、回应关切并参与富有成效的问题解决的做法。"随着时间的推移，在一个领域内谈判能力的社会化过程"成为实践共同体的特征（Wenger-Trayner in Farnsworth et al.，2016）。实践共同体中"学习只是持续实践的一部分"（Lave，2019），但事实证明，实践共同体概念是学习和知识获得的有用观点。

首先，当共同体交叉时，实践共同体的边界成为学习机会的场所（Wenger，2010b）。我们已经提到了"设计挑战"情景中的工程师团队可以通过与遥控建模者的互动来学习的潜力。在大多数实践共同体中，有人寻求跨共同体的联系或探索可以从其他实践共同体中学到的东西，用以告知他们自己的实践。与其他学科的成员合作解决共同感兴趣的问题的学者说明了在实践共同体的交叉点中学习的力量。

学习作为实践共同体中合法的边缘性参与（legitimate peripheral participation）提供了一种定义属于实践共同体方式的方法（Lave & Wenger，1991）和"一种谈论参与者、活动、身份、人造物（artifacts）和实践共同体之间关系的方式"（Lave，2019）。换句话说，不存在"非法的边缘性参与者"这样的东西。相反，合法概念是指对资源的社会组织和控制。不是合法参与者的人将不被允许访问实践共同体的资源。例如，内联网将资源访问权限限制为组织内的成员。此外，新人在实践共同体中需要时间和经验才能充分利用共同体的资源。例如，新员工可以访问其组织的内部网，但在学会如何操作系统之前，他们无法充分利用这些资源。

边缘的概念用于区分实践共同体的新成员和被视为"充分"参与者的老成员。因此，如果"研究助理"情景中的卡罗是教育心理学的合法边缘参与者，那么他的教授和该领域的其他专业人士就是充分参与者。同样，在设计"挑战情景"中，一名工程师刚刚被聘用到团队中。他是一名新人，而凯丽和萨米尔是他们实践共同体的充分参与者和老成员。

值得一提的是合法边缘性参与的另一个方面也代表了长期参与实践共同体的个体的参与形式和身份的不断变化（Lave & Wenger，1991）。他们以新人的身份进入共同体，发展到相对于新人来说似乎是老成员的地步，最终自己也成了老成员。随着卡罗参与研究项目的时间变长，他不再是一名新人，更多的是作为一名老成员，例如，他可能会成为他之后的新人的导师和教师。

温格（Wenger，1998）定义了五种类型的学习轨迹（learning trajectories），描述了参与实践共同体的不同形式（见表 8-1）。处于边缘（peripheral）轨迹的个体从不出于某种原因而去充分参与。他们可能选择不寻求充分参与从而保持自己的边缘性，或者他们可能被阻止参与或被边缘化。例如，"设计挑战"情景中的团队成员必须具备足够的技能作为遥控飞机飞行员来驾驶团队设计的原型飞行器，但除非这个人对遥控飞机产生热情，否则他不太可能充分参与这项爱好或充分参与当地遥控俱乐部。

表 8-1　实践共同体中学习轨迹的类型

边缘轨迹	永远不会导致充分参与但提供了对实践共同体重要访问的轨迹。例如，在"设计挑战"情景中，工程师团队的成员相对于本地遥控飞机建模者而言就是处于边缘轨迹上
入门轨迹	加入实践共同体的新人期望成为充分参与者。无论他们目前在共同体中的经验水平如何，他们的身份都是在实践共同体中的。例如，"研究助理"情景中的卡罗正处于学院研究者职业的入门轨迹上
内部轨迹	随着共同体成员的不断学习，实践共同体中的实践不断演变。例如，外科医生彼此分享能提升患者健康的新技术
边界轨迹	跨越边界并连接实践共同体的轨迹。个体维持成员资格并参与相关的实践共同体。例如，教学设计师与教师合作将他们的课程转换为在线授课
界外轨迹	正在离开实践共同体过程的个人。例如，员工从一线工作转向管理或行政

边缘性的一个例子可以在使用某些电子游戏来奖励课堂表现的情境中看到。在西方文化中，许多游戏都体现了以动作为导向的射击游戏情景，通常男孩比女孩更喜欢这些情景。如果这些是教室计算机上唯一可玩的游戏，那么男孩子被发现玩游戏的可能性要大得多。随着他们花在电脑上的时间变多，他们获得了女生没有的技术能力和专业知识。

在某些情况下，发生边缘参与是因为在实践共同体中没有"明确的教学机制来鼓励、指导和维持参与"。萝丝（Rose，1999）观察了一个汽车班，正如预期的那样，技能越高的学生越能充分参与到汽车维修活动中。一部分技能较差的学生会随着技能的增长而更多地参与其中，但其他人只是在拖延，显然是在耗时间。萝丝表示，"进入真实的实践并不排除一路上许多传统的教师手段，从鼓舞人心的谈话到直接指导，再到快速测验。事实上，对于某些人来说，充分参与可能需要这些传统手段；否则，人们得到的是一种不充分的参与，永远不会形成真正的参与和能力"。

入门（inbound）轨迹表明新人已进入实践共同体并正朝着充分参与的方向发展。留在学徒行业的学徒就是这种情况。然而，充分参与并不意味着学习的结束，因此内部（insider）轨迹的概念提出了一种在共同体内持续发展实践的方法。例如，当玛西作为一名新教员来到大学时，在线学习是闻所未闻的，而且很少看到教师在教学中使用除黑板或高射投影仪之外的任何类型的技术。但在今天，大多数教职员工在教学中结合使用各种技术，而老员工通过教学促进中心的帮助寻求新的方法来定义他们的教学实践。

当学习者保持成员资格，参与相关的实践共同体并协调与他们之间的互动时，就会出现边界（boundary）轨迹。这意味着一种更长期的承诺，比在"设计挑战"情景中的短期项目中出现的实践共同体之间的偶然交叉点更长。作为边界轨迹的一个例子，试想一个参与制订交互式科学博物馆概念计划的教学设计师的案例。作为规划团队的一员，他与科学家、教育家、儿童发展专家和博物馆专家一起工作，所有人都有着主要实践共同体的信念体系和实践。他的职责是在参与者之间找到共同点，使每个人都能贡献自己独特的专业知识。然而，他的参与并没有就此结束，他继续在博物馆的顾问委员会任职。

最后，界外（outbound）轨迹上的学习者正在离开共同体。"走出这样一个共同体……包括发展新的关系，在共同体中找到不同的位置，以新的方式看待世界和自己"（Wenger，1998）。

这些轨迹意味着"学习不仅仅是获取技能和信息；它正在成为一个特定的人——语境中的一个知识获得者，在该语境中，知识获得的含义是根据共同体的能力制度进行协商的"（Wenger，2010a）。参与实践共同体需要了解共同体的事业是什么，与共同体中的其他人进行富有成效的互动，利用共同体的历史积累资源，并在共同体内产生意义和身份。实现这一目标的活动范围见表 8-2。实践产生于成员之间的互动，其目的是学习和改进他们的实践。

表 8-2　实践共同体用于发展其实践的活动示例

解决问题	"设计挑战"的团队合作确定原型飞机的重心应位于何处，以搭载所需的有效载荷
获得信息	一名遥控飞机飞行员询问俱乐部中的其他人在哪里可以找到部件来制造一个塔式赛车
寻求经验	"研究助理"情景中的卡罗向他的主导师寻求指导：为调查研究收集数据的那天学生缺席了该怎么办
重复利用资产	一群财务经理开发了一个样板，重复利用于他们提交给联邦机构的拨款提案
协调协同	物理学教授将他们的资助费用结合起来购买昂贵的设备

（续表）

形成论点	教育总监在向州立法机构提出资源请求时，会就学校安全问题与其他州的同行联系
增长自信	一位作家在将她的小说中加入一个特定的情节转折之前，将这个想法询问了几个有批判思维的读者，看看他们是否认为这个情节会奏效
讨论进展	阅读研究者齐聚一堂，参加关于使用眼动追踪技术研究阅读过程的研讨会
记录项目	Alpha Airways 的商用飞机飞行员开发了一个用于跟踪飞行系统更新的文档
访问	凯丽和萨米尔来到遥控飞机机场，对与他们团队设计的飞机类似的飞机进行测量
规划知识，识别差距	医疗团队开会讨论病例，概述谁知道什么、缺少什么以及应该使用哪些其他资源

资料来源：Adapted from Wenger-Trayner，E.，& Wenger-Trayner，B.（2015）. Communities of practice：A brief introduction. https://wenger-trayner.com/introduction-to-communities-of-practice/

对于新人来说，在实践共同体中的学习主要是关于将他们的经验与共同体的能力制度保持一致并重新调整。然而，最终成员可能会找到解决问题的新方法或创新的做事方式，并试图说服共同体改变其做法。共同体的反应可能是重新协商对其能力的定义，或不这么做。共同体可能会拒绝对共同体能力的质疑或要求，新来者可能会被边缘化，论文被拒，一个新想法被驳回，等等。接受或抵制可能是有根据的，也可能毫无根据，甚至是出于政治动机，因为共同体定义能力的权力受到了威胁。学习作为一个社会过程总是涉及这些权力问题（Wenger-Trayner & Wenger-Trayner，2015）。

权力问题为情境分析提出了一个重要的区别，并将注意力集中在社会或文化层面的实践情境上，而不是地方层面的实践共同体。我们将在下一节中考虑这一点的影响。

历史和文化在活动系统中的作用

正如学习者的行为和理解位于实践中一样，实践也位于历史、制度、政治和文化语境中。活动理论的出现源于"意识、社会和物质现实通过实践活动进行转化并改变"（Arnseth，2008，p. 291）。更具体地说，它是根据马克思主义关于生产的思想发展而来的，并强调实践的历史维度。也就是说，活动系统会随着时间的推移而变化和演变，从而产生新的交互方式或管理行为的新规则。这说明了集体活动的动态特征，即情境行动的制度方面。"在某种意义上，情境活动系统是一个行动者（actor）——它构成了某种东西，它为被认为是为合理和相关的行动提供了规范的秩序"（Arnseth，2008）。

文化历史观（cultural historical viewpoint）随后提出了关于什么规范和"谁的知识让教育系统的设计者感兴趣"的问题（Damarin，1993）。如果知识和知识获得是由学习者和文化或社会语境共同产生的，那么学习者在该文化或社会中的位置就很重要。

由南希·哈特索克（Nancy Hartsock，1983）、桑德拉·哈丁（Sandra Harding，1986，1991）等人阐述的女性主义立场，帕特里夏·希尔·柯林斯（Patricia Hill Collins，1990）描述的黑人女性立场，以及琳达·詹姆斯·迈尔斯（Linda James Myers，1988）描述的非洲主义"最优心理学"，它们属于由不同共同体定位和建构的知识理论，并处于不同形式的征服之下（Damarin，1993，p. 28）。

达马林（Damarin）指出了尊重学习者所属的知识共同体并帮助他们适应几个世界的重要性。对她而言，这意味着共享语言、规范和历史，而不是将一种世界观强加于另一种世界观上。

然而，一种文化对另一种文化的支配地位是批判性种族理论（critical race theory，简称 CRT）的核心，该理论在 20 世纪 90 年代出现，是对美国缓慢的种族改革的反应（Ladson-Billings，1998，2013；Ladson-Billings & Tate，1995）。CRT 相信种族主义在美国社会是正常和普遍的，将其用作分析工具有助于揭露具有天生种族主义的文化习俗。应用于教育，CRT "可以成为有色人种持续经历的不平等的有力解释工具"（Ladson-Billings，1998）。前面描述的丽奥娜的经历就是一个很好的例子。大多数课堂结构都反映了白人文化，黑人学生将适应可能与他们在家里经历的完全不同的实践。

对 CRT 的延展讨论超出了本章的范围，但它与拉德森 - 比林思（Ladson-Billings，1992，1995）基于她对黑人学生的优秀教师的研究提出的文化相关教学法（culturally relevant pedagogy，简称 CRP）相关。她认为 CRP 不仅对黑人学生的学业成功很重要，而且对所有其他母语或文化与美国学校主流文化不同的人也很重要。她将 CRP 定义为 "对立式教学法"（pedagogy of opposition），它 "专门致力于集体赋权，而不仅仅是个体赋权"（Ladson-Billings，1995）。我们将在第 13 章对 CRP 进行进一步讨论。

小结

在本章的前面，我们提到了对情境观的批评：除了其他认知理论和思想已经提供的知识之外，情境观对学习的理解几乎没有增加。情境观的证据在 20 世纪 90 年代很少，但此后已大大增加，情境理论家提供了情境观与其他观点之间的有用比较。例如，格林诺（2016）列出了一系列不同复杂程度的认知现象，并展示了认知科学家和情境理论家各自用于研究这些现象的理论和解释性概念。我们在表 8-3 中展示了格林诺矩阵的修改版本。我们的修改旨在阐明格林诺的意图并扩大概念的范围，以使在专业环境和学校中的学习包括其中。

表中第一列列出了要解释的成就，并且每行的复杂性和时间尺度都在增加。也就是说，第一行包括常规学习成果，如理解和解决问题，而第四行包含累积和复杂的成果，如持续成功地参与学习实践。然后第二列和第三列分别提出了认知理论家和情境理论家用来研究和解释相应程度的复杂性和时间段的概念。例如，对概念性增长的认知分析产生了概念性变化的模型，而情境分析则侧重于话语实践的变化和学习者对学科话语做出贡献的能力的提高。

表 8-3　活动学习分析

要解释的成就	认知分析	情境分析
基本理解概念	信息加工操作	对课堂话语的贡献，实践中的推理模式

（续表）

要解释的成就	认知分析	情境分析
熟练解决日常问题	• 概念性组织 • 搜索策略 • 解决问题的流程	• 对概念的共同理解 • 解决问题的流程常见库
能够看到超越表面特征的东西	• 类比推理 • 以多种方式表示概念 • 思维灵活	• 如何解决不同的解释以达到相互理解 • 互动中的问题化、解决和定位 • 解释的性质
能识别和承担学习任务 愿意为实现目标付出努力	• 了解任务参数 • 任务级动机	• 鼓励问题化并寻求替代解决方案的做法 • 使学习者能够以能力、权威和问责制为学科讨论做出贡献的做法
发展复杂的概念性理解 能够设定个人学习目标并坚持学习活动 成功参与学习实践并为知识生成做出贡献	• 认知发展、概念改变 • 动机的维度，包括学术自尊、自我调节和自我指导与主题领域的动机	• 话语实践的变化、对学科话语的贡献 • 在整体和特定学科中作为学习者的身份 • 作为共同体共同学习事业的宝贵贡献者的身份

资料来源：Adapted from Greeno，J. G.（2016）. A situative perspective on cognition and learning in interaction. In T. Koschmann（Ed.），*Theories of learning and studies of instructional practice*（p. 42）. Springer，Table 3.1.

问题化的概念（表 8-3 中第三列的第二行和第三行）是情境观独有的概念，它用于描述问题解决过程中发生的参与的一个方面。当"参与者认识到并创建一个选择点，或者如果其中一个参与者质疑或挑战小组当前的轨迹并成功地让小组考虑不同的轨迹是否更可取"时（Greeno，2016），就会发生这种情况。在"设计挑战"情景中很容易想象问题化的例子，比如当一个团队成员发现原型设计中的致命缺陷并说服其他人朝着不同的方向前进时。

表 8-3（第三列的第三行和第四行）还指出了个体在学习活动结构中的定位问题。格林诺在他的矩阵中没有明确提到文化，但它隐含在位置认同中。例如，在"设计挑战"这一情景中，凯丽和萨米尔是他们团队的领导者，在西方文化中，凭借这一职位，他们被赋予了比其他团队成员更多的权威和能力。他们提出的问题或挑战比被定位为旁观者或次要贡献者的参与者提出的问题或挑战更有可能被小组接受（Greeno，2016）。同样，即使在今天，女性和有色人种发现自己仍被定位为地位和权力低于白人男性的参与者。

情境观——无论是在微观层面关注个体学习者的参与，还是在宏观层面关注活动结构中的历史和文化因素——都将注意力集中在学习的各个方面，否则这些方面可能会被隐藏。此外，它为改变和促进改变打开了大门，例如，"能够发表意见并解释和捍卫它们，需要信息资源，并在概念领域进行解释和论证实践"（Greeno，2016）。当意识到学习者与他们所处的参与结构之间的文化不连续时，就可以识别和提供这些资源（Brown-Jeffy & Cooper，2011）。因此，这将我们带入了下一节的内容：情境观对教学的影响。

情境观对教学的影响

情境认知的支持者认为，情境认知代表了学习和教学思维的转变，这种转变"至少在哲学和方法论上与从行为主义向认知主义的转变一样深刻"（Kirshner & Whitson，1997）。大多数人还出于对教育的实际问题的考虑，他们认为教育不仅仅是在学校发生的事情。温格（1998）认为应该根据身份和归属模式来解决教育问题。"从这个角度来看，"他说，"我们不仅需要从社会化成为文化的初始阶段来考虑教育，而且要从根本上考虑共同体和个体不断自我更新的节奏"。随着情境观开始占据主导地位，许多研究者专注于儿童教育和学习环境的设计。

然而，情境观对教学的影响对于成年人的学习和年轻学习者的学习一样重要，可以公平地说，无论是在高等教育还是在专业环境中，对成人应用的兴趣都在呈指数级增长。表 8-4 总结了为设计学习环境提供普遍指导的情境性原则（Wilson & Myers，2000）。考虑一下这些原则在我们在其余部分讨论的教学应用中如何发挥作用。

表 8-4　与学习环境相关的情境性原则

在语境中学习：思考和学习只有在特定语境下才有意义。所有的思考、学习和认知都位于特定的语境中；没有非语境学习这样的东西。

实践共同体：人们在实践共同体中行动并建构意义。这些共同体是强大的知识库和意义的传递者，并为合法行动服务。共同体建构和定义适当的话语实践。

作为积极参与的学习：学习被视为归属并参与实践共同体；学习被视为与其他人、工具和物理世界交互的辩证过程。认知与行动联系在一起——无论是直接的身体行动，还是有意识的反思和内部行动。了解所学内容就是查看在活动情境中是如何学习的。

行动中的知识：知识位于个人和群体的行动中；知识随着我们参与新情境并协商而发展；知识和能力的发展，就像语言的发展一样，涉及在真实情境中持续的知识使用活动。

人造物的中介作用：认知依赖于各种人造物和工具的使用，主要是语言和文化。这些工具和建构的环境构成了认知发生的中介、形式或世界。解决问题涉及与情境提供的资源和工具相关的目的的推理。

作为文化储存库的工具和人造物：工具体现了一种文化的历史；它们使思想和智力过程成为可能，并限制了这种思想；它们还提供了传播文化的有力手段。

规则、规范和信念：认知工具包括被社会接受为规范的推理和论证形式。以某种方式使用工具意味着采用关于如何使用工具的文化信念体系。

历史：情境在历史语境下是有意义的，包括参与者过去的经历和交互，以及预期的需求和事件。文化通过工具、人造物和话语实践，体现了过去积累的意义。

规模水平：认知最好被理解为个体和社会水平之间的动态交互。专注于一个层面，而在另一个层面假设恒定性或可预测性，肯定会至少部分地误解这种情境。

交互主义：正如情境塑造个体认知一样，个体思维和行动塑造情境。这种相互影响构成了对更普遍假设的线性对象因果关系的替代概念，即系统因果关系。

自我的身份和建构：人们对自我的概念——持续的身份，与他人分开但属于不同的群体——是一种具有多种用途的建构产物。人有多重身份，可以作为思考和行动的工具。

资料来源：Wilson，B. G.，& Myers，K. M.（2000）. Situated cognition in theoretical and practical context. In D. H. Jonassen & S. M. Land（Eds.），*Theoretical foundations of learning environments*（p. 71）. Erlbaum.

学徒制

人们可以学习参与实践共同体的一种方式是通过学徒制（apprenticeship）。学徒制的形式遍及世界各地，贯穿历史直至今日。"在今天的美国，很多学习以学徒制的某种形式发生，特别是在需要高水平知识和技能的地方（例如，医学、法律、学院、职业体育和艺术）"（Lave & Wenger，1991）。在最基本的情况下，学徒制学习是经验较少的人通过经验丰富的人的指导和支持来学习（Dennen & Burner，2008）。然而，通过学徒制学习不仅仅是在工作中模仿师傅这一人们普遍接受的观点（Lave，2019）。

一方面，具体的师徒关系并不是学徒学习的统一特征。例如，尤卡坦的助产士在日常生活中学习助产，一个年轻的女孩可能会从为她的母亲或祖母跑腿开始她的参与，并最终承担越来越多的工作量（Jordan，1989，Lave & Wenger，1991）。在这样的学徒制中，似乎很少有有意的教学，但有观察、指导和实践。师傅建立一个目标流程，并在学徒尝试执行流程时提供指导和辅导。此外，师傅授予学徒合法性，并在学徒"准备好"时为他们提供共同体的资源。这无疑是卡罗的经历的特征。起初，他分配到了有限且明确的任务，然后在他表明自己准备好接受这些责任时，他被赋予了更多的责任。

参与是通过学徒制学习的另一个重要方面。莱夫（Lave，2019）描述了一项有关超市中屠夫的学徒制的人种学研究：学徒在工作中无法接触屠夫师傅。"学徒被管理层隔离，因为管理层有意以牺牲促进学习为代价榨取劳动力。学徒们对超市劳动条件的了解多于屠宰实践"。因此，接触共同体的实践并参与这些实践是学习可能性的条件。

外科培训和音乐大师班等领域正在进行有趣的研究，以了解受训者如何理解和学习形成由熟练的外科医生和音乐家所展示的实践。结果表明，学徒和师傅在互动时会产生可学习的内容（learnables）（Zemel & Koschmann，2014）。例如，外科医生演示一个流程，要求住院医师（受训外科医生）制定相同的流程，然后评估住院医师的表现，以期改进它。这是在住院医师参与的教学医院进行定期手术的情境下进行的。类似地，在专业音乐家与学生和其他专业人士合作的音乐大师班中，"可学习的东西以零碎的形式出现，然后在整节课中被大师们串联起来"（Reed & Reed，2014）。

在这些研究中特别重要的是与可学习的东西相关的问责制。通过他们的互动，学徒和师傅正在协商学习者在共同体实践中发展能力时应达到和展示的表现。此外，很明显，师傅会根据与他们一起工作的学徒的需要和能力调整自己的行动和要求。

作为学徒，学习者有很强的目标和动力，通过参与实践，他们对企业的全部内容形成了看法。在学徒制学习中，交流倾向于发生在同龄人和近同龄人之间，以迅速有效地传播相关信息。正如我们在博士项目中经常告诉新录取的学生一样，如果你想知道系里的真实情况，问问另一个学生。

学徒制的概念已发展到与阅读、科学和数学等 K12 学校科目相关（Collins & Kapur，

2014；Dennen & Burner，2008）。通过扩展，学童可以通过成为这些学科的学徒来获得历史学家、数学家或科学家的知识和技能。然而，认知学徒制（cognitive apprenticeships）的重点是教授专家用于处理复杂问题的思维过程，而不是与传统学徒制相关的身体技能。设定也不一样。传统学徒活动源于工作和工作场所的需求，而认知学徒制的问题和任务源于教学问题。尽管如此，认知学徒制在让学习者参与真实的活动并将他们引入学科或共同体的文化实践方面具有传统学徒制的优势。

除了认知学徒制的潜在优势——真实的活动、文化共享——它也可能存在劣势。除非有良好的计划和监督，学徒制可能"乏味、低效、压制、奴性、受传统约束，在某些情况下甚至彻头彻尾地卑鄙"（Wineburg，1989）。在学徒制中学习也可能发生"僵化"。例如，当人们在日常生活中学习语言时，他们会学到"不正确但可以理解，足以进行交流的语法和发音。由于这种交互语言可以产生令人满意的社交互动，学习者不会进步，无法拥有更高水平"，他们的语言技能变得僵化（Tripp，1993）。

同样，学习者可能会发现，学徒共同体的做法与他们在学校所教的做法不同。在这种情况下，我们观察到了两种后果。第一个类似于僵化，因为学徒只是简单地采用了组织的做法，而未能培养出更胜任或更复杂的技能。第二个后果发生在学徒试图重塑组织的做法使其更接近于在学校专业课程中教授的那些做法时。不幸的是，这可能导致学徒在感觉自己是组织的一部分并完成他们期望的工作方面面临持续的困难。

根据克什纳和惠特森（Kirshner & Whitson，1997）的说法，认知学徒制中的这些结果源于传统学徒制"'牺牲'学校提供的抽象和反思活动的机会'并暴露了'……当前支持情境认知理论的传统"。换句话说，认知学徒制不应与贸易学徒制完全相同。相反，两个实践共同体之间应该有持续的互动，这样学徒就有机会批判性地反思他们正在学习的东西。通过这种方式，学徒可以探索特定实践共同体独有的或者在其他实践共同体中成功使用的参与模式。

例如，联合教学（co-teaching）旨在帮助职前教师在他们的大学储备和教学经验之间建立联系（Eick et al.，2003）。在一项检查联合教学影响的研究中，教育专业的学生在每个上课日连续两个课时与课堂教师一起工作。在第一阶段，学生协助教师授课；在第二阶段，角色互换，学生成为主要教师。教师在第一个阶段作为优秀实践的榜样，在第二个阶段进行指导和协助，促使对两个阶段发生的事情进行批判性反思。研究结果表明，学生和教师都取得了积极的成果。

作为教学策略的实践共同体

"当我和我的同事让·莱夫（Jean Lave）在 20 世纪 80 年代后期创造了'实践共同体'一词时，我们无法预测这个概念的职业生涯"（Wenger，2010a）。事实上，实践共同体的概念不仅是理解学习如何发生的情境观的核心，它还被应用于广泛的领域，从商业到教育和卫生部门等。然而，尽管对实践共同体进行了 30 多年的学术研究，但尚未对其应用形成统一的理解或方法。例如，为本书提供指导的审稿人要求我们明确实践共同体和学习者共同体（community of learners，简称 CoL）之间的区别。有时，这些术语可以互换使用，有时一个被描述为另一个的派生词。

例如，在他们对在线讨论组的研究中，凯勒和威乐（Kayler & Weller，2007）引用了温格对实践共同体的定义，然后指出，"实践共同体是由知识而非任务定义的专业学习共同体（community of learning）"。然而，其他人恰恰相反。"学习者共同体模型的目标是培养深入的学科理解——对学科主题和学科共同体处理领域知识的方式的理解"（Bielaczyc et al.，2013）。换句话说，他们的重点完全放在知识上，而不是任务上。

在大多数情况下，学习者共同体的概念与教育相关，用于描述教师和学习者合作实现重要目标的教室，这些目标很可能是共同建立的。学习者共同体通常强调分布式专业知识（Brown et al.，1993；Pea，1993b），也就是说，学生带着个体兴趣和经验开始学习任务，并有机会学习不同的东西并以不同的方式对共同体的集体知识做出贡献。这里的重点是分享想法以推进学习共同体内的集体知识，这通常与学科或知识体系相关。表 8-5 综合了被建议作为有效学习共同体特征的原则（Bielaczyc & Collins，1999，2006；Bielaczyc et al.，2013；Scardamalia & Bereiter，2006，2010）。

学习者共同体在学校或大学课堂上形成，代表着教育实践的全新转变，重新定义了学生和教师的工作和身份。斯卡达玛利亚（Scardamalia）和布莱特（Bereiter）最早开发和探索了学习共同体在学校环境中的局限性（Bereiter & Scardamalia，1996；Scardamalia et al.，1989；Scardamalia & Bereiter，1994，1996）。计算机支持的有目的的学习环境（Computer Supported Intentional Learning Environment，简称 CSILE）演变为知识论坛®，并专注于建立知识建构文化和支持共同体知识的协作建构（Scardamalia & Bereiter，2010）。

最近在 K12 课堂实施学习者共同体的例子包括在五年级科学课中使用知识论坛®的多年项目（Tao & Zhang，2018）和另一个称为"常识"（Common Knowledge）的用于基础科学学习的技术环境（Fong & Slotta，2018）。这两个项目都旨在促进协作知识建构，并检查此类课堂活动系统中学习的不同方面。

随着学习者共同体概念进入西方学术和实践领域，社会历史活动理论中最初打算使用的共同体概念可能已经失去了一些意义。例如，罗斯和李（Roth & Lee，2006）质疑，在个体和集体之间存在辩证法的情况下，学校教室是否可以成为真正的共同体。也就是说，"个体的行为定集体并对集体产生影响"。

相反，"被忽视的是，鉴于学生可能追求不同目标 / 动机，教室不一定只包含一个单一的实践共同体，而是几个。"此外，"没有真正的集体，因为学校外没有体现学校外日常生活特征的整体交换关系"（全部引自 Roth & Lee，2006）。罗斯和李的意思是大多数学习者共同体都是人造的。学生在是否参与共同体或参与哪些实践方面几乎没有选择。"归根结底，最重要的是学生的个体成就，这颠覆了引入任何基于共同体概念的教学策略"（Roth & Lee，2006）。

表 8-5　有效学习共同体的原则

种类	布莱茨和柯林斯	斯卡达玛利亚和布莱特	描述
目标	共同体增长	共同体知识	目标是为他人提供有价值的知识，并扩展学习共同体的知识和技能
	新兴目标	知识民主化	所有参与者都合法地为学习共同体做出贡献并共同建构其目标
	阐述目标		教师和学生阐明他们判断成功的目标和标准
分布式专业知识		问题真实性	学习共同体致力于源于努力了解世界时所产生的想法和真正问题
	结构性依赖		共同体的结构是为了促进学生之间的相互依赖。学生对他人负责
	多元化的专业知识	均衡的知识提升	专业知识分布在学习共同体内部和之间。学生在个人兴趣领域发展专业知识，并有责任与共同体分享他们的专业知识
知识建构	分享		共同体提供了成员之间分享想法的机制
	协商	可改进的想法	一个可行的假设是，所有的想法都是可以改进的。学生通过协商和论证来改进想法；教师示范并指导如何评论他人的想法
	超越边界，实验法	思想多元化	思想多元化对于知识建构至关重要。学生寻求并尝试超越共同体知识的新思想和方法，并挑战他们的信念
	深度大于广度	克服困难	学生需要有足够的时间深入研究主题以获得专业知识，并超越当前的最佳实践，达到更高的理解水平
		建设性地使用权威来源	学生学会尊重、理解并使用学科中的权威来源
	学会学习	认识的能动性	学生不断反思他们学到的东西和他们使用的过程
结果	产物质量		学习者共同体的产物以共同体的标准为基础，受到学生、共同体和外界的重视
		同期的、嵌入式和变革性评估	评估是知识建构过程不可或缺的一部分，在内部和外部用于评估学习者共同体的过程和结果

　　然而，也有一些学习者共同体的例子"作为学习语境真正建立在共同体的先天理论优势之上"。罗斯和李（2006）描述了两个例子：一个是法国的乡村学校（Collot，2002），另一个是罗斯在加拿大不列颠哥伦比亚省教授的中学科学课程（Roth & Lee，2004）。这些学习者共同体模糊了乡村生活和学校生活的界限，学生从事有助于共同体福祉的活动，如他们所在地区流域的生态健康。

　　与这些例子一致的其他近期倡议包括"深度学习新教学法"（New Pedagogies for Deep Learning，Fullan et al.，2018），即七个国家之间的合作伙伴关系，以及"位于中心的学生"（Students at the Center，Wolfe et al.，2013），即未来工作（Jobs for the Future）和内莉·梅教育

基金会（Nellie Mae Education Foundation）之间的合作伙伴关系。这些项目的目的是促进更深入的学习，促进所有学生获得卓越和公平所必需的全球能力。

对学习者共同体在教育课堂中的作用的补充是对实践共同体在使其他领域的专业人士能够相互一起学习方面的价值的日益认可（Wenger-Trayner & Wenger-Trayner，2015）。例如，商业组织中的知识管理专家强调了实践共同体在促进战略和创新、发展专业技能与跨越公司边界工作方面的价值（Pattinson & Preece，2014）。实践共同体也非常适合专业发展，并在促进教师学习方面变得流行（Kayler & Weller，2007）。

例如，在一项探索教育者网络（Discovery Educator Network，简称 DEN）中教师经验的研究中，特拉斯特和霍洛克斯（Trust & Horrocks，2019）确定了影响他们参与和学习的关键因素。DEN 是一个由探索教育（Discovery Education）支持的实践共同体，它将教育工作者与教学资源、学习机会和同行专业人员网络联系起来。其目的是为教师提供一个支持性环境，"探索基于研究的教学策略、及时的内容和想法以及交互学习，以了解全球教育工作者如何在教学中使用数字资源"。特拉斯特和霍洛克斯采访了 DEN 参与者，以确定实践共同体的哪些方面对参与者的成功至关重要。

许多实践共同体是非正式的和自发组织的，是通过参与到合资企业的互动中而产生的。但是，也可以有意培养实践共同体，以促进点对点联系和学习机会，这不仅使个人受益，而且使他们所在的机构或组织受益。温格（2010a）概述了对实践共同体的学习能力至关重要的四个特征，具体如下。

- 目的或领域。也就是说，实践共同体是关于什么的？学习日程是什么？参与者如何对彼此有用？
- 共同体。实践共同体的成员是谁？他们的参与将如何影响集体的信任和互动？
- 实践。实践共同体的实践如何成为课程？也就是说，参与者应该如何互动并相互学习？
- 召集。实践共同体由谁领导？外部利益相关者的作用是什么？有哪些资源可用于支持实践共同体？随着实践共同体的日益普及，已经确定了有助于其成功（或不成功）以及它们最有效地服务于什么目的的其他要素。

例如，帕丁森和普利斯（Pattinson & Preece，2014）在对四家以科学为基础的中小型企业（small or medium-sized enterprises，简称 SME）的研究中确定了三种不同类型的实践共同体。基于学徒的实践共同体非正式地出现在个体公司内，用于支持个体学习和内部知识共享，通常在初级和高级科学家之间进行。相比之下，组织内实践共同体的出现是为了支持协作解决问题和非规范实践，为问题提供创新和富有成效的解决方案。一家公司通过使用边界对象，即"幻想工程墙"来鼓励这种内部共享，员工可以在其中发布新想法或对现有产品进行改进。最后，当公司跨组织边界工作时，组织间的实践共同体出现了，最常见的是与外部成员如客户或大学研究者一起。帕丁森和普利斯得出的结论是，公司可以通过分配时间和资源、赞助实践共同体活动、利用个人网络、组织社交活动以及鼓励员工成为跨界者来建立实践共同体。

过去几十年对实践共同体的广泛应用和研究使得本章无法提供详尽的回顾。相反，我们试图将一些经验教训综合成基本原则，为建立实践共同体提供行之有效的指导（见表 8-6）。

表 8-6 支持从业者点对点学习的实践共同体原则

原则	描述
目的	参与者共同制定实践共同体的目的和共同愿景。学习议程满足他们的兴趣和需求
个性化	实践共同体培养参与者塑造自己学习、追求个人目标以及为集体做出贡献的能力
共同体	实践共同体通过制定集体规范建立信任和共同体意识。所有参与者都合法地为实践共同体做出贡献
对话	参与者通过积极对话参与并体验不同的观点
合作	专业知识是分散的，参与者合作分享知识和技能；鼓励非正式合作
领导力	参与者有机会建构和发挥领导作用
资源	存在支持实践共同体的组织和技术资源
反思	参与者对自己的学习进行自我评估，并评估实践共同体的价值，旨在改进两者

面向真实问题的抛锚式教学

情境观的早期应用包括真实问题中的抛锚式教学想法。例如，范德比特大学认知与技术小组（Cognition and Technology Group at Vanderbilt，简称 CTGV）开发的一个项目将复杂而现实的数学问题置于虚构人物贾斯珀·伍德伯里（Jasper Woodbury）和他的朋友们的冒险中。影碟（videodisks）展示了贾斯珀的冒险经历，其中涉及复杂的、真实的数学问题，并让学生参与寻找他们的解决方案（CTGV，1990，1993）。这种教学方式的目标是弥合学校学习与"现实世界"中的学习之间的差距，并提高学生在真实语境中应用所学知识的能力。

面向真实问题的抛锚式教学的其他示例包括基于问题的学习（在第 7 章中讨论过）和"设计挑战"这一情景所基于的 Aero Design® 竞赛。在后者中，大学工程专业的学生面临的问题反映了他们在工作场所可能面临的问题。这些问题很复杂，需要应用多个学科，并且需要数月时间才能找到潜在的解决方案。最后，许多技术增强的学习环境将教学嵌入到模拟专业实践的复杂、真实的问题中。这些将在第 9 章中进一步讨论。

情境评估

采用情境观改变了研究者和教育者以非常基本的方式看待学习和教学的方式。因此，它也改变了对学习评估的看法。事实上，格林诺（1997）认为，从情境观进行评估要困难得多。"当学生参加考试时，他们展示了如何充分参与到考试所提供的那种交互中"，但考试成绩并没有很好地表明学生是如何学会参与共同体的。情境观如此强调的学习过程在评估中却是与学习产物相冲突的。哪些产物可以作为个体学习适当参与实践共同体或学习共同体的有效证据？此外，如何评估共同体本身的学习？它是否按预期运作并向参与者提供有价值的知识？

评估个体学习。情境观模糊了教学和评估之间的区别，因为评估被认为是学习的一个重要部分。根据西吉（Hickey，2015）的说法，它也模糊了评价的总结性和形成性功能之间的区别。他认为课堂评估可以提供关于教师和学生在他们的教学和学习实践中制定特定课程意图的方式的证据。这是一个总结性功能。同样的评估也可以起到形成性作用，为每个学生在课堂活动中建构的知识提供证据。此外，情境评估的重点不是陈述性和程序性知识，而是更多地关注学科话语中的共享参与，或者用西吉的话来说，关注学科知识的语境和结果方面。对语境和结果知识的关注意味着不同于课堂上通常发现的不同类型的评估。例如，在对两个学习共同体的分析中，恩格和科南特（Engle & Conant，2002）发现，学生以学术方式使用证据，在解决问题的过程中提出论点，反驳他人的论点，并产生关于他们正在研究的主题的新的、更深层次的问题。他们还制定了来源可信度的标准，并不总是假设信息来源是有效的。这些都是通过非正式、观察或反思方式评估的结果，学生和教师有责任确定成功的标准。

在开发参与式评估框架（participatory assessment framework）时，西吉（2015）强调了对人造物进行评估性反思的重要性，这通常出现在绩效和投资组合评估中（Collins，1990）。当人造物是个性化的、公开的并且不受过于详细的评分标准影响时，它们可以促进学科参与（Popham，1997；Hickey，2015）。例如，本章前面提到的学习共同体中研究社区流域生态健康的学生在村民和社区领导人参加的开放日活动中展示了他们的工作成果（Roth & Lee，2006）。然而，反思不仅提供了学科参与的证据，也提供了批判性和协作性参与的证据。也就是说，可以要求学习者不仅反思他们学到的东西，还要反思他们参与的实践如何影响他们的学习，他们的贡献如何影响共同体的集体知识，以及其他人的贡献如何对他们有所帮助（Hickey，2015；Kayler & Weller，2007）。

评估学习共同体和实践共同体。参与者反思是评估学习共同体和实践共同体价值的重要工具，但也有许多潜在的数据来源可以被定义和被监控。温格及其同事（2011）确定了共同体创造价值的五个周期，具体如下。

> 周期 1 即时价值：活动和交互
> 即时价值涉及在学习共同体或实践共同体中发生的事情以及参与者的体验。指标包括参与度、交互质量和参与的感知价值。
> 周期 2 潜在价值：知识资本
> 共同体的价值不需要立即实现。因此，其潜在价值在于可能最终实现的知识资本，例如新知识和技能、新关系和联系、获得新资源、提高社区声誉以及转变学习能力。
> 周期 3 应用价值：实践中的变化
> 应用价值发生在知识资本被使用时，实践随之发生变化。这可能意味着实践或系统的创新、新工具的使用、获得的见解的应用或产品的重复使用。

周期 4 实现价值：绩效提升

实现价值是指实践中的变化对共同体绩效的影响。换句话说，成功的衡量标准是外部的，可能包括客户满意度、项目评估、记分卡结果等指标，具体取决于共同体的性质（例如，教育组织、商业实体、健康护理机构等）。

周期 5 重新定义价值：重新定义成功

最后一个周期需要重新考虑学习议程和定义成功的标准。这可能发生在个体参与者身上以及整个共同体中。因此，重新建构价值的指标可能包括个人或共同体愿望的变化、新指标和新战略方向。

这是一个评估实践共同体和学习共同体价值的综合框架，但许多实践共同体和学习共同体不太可能完全实施该框架。对于 K12 学校的学习共同体而言尤其如此，因为学生在学校共同体中的逗留时间不足以体验所有五个周期。尽管如此，作为学习共同体参与者的教师，可以收集和监控他们可以用来改进连续班级学生的学习共同体数据。

最后，值得一提的是，近年来数字数据系统的飞速发展提高了组织（包括学习共同体和实践共同体）收集、共享和展示大量信息的能力（Piety et al., 2014）。新兴的教育数据科学领域是一项有前景的领域，致力于使用数字数据为学习者提供信息和学习管理。第 9 章将在讨论基于技术的学习环境时再次涉及这一点。

结语

本章关注的学习观与我们迄今为止所考虑的其他观点大相径庭。在情境观中，学习不仅仅关于行为或内部认知过程；语境不仅仅是学习方程中必须考虑的另一变量。

相反，学习涉及私人和公开的社会情境实践，这些实践是通过学习者在各种共同体（从家庭环境到工作场所）中的复杂交互而产生的。在情境观中，学习不能与产生学习并受学习帮助而产生的共同体分开理解。

学习的情境观随着计算机和通信技术的进步而发展，这也许并非偶然。新兴技术和关于共同学习的新兴观点成为学习科学这一新兴领域的基础。我们将在接下来的两章中讨论这些新兴事物的结果和影响。

反思性问题与活动 >>>>>>>>

1. 阅读安德森等人（1996，1997）之间的辩论和格林诺（1997）关于情境观与认知观的观点，并根据第 1 章中讨论的认识论观点考虑他们的论点。你最同意哪个立场？为什么？

2. 准备一个已经或可以用来描述和理解学习的隐喻列表。例如，学习是信息加工（计算机隐喻）；学习是成长（生物体隐喻）；学习是朝着目标前进（旅行隐喻）；学习是参与实践共同体（情境隐喻）。对于每个隐喻，描述学习者、教师和教学材料的隐含角色。对于每个隐喻，请考虑其对知识的性质和知识获得方式做出了哪些假设。当你完成本书的内容时，将这些思考添加到你的列表中。

3. 列出你所属的所有实践共同体。描述你参与这些共同体的性质。你如何描述你在每个共同体中的学习轨迹？

4. 探索如何在你的专业学科中实施学习共同体或实践共同体。

5. 考虑如何将本章讨论的概念应用于教学设计。例如，在前端分析期间，对"走向本土"可能包括哪些内容进行头脑风暴，以了解目标受众及其需求，然后将你生成的步骤与青少年移动应用程序设计师为避免意外怀孕所遵循的过程进行比较（Kaye et al.，2009）。

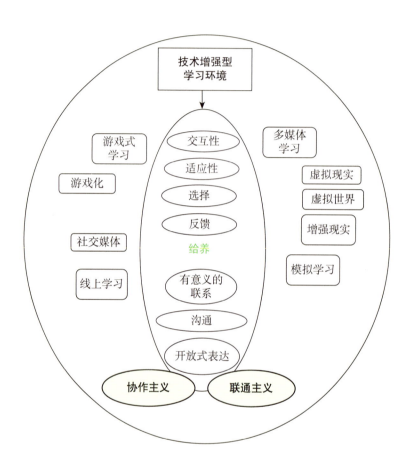

第 9 章

学习和（数字）技术

PSYCHOLOGY OF
LEARNING FOR INSTRUCTION

• 疫情之下

2020 年春季，当各类学校都被关闭以减缓新冠病毒的传播时，老师们不得不匆忙将教学转移到线上。他们中的许多人以前很少在课堂上深入使用相关技术，而现在他们面临着几乎完全以计算机为媒介、以互联网为基础的工作环境。这就给教学带来了许多难以解决的问题。他们应该让学生们做什么？要如何收集学生作业或提供反馈？如何满足学生的社交需求？可以用什么手段创建一个线上共同体，让学生可以相互交流和合作？音乐课或体育课这类以表现为基础的活动应如何开展？

虽然在线课程在高等教育中很常见，因为这个阶段的学生应该有台式电脑或笔记本电脑，但在 K12 教育中情况却不一定如此。如果那些学生（甚至他们的老师）在家里没有电脑或网络怎么办？

• 模拟中心

实习护士和高级护理学生定期一起参加大学医院**模拟中心**的课程，在那里他们练习医疗急救流程。**模拟中心**配备有高仿真模拟（high-fidelity simulation，简称 HFS）假人，用于模拟有生命危险的情况，这样护士们就能模拟在真实临床情境下的工作。护士遇到的最常见的危急情况之一就是呼吸窘迫症（respiratory distress）。其诱发原因包括过敏反应关闭气道、肺炎并发症和气管内阻塞。

瑞伊（Rae）、乔乔（JoJo）、谢尼塔（Shenita）和奥利维亚（Olivia）进行了一次模拟练习，她们的"病人"——假人萨拉（SimSarah）情况快速恶化。在培训后的汇报中，她们进行了如下讨论。

"我从没想过病人会这么快就代谢失调。"乔乔说。作为一名有 5 年以上工作经验的护士，她认为自己见过大多数呼吸急症，但没有一个病人这么快就出现了呼吸困难。"是的！"瑞伊说，"而且我一开始没有注意到病人嘴唇有点发蓝，还好谢尼塔发现了，否则我们的干预可能就晚了。"作为一个高仿真模拟假人，假人萨拉的身体结构和人类一致，外观和声音都像一个真实的人，还能在诊断练习中呈现出真实的症状。她可以连接到用于监测患者病情的标准医疗设备上，而且她的软件可供编程以模拟任何医疗紧急情况。

谢尼塔点了点头说道："我们的干预起到了作用。这就是这种模拟技术真正的优势之一。我们可以立即看到我们的行为对患者有什么影响。假人萨拉还会记录我们所做的任何操作，我也很喜欢这一点，因为这样就可以很容易地比较不同治疗方法的生效模式。"

这些情景对使用技术促进学习有什么启示？请你回想一下，技术是如何从各个方面改进你学习的内容、方式和地点的。当你回想自己在学习技术方面的经验时，思考一下从你还是个孩子时起到现在，这些技术发生了怎样的变化，以及如今的孩子们会有什么体验。任何年龄段的学习者都可能体验到技术支持下的教学。技术已经成为日常生活中十分常见的现象，以至于使用技术来促进学习几乎已经没什么好惊讶的了。如今的教学辅导程序可以向学生介绍内容，提供练习，并评估成绩——所有这些都是通过计算机进行的。"疫情之下"和"模拟中心"这两个场景告诉我们：技术增强型的教学能支持某些类型的学习活动，并提供与课堂学习截然不同的学习体验。

在本章中我们将纵观学习技术的基本情况。我们将从学习观点的转变、计算机及相关技术的进步开始，这些转变和进步共同推动了学界重视技术作为学习工具的功能。然后，我们研究技术如何介入、推动和整体上促进学习。也就是说，我们将讨论技术的给养（affordance）；换句话说就是，用各种技术可以做、没有这些技术就做不成的事。我们还将讨论哪些类型的技术可以提高学习效果，比如从基于计算机的多媒体程序到严肃游戏（serious games），再到沉浸式的、基于模拟的学习环境。我们的讨论绝不是详尽的，因为技术的变化十分迅速，这不仅体现在可用的产品日新月异，还体现在其所搭载的功能也在不停变化。最后，我们会讨论与学习技术及其在教学中的作用相关的问题。

学习技术概况

从最广泛的意义上讲，技术总是与学习联系在一起的。历代技术的突破提供了新的交流手段和传播知识的新途径。哈拉西姆（Harasim，2017）总结了技术方面的四个主要的范式转变，按时间顺序来说如下。

- 言语（公元前 40 000 年）：在狩猎者—采集者社区中，言语和部落间交流的发展产生了可识别的文明，基于借助手工艺品和象征性艺术达成的非正式学习。
- 文字（公元前 10 000 年）：农业革命与土地肥沃地区的人口集聚相互作用，产生了国家结构和基于文字发明和学习正式化的累积性知识增长。
- 印刷（16 世纪）：机器技术和印刷机与全球贸易和通信的发展相互作用，促进知识和科学的传播和专业化。
- 互联网（20 世纪）：先进的网络技术与强大的教育和培训新模式相互作用，为产生知识经济和知识生产民主化提供了可能。

在另一种描述技术史的方式中，黄（Huang）及其同事（2019）提到的时代包括"原始时代、农业时代、工业时代、信息时代、智能社会的新兴时代"。前三个时代与哈拉西姆前三个范式十分吻合，均说明了 20 世纪之前促进学习最常见的手段（或技术）：教师、黑板[①] 和教科书（Reiser，2001）。

然而，哈拉西姆（2017）在她的年表中省略了信息时代的一些技术，她把电信技术和早期

① 在本章中，我们使用黑板（chalkboard）这一术语的最一般意义，包括黑板和白板。

计算机技术作为互联网范式的基础。黄等人（2019）展示了 20 世纪技术的快速增长，这可以被称为视听范式（Audio-Visual paradigm）（19 世纪）。20 世纪初，美国学校的博物馆中使用了幻灯片、胶片和立体照片（3D 照片）等技术（Saettler，1968）。20 世纪 50 年代紧随其后的则是广播、电视及最终出现的计算机。

关于计算机辅助教学（computer-assisted instruction，简称 CAI）和自适应教学机器的早期工作出现在 20 世纪 50 年代和 60 年代，但它们对教育的影响不大（Pagliaro，1983；Reiser，2001）。这种情况随着微型计算机的出现而有所改变，微型计算机提供了一种小巧且相对便宜的手段来实现以前只能用大型机完成的功能。然而，直到 20 世纪 90 年代，计算机仍然主要用于演习和练习，或用于传授与计算机有关的技能，如文字处理（Reiser，2001）。然而，计算机网络技术改变了游戏规则，从而迎来了互联网范式和新兴时代（Harasim，2017，for a history of computer networking technologies）。黄等人（2019）这样描述历代技术的影响。

> 技术改变人们所做的事。
> 技术改变人们能做的事。
> 科技改变人们想做的事情。

在 20 世纪末和 21 世纪初，新兴的学习观点要求教学和学习环境产生新的变化，而数字技术的进步就满足了这个需求。我们已经在其他章节中讨论了许多这些关于学习的观点。汉纳芬和兰德（Hannafin and Land，1997）将技术增强型学生中心型学习环境（technology-enhanced student-centered learning environments）称为伞式概念（umbrella concept），并这样解释道：

> 技术增强型学生中心型学习环境通常是以需要解决的问题或定向目标的形式，将相互关联的学习主题组织到有意义的情境中，从功能上将它们的特征和活动结合起来。这类学习环境提供互动的、互补的活动，使每个人都能满足自己独特的学习兴趣和需要，研究复杂程度不同的问题，并加深理解。它们创造了丰富思维和学习的条件，并利用技术来实现支持这一系列过程的灵活方法。

汉纳芬和兰德（1997）还提出了一个重要的观点，即在技术增强型环境中学习不仅仅取决于技术；相反，有 5 种基础将决定学习的方式和内容。它们是：心理学基础（psychological foundations），其反映了学习理论中关于知识的性质以及学习者如何获得、组织和使用知识的假设；教育学基础（pedagogical foundations），其为教学方法和策略，以及组织学习内容的方式提供了基础；文化基础（cultural foundations），其代表着一个社会的价值观及其对教育和人在社会中的作用的看法；技术基础（technological foundations），其表明通过技术可以实现什么，特别是表明了现有工具的能力和局限性；最后，务实基础（pragmatic foundations），其反映了特定学习环境的情景限制，如空间或财务问题。图 9-1 展示了这些基础之间的潜在关系，它们是技术增强型学习环境的概念支撑和影响因素。

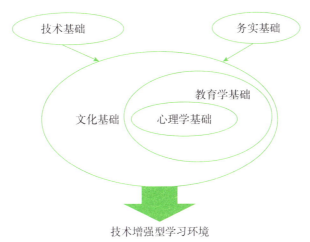

图 9-1　技术增强型学习环境的五个概念基础及其影响

资料来源：Based on Hannafin，M. J.，& Land，S. M.（1997）.The foundations and assumptions of technology-enhanced student-centered learning environments.*Instructional Science*，*25*，167–202.

例如，请思考这些基础是如何在情景"模拟中心"里得到反映的。我们先从模拟技术本身说起。

高仿真模拟假人拥有卓越的能力，不仅可以模仿大量的人类医疗状况，而且还可以记录和预测数据以进行评估。这些都是技术基础。如何在训练情境中部署高仿真模拟假人，是教育学基础和心理学基础的功能之一，例如使用真实问题来加强迁移（transfer）。最后，文化基础体现在对患者安全的保证上，在错误可能导致灾难性后果的情况下，让护士和护理专业学生与假人而不是真实患者互动。

汉纳芬和兰德（1997）认为，与更传统的教学形式相比，技术增强型学生中心型学习环境的五个基础反映了"一种关于知识的本质以及学习者角色的更加以用户为中心的观点"。近年来，这种对以学生为中心的重视已经发生了转变，包括将第 8 章中所讨论的情境性观点纳入其中。

在理想的情况下，这五个基础在技术增强型学习环境的设计中是综合的、相互依赖的。然而实际上，与这些基础完全相互匹配的情况是相对罕见的。情景"疫情之下"中描述的情况中就有一些例子。K12 教育中的学生和教师可能无法维持互联网的稳定连接，这就是技术基础的限制；或者他们可能负担不起上网费用，这是务实基础的限制。一些大学教员的理念可能与发展在线学习社区相斥，这种限制则与文化基础、心理学基础或教育学基础有关。

尽管存在这些限制，但技术被认为是能为学习环境增加价值的，技术增强型学习环境的设计者对此有一组隐含的假设。这些假设"规定了这些基础在各种环境中如何运作。随着假设的变化，学习环境的五个基础也会相应地发生变化，继而改变学习环境的特点和方法"（Hannafin & Land，1997）。

我们更新了汉纳芬和兰德的最初的假设，加入了利用技术和从技术中学习所涉及的情感和认知过程（见表 9-1）。在技术增强型学习环境中，学习者的体验以及与之相关的情绪在学习中起着至关重要的作用（关于学习中的情绪的进一步讨论见第 11 章和第 12 章）。那么，一个重要的问题是，相关技术如何使这种体验得到体现。我们接下来讨论这个问题。

表 9-1　技术增强型学习环境中的价值和假设基础

1. 技术增强型学习环境能最好地实现各种学习要求
2. 当认知和情感过程被技术增强而非取代时，理解过程就得到了最好的支持
3. 学习环境需要支持理解过程中潜在的认知和情感过程，而不仅仅是支持理解的产物
4. 理解是不断发展的
5. 个人在指导自己的学习方面承担的责任更大
6. 学习者能做出或可以被引导做出有效的选择
7. 当多种不同的表征得到支持时，学习者的表现最好
8. 源于相关情境的知识对个人而言最有意义
9. 源于个人经验的理解与个人最为密切相关

资料来源：Adapted from Hannafin，M. J.，& Land，S. M.（1997）.The foundations and assumptions of technology-enhanced student-centered learning environments.Instructional Science，25，182–185.

技术如何支持学习

在第 8 章中我们讨论过给养（Affordances），也就是在某个有机体与环境互动的过程中，环境所展示出的特质。我们提到了钢琴的不同给养，这取决于谁（或什么）与它互动以及他们在做什么（弹奏它、敲打它、躲在它下面）。给养的概念也被用于描述技术的特点和能力，以及这些特点是如何支持学习的（National Research Council，2018）。

技术由于具有特殊的给养，能以不同的方式实现和推动学习。例如，用于实施非共时（asynchronous）在线学习的学习管理系统，促进了参与者之间的多样化交流，而这在传统的教室环境中是难以实现的。课堂上的讨论可能会有少数活跃的参与者，他们的思维比较敏捷；而在线上进行同样的讨论则会促使所有的班级成员参与进来，并花时间认真思考，再做出回应。同样地，基于计算机的数学和科学交互式模拟使学习者能够提出问题，试验想法，探索变量之间的关系，并进行抽象推理——所有这些方式都有助于发挥学习者的能动性，并帮助他们培养数学家和科学家的习惯（Atabas et al.，2020）。

毫无疑问，由于技术的进步及其能力的发展，这些年来，它们为学习提供的机会发生了变化。我们需要考虑的一个重要问题是，学习和学习者的体验可能也发生了变化。例如，在书中阅读化学反应与通过在实验室中混合化学物并收集反应过程中的数据来体验这些反应有着本质的区别。现在想象一下，使用基于计算机的模拟来虚拟混合化学物质，并观察屏幕上出现的数据点。学习者在实验室进行的实验与在计算机模拟中进行的实验相比，他们对化学相互作用的理解可能没有实质性的差别。事实上，这是克拉克（Clark，1983，1994）的论点，即媒介（或技术）并不影响学习；媒介中内嵌的教学策略才会影响学习。

然而，学习者的体验和每种方法的实际意义是否有差别？虽然教学策略可能相同，但它们为学习者提供了不同的体验。实验室工作涉及的程序本身很重要（如正确测量化学物、确保选择正确的化学品以及安全处理挥发性物质），但可能会分散学习者对预设目标的注意力。相比之下，模拟能为学习者完成这些程序性任务，而将他们的注意力集中在数据和数据的含义上。学习者也可以在模拟中重复测试，而不需要耗费昂贵的资源，而且他们可以比在实验室中更快、更容易地完成测试。

表 9-2 展示了从与技术相关的学习科学研究中收集到的学习技术的核心给养（National Research Council，2018）。换句话说，无论是技术本身还是与其他方面相结合，这些都是某项技术所带来的学习机会。重点主要是（虽然不完全是）在数字技术上，因为计算机构成了今天使用的大多数学习技术的基础。

表 9-2 学习技术的核心给养

1. **交互性**。学习技术能提供对学习者行动的系统回应。例如，一些严肃游戏通过角色扮演和游戏社区互动使学习者沉浸在虚拟（世界）中。相比之下，传统的书籍、录音带和电影并不是交互性技术，因为它们不会根据学习者的阅读、聆听或观看而呈现新的信息
2. **适应性**。学习技术能够根据学习者的行为来呈现信息。一项技术可以是交互式的，但可能不是自适应的，如一个游戏为用户提供了选项，但不会根据用户的选择或行动而改变选项。相反，智能适应性学习程序被设计成具有适应性和互动性，因此当学习者使用该软件时，它可以对学习者的每一个与任务相关的动作进行评估并作出不同的反应
3. **反馈**。学习技术会根据学习者的行动和表现给出反馈。反馈的信息可以是学习者回答的准确性如何，也可以是学习者做出的表现充分性或质量如何。反馈可以是即时的、形成性的和 / 或在一段时间内累积的（也就是总结性的）
4. **选择**。学习技术允许学习者自主决定学习内容和学习方式，因此他们可以指导和调节自己的学习。它还可以提供学习者可以选择使用的各种学习支持工具，如进度监控工具或以不同方式呈现内容的工具
5. **联系**。学习技术使学习者能够在学习资源和内容之间快速建立联系，包括概念、不同观点、教学策略和媒介的交替呈现，如口头信息、文本、图表、视频和交互式模拟之间的交替呈现
6. **开放式表达**。学习技术允许学习者通过语言、绘画和其他形式的开放式演示来表达自己，鼓励主动学习和知识创造
7. **沟通**。学习技术支持成员之间各种方式的相互沟通。也就是说，学习者可以与同伴、主题专家、教员和 / 或虚拟代理进行交流。这种交流可能包括基于文本的、以计算机为中介的交流（电子邮件、聊天、讨论室），以多媒体计算机为中介的交流，由计算机支持的协作学习、对话代理、按需辅导和众包

资料来源：Modified from National Research Council.（2018）.*How people learn II：Learners，contexts，and cultures*.National Academies Press，pp. 165–166.

让我们仔细看看给养是如何影响学习的，以及给养与其他章节中讨论的学习理论的关系。在我们的讨论中显而易见的是，学习技术拓展了学习者和教员能独立完成的任务。

使重复和练习成为可能

正如我们在本书中所看到的，活动是学习的核心。无论是处理接收到的信息、练习学到的行为、修正被误解的概念，还是在真实的环境中解决一个复杂的问题，学习者都是主动的。此外，重复和练习对发展专业知识很重要。很少有人只做一次或经历一次就能获得熟练的表现或保留所学的能力。因此，交互性、适应性和反馈是技术的给养，通过这些给养，技术可以创造学习环境，有效地支持重复和练习。

交互式技术是指那些系统地对学习者的每个行为提供回应的技术。这里的关键概念是"系统地"和"对每个行为"。例如，教师和教练经常与学习者互动，对学习者的言行做出回应，但他们不可能每次对每个学习者都做出回应。然而，交互式技术每次都以同样的方式对每个学习者做出回应，无论学习者是谁。

如表 9-2 所示，许多传统技术不是交互性的，包括黑板、书籍和电影。它们提供信息供人观看或阅读，但在其他方面是功能低下的，无法为学习者提供其他方式来与所展示的信息进行互动。智能黑板（smartboards）和电子阅读器等设备通过让用户能够查询单词、搜索文件、连接互联网和运行各种应用程序，引入了交互性。可想而知，即时获取和灵活使用信息可以提供重复和练习的机会，从而以书本或黑板本身无法做到的方式推动学习。当技术有选择地对学习者的行为做出反应时，它们就被认为是适应性的，也是交互式的。例如，学习者在辅导程序中所给出的正确答案和错误答案会将他们引向不同的内容，如让他们多加练习他们容易错的题目。这是第二章中讨论的程序化教学的特点，学生遇到的内容取决于他们的个人学习需求，而这些需求则通过他们在程序中的持续表现来评估。

最后，交互式、适应性技术经常向学习者提供关于他们表现的反馈，如他们的答案是对还是错；如果他们回答错误，那么正确答案是什么。在某些情况下，反馈是融在学生所做的行为之中的。例如，在学习物理的模拟游戏《物理乐园》[①]中，学生必须通过使用坡道、杠杆、跳板或钟摆引导一个绿色的球击中红色气球（Shute et al., 2013）。他们在屏幕上拖动调整选定的物体，然后进行模拟。所发生的事情会立即让他们知道他们解决问题的假设是否正确，如果不正确，那么他们在哪里出了问题（例如，杠杆不够长或坡道不够高）。

类似地，在"模拟中心"情景中，高仿真模拟假人可以记录受训者尝试的干预措施的大量数据，并为他们提供关键的反馈，从而帮助他们在为真正的病人提供治疗时获得成功。在这两种情况下，形成性反馈都能帮助学习者完善自己的理解，并引导他们做出下一步的决定。

多邻国（duolingo）就是一个学习技术的典例，它集成了这三个核心给养。多邻国是一款移动应用，也有其配套的网站，它的设计目的是为学习者提供语言学习支持，马西（Marcy）一直在用它学习意大利语。该应用假定学习者没有任何先前的相关知识，开始只给出简单的单词和句子让使用者进行翻译。图片可以帮助学习者识别单词，男女两种音频可以帮助学习单词发音。该应用还会给出即时反馈，告诉学习者他们给出的答案是否正确。如果不正确，则提供正确答案。除了对单词和短句的反复练习，该应用还有两种方式根据学习者的表现进行调整。它会多次再现（通常是两到三次）学习者答错的单词，以确保正确答案能被学习者牢牢记住。它也会随着学习者的进步而呈现更难的内容，而当学习者犯的错误过多时，它会终止当前课程的学习，并且在学习者达到一定的掌握程度之前，某些课程是不开放的。

---

① 这个模拟游戏以前叫牛顿乐园。

多邻国的工作方式就像行为主义理论中的程序化教学。一定程度上，它通过引入游戏化的行为技术来维持学习者的学习动力。也就是说，学习者赚取积分，克服挑战以赢得宝石，并与其他学习者竞争，争取进入表现最好的用户的"排行榜"。宝石还可以"购买"其他种类的奖励，如会在学习者犯错时扣除的"红心"。

多邻国是一个可以下载到任何移动智能设备（手机、平板电脑）的应用程序，所以学习者可以随时随地即时获得课程。它假定学习者有一定的学习动机和自我调节能力，但当他们在一段时间内不活跃时，也会用信息提醒他们。虽然像多邻国这样的技术的给养没有明确地推动学习者习得自我调节技能，但其他的技术的给养可以做到这一点。我们接下来将探究这类给养。

支持自主性和自我调节

在第 3 章中，我们讨论了元认知在学习中的作用，也就是对自己的思维过程的认识和控制能力。我们将在第 11 章扩展这一概念，将自我调节定义为学习者通过控制自己的认知、动机和行为来管理自己学习的能力（Pintrich，2000）。这就包括做出一些决定，例如，他们想要实现什么，什么策略将帮助他们实现目标，以及如何评估他们的进展和成功。

自我调节与确定学习方式有关，而自主性则是关于在确定学习内容方面所施加的控制，它是自我决定（self-determination）的一个方面（Ryan & Deci，2000；见第 11 章的讨论）。为学习者提供选择的技术可以同时支持自我调节和自主性或支持其中之一，取决于学习者确定学习方式和学习内容的机会。

一方面，像互联网这样的开放环境使学习者可以寻找自己感兴趣的资源，或者使用应用程序来设定目标、监测进展。例如，一个业余爱好者可能会寻找他想学习的东西的信息，并在多种学习手段中进行选择（书籍、视频、在线课程、移动应用程序等）。同样地，第 2 章"健康管理"情景中的伊森可能会利用互联网寻找一个能记录卡路里和身体活动的应用，用于帮助他改变行为模式，实现减肥的目标。这样的环境支持自主性和自我调节，但也需要学习者必须有自主性和自我调节的技能，才能成功实现目标。

另一方面，我们可以想象在"疫情之下"情景中有一位中学教师，他要在线上的可汗学院（Khan Academy）教授数学课程。教师选择课程，使她的学生能够学习和练习数学中的某些概念，而学生们都以同样的方式体验课程。给学习者的选择很少。只有当学生监督自己的行为，并在教师规定的截止日期前完成课程时，才能体现出他们自我调节的能力。在这种情况下，如果教师提供学习相同概念的其他策略，如课本章节、交互式模拟或线上测试，就可以给学生提供更多自我调节的机会。在这种情况下，学生必须评估他们已经掌握的与目标相关的知识，以及最可能帮助他们熟练掌握所学知识的选择。

支持自我调节的技术还能提供其他选择，包括使学习者能够选择接受信息或参与活动的顺序。例如，在"模拟中心"情景中，参与培训的护士们可以自主选择对假人采取的诊疗措施的顺序。有的治疗顺序可能比其他的要好，在旁观察的医生可能会给出一些提示，推荐更有用或高效的治疗顺序（Garrett et al.，2010）。在一些技术中，这些提示是内置的，可供学习者作为他们选择活动的指南（Kao et al.，2017）。

最后，提供开放式学习者输入的技术使学习者能够通过不同的表达方式来展示他们所知道的东西。例如，通过智能黑板上的触摸屏，小学生们可以通过画图、写方程式或文字的方式表达自己。类似地，在线学习的学习管理系统允许学习者上传各种学习成果，例如论文、视频、照片或 PPT。

提供多种形式的学习者输入与第 3 章讨论的增强编码、第 6 章讨论的改善迁移的建议是一致的。学习者在他们所知道的事物和正在学习的事物之间产生的联系越多，他们就越容易回忆和使用新信息。然而，结合选择和开放式表达这两种给养，可以使学习者不仅能够消化吸收知识，而且能够创造知识，并在机遇到来时改变世界（DeRosa & Jhangiani，2020）。换句话说，学习者被视为贡献者，他们在学习过程中产生的成果会成为向其他学习者开放的"知识公地"（knowledge commons）的一部分。我们将在第 10 章讨论开放教学法，作为这些给养的具体应用。

促进概念性知识和知识创造

许多技术的关键给养之一，是使学习者能够与某一概念的多种表述形式互动，并在各种学习资源之间创建有意义的联系。例如，通过交互式模拟，学习者协调多种形式的表述，如表格、方程和图表，借此将问题可视化，从而理解数学或科学的概念（Rehn et al.，2013）。多种表述方式有助于突出概念上的重要关系，这是解决物理学问题的一个关键方面。有一项研究考察了表述方式对大学生物理学习的影响，结果表明，那些广泛使用各种表述方式的学生比其他学生表现得更好（Kohl et al.，2007）。作为教学的一个组成部分，交互式模拟提供了一个表述形式多样的学习环境，帮助学生使用多种表述方式来构思和解决问题。

在第 8 章中，我们提到过支持学习或知识共同体的技术。这类技术还有一个关键的给养，那就是这里提到的相互联系的表述形式和资源。在这些例子中，是学习者和教员一起为整个学习共同体的利益创建了联系。必须指出的是，一项技术的给养取决于对它的感知，教员和学习者都可以用不同的方式来感知同一给养。

例如，假设在"疫情之下"情景中有一位大学教授，他在一门线上人类学课程中加入了网络链接，通过这些链接学生可以看到正在进行的考古挖掘，在那里发现的文物的图片，研究人员和从事挖掘工作的学生撰写或记录的日志，以及记录该遗址历史的一些视频。教授还可以加入其他链接，包括对于现有发现的已发表的研究文章，以及对于非结论性证据的辩论。这种对各种资源的快速轻松访问使学习者能够探索和体验主题的许多方面，增强编码、概念理解以及认知灵活性。

现在想象一下，如果教授向任何对考古学、人类学或有关遗址感兴趣的人开放课程，并允许参与者增加内容、创建额外的链接，旨在利用 Web 2.0 的能力。由此产生的 MOOC（大型开放式网络课程）可以提供一个动态环境，学习者可以自主决定学习内容、参与对象以及他们的交流方式（Driscoll，2018）。

连接学习者和资源是联通主义（connectivism）的基础，其创始人将其称为数字时代开发的知识和学习网络理论（Siemens，2005）。与第 3 章讨论的记忆网络和神经网络模型类似，联通主义中的学习就是如何在网络中形成连接的问题，"网络可以通过自动调整单个神经元或节点之间的连接集合来'学习'"（Downes，2014）。

西蒙斯（2005）阐述的联通主义原则如下。

- 学习和知识源于观点的多样性。
- 学习是一个连接特定节点或信息源的过程。
- 学习可能存在于非人类的器具中。
- 了解更多的能力比目前知道什么的能力更重要。
- 培养和保持联系是促进持续学习的必要条件。
- 能看到各领域、想法和概念之间的联系的能力是一项核心技能。
- 流通（Currency）（准确的、最新的知识）是所有联通主义学习活动的目的。
- 决策本身就是一个学习过程。我们对学习内容以及接收到的信息含义的选择，都基于不断变化的现实。我们现有的答案可能是正确的，但由于影响决策的信息环境的变化，这个答案明天可能就是错误的。

联通主义的支持者并非将其描述为一种解释学习者如何获得知识的理论，而是关注"在动态和混乱的环境中学习和适应的广泛能力"（Downes，2019）。在大多数情况下，这被解释为学习环境应支持使用网络资源以及促进持续学习的能力，并要建立在线社区，让学习者有权发布和共享资源（Goldie，2016）。

联通主义的最初表述强调动态自我调节系统中的联系、多样性和增长。在建构主义的观点中，知识不是建立起来的，而是像植物一样成长起来的（Downes，2012；Goldie，2016）。在其演变过程中，联通主义还强调自主性，即学习者自我指导的能力，也就是学习者制定个人议程和发展个人学习网络的能力（Downes，2019）。但联通主义线上网络中的共同体在哪里？

联通主义的批评者认为，它不符合真正学习理论的标准，也没有足够的经验证据来证实其原则（Bell，2011；Harasim，2017）。此外，尽管最近联通主义与学习共同体相关联，但它"对互动和对话的概念化不足"（Clarà & Barberà，2013），而这对于促进学习者共同体中的共同体建设和协作至关重要。由于这些原因，哈拉西姆（2017）认为在线协作学习（online collaborative learning）或协作主义（collaborativism）是更适合新兴技术和知识时代的理论。协作主义的核心是交流的技术给养，我们接下来将讨论这一点。

通过交流促进协作

交流长期以来都被认为是学习技术的一个重要特征。早期的理论侧重于交流过程，"交流是一个过程，涉及信息发送者和接收者，以及传达该信息的渠道或媒介"（Reiser，2001）。在20 世纪的大部分时间里，学习技术充当的是用于发送和接收教学信息的媒介，而非教师。学习者是教学的接受者，教师不仅有权决定教学信息，而且有权决定向学习者传达信息的方式。

这种观点在 21 世纪得到了极大的扩展。把学习者比作容器的观点已经被取代。如今学习者被看作是自己学习的积极作用因素，以及学习共同体中知识构建的积极贡献者。情境观和协作主义视角让人们更加关注他人及与学习者互动的重要性，社会维度正在成为学习的一个关键方面（见第 8 章、第 11 章和第 12 章）。

因此，与他人的交流是许多学习技术的一个关键给养，这些技术能以多种方式为交流提供支持。例如，在"疫情之下"情景中，对于 K12 教育的教师们来说，远程教学环境中主要是教师与学生或教师与家长的交流。教师向学生和家长发送电子邮件，提供信息、通知，以及在线作业和资源的链接。有些教师会用远程会议来替代线下课堂授课（DeWitt，2020），但这仍然反映了在 K12 教育中教室内发生的师生交流。

相比之下，"疫情之下"情景中的例子就利用了基于技术的学习管理系统所具有的交流给养，该系统也支持学习者共同体的建设。这些技术有利于同伴之间的交流，也有利于教师和学生之间的交流。聊天室和论坛使学习者之间能够进行接触，并促进互动，如回答问题、评论帖子和提供建设性反馈意见。在这样的学习环境中，学生也可以与行业专家进行交流，尽管相比学前教育，这在高等教育中更为常见。需要指出的是，学习者经常会非正式地使用提供社交网络的技术，如 Facebook、Instagram 或 Twitter，无论教师是否打算让它们成为学习体验的一部分。

在线学习环境类型之间的一个重要区别与话语的作用有关（Harasim，2017）。*话语*是"书面或口头形式的讨论和对话"，它是"知识创造、共享、传播、应用和批判"的核心。哈拉西姆（2017）提出了三种模型（见表 9-3），它们反映了当今常用的对在线学习的定义，只有协作主义模型（左列）包括了网络话语（online discourse）。

表 9-3　线上学习的三种类型

协作主义或线上协作学习（Online Collaborative Learning，简称 OCL）	线上远程教育（Online Distance Education，简称 ODE）	网络课件（Online Courseware，简称 OC）
• 网络话语 • 小组学习 • 教师引导 • 非共时 • 地点独立 • 基于文本的讨论 • 以互联网为媒介的话语（discourse）	• 线上授课 • 个体学习 • 导师支持 • 非共时 • 地点独立 • 基于文本的任务 • 以互联网为媒介授课（delivery）	• 线上内容和测验 • 个性化学习 • 电脑评估 • 非共时 • 地点独立 • 视频课 • 以互联网为媒介的演示（presentation）

资料来源：Harasim，L.（2017）.*Learning theory and online technologies*.Routledge，Table 7.1.

我们刚才描述的远程教学是"疫情之下"情景中 K12 教育的教师们的主要策略，与中间或右边的模式最为接近，这两种模式都不提倡网络话语或知识创造。

最后，在一些技术增强型学习环境中，学习者与对话式教学代理（conversational pedagogical agents）进行交流，这些代理是为各种目的而设计的动画角色。他们可以指导学习者的行动，示范行为，提供支持性或激励性的反馈，并让学习者参与实践，这只是其中的几个例子（Graesser et al.，2017；Richards & Dignum，2019）。这些对话式代理如何运作以及它们的效果如何取决于设计者的意图。我们将在本章的下一部分讨论有关对话代理和其他类型的学习技术的研究。

什么技术支持学习

"教育技术是指使用工具、技术、流程、程序、资源和策略来改善各种环境中的学习体验，如正规学习（formal learning）、非正式学习（informal learning）、非正规学习（non-formal learning）、终身学习（lifelong learning）、按需学习（learning on demand）、工作场所学习（workplace learning）和即时学习（just-in-time learning）"（Huang et al.，2019）。为了实现本章的目标，我们采用了一个定义，该定义将此处论述的一部分与赖泽（Reiser，2001）的教学媒体定义相结合，即"（教育技术）不同于教师、黑板和教科书，而是作为物理手段将教学呈现给学生"。因此，我们的重点是将学习技术作为在各种环境中促进学习和改善学习体验的物理手段。

正如我们在本章开头所指出的，技术变化得太快，所以难以提供一个全面的清单来说明如今有哪些东西可以用来支持学习。事实上，当你读到这篇文章时，我们讨论的一些技术可能已经不再常见，取而代之的可能是其他并未提及的技术。同样地，我们也有很多种方法"切分"这些技术，以突出其特点或讨论其使用方式。以下表格是我们试图主要按用途或目的将各种技术进行的分类。当我们讨论表 9-4 中所列的每一个类别时，我们试图指出与它们的典型用途和预期目的相关的核心给养。

表 9-4　与各种学习技术相关的给养

技术类别	用途或目的	核心给养
多媒体（包括音频、图像、视频、动画、智能导学系统、基于计算机的教学、实体用户界面）	提供内容的多样化呈现，促进参与和深度加工，实现练习和反馈，加强知识整合	交互性 适应性 反馈 联系
模拟（包括从简单的基于计算机的单个过程模拟到复杂的模拟器和高仿真模拟假人）	加强概念理解，推动复杂情况下的问题解决，并可能在实际情况中运用（即增强迁移）	交互性 适应性 选择 反馈 联系 开放式表达

（续表）

技术类别	用途或目的	核心给养
虚拟应用（包括虚拟现实、增强现实和教学代理）	在虚构的现实中练习，以此规避风险。在学习过程中为学习者提供指导和支持	交互性 适应性 反馈 联系 交流（代理到学习者，学习者到代理）
游戏（包括严肃游戏、游戏应用和游戏化）	通过挑战、竞争和游戏激励参与，加强战略思维和决策制定	交互性 适应性 反馈 联系
交流、协作和共同体建设工具（包括在线学习和社交媒体）	使学习环境中的许多行为者之间能够进行交流，促进共同体建设和身份认同	交互性 适应性 反馈 选择 联系 开放式表达 交流

多媒体学习

"相比于文字本身，文字加图片的形式会让学习效果更好"（Mayer，2009）。还记得第3章中讨论过的双码记忆模型吗？我们的视觉和语言信息处理系统共同增强了记忆，因为在学习过程中编码了多种表述形式。这就是多媒体学习的基础。因此，多媒体将文字和图片一起呈现以促进学习。文字可以是书面文字或音频，图片可以是"静态图形，如插图、图表、照片、地图；也可以是动态图形，如动画或视频"（Mayer，2009）。

例如，在关于闪电如何形成的多媒体课程中，静态图形被嵌入到基于计算机和教科书的课程中，以说明暴雨期间带电粒子在云中的形成（Mayer，2008，2009）。带负电的粒子落到云的底部，它们与带正电的粒子之间的火花引发了闪电。在基于计算机的教学中，课程图形也可以通过动画来叙述，以动态的方式展示闪电是如何形成的（Mayer & Moreno，2002）。

多媒体学习环境的最新定义包括模拟、游戏、虚拟世界、在线课程，甚至包括"粉笔和谈话"（chalk-and-talk）（教师一边讲课一边在黑板上画出图像；Mayer，2014b）。然而，从认知信息处理的角度来看，大多数多媒体研究都集中在诸如基于计算机的教学（computer-based instruction，简称CBI）和智能导学系统（intelligent tutoring systems，简称ITS）等应用上。但是，游戏和模拟的给养，与基于计算机的教学和智能辅导系统多媒体有很大的不同，因此它们本身也值得关注。除此之外，线上学习可以涵盖所有这些其他类型的技术。因此，我们选择对它们进行分类，分别进行讨论。

梅尔（Mayer）和他的同事们（2009，2014a；Mayer & Gallini，1990；Mayer & Moreno，1998，2003；Moreno & Mayer，2000，2007）曾提出过一个关于多媒体学习的认知理论。其基本要素包括三个假设：双通道、有限容量和主动处理。双通道是指人们处理视觉材料和语言材料的不同方式。有限容量是指工作记忆的限制，即每个通道一次只能处理这么多信息。主动处理假定学习者会关注相关的材料，尝试理解，并最终将其与他们的先前知识结合起来。

通过人们在教学过程中面对文字和图片共同呈现时的学习方式，及其与上述三个假设的关系，梅尔制定了一系列的原则来指导多媒体教学的设计。有时你可能会想把多媒体中所有花里胡哨的东西都用上，但如果超出了学习者的处理能力，或分散了他们对学习目标的注意力，这样做反而会对学习产生不利的影响。因此，梅尔和他的同事们致力于划出一条界线，探寻什么情况下多媒体可以助力学习。表9-5展示了梅尔提出的与三个处理目标（即尽量减少无关处理、管理基本处理，以及促进生成性处理）相关的原则。

表 9-5　梅尔的多媒体学习原则

目标	原则	描述
减少无关处理 （extraneous processing）	连贯性（Coherence）	去除无关材料时，学习效果会更好
	信号（Signaling）	所给提示突出核心信息的结构时，学习效果会更好
	冗余（Redundancy）	图形带文字描述时，学习效果会更好；但文字描述冗余时则不然
	空间相近（Spatial contiguity）	当屏幕或页面上的对应单词和图片相近时，学习效果会更好
	时间相近（Temporal contiguity）	当文字和图片同时呈现而不是相继呈现时，学习效果会更好
管理基本处理 （essential processing）	切分（Segmenting）	当多媒体内容以适合用户节奏的片段而不是一个连续的单元呈现时，学习效果会更好
	预训练（Pre-training）	当学习者知道多媒体信息中主要概念的名称和特征时，学习效果会更好
	形式（Modality）	相比于图片加书面文字，图片加口语的学习效果更好
促进生成性处理 （generative processing）	多媒体	相比于只有文字，文字加图片的形式会让学习效果更好
	人格化（Personalization）	当语言是对话式而非正式时，学习效果会更好
	声音	用真人语音而不是机器语音时，学习效果会更好
	具体化（Embodiment）	当屏幕上的人物使用类似人类的手势时，学习效果会更好
	引导发现法	在学习者解决问题的过程中提供提示和反馈，学习效果会更好
	自我解释（Self-explanation）	当学习者向自己解释课程内容时，学习效果会更好
	画图	当学习者基于课程内容绘图时，学习效果会更好

资料来源：Derived from Mayer（2009，2014a）。

第一组原则都与我们在第 7 章中讨论过的认知负荷有关。这里的关注点是，要以一种能够捕捉和引导学习者对重要内容的注意力的方式使用多媒体的功能。有趣但与学习目标无关的图形、叙述或动画会分散学习者的处理能力，使他们无法处理需要理解的关键信息。例如，自我调节学习者如果在没有观看所给视频的情况下就完成了任务，他们便可以隐约理解这一点，因为他们认识到这些视频还不错，但不是必需的。同样重要的是，要记住，与静态展示相比，动画对工作记忆的要求更高，尤其是当其不在屏幕上长期停留时（Miller，2014）。

第二组原则涉及如何培养学习者组织和构建所学信息的连贯认知结构的能力。例如，如果视频演示太快，或使用了学习者尚不了解的概念，那么它就无法有效促进学习。同样地，学习者必须协调他们分别从视觉和听觉渠道接收到的信息。最后，第三组原则指向如何帮助学习者在接收到的信息和他们原有的知识之间建立起适当的联系。

除了基于计算机的教学以外，多媒体还被用于智能导学系统。这些是"模拟学习者的心理状态以提供个性化教学的计算机程序"（Ma et al.，2014）。换句话说，智能导学系统会模仿真人教师，并结合理想的辅导策略（Nye et al.，2014）。通过嵌入式评估，智能导学系统能够动态地更新学习者的知识状态模型，并适应性地提供与之匹配的教学。正因为如此，事实证明它们在帮助学习者获得各种学科的领域特殊性知识方面是有效的（Ma et al.，2014）。然而，在奈伊等人（Nye et al.，2014）对智能导学系统中的多媒体学习的研究回顾中，他们总结到：

> ……由学生适应性地呈现并互动性地体验概念性内容，比呈现内容的媒体类型更重要。重要的是，要使媒体与智能导学系统所针对的知识、技能和策略保持一致，并抵制增加无关活动，以免分散学习者对严肃教育内容的注意力。

在开发智能导学系统方面已经投入了数百万美元，但它们在学术界以外的其他领域并没有取得多少渗透。为什么呢？弗斯特（Ferster，2017）推测有两个非常重要的原因。首先，按照目前的执行方式，智能导学系统要求将内容编码到软件中，而这是由计算机程序员而不是教师或行业专家完成的。这使智能导学系统对大多数教师来说遥不可及，而他们却可以很容易地用简单的图形和短视频制作多媒体内容以用于教学。其次，诊断错误答案的任务（同时也是智能导学系统的基础），被证明是极其困难、耗时和昂贵的。"它需要烦琐地手动把大量潜在的错误答案与具体的纠正指导连接起来"（Ferster，2017）。最后，不确定学生是否会有动力坚持在智能导学系统中学习，特别是在学术内容比较困难的情况下（Nye et al.，2014）。

模拟学习

"模拟中心"情景里的假人萨拉是一种高仿真模拟器具，一般用于医学和护理教育。她模拟了一名人类患者，该患者能够向护士和医学生展示各种医疗状况，以便他们与她互动和提供"治疗"。"模拟已广泛应用于医学生和专业人员的临床培训"（Martins et al.，2018），而高仿真模拟假人只是其中的一种。其他形式的模拟已用于许多领域，这些领域的目标是学习复杂的技能和知识，它们各有不同程度的还原度或真实性来促进学习。它们包括以下类型。

- 就某一特定主题进行交互式的、基于计算机的模拟。
- 模拟器训练，比如飞行或船舶模拟器。
- 高拟真模拟假人，如假人萨拉。
- 虚拟世界，参与者的模拟形象在虚拟环境中与其他人的模拟形象互动。
- 沉浸式、基于游戏的模拟。

我们在本节中将注意力集中在前三种类型，本书后面的部分再讨论虚拟世界和基于游戏的模拟。然而要注意的是，各类"模拟"和"基于模拟的学习"之间的界限是模糊的。例如，一些基于计算机的模拟被其创造者描述为"类游戏的（gamelike）"（Wiemann et al.，2008），而其他看起来与之非常相似的模拟则被称为"游戏"（Shute et al.，2013）。

基于计算机的模拟是"包含系统（自然或人造，如设备）或过程模型的程序"（De Jong & Van Joolingen，1998）。换句话说，该程序呈现了"对现实的动态表征"（Vogel et al.，2006）。包含概念模型的模拟在科学和数学等学科中很常见，用以说明学生往往难以掌握的概念和原理。例如，物理教育科技计划（Physics Education Technology Project，简称 PhET）提供了一个名为"抛体运动"的交互式模拟，说明了力的概念，它也适用于第 5 章中介绍的抛球例子。相比于扔球，这个模拟是用大炮发射炮弹，但原理是一样的。

模拟还可以包括内含程序序列的操作模型。这些在如何执行某些任务的培训中特别有用，例如，在心搏骤停的情况下该怎么做。医学生必须学会选择和应用适当的评估、干预措施和药物。虽然基于假人的模拟也促进了这种学习，但提前进行的基于计算机的模拟能进一步改善学习成果，并增加参与者在假人训练中的信心（Curtin et al.，2011）。

交互式模拟允许"选择或定义模拟参数，然后观察新创建的序列，而不是选择预先录制的模拟"（Vogel et al.，2006）。换句话说，学习者参与模拟，输入不同的选项，并观察他们这样做会发生什么。这种性质的模拟使人们能够探索主题，并促进构建强有力的概念性理解（Wieman et al.，2008）。

另一方面，模拟器培训不仅关注学习的任务，而且还关注执行这些任务的环境。学习驾驶汽车、飞机或船舶，在这些情况下，模拟情境可能是至关重要的。模拟器使人们能够在一个密切反映真实环境，同时又保证安全的环境中学习和练习技能。例如，船舶模拟器会"将设计好的舰桥物理空间与海上船只的数字投影影像相结合"（Hontvedt & Arnseth，2013）。虽然全任务模拟器（full-mission simulators）在真实性方面得到了很高的评价，特别是模拟困难或危险的情况，但它们也需要大量的基础设施和维护，这很昂贵，而且它们不便于携带。另一方面，计算机技术和图形渲染技术的进步，使桌面模拟器（desktop simulators）成了一个重要且有效的替代品。

对于所有类型的模拟来说，真实性、还原度和参与度等问题，以及学习任务或目标本身，都会对决定何种模拟对特定目的或学习目标最有效产生影响。在最近一次对医疗健康行业模拟训练的回顾中，哈姆斯特拉等人（2014）发现"还原度"的概念有一些令人困惑的地方。他们指出，模拟的还原度可以是结构性的，即模拟器的外观（物理上类似于人类病人）；也可以是功能性的，也就是模拟器的功能。他们认为，结构性还原度并不总是与教育的有效性相对应，因为真实的细节有可能会妨碍学习，就像不相关的细节会阻碍多媒体学习一样。学习需要什么程度的真实性，取决于学习目标。

学习者在模拟器或模拟中做什么也是决定学习成果的一个关键因素。近期的研究是测试通过模拟推动的各种参与活动，并重点关注"模拟器活动作为一个由技术、文化和物理实体组成的情境活动系统（situated activity system），由这些实体共同创造了模拟"（Hontvedt & Arnseth，2013）。洪特维特（Hontvedt）和阿内斯（Arnseth）（2013）分析了学生在船舶模拟器中扮演职业角色的方式，因为学生们学会了如何像真正的船员一样行事。相似地，加勒特等人（Garrett et al.，2010）研究了为什么假人模拟训练中复杂、真实的情境能帮助护士学生团队培养团队合作和专业技能。"模拟中心"情景反映了这种可能性，因为四个受训者是作为团队共同协作的。

最后，阿塔巴什等人（Atabaş et al.，2020）调查了同一位中学老师在使用和不使用 PhET（物理教育科技计划）模拟的情况下进行教学时课堂中的社会和社会数学规范。在教师使用模拟的课程中，课堂活动和规范与不使用模拟时有很大不同。通过模拟，她成了数学思想的引导者，学生们制定并分享了解决方案，提出了假设，并证明了他们的行动。相比之下，在没有模拟的更传统的数学课程中，学生会花更多的时间单独练习这些程序。作者总结说，模拟教学提供了一种不同的教学方式，促使学习环境更加关注理解数学思想、讨论直觉性理论，以及学生对自己的学习更有自主权。

虚拟应用

虚拟世界、虚拟现实、虚拟环境、虚拟代理，这些只是一小部分用来描述为学习者提供特定体验的技术或技术组合的术语。虚拟应用与模拟处在同一个能让学习者接触到"真实世界"复制品的连续体上。例如，与物理或物质世界不同的是，虚拟世界是

> 共享的、模拟的空间，它由以表现为模拟形象的居民居住和塑造。当他们移动、与物体和其他人互动时，这些模拟形象构建了"学习者"对这个空间的体验，并且在互动时，他们和其他人建立了对当时世界的共同理解（Girvan，2018）。

存在感对于虚拟世界来说是至关重要的，也就是说，在一个共享的空间里，一个人的模拟形象可以像个人在现实世界一样与他人互动。个体通过联网的计算机参与到虚拟世界中，使用各种工具进行交流并创建可以与他人分享的内容。

相比之下，虚拟现实（Virtual reality，简称 VR）是一种模拟环境的方式。在这种环境中，用户处于行动的中心。通过护目镜、头戴式显示装置、数据手套等外部设备，用户可以看

到 3D 图像并与之互动，从而实现逼真的体验（Makransky & Lilleholt，2018；Merchant et al.，2014）。利用数字媒体的 3D 给养的虚拟世界通常被称为桌面 VR，但它们不如完全沉浸式 VR 那样逼真，因为后者利用了多种感官渠道。

增强现实（Augmented reality，简称 AR）是 VR 的一种变体，它不会将用户完全沉浸在电脑合成的环境中。相反，它通过将虚拟物体投射到真实环境中，从而将虚拟与现实结合起来。"轻度增强现实是指用户利用大量来自现实世界的信息和物理材料，而获得的虚拟信息相对较少的情况。相对的，高度增强的现实则包含频繁出现的虚拟信息"（Wu et al.，2013）。

最后，虚拟代理（virtual agents）（也被称为对话代理、教学代理和智能虚拟代理）是从设计智能学习环境的努力中发展起来的，它可以与学习者进行更自然的互动（Johnson & Lester，2016）。最初，动画人物被加入到智能导学系统中，以引导学习者完成程序，在他们遇到困难时提示他们，提供口头和非口头反馈，以及其他作用。

自 20 世纪 90 年代以来，虚拟代理在学习环境中扮演的角色和用来描绘它们的技术都有了很大的发展。如今，虚拟代理可以是同行、同伴、教练、教师、培训师、导师、病人和护士——几乎可以是你能想象到的学习环境中的任何角色。虚拟代理出现在智能导学系统、虚拟世界、VR 和增强现实环境中，被"极其广泛的用户用于商业、国防、情报和医疗保健应用等众多培训系统中"（Johnson & Lester，2016，p. 31；see also Beskow et al.，2017；Norouzi et al.，2018；Richards & Dignum，2019）。

对虚拟应用的用途和功效的研究呈爆炸式增长，部分原因是此项技术已经发展到可以应用于学校、高等教育和其他培训环境中。尽管技术的进步正在超越教育研究，但有些方面我们还是比较了解的。虚拟世界、VR 和增强现实应用使学习者能够将看不到的东西可视化，操纵虚拟物体，并探索和体验在现实世界中不可能实现（例如，观看太阳系）或成本过高的现象（例如，研究偏远地区的土著人民）。它们支持协作式学习和情境学习，增强了从多个角度审视目标系统的能力，并模糊了正式和非正式学习之间的区别（Wu et al.，2013）。

虚拟代理在这些环境中促进了学习，但它们的效果取决于学习目标、学习者和代理本身的特征，包括他们扮演的角色、外表、行为和社会情感。例如，作为学习伙伴的代理促进了学习者和"近同伴"（near peers）之间的社会互动。特别是在女学生中，她们更喜欢"同伴"这个角色，而不是一个更专注于学习任务的代理（Haake & Gulz，2009，cited in Richards & Dignum，2019）。随着技术的不断进步，特别是在检测和应对情绪的能力方面，研究人员看到了人与代理合作的巨大潜力，以及各类虚拟应用之间的持续整合，并对人类学习产生影响。

游戏化学习

游戏化学习（game-based learning）的倡导者断言，游戏的给养能使其成为强大的学习媒介。"游戏本身就是对现实的简化"（Shaffer et al.，2005），而且它们"使发展情境理解（situated understanding）成为可能"。谢弗等人（Shaffer et al.，2005）重点讲的是电子游戏，但所有数字游戏都有共同的特点，使它们成为一种很有吸引力的促进学习的手段。然而，什么属于"游戏"的范畴，在文献中的划定并不一致（Steinkuehler & Squire，2014），而且"游戏化学习"和"游戏化"（gamification）也是不同的概念。因此，我们的讨论有必要从几个定义开始。

游戏的一个常见定义是"（游戏是）一个系统，在这个系统中，玩家参与由规则定义的人为冲突，并产生一个可量化的结果"（Salen & Zimmerman，2004）。正如我们在本章前面指出的，模拟有时被称为游戏或类游戏，但它们之间有重要的区别。具体来说，大多数游戏强调玩家之间的竞争，而模拟通常是单独体验或与他人合作体验。虽然模拟可能涉及情景，但重点是在情景范围内要完成的任务和要获得的技能。相比之下，游戏通常涉及故事情节或任务，并且随着用户参与游戏而展开叙事。最后，正如托比亚斯和弗莱彻（Tobias & Fletcher，2011）所说："并非所有模拟都是游戏，但所有游戏都是模拟。"

游戏化（Gamification）是指"在非游戏环境中使用游戏设计元素"（Deterding et al.，2011）。也就是说，游戏设计元素的使用目的不同于它们在娱乐游戏中的正常目的。该术语起源于数字媒体行业，旨在改善用户体验，增加用户对各种应用的参与。这不是一个新概念。多年来，教师已经将拼写等任务"游戏化"，以激励学生参与他们原本会觉得无聊或没有吸引力的任务。然而，数字游戏在世界范围内的增长，加上企业对客户体验的重视，使得我们"需要一种设计实践，利用计算技术的潜力来改善用户体验和跨领域、跨行业的参与，而游戏化则填补了这一空白"（Nacke & Deterding，2017）。

本章前面关于多邻国的部分中我们提到过游戏化。纳入奖励措施，如积分、排行榜、徽章和等级，是游戏化应用最常见的方式之一，能使其更具游戏性和吸引力。正如我们在本章中讨论的其他技术一样，游戏和游戏化之间的区别，以及游戏和其他类游戏的应用之间的区别并不总是很明显。

德特丁等人（Deterding et al.，2011）通过对比"玩 / 游戏（playing/gaming）"和"部分 / 整体"，对相关概念进行了区分。游戏化应用与游戏的区别在于，它们只使用了一些游戏设计元素，而不是成熟的游戏。而且，它们有别于玩具和游戏性设计，除了纯粹的娱乐之外，还有一个严肃的目的，这个目的在教育和培训应用中就是学习。"严肃游戏"已经成为具有严肃目的游戏的公认术语，这些游戏主要是为了娱乐以外的原因，如教育游戏、会计游戏或健身游戏。

对游戏化学习所采取的方法和对其影响的解释，取决于学习设计者的理论观点和目标。比如那些从情境观出发的人会认为，沉浸式、多人角色扮演游戏是能提供"21 世纪学习所需的丰富情境信息和互动"的学习环境。例如，巴拉布（Barab）和他的同事阐释了转型游戏（transformational play）的概念，或"将学生定位为变革者（change agents）（积极的主角），他们必须理解和应用学术内容，将其作为概念性工具，以便有效地在问题场景中做出改变"（2012）。在游戏过程中，随着学生们对情况有所了解，并致力于解决他们真正关心的问题，他们就能应用概念性知识，培养学科技能。

但另一方面，支持认知观点的人可能会认为这类游戏具有激励作用，但对学习者的认知资源来说也是一种负担。模拟游戏可以通过帮助学习者克服错误概念、获得更准确的概念性理解，以集中学习者的注意力。例如，本章前面提到的舒特（Shute，2013）和她的同事在开发物理模拟游戏时，重点关注的是定性的物理学习。也就是说，游戏的目的是帮助学习者来理解物理世界是如何在牛顿三大定律的基础上运行的。

在两个例子中，游戏都包括一些关键元素，如挑战、互动解决问题和持续反馈。它们还包括一些特点，使其具有内在的趣味性，并促使学习者长期参与。游戏对学习的影响已被研究过，也就是游戏在学习过程中可能发挥的作用。斯泰恩克勒和斯夸尔（Steinkuehler & Squire，2014）在他们对视频游戏和学习的评论中写了如下内容：

游戏通常扮演的四个角色或用途包括：

- 游戏可以作为内容提供者，专注于学习特定的知识、技能，有时甚至是性格；
- 游戏可以作为诱饵，吸引学习者参加没有明显教育目的的游戏，但玩游戏的同时又有学习这一"副作用"（side effect）；
- 游戏可以用作评估，在游戏过程中实时评估学习者的理解情况；
- 游戏可以作为参与的架构，为探索、成就、竞争和社交提供社会文化背景。

游戏也允许"优雅的失败"（Plass et al.，2015）。也就是说，在游戏过程中失败是可以预见的，因此鼓励学习者承担更多风险，尝试新事物，并以他们在更传统的学习环境中可能不会使用的方式进行探索。

游戏对学习的影响是复杂的，在不同的研究中并不总是一致的。尽管有这些不一致的地方，但证据普遍表明，与更传统的教学形式相比，通过游戏学习可以在某些教学领域和目标上产生更强的动机、更长的参与时间，并推动知识积累和技能强化（Clark et al.，2016；Ke，2009；Mayer，2019；Vogel et al.，2006；Wouters et al.，2013）。然而，效果也会因不同的使用环境而有显著的差异，而且

这种环境不仅包括玩家定制游戏体验以反映个人偏好的方式，还包括社会环境、在线或离线的辅助文本、游戏衍生的人工制品、游戏可玩性、有无知识渊博的教师或同伴，以及引发的反思或"元游戏"（metagaming）的程度（Steinkuehler & Squire，2014）。

为说明各种类型的游戏以及它们影响学习和动机的方式，普拉斯等人（Plass et al.，2015）提出了一个游戏化学习模型，如图 9-2 所示。该模型还考虑到不同的学习理论如何为特定游戏的设计提供信息，这一点在"游戏提供的挑战类型，它促进的反应类型，以及它提供的反馈类型"中得到体现。

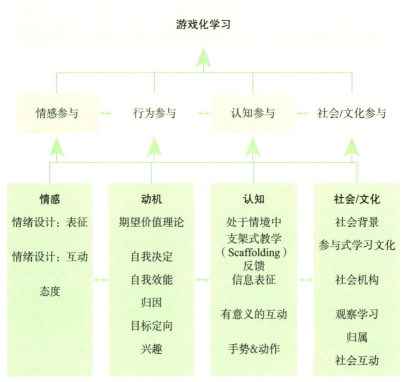

图 9-2 游戏化学习模型

资料来源：Plass，J. L.，Homer，B. D.，& Kinzer，C. K.（2015）.Foundations of game-based learning.*Educational Psychologist*，*50*（4），p. 263.

最后，不言而喻的是，游戏和游戏化已经被用于从 K12 教育到企业培训的学习中。谢弗等人（Shaffer et al.，2005）指出，游戏，特别是电子游戏，有着吸引人的特质，促使所有年龄段的人都花上一些时间去玩。重要的问题是我们如何利用游戏，"作为学校、家庭和工作场所的一种建设性力量"。

交流、协作和共同体建设工具

如今的学习者"生活在一个数字世界里，使用即时通讯、视频分享、照片分享、社交网络工具，播客和博客等技术已经融入了他们的生活方式"（Looi et al.，2010）。这些工具的使用促进了交流、协作和共同体的发展，这不仅体现在正式教育环境中，而且也体现在非正式学习中。事实上，洛伊（Looi）等人认为，移动技术无所不在的性质为上述两种环境架起了桥梁，以支持无缝学习（seamless learning），即随时随地为任何目的进行学习。

在本节中，我们将了解其中一些技术，包括社交媒体。正如我们以前所指出的，这些工具及其用途正持续、快速发展，研究人员很难跟上。我们试图传递这种快速演变观，同时明确在技术增强型学习环境中使用交流和协作工具所产生的问题。学习和课程管理系统（Learning and course management systems，简称 LMS 或 CMS）构成了支持在线学习的传统平台，特别是在高等教育领域。一般来说，使用这类系统的学习环境与面对面的课堂学习相似，只是交流是异步（asynchronously）进行的。讨论发生在线上论坛而非课堂中，学习在很大程度上是个体式的。在聚合和共享资源或参与集体知识生成方面没有内在的要求。"尽管 LMS 最初的设计目的是为先进的学习教学法提供一个灵活的框架，但研究逐渐表明，LMS 的重点在于作为教师的传播工具，而不是学生的学习工具，尽管后者更可能促进学生的参与和互动"（Dabbagh & Kitsantis，2012）。

另一方面，借助这些工具和愈加频繁地使用社交媒体，能增强学习者与他人联系、分享工作和资源、建立社会认同，并管理自己的学习活动的能力。社交媒体的准确定义很难给出，也许是因为随着开发人员响应用户需求并定制应用程序以适应利基市场（niche markets），它的定义也会不断变化（Tess，2013）。大多数人按社交媒体工具的功能对其进行分类（Dabbagh & Kitsantis，2012；Greenhow & Lewin，2016；Mao，2014；Tess，2013）：

- 互动和社交网络（如脸书、领英、推特）
- 发布和分享（如博客、WordPress、YouTube）
- 协作和创造（如维基、谷歌文件）
- 管理（如用于文件和日历共享与编辑的网络化办公工具）

这些功能特别符合情境观，并被视为知识建构和学习共同体建设的基本过程（见第 8 章）。也就是说，"社交媒体正被越来越多地用作开发……经验的工具，一开始可能只是个体学习平台……，实现了个体知识的管理和建设，并演变成一个社会学习平台，知识在其中会受到社会的影响"（Dabbagh & Kitsantis，2012）。这也意味着社交媒体正在模糊正式和非正式学习之间的界限，模糊课堂环境中发生的事情和学习者日常生活中发生的事情之间的界限。

洛伊等人（Looi et al.，2010）提出了一个框架，其中以社交媒体等认知工具为中介，将私人和公共学习空间联系起来。他们感兴趣的是移动设备的使用和影响，但他们的框架也适用于社交媒体。具体来说，学生进行个人学习活动，自己（在私人学习空间）创造学习成果，然后（在公共学习空间）与他人分享。

例如，在他们开展的一个项目中，新加坡的小学生利用网络技术学习可持续发展的 3R，即 reduce（减少）、reuse（再利用）、recycle（再循环），与他们的老师讨论垃圾过多所带来的挑战，然后参观超市，观察食品包装。学生们用移动设备拍摄包装的照片，并思考他们所看到的东西。然后他们在一个网站上分享他们的经验和数据，讨论他们可以在家里和社区推广的 3R 理念。

该项目的目的之一，是促进学习者在正式和非正式环境之间的无缝切换，让他们在好奇的时候学习，并使用工具进行社会讨论，推动集体和个人的知识建构。移动设备的优势有几个方面。它们可以随身携带，作为观察、收集数据和反思的工具；它们可以接入门户网站和 LMS，以上传或检索要分享的学习成果；它们还为学习共同体成员之间提供了多种交流方式。所有这些给养都为课内和课外活动提供了一座桥梁，并说明了移动设备和它所实现的功能之间的互惠性质。

研究人员只是刚刚开始探索社交媒体和移动设备在学习中的影响，还有很多东西有待了解。格里诺和阿斯卡里（Greenhow & Askari，2017）对 K12 教育中使用社交网站进行学习和教学的情况进行了回顾，他们报告说最常见的研究类型与该技术的使用方式有关。而最为少见的研究类型，则是对该技术在改善学生学习方面的有效性的研究。其他研究表明，这些工具在学习中是有效的，但学习者对其给养的既有经验会使设计和使用这些工具的工作变得复杂（Mao，2014）。

到目前为止，丹能和她的同事（Dennen，2017）一直将社交网站视为"虚拟的第三空间，是跨越物理环境、共同体和目的的桥梁"，并对其进行了调查研究。在一项研究中，丹能和布尔纳（Dennen & Burner，2017）调查了大学生对于使用 Facebook 支持学习、促进师生互动的态度，发现他们对于在正式的学校环境中使用 Facebook 有着复杂的感受。他们倾向于将自己的社会身份与课堂身份分开，并对要求不使用 Facebook 的同学注册账号感到不舒服。

高中生对保持社会身份和学校身份的分离也有同样的感受（Dennen et al.，2017）。他们通过保持不同群组之间的技术分界线，熟练地避免了语境消解（context collapse，即不同社交网或共同体的混合）。也就是说，他们把 Facebook 用作与家庭成员互动的工具，而用其他工具与学校团体和亲密朋友互动。此外，这项研究中的青少年也认识到，社交网站提供的虚拟第三空间"在不同程度上是公开的，可以被其他人监控，就像他们也观察同龄人的网络言行和关系网一样。为此，他们有目的地'保持'特定空间、人群和互动与其他人分离"（Dennen et al.，2017）。

教学中的学习技术存在的问题

在本章的开头，我们肯定了技术在促进学习方面的价值，并讨论了它的许多实现方式。然而，学习中的技术也有其消极的一面，有理由对其使用持谨慎态度。我们将在本章的最后一节研究这些问题，并将在第 10 章讨论如何最好地将技术融入教学。

循证产品的可用性

正如我们在本章中一再提到的，（数字）技术在当今社会中无处不在。学习者"正处于一个巨大的、无计划的实验中，被五年前还没有的数字技术所包围"（Hirsh-Pasek et al.，2015）。这样的论断有什么内涵呢？首先，市场上有大量所谓的教育类应用、游戏和程序。它们或免费，或只象征性地收取一些费用，提供给有使用意愿的人。尽管它们声称自己具有教育价值或教学效果，但它们在很大程度上不受监管，也没有经过测试。赫什 - 帕塞克等人（Hirsh-Pasek et al.，2015）指出，未经测试或极少测试并不意味着这些产品不好，也不意味着我们要避免在这些产品上花费"屏幕时间"。相反，他们提供了一套基于学习科学的原则，帮助教师和家长评估一个特定的应用程序在多大程度上：（1）促使人们积极主动地学习；（2）吸引和激励学习者；（3）通过社会互动加强有意义的学习；（4）为学习目标的探索提供支架（scaffolds）。

这些同样的原则对于 K12 的教师和大学教师来说也很有用，因为他们需要将技术资源整合到教学中。评估 Youtube 上的视频或 Teachers Pay Teachers 平台上分享的基于技术的课程，将有助于在一定程度上保证资源可以产生预期的理想效果。

最后，值得一提的是技术转移中固有的困难，即把研究人员与软件开发商、终端用户合作开发和研究的应用推向市场。尽管研究人员能根据学习原则设计应用程序，并确定其对目标人群的有效性，但他们并不擅长推广。在本章的写作过程中，我们发现了许多学习技术有效性得到了确凿经验证据证实的例子，尽管这些技术似乎已经不再使用了。有待克服的一个重要挑战是将循证学习技术送到能够使用它们的人手中。

通用学习设计

通用设计（universal design）的概念起源于建筑领域，指的是要设计让每个人都能立即用上的结构，无论其个人需求如何。这个概念很快就包含了产品、环境、建筑和结构的设计，"在最大程度上让所有人都能使用，而不需要调整或专门设计"（Mace，1998，cited in Imrie，2013）。通用设计背后的理念是，场地和产品应该是每个人都可以使用的，而不管他们是否有任何身体或认知障碍。此外，支持者认为，通用设计是在一开始就主动减少障碍，而不是被动地根据要求提供便利。换句话说，就是要"提前"采用无障碍、不排斥任何群体的设计。

当通用设计被应用于学习和技术时，最初设计了七个指导原则，以确保具有任何特征的学习者，包括那些可能有学习障碍或感官障碍的人，都能够使用任何技术（Center for Universal Design，1997；King-Sears，2009）。在为不同的学习者设计教学时，这些原则不是很有效（Edyburn，2010），事实上，它们也没有被广泛采用。然而，他们确实引起了国家对通用学习设计（universal design for learning，简称 UDL）的关注，最终使其被编入了联邦法律。1998 年的《辅助技术法案》、2004 年的《残疾人教育法案》重新授权 UDL，2008 年的《高等教育机会法案》对 UDL 进行了正式定义（Edyburn，2010）。最近，UDL 被纳入《中小学教育法》的重新授权中，那便是人们所知的《每个学生成功法》（Every Student Succeeds Act，简称 ESSA）（Samuels，2016）。

在过去十年左右的时间里，UDL 被宣传为"一种哲学、框架和一套原则，用于设计和提供灵活的教学和学习方法，以解决课堂环境中学生的多样性问题"（Capp，2017）。UDL 框架包括以下三大原则，它们被认为可以帮助所有学生改善学习：

- 提供多种表征形式（例如，多种文本格式、从文本到语音、多媒体、链接到解释性辅助工具）超文本；
- 为学生提供多种方式来展示他们的理解（例如，多种回应方式，或使用不同的交流或写作工具）；
- 提供多种让学生参与的方式（例如，提供不同的活动以供选择，以及不同的获取资源和信息的方式）（Capp，2017；The UDL Guidelines）。

这些原则与本章前面讨论的学习技术的关键给养有所重叠（见表9-2），这并不奇怪，因为艾迪本（Edyburn，2010）断言，技术对UDL的实施至关重要。尽管如此，有了这样广泛的原则，研究人员和实践者一直在努力如何定义UDL干预，或确定是什么使它们有效（edyburn，2020a）。为了帮助研究人员和实践者克服这个问题，艾迪本（Edyburn，2020b）提供了普遍可用性的范例，教育者和研究人员可以在课堂实践中监测这些范例，并用来检验有关UDL功效的说法。

最后，值得注意的是，UDL是一个超越学习和教学的政策问题。数字环境的设计，包括网站和一般通信以及物理环境的设计，应该具有普遍的包容性和可用性。

数字鸿沟与数字包容

本章前面在讨论"疫情之下"这一情景时，提到了一个技术上的制约因素，即一些教师和学生家里可能没有电脑，或者没有稳定的网络连接。自20世纪90年代以来，在信息与通信技术（ICT）方面，这一制约因素得到了普遍承认，并由此产生了一个概念：那些有机会接触和使用技术的人与那些没有机会接触和使用技术的人之间有一条数字鸿沟（digital divide）（Becker，2000）。这种数字鸿沟如今也被称为"一级数字鸿沟"（first-level digital divide）：生活在低收入和农村地区的学习者与高收入同龄学习者相比，能使用计算机或互联网的可能性要更小。这种差异也往往和种族挂钩，与更有特权的白人青年相比，黑人和西班牙裔青年处于不利地位。

为低收入学校和家庭配备计算机工具和高速宽带的举措缩小了一级数字鸿沟（Osborne & Morgan，2016），但K12阶段的学生之间技术使用的差异反映了"二级数字鸿沟"（Reinhart et al.，2011）。沃绍尔（warschauer，2016）总结的研究结果显示，低收入背景的学生会花费更多时间使用数字媒体进行娱乐和与朋友进行社交活动。尽管更富裕的学生们也做这些事情，但他们也会以更复杂的方式使用数字媒体，如创造内容和使用各种应用程序。

"灰色数字鸿沟"（grey digital divide）这个术语，代表的是年轻人和65岁以上人口在使用数字技术方面的差距。最近的研究表明，老年人在学习互联网技能方面面临诸多挑战，导致他们被部分排除在互联网使用之外（Friemel，2016；Mubarak & Nycyk，2017）。最后，有人建议用"三级数字鸿沟"来解释数字媒体使用结果的差异（Scheerder et al.，2017）。证据表明，种族和社会经济地位（socioeconomic status，简称SES）是技术使用所产出的学术成果的重要影响因素。此外，与高社会经济地位学校的教师相比，低社会经济地位学校的教师往往会将技术用于不同的目的，在其学校也会产生更多的负面影响。

然而情况也没有那么糟糕。美国和全球各地都在努力帮助人们获取和正确使用数字技术，无论他们是年轻人还是老年人。例如，国家数字包容联盟（The National Digital Inclusion Alliance）就致力于数字包容。

开展必要的活动，确保所有个人和社区，包括处境最不利的人，都能获得和使用信息和通信技术（Information and Communication Technologies，简称ICTs）。数字包容需要有意识地制定战略、进行投资，以减少或消除获取和使用技术的历史、制度和结构障碍。（https://www.digitalinclusion.org/definitions/）

此外，家庭与媒体项目（Families and Media Project）的重点是"了解所有家庭成员而不仅仅是儿童，是如何在整个发展历程中利用媒体进行学习的，以及他们是如何共同进行学习的"（Gee et al.，2018）。

数字学习环境中的隐私

老年人不愿意接触数字媒体的原因之一就是他们十分关注和渴望隐私权（Fox & Connolly，2016）。然而，隐私问题绝不仅限于老一辈人。所有年龄段的学习者都对访问和使用他们的个人信息表示关注，包括他们在学习活动中创造的成果。例如，学生可能会合理地期望他们在社交媒体上发表的评论是公开的，可以分享，而他们在在线课程的讨论板上添加的评论至少是半私密的，只能在同学之间分享（Dennen，2015）。

然而，在学习管理系统中记录的点击流数据，或在教育游戏或智能辅导系统中为评估目的而收集的性能数据，又如何呢？谁对学生在合作进行知识建构过程中创造的知识产权具有控制权？随着学习技术能够收集大量的信息，并提供广泛分享信息的能力，隐私和所有权问题正变得越来越复杂。丹能（Dennen，2015，2016）同时指出，学习者和教师普遍缺乏隐私意识，尤其是如何在数字学习环境中管理隐私的意识。她敦促教师们在教学计划中考虑隐私问题，并教学生如何管理自己的在线身份和数字足迹。最后，丹能建议要把学习者带入隐私问题的对话中，以"帮助机构和教师制定政策，指导新兴技术的教学用途，并寻求使用新兴技术支持学习活动的安全方法"（2015）。

为技术整合做好准备

"鉴于技术应用的巨大发展，教育不能忽视技术在教和学中的应用"（Heitink et al.，2016）。然而这并不意味着教育者们已经做好使用技术促进学习的准备，也不意味着他们在使用技术时能最大化利用技术的给养推动学习。对世界各地教师的研究表明，有许多因素影响着他们是否、何时以及如何在教学中使用技术（Heitink et al.，2016；Kafyulilo et al.，2016；Liu et al.，2017；Mishra & Koehler，2006；Tondeur et al.，2017）。这些因素包括：

- 教师的技术知识和使用技术的经验；
- 教师的教学和学科知识，特别是与技术使用有关的知识；
- 教师的教学理念（即关于教和学的理念）；
- 所在机构对技术的获取和支持（包括技术和管理方面）；
- 实际问题，如大班教学、缺乏时间和社会压力（如课程标准和学校问责制）。

我们在本章开头介绍的在技术增强型环境中学习的五个基础，也可以很好地作为将技术集成到学习环境的基础。然而，现有的经验证明，情况十分复杂。

例如，在最近对 8 个国家进行的研究回顾中，通德等人（Tondeur et al.，2017）发现教师表达了不同的教学观，有时以教师为中心，有时以学习者为中心，这取决于学习情况。有时他们的理念是阻碍他们使用技术的原因，但其他时候，教师们认为技术性原因才是阻碍（例如，使用笔记本电脑会让课堂很混乱），或是实际原因（例如，ICT 相关的活动要花太多时间）。此外，尽管一些教师报告说他们学会了在互联网上寻找有用的资源，并利用这些资源制作多媒体材料，但他们的教学实践仍然是以教师为中心的传统做法。

马西和克里（Marcy&Kerry）在佛罗里达州一所中学的计算机使用评估项目中观察到了类似的结果（Reiser et al.，2005）。老师们很高兴能在教室里使用平板电脑，但他们主要是用这些工具来做他们已经在做的事情（例如，用平板电脑而不是投影仪投影材料到黑板上）。教师们评论说，他们有维护技术的技术支持，但没有教学支持教会他们如何有效使用技术来支持学习。

最近一项针对荷兰教师的研究（Heitink et al.，2016）揭示了一些有趣的发现。尽管 83% 的教师表示自己将技术整合到教学中的能力是先进或非常先进的，但他们使用技术的方式大多反映的是知识迁移，而非知识建构。他们把技术视为一种使学习更有吸引力和支持教育目标的方式，但他们的实践往往与他们的教学推理不相匹配。例如，一位教师说她会使用平板电脑支持学习过程，但却只是让学生用平板电脑在数据库中查找作业。

由于目前对 21 世纪能力和专业知识的强调，培养教师有效地整合技术以支持学习，已成为教师教育计划中的优先事项。基于他们对新教师的调查，通德和他的同事们（2017）提出了图 9-3 所示的框架，帮助新任教师为整合技术做好准备。他们发现，当经验丰富的教师教育者在课程作业中使用技术时，新任教师会更有动力将技术融入他们自己的课程中。然而，很多实习教师报告说他们的项目中几乎没有使用技术。相反，他们在实习期间的经历就是影响他们成为新教师后采取技术实践的一个关键因素。

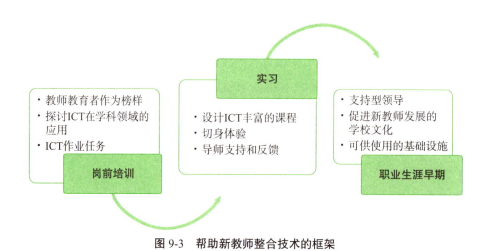

图 9-3　帮助新教师整合技术的框架

资料来源：Tondeur, J., Roblin, N. P., van Braak, J., Voogt, J., & Prestridge, S.（2017）.Preparing begin- ning teach- ers for technology integration in education：Ready for take-off?*Technology*，*Pedagogy and Education*，*26*（2），p. 172.

结语

计算机和相关技术的进步，以及学习观点的转变，激发了人们对技术如何调节、促进和总体上增强学习的兴趣。在这一章中，我们纵观了学习技术的基本情况，特别是在哪些领域中技术不可或缺，以及哪些类型的技术可以增强学习。在第 10 章中，我们将探讨教师和其他教育者如何将技术融入他们的教学，以创造有效的情境学习环境。

反思性问题与活动 >>>>>>>>>

1. 请分析你所体验过的技术增强型学习环境。

   a. 利用图 9-1，描述其基础。它反映了哪些学习理论？你的选择有什么依据？

   b. 它的给养是什么？这些给养如何促进学习？这些给养是否有任何意外的影响？

2. 请思考教育游戏中其他玩家的角色，并对比 VR 或 AR 应用中的智能虚拟代理的角色。他们在与学习者的关系上有什么相似和不同？

3. 随着基于技术的教学和评估变得越来越普遍，人们提出了一些疑问：在电脑屏幕上阅读是否涉及相同或不同的过程？根据你目前对学习的了解，在这个问题上表明立场。然后研究这个话题，重新评估你的观点。以下这些参考资料可以帮助你入门。

   Lenhard，W.，Schroeders，U.，& Lenhard，A.（2017）.Equivalence of screen versus print reading comprehension depends on task complexity and proficiency.Discourse Processes，54（5–6），427–445.

   Singer，L. M.，& Alexander，P. A.（2017）.Reading on paper and digitally：What the past decades of empirical research reveal.Review of Educational Research，87（6），1007–1041.

4. 随着技术的不断变化，我们很难构建一个概念图来充分表达本章所讨论的观点之间的关系。审视本章开头所示的概念图，我们是如何解释所讨论的概念的含义和关系的？考虑哪些特性（如距离远近、箭头连接、重叠和形状）表明了概念之间的关系。现在构建并描述你自己的示意图。它与本章开篇的概念图有何不同，为何不同？

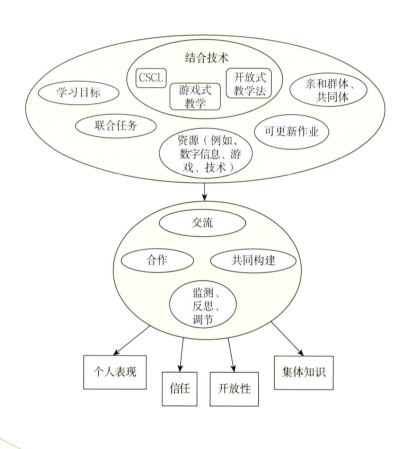

第 10 章
情境化技术增强型教学

PSYCHOLOGY OF
LEARNING FOR INSTRUCTION

• 智慧城市

凯文（Kevin）是一名教学设计顾问，他受雇为珀金斯堡（Perkinsburg）的政府雇员开发培训，这个中型城市最近被评为老年人退休后的最佳养老地点之一。珀金斯堡有多所大学和学院，教育水平高于该州其他同规模城市。然而，尽管有这样的优势，珀金斯堡并没有实现其可持续发展的目标。最近的一项研究显示，该市公民在垃圾回收率等关键指标上的表现低于预设目标。

该研究还揭示了造成差距的一些潜在原因，包括该城市政府雇员总体上缺乏可持续性问题的相关知识，对城市为减少浪费、增加回收率和更好地利用资源而提出的具体项目也不够了解。为了弥补这些差距，凯文计划在他受雇设计的培训中采用游戏式学习的方法。IBM（国际商业机器公司）推出的 CityOne① 是一款遵循城市模拟模型，并为解决现实世界环境问题提供场景的严肃游戏。凯文将利用这个游戏让政府雇员参与与能源使用和可持续发展实践有关的任务，他希望这将不仅帮助他们了解城市提供的服务，而且能帮助他们学会如何向市民宣传这些服务。

• 投票权

高中老师劳伦（Lauren）对即将到来的下一年感到很兴奋。因为每到选举年，公民教育课上的学生们总是更加投入，她也会利用这种兴趣和热情来进行教学。她打算设计一个教学项目，围绕 1965 年的《投票权法》（Voting Rights Act）和美国最高法院 2013 年关于谢尔比县诉霍尔德案（Shelby County vs.Holder）的判决，该判决推翻了为投票权提供全国性保护的条款。判决之后，各州进行了选民登记清理，在一些地区减少了投票站的数量，并试图制定额外的投票要求。在劳伦的家乡，一项宪法修正案通过，恢复了刑满释放的重罪犯的投票权。然而，关于如何实施修正案还有一些分歧，这使他们不太可能在 11 月的大选中投票。劳伦计划让学生研究过去和现在围绕投票权的问题。她的教学目标包括公民技能（如批判性思维、协作和沟通），以及与公民素养和参与政治进程有关的一些概念。

与第 4 章和第 7 章的开篇情景一样，上述两个情景揭示了一些涉及学习理论应用的教学问题。游戏式学习，特别是使用数字游戏，为"智慧城市"情景中的凯文提供了一种手段，让珀金斯堡的政府雇员参与培训，帮助他们更多地了解该城市的可持续发展倡议，并能够向市民传达这些倡议。在"投票权"这一情景中，劳伦试图实施计算机支持的协作学习（computer-supported collaborative learning，简称 CSCL），以帮助高中生了解选举权，同时获得与宣传和参与民主进程有关的技能和意愿。在本章中，我们将在前两章讨论的理论基础上，研究创造情境化技术增强型教学的具体方法。

---

① 该情景基于彼得里迪斯等人对 IBM 免费游戏 Cityone 的描述（Petridis et al.，2015）。

我们先从大的问题开始：如何有效地将技术融入教学？这包括学习者和教员所扮演的角色，以及谁控制学习设计和教学活动。在第 9 章中，我们列举了技术增强型学习环境背后的价值观，即学习者可以而且应该对自己的学习承担更大的责任，并且他们可以自主选择或在引导下有效选择学习内容和方式。我们还讨论了在支持学习者自我导向和自主性的学习技术中"选择"的给养。然而，与此同时，教员和教学设计人员对于设计和实施技术增强型学习环境来说至关重要，尤其是在学习者尚未习得自我调节技能的情况下。此外，我们将讨论两种符合情境观的应用：CSCL 和游戏式教学（game-based instruction）。尽管协作和合作学习是各级正规教育中长期存在的教学方法，但计算机技术的给养使协作达到了一个全新的水平。CSCL 研究人员从"协作协商和群体意义的社会分享"角度看待学习（Stahl et al.，2014），而不仅仅把学习看作是个人理解的意义。回想一下我们在第 7 章中讨论过的建构主义的特征——合作的个人主义焦点。我们稍后将更详细地比较这两种方法。

同样的，数字游戏"是强大的学习环境，因为它们可以创造虚拟世界，也因为在这样的世界中行动可以发展情境理解，进行有效的社会实践，培养强烈的身份意识、共同的价值观和思维方式"（Shaffer et al.，2005）。

最后，我们将以对开放式教学法的简要讨论结束本章。据我们所知，这是一种主要局限于高等教育的现象，它包含许多与情境观相同的价值观。也就是说，它提倡"自主性和相互依赖、自由和责任、民主和参与"（DeRosa & Jhangiani，2020）。

将技术融入教学

首先要注意的是，并非所有技术增强型教学在本质上都是情境性的。我们在第 9 章描述了一些例子，这些例子反映了基于行为和认知原则的策略。然而，我们还指出，网络和通信技术的进步特别有助于创造符合情境观的学习环境。因此，在本章中，我们主要关注这些环境和情境学习原则的应用。

那么我们从哪里开始呢？第 9 章提出的证据清楚地表明，技术本身并不是第一位的。例如，向教师提供笔记本电脑或平板电脑，并不能帮助他们以适当的、促进学习的方式使用这些工具。此外，如果没有这些工具，教师的课程目标也能同样有效地完成，那么拥有这些工具就没有什么意义。相反，正如我们在全书中一贯坚持的那样，学习目标驱动着教学决策，在技术增强型教学的情况下，技术的给养应该与要实现的学习目标保持一致。

我们先思考一下开篇情景中的学习目标。劳伦在"投票权"这一情景中，希望她教的高中生能够获得与参与民主有关的复杂技能、知识和意愿，包括对政府结构和程序的理解、以知情的方式参与民主进程的能力，以及对国家和社区的关切感（cf.，Kaufman et al.，2020）。同样的，在"智慧城市"情景中，凯文的目标也是让帕金斯堡的政府雇员进行复杂学习。他们必须了解城市的可持续发展目标，有哪些项目可以帮助实现这些目标，以及如何最好地传达这些信息，以便市民在自己的家中采取更多的有利于可持续发展的做法。从某种意义上说，这些政府雇员将学会成为可持续发展的倡导者，不仅代表他们的雇主，也是为了造福整个社群。

一旦确定了学习目标，就可以对技术解决方案进行审查，看它们是否能具备帮助学习者实现目标的能力。这还需要考虑情境和文化背景、学习者的先前知识和其他学习者特征，以及技术本身的各个方面。换句话说，教员或教学设计者必须采用系统的观点，对第 9 章中提到的心理学、教育学、文化、技术和务实基础的限制进行管理。

在这个过程中，教员应该做到"首先，不要造成伤害"（Darby & Lang，2019）。就像医生需要处方来避免对自己的病人造成伤害一样，教员也需要避免使用因难度过高而阻碍学习的技术。影响易用性的常见障碍包括登录过程困难、自费开支或控制系统复杂等。可用性问题也需要解决，以满足学生的需求（参见第 9 章中关于通用设计和数字鸿沟的部分）。

例如，在"智慧城市"情景中，凯文可能意识到，在激励和吸引学习者方面，特别是对于那些受训者可能不那么感兴趣的内容来说，游戏式学习比更传统的企业培训形式可能更有效。然而，他必须确保游戏 CityOne 能够被政府雇员轻松访问和浏览，因为他们可能有不同的计算机技能背景，也要确保游戏能提供合适的任务和情景，帮助政府雇员学习解决环境问题。

最后，还有在学习环境中协调角色的问题。在角色扮演游戏中，学习者将成为场景中的演员，承担特定角色并与他人互动以解决游戏中设置的问题。在像 CityOne 这样的游戏中，学员可以在重复的游戏玩法中扮演不同的角色，以更细致地了解不同人在组织中面临的挑战和责任。例如，扮演市民客户的角色，可以帮助城市员工更加了解客户的需求和观点。

另一方面，在像劳伦的班级这样的教学情境下，角色是没有预先规定的。在情境观的指导下，她可以扮演更有经验的同行的角色，指导学生定义和追求他们特别感兴趣以及与自己相关的问题。例如，一组学生可能会选择研究美国黑人投票权的历史及其与"黑人的命也是命"（Black Lives Matter）运动的关系。另一组可能会调查前重罪犯投票权的发展历史，以及促使恢复其投票权的修正案通过的条件。在这两种情况下，学生都在建立集体知识，彼此分享，并可能与课堂外的社区成员分享。不难想象，这两种情况下的学生都有可能为社区内的重要对话做出贡献，比如给社区领导人写信，或是参与社区宣传。换句话说，他们既是知识的生产者，也是知识的消费者，而且他们在更大的社区中的参与度和成员感都在不断提高。

这些都是正式教学情况的例子，但正如我们所看到的，在情景观的视角下，正式和非正式学习之间的界限是模糊的。因此，不妨考虑一下学习者加入并参与到吉（Gee，2017a，2017b，2018）称为"亲和空间"（affinity spaces）的社区的方式，对我们有什么启示。吉将亲和空间定义为"致力于一系列共同努力的，由兴趣和热爱驱动的空间"（2017a），如今这些空间大多是虚拟的。他还说道：

> "如今，任何一个问题都很可能是一个或多个亲和空间的吸引子（attractor），很难找

到例外。如今这些问题包括媒体制作、公民科学、政治激进主义、女性健康、同人小说写作、电子游戏和特定疾病——所有不同的特定类型，以及几乎任何你能想到的东西。在这些亲和力空间中，人们经常不考虑资历、年龄、外部地位或专业知识程度而采取行动、进行教学、学习和生产。"（2017a）

吉认为，亲和空间在年轻人发展 21 世纪技能方面的成功，是教育者应该"将其视为自己的工作，不仅要提供课堂教学，还要帮助学生寻找、创造和加入他们自己的亲和空间"的原因。我们将在下一节中看到，计算机支持的协作学习可以帮助实现这一可能。

计算机支持的协作学习

计算机支持的协作学习（Computer-supported collaborative learning，简称 CSCL）被简单定义为"由计算机和网络设备促进或实现的协作学习"（Stahl et al.，2014）。作为一个研究领域，CSCL 的发展源于对情境群体实践的关注，以及计算机连接群体成员并以创新方式促进其互动的潜力。根据斯塔尔等人的观点（Stahl et al.，2014），CSCL 的出现"是对迫使学生作为孤立个体进行学习的软件的回应"，它提倡一种变革性的学习观，也就是一种情境观。在 CSCL 中，"学习是在社会中发生的合作性的知识建构"。那么，与其说是单个计算机为单个学习者提供指导，不如说是计算机网络为学习者之间的交流提供了一种手段，并为他们的有效互动提供了支架。

我们在第 8 章中提到的"计算机支持的有目的的学习环境项目"（Computer Supported Intentional Learning Environment，简称 CSILE），现在被称为知识论坛（Knowledge Forum®），凭借其支持知识构建社区的技术，为 CSCL 奠定了基础。从那时起，CSCL 已经发展到融合各种形式的教学和学习环境，所有这些都以小组为分析单位，将小组成员之间的互动作为学习的关键过程。这种关注点不同于建构主义，虽然建构主义也强调合作。在建构主义学习环境中，合作为个人的知识建构服务，学习者利用小组的环境和活动来建立和检验自己的理解。

然而在 CSCL 中，合作则导致群体成员之间的共同理解或主体间性（intersubjectivity）。"这种'共同理解'不是许多个体拥有类似的理解，而是他们在一个公共的世界中高效地交流，创造出共同的意义。如果一个团体的成员能够很好地互动以追求团体的目标，那么这个团体就达到了主体间性"（Stahl，2015）。

例如，在"投票权"情景中，劳伦的计划是让学生小组各自开展一个自己设计的项目，调查历史上选举权某些方面的问题。他们研究的问题可能是这样的：学生不仅在小组内合作，而且也进行跨小组合作，或者如前面的例子所表明的那样，与关心投票权问题的社区成员一起参与研究。合作的规模取决于教学目标和学习任务。当主体间性和共同建构发生时，即使是两个人、一个小团体或学生和虚拟代理之间的小规模合作，都是 CSCL 的例子（Jeong & Hmelo-Silver，2016）。

在过去的几十年里，人们发现，CSCL 是一项复杂的事业，而且并不总是能带来预期的结果。此外，社交媒体的兴起和其他研究团体对团体活动不同方面的研究，都对 CSCL 目前和未来的影响提出了质疑，特别是在 K12 教育领域（Wise & Schwarz，2017）。综合 CSCL 概念化和 CSCL 技术的研究，郑、辛蒂·E. 赫梅洛（Jeong & Hmelo-Silver，2016）提出了七种给养，以及有效实施 CSCL 的相关设计策略（见表 10-1）。这些被认为是整合研究结果的有用框架，也是建立 CSCL 教学理论的重要步骤（Wise & Schwarz，2017）。我们简单梳理一遍这些给养，并思考它们能以怎样的方式运用到劳伦的课程当中。

寻找、建立群体和共同体

想象一下，如果你自己有一个希望追求的兴趣，并且你想与有同样兴趣的人合作并向他们学习，你会怎么做？正如我们在本章前面讨论的那样，你会寻求加入某个亲和空间。那么你会如何去做呢？关于社交网络知识构建的研究证据表明，参与亲和群体有五个阶段或水平：识别（identify）、潜伏（lurk）、贡献（contribute）、创造（create）和领导（lead）（Dawley，2009）。换句话说，人们首先识别与自己目标相同的社区或团体，然后花时间观察和学习环境中的文化和规范（即潜伏）。随着他们能力的发展，他们开始合作（即贡献）。他们会进一步了解了他们的合作者以及谁擅长什么。最后，随着知识的增加和对团体共同目标的责任感，个体便有可能去创造和领导。

表 10-1　计算机支持的协作学习的给养和实施策略

给养	挑战	设计策略	技术案例
1. 寻找、建立群体和共同体	学习者可能会在寻找和了解合作者，根据社区的规范和实践引导社区，以持续促进个人和集体理解的方式参与社区等方面遇到困难	• 群体的形成（例如，兴趣、能力水平、专业知识） • 了解合作者（例如，开发交互记忆系统）和社区内的引导（例如，社区规范） • 考虑到多样化的互动形式（例如，通过人工制品的间接互动） • 通过持续的参与和介入，推进个人以及集体知识的发展	• 同行评审 / 反馈系统 • 智能系统 • 可视化工具 • 引导支持 • 社交网络服务
2. 创建联合任务	学习者可能想要合作，但如果没有共同的任务让他们一起工作，合作就无法发生	• 更丰富、更真实的问题背景 • 属于学生近距离发展区的任务 • 积极的参与（例如，观点的采纳，里程碑） • 与教学法保持一致	• 多媒体 • 仿真 / 建模工具 • 数字人工制品（如游戏、维基百科网页）
3. 交流	学习者必须能够与他们的合作者交流。这在面对面的合作中往往不是问题，但当学习者分布在各地时，就会成为一个障碍	• 同步交流与异步交流 • 直接交流与间接交流（例如，通过人工制品） • 克服媒体 / 模式的距离	• 聊天、主题讨论、电子邮件 • 其他（例如，同行评估 / 审查制度）

（续表）

给养	挑战	设计策略	技术案例
4. 资源共享	学习者可能知道或拥有与联合任务相关的资源，但分享他们的资源或获取他们合作伙伴的资源并不总是那么容易	• 分享渠道（例如，工具和网站） • 共享策略（例如，共享什么以及何时共享） • 对共享资源的接受程度	• 通信技术、数据储存库、网站 • 合作伙伴元知识的数字概念图 • 注释工具
5. 参与知识生产过程	学习者可以合作，但他们的互动可能是无益的（例如，非任务行为、肤浅的学习活动、冲突等）	• 任务结构（例如，分工、角色分配） • 激发生产性协作学习活动的活动脚本（例如，提出问题、论证顺序） • 避免脚本过多	• 用于有脚本型协作的在线界面 • 预先组织的输入区和信息标签 • 初始提示信息、句子 • 提示语和问题梗概
6. 参与共建	学习者可能会进行合作，但却不能充分地处理合作者的贡献，以保持共同点。在彼此的贡献的基础上，记录讨论/同意的内容，并共同构建一个共同的理解	• 共同的目标和问题背景 • 参考和基础 • 讨论支持（例如，交互式讨论） • 对讨论/达成一致的内容进行持续的记录和总结 • 分享工作的空间 • 社会文化规范和期望（如集体责任）	• 有形技术和共享界面 • 对话或谈判工具（支持基础教学和交互式讨论） • 知识论坛 • 代表性的工具 • 共同工作空间（和/或私人工作空间）
7. 监测和调节	学习者可能会参与富有成效的互动，但会受到外部脚本或提示的引导，而不是自己监测和调节协作过程	• 监测什么（例如，参与度、达成的共识）和如何监测（例如，登录文件、问卷调查） • 如何利用监测结果进行调节控制（例如，解释指南） • 自我调节、共同调节和共享调节之间的协调 • 发展学生的能动性	• 认识/镜像工具 • 可视化工具 • 带有预期行为的元认知工具 • 智能系统 • 社交网络服务

资料来源：Modified from Jeong，H.，& Hmelo-Silver，C. E.（2016）. Seven affordances of computer- supported collaborative learning：How to support collaborative learning? How can /technologies help? *Educational Psychologist*，51（2），p. 250.

　　请思考这个过程与第 8 章中讨论的学习轨迹概念的相似性。更多地参与到共同体或群体中，意味着不断增强自己内部人士和对共同体目标的主要贡献者的身份。社区成员之间的分布式专业知识也被认为是有效学习共同体的原则，关于群体生产力的研究为其作为形成群体的因素而具有的重要性提供了支持。

　　例如，一些关于成人群体集体智力概念的有趣研究表明，多样性和社会洞察力是群体表现的重要预测因素（Woolley et al.，2015）。也就是说，当一个团体的成员之间存在足够的技能、知识和观点的多样性时，他们的合作会更加有效。然而，过度的多样性会损害群体之间的沟通能力。判断他人情绪的能力，即所谓的社会感知力，也与更有效的合作有关。吉（Gee，2017b）将集体智能团队描述为具有以下属性：

（1）他们将具有不同知识和生活经验但具有深厚技能的人联系起来，以完成共同的任务……（2）这个团队网络中的每个人都能够了解并协调其他人的技能，将自己的技能与其他人的技能融为一体……（3）他们通过互联网相连并使用智能工具获取、分享资源，彼此间批判性地讨论问题，合作推动彼此工作。

然而，在通常由教师负责组织小组的课堂环境中，这个过程如何进行呢？一个选择是教师根据兴趣、先前经验、技能和性情来分配小组成员。当学生自己组建团队时，他们可能需要在指导下了解他们的合作者，提供有意义的贡献，并给予反馈以改善小组的工作（Jeong & Hmelo-Silver，2016）。所有这些过程都可以通过那些提供协作和共同体建设平台的技术来促进，同时，这些过程也鼓励对学习任务的集体责任感。

就劳伦班上的高中生而言，她可能会支持他们决定作为一个整体或组成有具体任务的小组来进行这个过程。促进他们工作的技术可以包括一个在线学习管理系统，该系统具备的工具可用于归档和交流成果，进行小组和班级讨论，创建概念图，以及将学生所学知识的概念关系可视化并加以描绘。

创建联合任务、沟通和共享资源

为了让学习者以有意义和有成效的方式进行合作，学习任务必须具有足够的挑战性，但又是可以实现的，其复杂程度需要不止一位学习者的技能和想法，且须与整体教学目标相结合。丰富背景下的真实问题，如劳伦向她的班级提出的问题，吸引了学习者并促进了积极的思想交流。美国国家档案馆提供的数字化原始文件，如给予黑人男性投票权的第 15 修正案和禁止歧视性投票做法的 1965 年投票权法案，为劳伦的学生提供了研究和分享的原始资料。他们也可以从当地政府那里获得有关州宪法修正案的文件。

然而，一旦获得资源，劳伦的学生便需要具备通信技术，以便在团队之间或班级成员之间分享这些资源，并讨论他们的发现。对话可以在课堂上进行，也可以在网上进行，可以同步进行，也可以异步进行，这取决于学习者的需要和教学的实际环境。"随着任务需求的增加，越来越多的技术被用来支持面对面环境下的协作互动"，例如，"与面对面互动并行的即时分享和汇集想法的工具"（Jeong & Hmelo-Silver，2016）。

协作也可以在课堂上开始，并通过网络交流继续进行沟通。正如第 9 章所讨论的，2020 年新型冠状病毒大流行对学校教学造成的干扰，使人们更加重视异步在线交流策略。最后，注释和可视化工具使学习者能够对正在学习的资源做出反应并采取行动，以参与共同建设，这一点将在下面讨论。

参与生产过程和共同建设

有意义的、主体间的合作并不简单是因为学习者在同一个小组中工作而偶然发生的，所有学习者的贡献也不尽相同。吉（Gee，2017b）描述了兴趣驱动型群体的特点，即人们选择性地加入群体并做出贡献，且受帕累托法则（Pareto Principle）支配。就是说，20% 的人贡献了 80% 的成果。吉认为，这种模式似乎是大多数人类活动的组织方式。少数人对某项活动或事业真正充满热情，是"思想、发明、产品和知识的动态生成者"。其他人也有兴趣，但没有那么强烈。然而，吉还指出，80% 的人往往是新奇或创新想法的来源，可以推动解决棘手的问题。"这是因为，很多时候，那 80% 的人有过一些那 20% 的人没有过的经历"。设计 CSCL 环境意味着安排各种条件，使目标得以共享，学习者在彼此的贡献基础上共同进步。群体对结果负有集体责任，但个人贡献也存在差异。社会认知活动，如解释、质疑或争论，是学习者之间互动的特点（Vogel et al.，2017）。回顾一下，这些都是发生在建构主义学习环境中的相同类型的活动（见第 7 章），但这里的重点是这些活动如何支持小组中集体知识的共同建构，而不是学习者个人的知识建构。

与建构主义环境中的学习者一样，CSCL 环境中的学习者并不总是能够熟练掌握这些活动，因此教师或教学设计者可以设计 CSCL 脚本（scripts）来为学生的互动提供支架。"CSCL 脚本可以直接促使学习者参与合作活动，从而促进对学习材料的深入阐述"（Vogel et al.，2017）。脚本可以组织话语，在小组成员之间分配学习材料，并引导小组完成一系列的活动（Rodríguez-Triana et al.，2015）。

最近的一项元分析显示，与没有脚本的活动相比，脚本对协作学习的影响是积极的，对特定领域的知识影响较小，但对协作技能有很大的积极影响（Vogel et al.，2017）。当学习者的活动专门建立在他们的学习伙伴的贡献之上，并具备额外的支架，如工作实例和概念图时，其积极效果甚至更为显著。后半部分的研究结果与最近的另一项元分析的结果一致，该分析显示协作本身、在协作环境中使用计算机，以及在 CSCL 中使用其他工具和支持策略都有积极作用（Chen et al.，2018）。

在"投票权"这一情景中，劳伦将面临这样的问题：当学生参与她所计划的 CSCL 活动时，她应该为他们提供多少指导。换句话说，她应该做多少脚本，用于哪些活动？太多的脚本会扼杀兴趣和独立性，但完全没有脚本的 CSCL 可能无法提供她的学生成功所需的支架和支持。与大多数教学决策一样，劳伦将利用她有关学生能力的先前知识来指导自己，以及持续指导学生在 CSCL 活动中的表现。

监测和调节

CSCL 环境是复杂的，通常涉及新信息、新技术和新的学习教学法。虽然在这些环境中的学习结果通常是积极的，但学习者有时会发现它们令人困惑、耗费时间，而且不一定有成效。为何会这样呢？"研究一致表明，学习者未能充分计划、使用适应性学习策略和 / 或利用技术进行学习、协作和解决问题"（Järvelä et al.，2015）。换句话说，他们既没有监测和调节自己的行为和学习，也没有监测并共同调节群体的行为和学习。

正如我们将在第 11 章讨论的，成功的学习者会自我调节他们的学习，因此，成功的群体也需要利用监测和调节过程，这并不奇怪。耶尔韦拉等人（Järvelä et al.，2015）将此称为社会共享学习调节（socially shared regulation of learning，简称 SSRL），并提出了在 CSCL 环境中支持 SSRL 的三个设计原则：

（1）提高学习者对自己和他人的学习过程的认识；

（2）支持学生和其他人的学习过程在社会层面上的外化，助力分享和互动；

（3）促进调节过程的获得和激活。

为了实施这些原则，作者们呼吁使用 CSCL 工具来帮助学习者：

- 了解他们的任务；

- 计划、监测和评估个人和团体活动；

- 意识到群体的挑战以及个别学生的群体相关性困难。

CSCL 工具还可以帮助教师监测学生在小组中的学习情况，并确定可能需要干预或帮助的具有挑战性的学习情况。教师在发展学生的能动性和帮助学习者成功运用复杂的 CSCL 环境方面可以发挥关键作用。事实上，怀斯和施瓦茨（Wise & Schwarz，2017）建议优先把学习者能动性而非协作脚本，作为 CSCL 未来的一个重要挑战。他们指出，"将合作学习作为一项研究议程的最初动机之一，是为了给学生在学习中带来一定程度的自主性"。

游戏式教学

游戏和游戏化应用程序越来越多地用于学术环境中，并作为企业教育的培训工具（Dawley & Dede，2014；de Freitas & Oliver，2006；Petridis et al.，2015；Vandercruysse & Elen，2017）。我们在上一章讨论了游戏式学习，最后提出了游戏如何得以成为家庭、学校和工作场所学习的建设性力量的问题。在本节中，我们试图回答这个问题，讨论将严肃游戏融入教学的方法。设计和开发用于教学的严肃游戏的问题超出了本书的范围，但我们将提供一个从多媒体和游戏式学习研究中综合出来的对教学设计策略的概述。

与任何教学应用一样，使用游戏的原因始于学习目标。在学术环境中，正如我们在前一章中所指出的，游戏的目的是提供内容、评估基础、提升动机，以及提供用于探索、实践和社会化的环境。在商业环境中，游戏服务于组织需求，例如"加速学习、提高员工生产力、与客户沟通以及与商业伙伴合作"（Petridis et al.，2015，p. 55；see also Clark & Nguyen，2020）。例如，在"智慧城市"这个情景中，凯文希望他设计的培训能够促进政府雇员学习城市的可持续发展计划，以及他们与客户（即珀金斯堡的市民）沟通的能力。总的结果应该是提高劳动力的生产力，这部分由城市的可持续性指标表现来衡量。增强动机是学术界和商界的共同目标。

如何以及何时围绕游戏开展教学，不仅需要考虑学习目标，还需要考虑特定的学习环境、学习者以及游戏本身的特点（即本章前面讨论的系统方法）。图 10-1 展示的是德弗雷塔斯和奥利弗（de Freitas & Oliver，2006）开发的框架，旨在帮助教师评估在教学中使用游戏或将游戏作为教学基础的可能性。此后，该框架被改编为设计和开发游戏、进行模拟以及对这种学习环境进行评估的框架（de Freitas et al.，2010；see also Dawley & Dede，2014）。

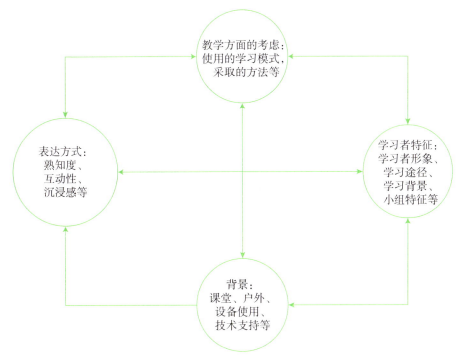

图 10-1　设计、开发和评估基于游戏的学习环境的框架

资料来源：Adapted from de Freitas，S.，& Oliver，M.（2006）.How can exploratory learning with games and sim-ulations within the curriculum be most effectively evaluated?*Computers & Education*，*46*，p. 253.

德弗雷塔斯和奥利弗（de Freitas & Oliver，2006）在描述这四个维度时，从背景开始，自下而上进行。背景指的是最广义上的学习地点，涉及社会文化和历史因素，以及资源可用性和技术支持等务实问题。学习者是第二个维度，指的是与作为个人和团体的学习者相关的所有方面。"第三个维度关注的是游戏或模拟的内部表现世界或者说是叙事世界（Diegesis），在这里指的是：游戏或模拟中使用的表现方式、互动性、沉浸度和保真度"（2006），换句话说，也就是在游戏中创造的叙述和故事世界。最后，第四个维度涉及游戏所提供的学习过程，以及它们如何促进学习目标的实现。

道利和迪德（Dawley & Dede，2014）使用四维框架来综合和组织策略，这些策略被证明对于设计沉浸式游戏是有效的。研究结果反映了许多与多媒体学习相关的原则，这些原则在上一章中已经讨论过。表 10-2 列出了框架的四个维度、每个维度的简要定义、与每个维度相关的教学设计策略，以及提供支持这些策略的证据的具体研究参考。

表 10-2　沉浸式、游戏式学习环境的教学设计策略

维度	定义	教学设计策略	相关研究
学习者	学习者的特征，包括概况、角色和能力	创造角色，让学习者将自己的身份与游戏角色融合在一起	Barab，Zuiker，et al.（2007）
		让游戏对玩家的决定做出反应；游戏和玩家都应该随着游戏的进展而改变	Barab，Zuiker，et al.（2007）
		使环境设计与学习者的需求和能力相匹配	de Freitas et al.（2010）
		比较可供选择的策略，以确定哪些策略适合谁以及何时适合	Ketelhut et al.（2010）
教学模式	设计所依据的学习理论框架（例如，联想的、认知的、社会的、情景的）	使用丰富的叙事活动来确定内在的形式主义和体现参与的必要性	Barab，Zuiker，et al.（2007）
		将形式主义应用于手头的问题，然后是近期的问题，最后是长期的问题	Barab，Zuiker，et al.（2007）
		整合逐步使用世界内和世界外的社会网络交流机制，以支持积极的知识建设、坚持不懈，以及从新手到导师的转变	Dawley（2009）
		使用案例研究作为模拟设计的基础	Kahn（2007）
表征	与真实性、互动性和沉浸性有关的教学展示和管理策略	提供模拟形象空间、培训和构建 3D 的真实理由	Warburton（2009）
		使用具有文化、道德敏感性的设计，提供结果选项，首先选用最有利的结果	Barab，Dodge，et al.（2007）
		在模拟设计中使用口头文本与印刷文本作为反馈机制，以提升决策表现	Fiorella et al.（2011）
		管理感官的复杂性和认知负荷；设计一个中间地带，包括相关的视觉信息和沉浸式元素（如人行道、街灯）的组合，而不造成认知的超负荷	Nelson & Erlandson（2008）
		处理三个层次的存在（物理、沟通、状态），创造一个强大的沉浸式体验	Warburton（2009）
		利用模拟形象进行相互之间和与物体之间的互动	Warburton（2009）
环境	环境学习发生的环境，包括支持性资源	使用实际观察和下载的数据流对复杂学习进行三角评估	Clarke-Midura & Dede（2010）
		自然地加入指导，并使其成为可选项	Nelson（2007）
		考虑将访问新技术、带宽和防火墙作为设计的一部分	Warburton（2009）

资料来源：基于 Dawley，L.，& Dede，C.（2014）.Situated learning in virtual worlds and immersive simulations.In J. M. Spector，M. D. Merrill，J. Elen，& M. J. Bishop（Eds.）.*Handbook of research on educational communications and technology*（pp. 723–734）.Springer.

在"智慧城市"情景中，当凯文为珀金斯堡市的员工设计所需的培训时，这个框架和一系列策略对他可能会有什么帮助？虽然他已经确定了一个现有的游戏，因其具备满足员工受训者学习需求的潜力，但该框架还可以提供一种手段，以确定如何配置该游戏，以及在培训中成功使用该游戏可能需要哪些额外的教学策略。例如，游戏提供了涉及不同城市产业的场景，玩家做出的决定会影响收入、市民满意度和环境改善。凯文可以将员工分配到与他们在城市机构中的身份相似的角色，并让他们解决一些问题，这需要他们在城市的经济、环境和社会学利益之间进行权衡。

在游戏化教学中需要强调的一点是情境整合，即把游戏与学习环境中的其他教学策略相结合，以优化其对学习的影响（Wouters & van Oostendorp，2017）。例如，以下策略都被推荐为游戏式教学中加强学习的方法。克拉克和阮（Clark & Nguyen，2020）衍生出了以下这些针对职场学习的应用，但有证据表明，它们同样适用于学术学习。

（1）规划一个允许重复游戏的学习环境。如果只玩一次游戏，则效果有限。当自动性（automaticity）是学习的理想结果时，这一点尤为重要。

（2）保持图形界面简单易用。如果游戏的感官和导航方面过于复杂，认知过载就会成为一个因素。

（3）使用基于工作相关或学校相关的任务情景。在工作场所的环境中，通过指导来推动实现组织目标是很重要的。在学术环境中，所使用的情景应该让学习者解决他们关心的问题（Gee，2015）。

（4）将游戏作为支持学习或表现的众多举措的一部分，而不是作为唯一的学习资源。让学习者了解游戏的目的，提供教学支持以促进对内容的讨论和解释，并在游戏后举行汇报会以鼓励思考和迁移。

与 CSCL 环境一样，游戏式学习环境也很复杂。教学支持元素可以嵌入游戏本身，也可以作为整体教学的一部分整合在游戏之外。关注游戏式学习环境的四个维度，有助于教师和设计师在创建和实施游戏化教学时做出正确的决策。

开放式教学法

20 世纪 60 年代见证了开放课堂和开放教育的曙光。赫伯特·科尔（Herbert Kohl）在他的革命性著作《开放课堂》（1969）的序言中写道："开放、民主的生存模式的发展，本质上是放弃权力的专制使用和提供可行的替代方案的问题。这是所有想从事教学工作的个人和机构都必须面对的问题。"这种教学作为一种民主的存在模式，在课堂、教育、教育资源，以及现在的教育学中，以各种"开放"的方式持续存在。

开放式教室可以追溯到 20 世纪 60 年代和 70 年代的英国幼儿学校，这些学校强调在多年龄混合的课堂中进行以学生为中心的教学。年轻的孩子们从比他们年长、更有经验的同伴以及老师那里得到了指导，而且所有的学习者都对自己的学习承担了相当大的责任。"允许并鼓励儿童自主选择学习活动，他们就不会感到无聊、烦躁和麻烦。相反，他们的精力被主动引导到了建设性的渠道"（Hertzel，1970）

基于教育赋权的愿景，大学层面的开放教育与其大约在同一时间出现。"我们设想的世界是，每个人在任何地方都能获得他们渴望的高质量教育和培训；教育被视为一种基本的、共享的和合作的社会福利"（Open Education Consortium，n.d.）。开放式的大学采取政策来减少接受高等教育的障碍，并提供获得高质量教学的机会，以此作为对抗全球不平等的一种手段。

随着开放教育的发展，它与开放教育资源（open educational resources，简称ORE）的联系越来越紧密，并成为其倡导者。OER可以是"任何教育资源（包括课程地图、课程材料、教科书、流媒体视频、多媒体应用、播客以及其他任何为教学设计的材料），这些资源可供教育工作者和学生公开使用，而无需支付版税或许可费"（Butcher et al.，2015）。威廉和弗洛拉·赫利特基金会（The William and Flora Hewlitt foundation）和安德鲁·W. 梅隆基金会（Andrew W. Mellon Foundation）被认为发起了OER运动，他们资助了麻省理工学院的开放式课程（Open Course Ware）计划，与世界自由分享麻省理工学院课程的所有内容（Bliss & Smith，2017；Brown & Adler，2008）。

OER的一些定义明确提及它们的数字性质，因为互联网对教育的主要影响之一，就是它能够在消费者之间广泛共享内容。此外，互联网向Web 2.0的演变模糊了消费者和生产者之间的区别，创造了新的资源类型和共享资源的参与性文化（Brown & Adler，2008）。

而OER中的"开放"意味着这些材料在许可下受版权保护，该许可允许任何人保留（retain）、修改（revise）、混合（remix）、使用（reuse）和分享（redistribute）（Wiley & Hilton，2018；Bliss & Smith，2017；DeRosa & Robinson，2017）。威利（Wiley）将这些活动称为5Rs，并将其描述成做以下五件事的权利：

- 保留（retain）——制作、拥有和控制资源的副本（例如，下载并保留自己的副本）。
- 修改（revise）——编辑、改编和修改你的资源副本（例如，转换为另一种语言）。
- 混合（remix）——将你的原始或修订的资源副本与其他现有材料结合起来，以创造新的东西（例如，做一个混搭）。
- 使用（reuse）——公开使用你的原始、修订或重新混合的资源副本（例如，在网站上、演讲中、课堂上）。
- 分享（redistribute）——与他人分享你的原始、修订或重新混合的资源副本（例如，在网上发布副本或给朋友发一份）。

开放式教学法，有时也称为开放式教育实践，描述了围绕OER建立的学习理念和一系列教学实践（Cronin & MacLaren，2018；DeRosa & Robinson，2017）。OER和5Rs"在学习者和他们在课程中获取的信息之间建立了一种新的关系"（DeRosa & Robinson，2017）。知识成为了不断创造和修改的东西，而学习者也积极参与到知识创造中。知识的创造和修改也涉及教室以外的更广泛的社区，这样，学生所做的工作就会为公共利益作出贡献。

威利（Wiley，2013）批评了他提到的大学课堂上的一次性作业：学生做，教师打分，但没有给世界创造任何价值。学生不应该做一次性的作业，而应该做可更新的作业，"既支持学生个人的学习，又产生新的或改进的开放教育资源，为更广泛的学习者群体提供持久的利益"（Wiley & Hilton，2018）。可更新作业是在他人的学习基础上构建自己的学习产物，并不断推动理解。

威利和希尔顿（Wiley & Hilton，2018）设计了一个连续体表格，表格两端分别是一次性作业和可更新作业，如表 10-3 所示。在典型的课堂作业中，学生创造一些产品，如论文、项目报告、文章或类似的演示，目的只是为了向教师提供他们学习的证据。课程结束后，这些作业就被处理掉了。虽然这种作业可能有利于个人学习，但威利和希尔顿认为它们错失了为更大的社区带来长期利益的机会。也就是说，作业产生的价值如果超出了作者的学习范围，有可能对集体知识建设做出贡献。

表 10-3　区分不同类型作业的标准

	学生创造产品	产品的价值不仅仅是支持创造者的学习	产品被公开	产品被授权公开
一次性作业	√			
有效作业	√	√		
建造主义作业	√	√	√	
可更新作业	√	√	√	√

资料来源：Wiley，D.，& Hilton，J.（2018）.Defining OER-enabled pedagogy.*International Review of Research in Open and Distributed Learning*，19（4），137.

在开放式教学法中，学生创造的内容可以与他人分享并由他人使用。邀请学生公开他们创造的内容，也为其他人修改、综合或使用这些内容以提高其质量和价值提供了可能性。请思考，这种方法和第 7 章中讨论的建构主义和建造主义的相似点，以及它和本章前面讨论的CSCL 的相似点。社会互动和协作是所有这些方法的核心，但 CSCL 和开放式教学法强调为共同利益而协作，并参与到网络化的实践社区中。"知识消费和知识创造不是独立的过程，而是平行的过程，因为知识是共同建构的、背景化的、累积的、迭代的和递归的。'开放教育学'从根本上说，是关于一个公共学习公地的梦想"。

为了开发一个开放教学法的模型，赫加蒂（Hegarty，2015）综合了关于使用 OER 的案例研究，得出了八个被认为必不可少的属性（展示在图 10-2 中），并对每个属性进行了初步描述。这些属性反映了一种情境观，即学习者参与到实践社区并为之做出贡献。

属性一：参与性技术	用于通过Web 2.0、社交网络和移动应用程序进行互动
属性二：人、开放、信任	培养信任、自信和开放的态度，以便与他人合作
属性三：创新和创造力	鼓励自发的创新和创造
属性四：分享想法和资源	自由分享想法和资源以传播知识
属性五：相互连接的共同体	参与到一个相互连接的专业人士共同体中
属性六：学习者进行生产	促进学习者对OER做出贡献
属性七：反思性实践	参与反思性实践的机会
属性八：同行评审	对他人的学术研究进行公开批评

图 10-2 开放式教学法的八个属性

资料来源：Hegarty，B.（2015）.Attributes of open pedagogy：A model for using open educational resources.*Educational Technology*，55（4），p. 5.

与开放式教学法相关的参与式文化，最常被提到的例子是在线开源百科全书——维基百科（Wikipedia）。任何人都可以编辑现有的条目或贡献新的条目，所有条目都可以进行反复的批评和修改。随着贡献者经验增长和得到更多信任，他们可能会承担更为重要的管理员角色，获得更高级别的编辑工具。"维基百科的开放性在另一个方面具有指导意义：通过点击每一页上出现的标签，用户可以很容易地回顾任何文章的历史，以及贡献者对其内容正在进行的讨论甚至是激烈的辩论，这对负责创建该条目的共同体的做法和标准提供了有用的见解"（Brown & Adler，2008）。

布朗和阿德勒（Brown & Adler，2008）在文章中写到了反映开放式教学法属性的其他项目，包括电子科学（e-Science）和电子人文（e-Humanities），学生和感兴趣的市民可以在这些项目中获得学术资料，并与学者进行观察和合作。在这些项目中，互联网门户成了学术参与的枢纽（例如，the Decameron Web project）。资源是公开共享的，参与者被邀请做出贡献，与其他贡献者辩论，并"学习成为"某个学术共同体的成员。

然而，开放式教学法被广泛认为具有挑战性的一个方面是，作为一名成熟的数字学者参与这样一个社区所必须具备的技能。在数字环境中进行协作需要技术能力（例如，使用数据库和通信系统，甚至是创建网站），能够轻松地从事独立或集体工作，以及区分可访问性和可接受性的能力。然而，除此之外，数字学者"需要开放（从不同的来源学习，包括非学术合作者）、谦逊（承认自己的知识局限性）、有同理心（保持学习和对话的共享空间）、互惠（提供帮助和知识）、学会冲突管理和具有多样性喜好（应对不可忽视的世界观）"（Pacheco et al.，2018）。

开放式教学法仍处于起步阶段。尽管 OER 运动开始于 20 世纪 90 年代中期，但它对大学校园的影响仅限于少数狂热的倡导者。改变是困难的，赫加蒂（Hegarty，2015）指出，"在这种新的连接文化中，我们都是学习者"。然而，情境观的倡导者认为，本章所讨论的开放的参与式学习生态系统，有可能成为创造全球性的学习文化和满足 21 世纪世界需求的手段（Brown & Adler，2008）。

结语

在第 8 章和第 9 章讨论的理论基础上，本章重点讨论了情境化技术增强型教学。关于如何将技术融入教学的决定始于学习目标，然而在此之后，技术的给养应该与教学的情境和文化背景相联系，包括在第 9 章中讨论的那些限制。

在接下来的两章中，我们将探讨与书中讨论的所有学习和教学理论相交叉的话题。动机、自我调节、情绪和神经科学本身并不是学习的理论，也不是专门针对学习的。但它们在人们如何学习、何时学习和学习的内容等方面都发挥着关键作用。

反思性问题与活动 >>>>>>>>>>>

1. 建构主义、建造主义和 CSCL 都有一些相似之处，也有一些不同之处。复习第 5 章、第 7 章、第 8 章、第 9 章，构建概念图以说明这些异同点。讨论以上各方法应实施在哪种学习者身上，以及相应的原因。

2. 以表 10-1 为指导，制订一个 CSCL 教学计划。首先要确定学习者和学习目标。请务必描述成功实施该计划需要哪些技术。

3. 以图 10-1 和表 10-2 作为参考，讨论游戏式教学是否能够促进你之前提出的计划，并给出相应的原因。想利用游戏来促进学习的教学设计者或教师会面临哪些限制？

4. 开放式教学法应用于"投票权"情景中会是什么样？

5. 开放式教学法可能会对你在高等教育中学习的任一课程造成什么影响？开放式教学法如何才能成功应用？

☼ 第 11 章知识导图

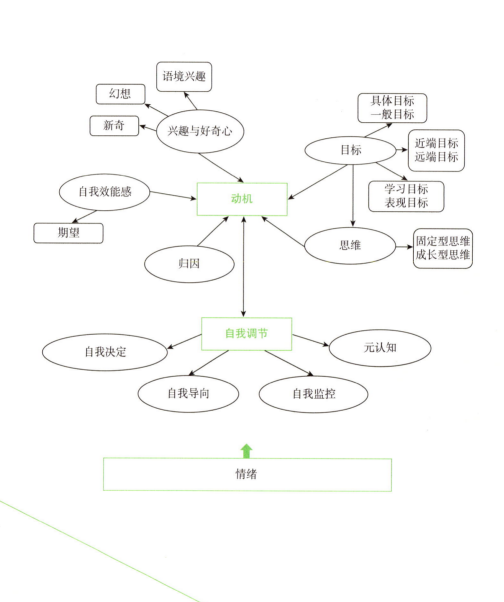

第 11 章
学习与动机

PSYCHOLOGY OF
LEARNING FOR INSTRUCTION

• 职业发展决策

杰妮西娅（Jenicia）是一所城市高中的化学老师。学校安排她明年教授物理课程，这要求她具有该学科的教学资质。为此，她必须参加物理学科的进修课程、继续教育课程，以及教育学讲习班，学习其所在地区教授课程的最佳方法。虽然杰妮西娅并不反对拓宽自己所涉及的学科领域，但她原先准备在未来一年中获得教授非英语人士英语课程（English speakers of other languages，简称 ESOL）的认证。自五年前杰妮西娅入职以来，该学校的学生群体发生了巨大变化。母语为非英语的学生数量有所增加，杰妮西亚的学生中约一半人的英语水平有待提高且层次不齐。杰妮西娅感觉由于学生存在语言障碍，自己无法进行有效的教学，这让她沮丧不已，她希望在设计课程时考虑到母语为非英语的学生。但杰妮西娅认为，她不能向学校管理层反映她想获得 ESOL 认证，或者至少先让她获得认证再去取得物理学科的教学资质，因为她担心这会对自己的绩效评估甚至是工作保障产生负面影响。于是，她正考虑同时考取这两项资质认证。

• 讲习班烦恼

阿里（Ari）原本是一名教师，因其出色的教学表现，被委派至某发展中国家，担任实地教育干事。他的任务是与该国某地区的教师进行合作，帮助他们提高课堂教学质量。此外，阿里还需在所涉及的班级中进行调研，以确定他推荐的方法和技术的实施效果。但阿里缺少有效完成该部分工作的研究技能，于是他参加了一个为期一周的行动研究方面的培训讲习班。尽管他很想快点学会这些技能，但他担心现阶段自己的知识储备不足将会使他在班上处于不利地位。此外，尽管很难理解课堂上提及的概念，但阿里担心提问会让自己显得愚蠢，且会耽误小组其他成员的学习，于是他没有问任何问题。

在之前的章节中，我们探讨了有关学习和教学的具体理论。在本章和下一章中，我们将讨论学习的另外两个层面，即动机和神经科学。紧接着，在第 13 章，我们将对动机、神经科学以及教学这三者进行讨论。在本章和开篇情景中，我们探讨在学习的语境中，与动机、自我调节和情绪有关的问题。在简要回顾前两种结构的历史之后，本章将介绍关键理论的特征。目前，神经科学领域的研究拓宽了我们对情绪在学习过程中所起作用的理解。本章将在最后讨论该新兴视角。

相关文献尚未对动机以及自我调节做出统一的定义。申克（Schunk，2008）强调对自我调节的定义缺乏一致性，尤其需要关注自我调节与元认知（meta-cognition）和自我调节学习（self-regulated learning）混为一谈的原因。缺少普遍统一定义的情况原先便存在：克莱因纳（Kleinginna）等人从心理学出版物中收集了 102 条对动机的定义或描述，并进行了分类（1981）。"动机，是指激发、维持目标导向行为的过程"（Schunk，1990）。神经科学家博特维尼克（Botvinick）和布劳威尔（Braver）将动机定义为"预期奖励对行为和认知的定向与促进作用"（2015）。动机也是"一个与工作有关而不是与娱乐有关的概念"（Weiner，1990）。当学生并未全身心投入学习时，例如，学习时三心二意，完成任务仅是为了获得所允诺的外部奖励，或者将时间花在与学习任务相反的事情上时（例如，将学习分数抛诸脑后，转而幻想与芭蕾有关的事情），老师就称这些学生学习动机不足。当学生明确拒绝参与学习任务或未能采取有助于他们成功完成任务的行动时，也可以认为他们缺少动机。

动机的基础是什么，以及教师如何构建有效激发、增强学生学习动机的学习体验，多年来一直是研究的主题。虽然从这方面的研究中得出的理论严格来说不能称为学习理论，但对教育者来说，对动机的研究肯定是与对学习的研究混在一起的。正如韦纳（Weiner，1990）所说，"对教育心理学家而言，动机往往可以从学习中推断出来，而学习通常是动机的指标"。核心的两重问题是：如何激励学习者参与新的学习活动？教育者又该如何增强学习者的动机？

对许多人来说，在当今这一复杂且信息丰富的社会中，以下问题同样重要：我们如何帮助学习者培养自我调节技能，让他们能设定自己的目标并管理自己的学习和表现？申克和齐默尔曼（Zimmerman）认为自我调节与动机相互作用，并将自我调节定义为"学生激活和维持认知、行为和情感，并将其系统指向目标实现的过程"（Schunk & Zimmerman，1994；Pintrich，2000；Zimmerman，1989）。齐默尔曼（2013）将自我调节学习者描述为那些"通过特定过程，将自身已具备的能力，转化为不同功能领域中与任务相关行为的人"。

动机

"动机曾经是心理学的主要研究领域"（Weiner，1990）。出现这种情况，主要是因为 20 世纪三四十年代的心理学家认为动机"可以使有机体由静止状态转变为活动状态"（Weiner，1990）。或许你已从当时对学习的研究中发现了这一概念与学习之间的关系。例如，第 2 章提到的赫尔的学习理论认为，行为是在朝着预期目标的驱动力作用下所产生的结果。也就是说，某种（通常是生物学上的）需求的存在，例如，对食物、性或住所的需求，激励着行为指向一定的目标。当反应得到强化，最初激励行为的驱动力降低时，便产生了学习。

然而，（同样在第 2 章提到的）对潜在学习（latent learning）的研究将对动机的关注与对学习的关注进行了有效区分（Weiner，1990）。现在回忆一下，托尔曼证明了动物似乎只是通过探索来了解迷宫，在此过程中，缺少用以降低驱动力的目标或诱因。由于学习似乎没有明确的动机，心理学家开始认为动机与知识的使用有关，而不是知识的发展。

20 世纪六七十年代，美国心理学界从行为视角转向认知视角，推动了动机与学习重新整合。心理学家开始借助新的方法研究奖励对行为的影响。在此之前，广泛接受的观点是，对某一反应进行奖励必然会增加该反应再次发生的可能性，但新的发现对该观点提出了质疑。在某些情况下，除非学习者对奖励产生期待，否则奖励对后续行为几乎没有影响（Estes，1972）。此外，一些奖励如果被学习者视为控制手段，往往会降低他们在学习任务中的自然兴趣（Deci，

1975）。同样地，对完成一项简单的任务进行奖励往往会传达给学习者他们能力低下的信号。对人类来说，奖励意味着各种不同的事物，并且每种意义可以产生不同的动机和学习效果。

同时，对人类成就需要的研究主导了有关动机的研究（Weiner，1990）。成就需要也称为诱因动机、效能和对掌控力的渴望，被认为是人类操纵、支配或以其他方式控制环境的基本倾向（White，1959）。在成就动机方面最杰出的研究者是大卫·麦克利兰（David Mcclelland）和约翰·阿特金森（John Atkinson）。他们试图解释为什么一些人似乎只是为了成就而追求卓越，而其他人却非如此（Mcclelland et al.，1953）。一般认为，如果父母在家里强调成就和竞争，那么孩子会形成较高的成就需要。但是成就动机也会受到情境的影响，在一定条件下，个体会更加努力，如收到特定的考试指令、处在竞争环境之中和面临失败等（Atkinson，1964）。

对其他与动机有关的个体差异变量的研究，与阿特金森的工作同时展开。例如，除高或低的成就动机外，人还具有高或低的焦虑（Spielberger，1966）或高或低的内部控制（Rotter，1966）。过度的焦虑会干扰学习与表现，进而导致持续学习的动力下降。近期关于情绪和学习的研究有助于对两者之间的关系进行更细致的解释，特别是对教和学的影响。情绪和学习将于本章后面部分进行讨论。

相反的是，当学生具有内部取向而不是外部取向时，他们将会表现出更强的动机。这意味着他们倾向于认为学习任务由技能决定，因而受个人控制。而外向型学生则倾向于相信他们在学习任务中取得的成功将由机会决定，而不是由他们掌控的手段所决定。因此，激励此类学生参与学习任务的可能性较低。类似地，成长型思维的学生往往比固定型思维的学生更有动力。固定型思维的学生认为他们的学习能力和智力是先天性的并且不可改变。

本章重点介绍了对学习产生影响或促进作用的动机的来源和运用策略，并对动机的起源和决定因素进行了详细的介绍和讨论。这些因素都将对学习者是否参与和坚持目标导向型学习任务产生影响。在所有对动机的认知角度中，要理解持续的学习动机至少要考虑以下两个重要因素：

- 学习者对学习及其结果的期望是否得到满足，
- 如何对他们在学习中的失败和成果进行归因。

过去学习的结果在很大程度上决定了学生是否会在未来的某个时间点参与到新的学习中去。

自我效能信念

动机的一大来源是学习者对自己与任务难度和任务结果之间关系的信念。"自我效能感指的是个人对自己有能力组织和执行产生既定成就所需行动的信念"（Bandura，1997）。自我效能信念：

"影响着人们选择去执行的行动过程，他们在给定尝试中付出多少努力，他们在面对挫折和失败时坚持的时间长短，他们在逆境中的韧性，他们的思维模式是自我阻碍性的还是自我帮助性的，他们在应对高强度的环境需求时感受到多少压力和沮丧，以及他们所能达到的成就高度。"（Bandura，1997）

班杜拉（Bandura，1977，1982，1997）提出的自我效能感是一种与行为和结果具有因果关系的信念系统。换言之，人们会对自己执行实现理想结果所需的特定行动的能力做出判断（见图 11-1）。然后，基于这些判断，他们选择继续执行或不再执行这些行动。例如，在"讲习班烦恼"情景中，阿里因为先前缺乏与研究技能相关的知识，怀疑自己是否有能力学习讲习班教授的内容，因此，阿里并没有寻求帮助来让自己可以在这种情况中完成学习任务。

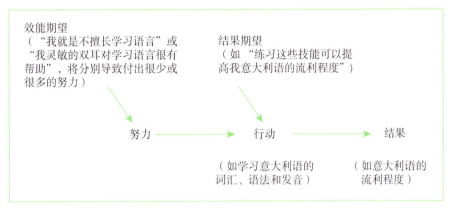

图 11-1　班杜拉的自我效能感作为表现和成就调节者理论

除了自我效能信念之外，人们还对什么样的行动会产生理想的结果抱有期望。例如，阿里十分期望讲习会上教授的研究技能使其完成他现在无法履行的工作职能。班杜拉将这种期望称为结果期望（outcome expectations），并将其定义为人们对表现结果的判断。积极的期望起到诱因的作用（即阿里受到激励报名参加讲习班），消极的期望则起到抑制的作用（即如果阿里认为讲习班教授的内容并不是指向他想学习的技能，他会去别处寻求培训）。

结果期望包括三种主要类型（Bandura，1986，1997）：

（1）行为带来的身体感受（例如，快乐或痛苦）；

（2）社会效应（包括正面的赞同、社会认可和金钱补偿，负面的反对、否定和惩罚）；

（3）对自己行为的自我评价反应。

因此，阿里除了有"通过讲习班将学习到所需的研究技能"这一结果期望外，很可能还抱有"在讲习班成功学习将促使自己晋升或得到上级表彰"的结果期望。

显然，表现决定着结果期望是否得到满足，而自我效能信念控制着表现。人们可能对自己的能力（或缺乏能力）怀有信念，尽管这些能力与他们执行某项任务的实际能力无关。但是，能否充分利用他们所拥有的能力取决于他们在分析处理困难任务时的自信程度（Bandura，1997）。

自我效能感被认为是一种生成性的能力，而不是一种固定的特质（Bandura，1997）。换言之，人们在不同领域会发展出不同程度的自我效能信念，而这些差异有助于解释技能水平相似的人为何会有不同的表现，也可以解释个体在技能水平保持不变的条件下，为何会在不同的情景中具有不同表现。此外，班杜拉（1997）认为，乐观的自我效能评估对个人有利，而真实的评估则会产生自我限制的影响。例如，如果"讲习班烦恼"情景中的阿里，在参加讲习班时，坚信无论他先前拥有的知识多么少，他都能实现目标，那么他可能表现出完全不同的行为。但显然，自我效能信念的乐观程度，只有在一定限度内才是对个人有益的。只要自我信念是基于过去的亲历性经验（而非不切实际的幻想），人们便会"产生期待，积极主动地激励自己，并构建有效的行动过程"（Bandura，1997）。

学习者最初是如何获得自我效能信念的？当这些信念阻碍了学习者承担能力范围之内的任务时，又会发生怎样的变化？班杜拉（1982，1997）提出了人们获取信息以影响其自我效能信念的四个主要来源。

（1）亲历性经验（enactive mastery experiences）：对学习者自身能力提供反馈。

（2）替代性经验（vicarious experiences）：提供有关他人取得成就的比较性信息。

（3）言语说服（verbal persuasion）：为学习者提供他人对其能力范围看法的信息。

（4）生理状态（physiological states）：学习者用于判断自己是否有完成手头任务能力的内在感觉。

接下来，我们将依次分析这四个来源。

亲历性经验。亲历性经验是指学习者过去在任务中取得的成功。亲历性经验是自我效能信念最有影响力的来源，因其为学习者提供了关于他们取得成功的能力的最真实信息。本章开篇的"职业发展决策"情景便是一个成功催生成功（并增强了自我取得成功的信念）的例子。杰妮西娅希望获得教授非英语人士英语课程的认证，这是其尝试将该课程准则纳入其教学设计之中的外在直接表现。起初，杰妮西娅很是担心，因为她不想让情况变得糟糕，但当她继续采取自学策略时，她发现学生的表现以及课堂参与意愿切实提高了。这一成功经历让杰妮西娅信心十足，她觉得自己有能力得到认证。

班杜拉（1997）认为，个人对任务成败的解释，以及对任务难度和付出努力的认识，可以调节亲历性经验对自我效能信念的影响。例如，假设"讲习班烦恼"情景中的阿里认为某项任务特别困难，但他坚持不懈，他的付出也得到了表扬。那么这种亲历性经验可能会让他重新评估并提高自我效能信念。但是，如果阿里认为自己知道如何完成某项任务，他只需付出很少的努力便可取得成功。在这种情况下，他的自我效能信念很可能保持不变；他会继续坚信学习讲习班教授的内容超出了自己的能力范围，并且该任务并不能代表最终自己需要完成的任务。

替代性经验。影响自我效能信念的第二个信息来源是替代性经验，或学习者对某榜样人物成功过程的观察。在大学环境中，替代性经验影响研究生自我效能感的例子比比皆是。例如，许多研究生坚信他们写的论文或做的研究不足以发表或在会议上报告。这种期望将会导致他们无法完成工作，或完成后却不提交。但是，如果在参加的某次会议上，这些学生听到某位同学针对自己的论文做报告，或目睹一位高级研究员发表了一篇无聊或有误的论文，他们将会改变对自己的期望。通常，他们的想法是："哎呀，我至少能做得和他们一样好！"

上面的故事暗示了一个事实：榜样是谁，会影响观察者自我效能感增强的程度。例如，一名研究生在参加的某次会议上，被其他研究生的展示深深震撼，那么他不太可能会改变自己无法达到同样表现的预期。通过回顾基于榜样特质的示范作用研究，可以得到一系列结论（Schunk，1987）。首先，榜样人物的年龄对学习者能否通过对其观察增强自我效能感影响甚微。但在申克和汉森（1985）的一项研究中，出现了该一般性结论的一个例外。在他们的研究中，做减法有困难的小学生观察到同伴或老师演示重组，还有部分学生并无榜样对其进行示范。在教学过程中，观察同伴的学生比观察教师的学生表现出更高的自我效能感，并且减法技能也学得更好，但由教师担任榜样比没有榜样的效果要好。第 4 章讨论的行为技能培训（behavioral skills training）框架中的"示范"，是用以引起行为改变的过程中的一个步骤。而动机在行为技能培训模型中又会起怎样的作用呢？

其次，共同学习某项技能时，儿童更有可能模仿那些他们认为表现较好的人的行为。此外，儿童对学习情况感到忧虑时，应对型榜样比掌握型榜样更能让孩子们积极做出反应。也就是说，当学习者观察到，最初与自己同样忧虑的榜样逐渐达到熟练表现时，他们会获得信心，并有可能提升自己的表现。

从所示范的表现中学习涉及的不仅仅是学习者对榜样的感知。班杜拉在社会认知理论中（1986，1997）提出了四组对人们从替代性经验中习得内容产生影响的心理过程（见图 11-2）。

图 11-2　控制观察学习的四个子过程

资料来源：*Social Foundations of Thought and Action* by A. Bandura，© 1986.Reprinted by permission of Prentice-Hall，Inc.，Upper Saddle River，NJ.

第一组过程涉及学习者在所示范的活动中关注的信息。这取决于学习者（观察者）的特质以及所示范活动本身的各方面情况。在第二组过程中，学习者通过构建某种认知表征以记忆所示范的活动。通过第三组过程，学习者可以将记忆的信息转化为适当的行动过程。学习者是否可以实际执行这些行动取决于第四组过程。在下述情况下，学习者更有可能进行所示范的活动：

- 他们的行动将产生积极的结果；
- 他们观察到其他人从类似的行动中获益；
- 他们发现这些活动本身很吸引人。

言语说服。 言语说服是可用以改变自我效能感的第三种方式，这可能是父母最熟悉的方式。言语说服是指由其他人说服学习者他们有能力完成某特定任务。当一个人试图说服他人尝试某项任务时，常会鼓励对方"加油，你能做到的"。比如，某学校团体参观了当地的户外历史博物馆以及动物保护区，该保护区有一条穿过树梢的绳索桥。学生们不得不分成不同的小组依次过桥，于是便有不少的学生留在地面等着轮到自己。在某处特别惊悚的路段，一名学生害怕地不敢动，无法走完木板桥。地面上的孩子们不停地呼喊鼓励他们的同学："你行的！""一只脚在前一只脚在后。""别忘了你系着安全带，不会有危险的！""去吧！"慢慢地，这名学生战战兢兢地穿过了桥，走到了对面的平台，他咧着嘴笑得很开心，因为他成功地跨域了这重阻碍。就像体育课或脑力竞赛中的学生在跑步或参加学术挑战活动过程中互相加油鼓励一样，地面上的孩子正在进行言语说服。

言语说服的方式不同，学习者对言语说服的感知方式也会不同，并且也会决定其是否对自我信念产生积极的影响。例如，学生在一项简单的任务中取得成功后，老师对其加以表扬，或者说一些诸如"进步很大"的话，可能会无意中固化学生较低的自我效能信念。有过失败经历的学生对这种反馈尤为敏感，他们的自我信念将会因此受到负面影响（Graham & Barker，1990）。另一方面，如果评价性反馈可以传达学习者的成果如何证明了其能力，将会产生更高的自我效能感（Bandura，1997）。班杜拉（1997）还指出，当言语说服提供的信息仅稍微超出人们对自己能力的判断时，它的效果最好。

生理状态。 最后，个体可以根据自己的生理状态监控自我效能感（Bandura，1982）。也就是说，个人"直觉"使其相信自己会成功还是失败。班杜拉（1986）认为识别内部唤醒状态（internal arousal states）是从与个人经历相符的社会标签中习得的。换言之，将恐惧定义为人在胃里感受到的感觉，可能是因为在过去经历的事件中，其他人将这种感觉称为"恐惧"。在不同的情况下，同一种感觉可能被称为"紧张的期待"，这种唤醒可能对表现产生积极作用。例如，想想在两侧候场的演员或准备与班集体首次见面的老师所感受到的"唤醒"。

这种唤醒是否会不利于个人，取决于个人如何识别它，以及对它的关注程度。班杜拉通常认为，就改变学生的生理状态而言，教师除了让学生进行放松训练或脱敏训练（desensitization training）（见第 2 章）以克服恐惧和焦虑外，几乎别无他法。然而，与学习有关的神经科学和情绪的研究和理论，正在挑战这一假设。例如，越来越多的证据表明，学习者可以习得一种在减少压力的同时提高注意力和自我调节的"正念"（mindfulness）方法（见第 12 章）。

效能信息整合。由于有关自我效能感的信息具有众多不同的来源，且信息形式各异，于是产生了一个重要的问题：人们如何整合所有这些信息以帮助自己进行效能判断。班杜拉（1997）称这是一个复杂的过程，并指出人们普遍不善于权衡并整合多维信息。相反，他们往往只关注那些更易于想起或最为突出的信息。班杜拉进一步指出，"自我评价技能的发展……依赖于自我反思性元认知技能的提升，进而对个人自我评价的充分性进行评估"（1997）。在学习过程中，自我反思性元认知技能对自我调节行为的发展也是至关重要的，这一点将会在本章后面进行讨论。

好奇心和兴趣

在《爱丽丝梦游仙境》中，爱丽丝走进镜子时称"道路蜿蜒的方式十分有意思"，不管她走哪条路，总是会回到房子里。这使她更加坚定地想弄清楚如何通往附近的山，这样她才可以继续她的冒险（Carroll，1946）。我们可以将好奇心定义为：为解决我们所知的某种差距或不确定性时，对所需信息的渴望（Efklides，2017）。对儿童和成人来说，好奇心都是学习的强大推动力。

感知唤醒（perceptual arousal）是好奇心的一种，最初是由环境中新奇、复杂或不协调的模式所激发的（Berlyne，1965），很像爱丽丝在镜中和仙境中遇到的情况。学习者不仅会更加关注这些意外事件，而且他们也会尝试用新的方式来感知他们所看到的事物（Gagné & Driscoll，1988）。当个人认为某事物是新奇事物时，会将其识别为记忆中没有的事物，进而促使产生对该事物的记忆，也就是学习（Barto et al.，2013）。例如，爱丽丝对发生在她身上的许多奇特、陌生、时而惊险的事情感到不解，于是便猜测这些事情的来龙去脉，进而对新事物熟悉起来，并在自己的经历中学习。

教师也可以好好利用新奇的事件激发学习者的好奇心。人们对新奇事件的适应相当快，所以必须维持好奇心，使其成为持续的动机来源。通过采用预习活动来控制新材料的新颖性，神经科学家已经发现，在学习过程中接触新刺激的学习者，其记忆力和识别能力都得到提高（Fenker et al.，2008）。在学习背景下，可以通过改变课堂或训练中使用的教学方法，实现将注意力保持在感知水平（perceptual level）（Keller，1983，1987）。例如，在教学过程中插入相关的趣闻轶事，给予学生以发现为导向的、主动的学习机会，可以帮助学生保持兴趣和注意力。

保持好奇心的另一种方法是幻想（fantasy）。"要在学习中运用幻想，就需要为学习者提供易于增强他们想象的有意义的学习语境。对学习者来说，有意义的学习语境具有一种非常个性化的吸引力和趣味性"（Rieber，1991，320；cf.，Malone，1981）。例如，目标设为定位"海盗沉没的宝藏"时，同时涉及经度与纬度，于是，学习经度与纬度便出现在同一语境之中，并且可以维持学生的注意力。基于计算机的教学需要借助模拟和虚拟现实或虚拟世界，这也依赖于想象力和幻想思维的运用。

最后，"更深层次的好奇心可以通过创造一个只有通过求知行为才能解决的问题情境来激活"（Keller，1987）。科勒（Keller，1983）将其称为探究唤醒（inquiry arousal）。模拟或虚拟学习环境通常基于游戏，而探究唤醒则可以对其进行巩固。当代研究集中于学习者动机与游戏化，在游戏化情境中，学习者沉浸的虚拟学习环境具有增强参与动机的特征（Herbert et al.，2014）。这些环境提出了非常复杂的现实问题供学生解决，然后提供解决问题所需的线索、信息、提示、支持和反馈（参见第9章有关游戏化学习的其他探讨）。

然而，成功的状态或由情境决定的好奇心，取决于在进行相关工作时具有的对话题的兴趣和积极的情绪（Efklides，2017）。"职业发展决策"情景中的杰妮西娅，因为好奇从而想出了运用非英语人士英语课程的策略。她想知道是否有办法通过顾及学生语言学习的需求，从而帮助他们更好地理解学科内容。的确，最后她找到了方法，这反过来激发了她更为集中的好奇心和努力，想要了解现有的方法种类，以及能将其纳入教学的内容。

目标与目标定向

主动设定目标是动机的另一重要来源（Bandura，1977）。个人在设定目标时，会确定一个外部标准，并将根据该标准对自己目前的表现水平进行内部评估。如果尚未达到这一标准且个人目标尚未实现，学习者将坚持努力。毫无疑问，我们大多数人都有过"坚持到底"，直至实现为自己设定的目标的经历。

然而，并非所有的目标都会促使这种对学习的坚持。目标的某些特性呈现出对目标设定过程的重要性（Locke et al.，1981）：

- 目标的具体程度
- 实现目标预估所需的时间
- 目标的定向

设定具体的目标（如"我要学会连接电路，让灯亮起来"）比设定笼统的目标（如"我要学习关于电的知识"）更能激励持续性的行为。在学习者有能力实现目标的前提下，与设定容易的目标相比，设定较困难的目标能激发出更强的毅力和更好的表现（Locke et al.，1981）。

设定近端目标和远端目标之间也存在差异（Schunk & Gaa，1981）。近端目标（proximal goals）是指那些可快速开始且短期内可实现的目标（例如，"我要学会区分负强化和惩罚"），而远端目标（distal goals）则是设置在长久的未来中需要达到的标准（例如，"我将在毕业前学习成为一名行为分析师"）。意料之中的是，结果表明，设定近端目标比设定远端目标更大程度地提升了动机和表现。

该结果在对幼儿的教学中尤为重要，因为他们可能无法表征脑海中的远端目标（Schunk &Gaa，1981）。远端目标与近端目标是相关联的，不断实现近端目标将会促进远端目标的实现。米勒和布里克曼（Miller & Brickman，2004）提出了以未来为导向的动机和自我调节模型，解释了远端目标和近端目标之间的关系，即未来目标可以影响围绕近端目标的自我调节行为。

最后，学习者设定的成就目标类型也会影响他们对任务的持久性、解决问题所付出的努力（Dweck，1986；Dweck & Elliot，1983；Dweck & Leggett，1988；Elliot & Dweck，1988；Meece，1994）以及他们的学习行为与记忆内容（Graham & Golan，1991；Nolen，1988；Nolen & Haladyna，1990）。当学习者设定表现目标时，他们"将努力获得对其能力的积极评价，或避免对其能力的负面评价"（Dweck，1986）。另一方面，当他们设定学习目标时，学习者"为了理解或掌握新的内容，他们将努力提高自己的能力"（Dweck，1986）。这两类目标之间的差异可以从"我想在这次考试中取得 A 等"（表现目标）和"我想了解为什么美国是最后参与第二次世界大战的国家之一"（学习目标）之类的陈述中看出。

面对一个表现目标，对自己能力信心不大的同学会呈现出无助的状态。他们会回避挑战，即使存在一定可能性，他们也会放弃而不是坚持去完成任务。在同样的情况下，对自己能力有高度自信的学习者会寻求挑战，并且往往对任务表现出高度坚持。另一方面，对学习目标而言，学生对其当前能力的评估则并不相关。他们都表现出德伟克和莱格特（Dweck & Leggett，1988）所说的"以掌握为导向"的动机模式。也就是说，他们会选择有利于学习的具有挑战性的任务，并且在这些任务中会表现出持久性（Dweck & Leggett，1988；Elliott & Dweck，1988）。

造成这些差异的原因在于个人如何在这两种目标定向内对失败进行解释。表现目标增强了"智力是固定的"这一隐性信念。在这种目标定向下，学习者会疑惑自己的能力是否足以完成任务；而失败则意味着答案是"否"。相比之下，学习目标与"智力具有可塑性且是可开发的"这一信念相关。在学习目标定向下，强调的是任务掌握策略，学习者会问自己，如何最大程度地利用和提高自己的能力来实现目标。这种情况下的失败表明目前的策略存在问题，有必要对其进行修改。一个明显的结果是，在这种情况下，学习者在学习上付出的努力将比他们在认为自己没有能力实现目标时付出的多（Dweck & Leggett，1988）。目标定向与学习者对能力的自我感知将在本章有关思维的部分进一步探讨。

培养学习目标定向的建议与历史上的教育实践背道而驰，后者试图对学习者灌输对表现目标定向的信心（Dweck，1986）。学习的行为观（具体来说是正强化）造成了这种情况。例如，之前提到的正强化对学习的影响。这与动机有何关系？其可描述为受动机激发的行为可能是在持续的强化下产生的。然而，"在对强化原理具有更深层次的了解后，个人不会指望，对耗时短且简单的任务的频繁表扬，会使其产生对耗时长且具有挑战性的任务的渴望，或增强面对失败时的毅力"（Dweck，1986）。

商业界的目标设定评论家认为，过度使用目标设定来提高员工的动机和表现会产生特定的副作用。这种对目标设定的过分强调会导致忽视非目标性因素的狭隘看法、不道德行为的增加、扭曲的风险偏好、组织文化的腐蚀，以及内部动机的降低（Ordonez et al.，2009）。很容易看出，在正式的学习环境中，过分强调目标也会产生上述这些副作用。

从这项关于目标的研究中可以得出什么可用于教学的结论？很明显，设定具有挑战性的近端目标有助于提升动机与表现。这种情况最有可能在学习目标定向下，而不是在表现目标定向下发生。应该将目标作为更大规模的学习者激励计划中的一部分加以应用。

满足期望与内外动机

想象一下，你刚刚完成了一个你为自己设定的具有挑战性的目标。在努力的过程中你时不时会遇到困难，但你仍然相信自己最终会成功，所以你坚持了下来。现在你做到了，内心有什么感想？你有没有感受到油然而生的喜悦或满足？你有没有像"树梢上的冒险"例子中的孩子一样咧着嘴笑？现在设想一下，你设定了一个目标却没有完成的情景。为什么没有实现呢？通常，当失败似乎迫在眉睫时，我们会放弃目标，或不再渴望实现目标，抑或两者兼而有之。

期望价值理论（expectancy-value theory）源自阿特金森（Atkinson，1957，1964）的成就动机理论，依据人们的感知结果（期望）和价值观来解释人们为实现目标所付出的努力。其中包括成就价值（重要性）、内在价值（享受性）、效用价值（任务的有用性）和成本（情绪成本或付出）。价值观与坚持或选择的关系更为密切，而期望是预测表现更为准确的因素（Eccles & Wigfield，2002；Wigfield，1994；Wigfield & Eccles，2000）。例如，"职业发展决策"情景中的杰妮西娅由于重视这项任务，所以她坚持自主学习将非英语人士英语课程的教学策略整合到自己的课程中。并且，因为她预计校长不会接受她将取得课程认证置于学科教学之前，所以她选择不和校长讨论这种可能性。

学习者成功完成任务时，通常会满足两种期望，即结果期望和效能期望。学习者最终达到其最初计划的目标时，结果期望便得到满足。如果"讲习班烦恼"情景中的阿里克服了他对会显得愚蠢的恐惧，并掌握了讲习班教授的内容，他就会达到他预期的结果。或者，类似地，学生可能期望通过自己的努力得到某门课程的 A 等；如果结果如此，那么其期望便得以满足，当然还有效能期望的满足。前文曾提到，自我效能感其中一个信息来源是个人在先前任务中取得的成功。因此，一旦获得成功，自我效能就会提高。获得成功后，学习者在下一次将更有信心取得成功。而且，他们的学习自我效能感总体上也得到了提高。

学习回报性（也是激励性）最高的结果之一便是运用新习得的技能或知识。科勒（1983，1987）将此称为学习的自然后果。当学生意识到正在学习的内容的相关性，并有机会应用新获取的信息时，自然后果最常发生。例如，在开篇情景中，阿里和杰妮西娅所学的技能均可在其工作中即时发挥作用。即使在无法即时利用新知识的情况下，仍然可以通过完成任务的积极后果来满足结果期望（Bandura，1997；Keller，1983，1987）。

尽管有人担心外部强化可能无法影响甚至可能破坏内部动机（Deci，1975；Deci et al.，2001；Dweck，1986），但是在某些情况中，外部强化则能发挥恰当的作用。然而，首先考虑外部奖励何时不适用于激发动机或许有所帮助。仅为参与某项活动提供奖励，通常会导致学习者对该活动本身的兴趣下降（Bates，1979）。当活动本身具有娱乐性或趣味性时，尤为如此。因此，奖励学习者参与他们已经感兴趣的任务，可能并非明智之举。

贝茨（Bates，1979）也总结道，当奖励不被视为提高任务表现的正当内在目的时，提供奖励可能会对动机产生不利影响。例如，多劳多得对生产线上的工作表现可以产生明显的效果，因此可能有助于增强动机。但是，完成学校学习任务赚取代币并不是提高学习表现的内在目的，并且可能会产生与预期相反的效果。也就是说，学习者可能会为代币而努力，视代币的价值高于计划用代币鼓励的事情的价值，即完成任务和掌握学科内容。

对外部奖励和内部动机的元分析确定了以下类型的奖励及其对内部动机的积极影响（Deci et al.，2001）。

（1）正反馈等口头奖励可以增强内部动机，需要注意的是，正反馈对成人比对儿童更有效，但如果所处环境对个人具有控制性，则可能会产生负面影响。

（2）奖品、代币和金钱等实物奖励会对内部动机产生负面影响，但要注意的是，必须始终考虑其他因素（例如，人际关系、学习者年龄、奖励的条件等）。

（3）与学习者努力无关的意外奖励和与非任务性奖励不会对内在动机产生影响。

（4）参与性奖励与参与到特定行为之中直接相关，它们显著降低了内部动机，对儿童而言尤为如此。

（5）完成性奖励与完成任务直接相关，同参与性奖励一样，它们会削弱内部动机，特别是对儿童而言。

（6）表现性奖励，即对完成情况较好的任务的奖励，同样对内部动机有负面影响。

另一方面，当学习任务本身比较枯燥，或学习者没有认识到自己与学习任务的关联性时，积极的结果非常有用。学习拼写可能是说明该情况的一个很好的例子。许多学生感觉拼写作业纯粹是一件令人厌烦的事，并且他们经常无法在第一时间理解为何要学习拼写。毕竟，这不是文字处理程序中拼写检查器的工作吗？在这种情况下，学生可能不会因正确拼写单词而感到十分满意，但他们可能会对完成拼写后获得的奖励感到满意。因此，当学生达到一定的拼写目标时，老师可以给他们一些奖品作为惊喜。虽然这种做法可能不会让他们对拼写长久地感兴趣，但它确实通过暂时提高他们在这方面的兴趣，让他们继续完成拼写作业（Calder & Staw，1975）。意外奖励的不可预测性，激发了学生对外部奖励的时间、类型和标准的好奇心。

科勒（1987）还指出，"即使人具有学习的内部动机，外在形式的认可仍可能对其产生促进作用。例如，对成就、荣誉、学生作品展示和积极正面的评论的公开认可十分受欢迎"。这与班杜拉（1997）的社会效应理念是一致的。瑞安（Ryan）和德西（Deci，2000）提供了一个展现自我决定连续体的模型，相关内容将在本章后面一节中介绍。

通过满足当前学习事件中的期望，可以促进持续的学习动机。期望价值理论将实现目标付出的努力与期望和价值联系起来。当学习者达成学习目标时，其自我效能感会得到提升，并且他们会体验到学习成功的自然后果。在自然后果不太可能发生的情况下，积极的结果可以在某些情况下满足结果期望。

做出归因

思考一下，提交试卷时，知道自己的作答情况并不好，你内心会是什么想法。你是否会认为"我没有学习该学的东西"，或"我只是觉得今天自己没有正常发挥"，或"反正我不是一个好学生"，或"这是我室友的错，他很晚才让我回宿舍，导致我不能好好学习"？所有这些陈述都反映了学习者尝试理解自己表现的方式。尽管上述陈述均与失败经历有关，但学习者对他们的成功也会做出类似的评价。比如，"我学习真的很努力""我今天刚好比较幸运""老师喜欢我""总的来说，我是个好学生""考试挺简单的"。这些关于学习和表现的归因会对持续的学习动机产生着重要影响（Weiner，1979）。

"归因理论的核心假设……是，寻求理解是基本的'行动动力'"（Weiner，1979）。换言之，人们试图理解他们成功和失败的原因，他们对这些原因的归因决定了他们未来的行动。韦纳（1985，1986，1992）提出了三种维度可供大多数因果性归因进行分类：内部的与外部的、稳定的与不稳定的、可控的与不可控的。

成功或失败的内部原因是指人的内在因素，如能力、努力和情绪。外部原因是学习者本身以外的因素，如任务难度、教师的态度，以及他人的帮助等。稳定性维度是指某因素随时间的变化程度。能力趋于稳定，而情绪或运气则不稳定。最后，可控性是指个人对成功或失败原因的控制程度。个人可以独自决定自己为应试学习花费的时间，因为你可以留出足够的时间完成指定的任务而不分心。但是，在测试当天是否会突然犯胃病，则是个人无法控制的。按维度分类的归因陈述示例如表 11-1 所示。

表 11-1　因示例及其构成维度

归因陈述	维度
"我没有学习该学的东西。"	内部的、不稳定的、可控的
"我强迫自己静下来思考。"	内部的，不稳定的，可控的
"我只是觉得今天自己没有正常发挥。"	内部的、不稳定的、不可控的
"我学习真的很努力。"	内部的、稳定的、可控的
"总的来说，我是个好学生。"	内部的、稳定的、不可控的
"反正我不是个好学生。"	内部的、稳定的、不可控的
"孩子们的日程安排可以让我每天在同一时间学习。"	外部的、稳定的、可控的
"她的测试很容易。"	外部的、稳定的、不可控的
"老师喜欢我。"	外部的、稳定的、不可控的

（续表）

归因陈述	维度
"那门课很难。"	外部的、稳定的、不可控的
"这是我室友的错，他很晚才让我回宿舍，导致我不能好好学习。"	外部的、不稳定的、不可控的
"我今天刚好比较幸运。"	外部的、不稳定的、不可控的
"考试挺简单的。"	外部的、不稳定的、不可控的

从这些例子中可以明显看出，大多数因素都处于这三类维度各自的连续体当中。例如，能力是内在的，相对稳定，并且仅在长期内可控（在某学科中取得较高成就会产生在同一学科中取得进一步成就的可能）。另一方面，来自其他学生的帮助是外部的、不稳定的，并且不受学习有困难的学生控制。根据韦纳的研究（1979，1985，1986，1992），这三类维度中的每一个都会对持续动机产生影响。

例如，在考虑能力因素时，学生往往认为这种内部因素是不可控的。然后，那些将失败归因于能力低的人会相信"尽自己所有能力，也做不出任何应对措施来改变失败的进程"（Graham & Barker，1990），从而导致了一个恶性循环。学生们认为他们失败是因为自己愚笨。既然自己愚笨，那么下次努力学习或是优化学习方法都是没有意义的。因为他们没有被激励去参与下一个任务，于是他们便再一次失败。情况会照此循环发展。

另一方面，如果学生将自己的失败归因于不稳定或可控的原因，他们更有可能相信自己将来会成功。因为生病或者没有好好学习导致这次做得不好，意味着下次还是有可能做得好的。当学生意识到他们掌握了确保目标实现的方法时，下次成功的动机很可能会增强。因此，韦纳认为，教师应该使用教学策略，帮助学习者认识到，学习情况是由他们自己的努力以及有效的学习策略决定的，而不是由能力不足决定的。这与班杜拉有关实施言语说服的建议是一致的。

对于大多数学生来说，一次挂科并不是太值得担心的事情。然而，面对反复的失败，即使是最坚定的学生也会质疑自己的能力（Kelley & Michela，1980）。此外，间接暗示会促使容易失败的学习者将其失败归因于能力较低。格雷厄姆和巴克（Graham & Barker，1990）对提供帮助被视为暗示受帮助者能力较低的可能性进行了研究。他们的调查基于以下观察：当人们认为是由不可控因素造成他人需要帮助时，人们就更有可能提供帮助。下述例子可以说明这一点。琼（Joan）想借你的课堂笔记，看看自己离校去看医生时（不可控因素）错过的内容。托尼（Tony）也想借你的笔记，但他是因为逃课去海滩（可控因素）而缺课。托尼和琼，你更愿意将笔记借给谁？

当老师或同伴向能力较低的学生提供帮助时，被帮助的学生很可能从提供帮助这一举动中推断出他们的能力较低。在检验这一假设时，格雷厄姆和巴克（1990）证实，"如果收到未经请求的帮助，受帮助的对象会被其他儿童视为能力较差的学生，他们比未接受帮助的同龄人在未来表现好、成为理想工作伙伴的可能性要低"。他们得出结论：一些出于好意的教学实践

（例如，给予帮助）可能会对个人能力感知产生意想不到的负面影响。

那么，关于归因对持续动机的影响，我们能得出什么结论呢？首先，帮助学习者将他们的成功和失败归因于努力程度以及有效（或无效）的学习策略，很可能增强动机。然而，对于有失败经历的学习者，教师应该特别警惕那些可能会进一步破坏他们对自己能力看法的暗示。

思维与自我决定理论

思维（mindsets）是理解学习者动机的一种途径，它关注学习者对其智力作为成功之源的自我认知（Dweck，1986，2008）。人的思维处于一个从固定型到成长型的连续体之中，具体类型取决于个人如何理解自己。固定型思维假定智力、天赋和成功都是固定的。每个人与生俱来的能力水平是预先设定的，且无法改变。另一方面，成长型思维假定每个人都有改变的能力。虽然每个人一开始都具有独特的能力组合，但每个人都可以通过扩展知识和培养新的能力进行自我发展。当学习者带着固定型思维进入课堂时，他们基本上已将自己的学习潜力限制在自己认为能够达到的最高水平。"我不擅长艺术"和"我不会做数学题"这两个例子是固定型思维学习者会说的话。这些陈述中加上"尚未"一词后，听上去便会类似于成长型思维学习者会说的话。固定型思维的学习者不会努力学习，因为他们认为这样做是徒劳的。固定型思维的学习者通常具有较低的，或不具有动机和自我调节能力。但正是由于"自己无法做出改变"这一根深蒂固的自我认知，这些学习者似乎停滞不前，没有能力也不愿意接受新的挑战。表 11-2 列出了符合成长型思维与固定型思维学习者各自特征的陈述。

表 11-2　固定型思维与成长型思维学习者的典型特征

固定型思维	成长型思维
因为我的智力受到我与生俱来水平的限制	因为我的智力水平可以在现在的基础上继续提高
• 我要证明我很聪明	• 我喜欢学习新的东西
• 我从不提问	• 我会提问
• 努力说明遇到的情况对我来说太难了	• 努力意味着我将有所成就
• 如果我得进行尝试，说明我还不够聪明	• 当我尝试理解的时候，我也在学习
• 当我遇到挫折时，我会逃避，这样我就不会看起来很傻	• 遇到挫折是尝试其他方式的机会
• 如果反馈中没有说明我是正确的，那就说明我是错误的	• 反馈帮助我下次做得更好
• 当别人做得很好时，我看起来不如他们聪明或突出	• 我可以向那些比我做得更好的人学习

资料来源：Based on Dweck（1986，2008）.

通过思维来理解和影响学习者动机的一个关键原因是思维是可以改变的；成长型思维是可教授的（Blackwell et al.，2007）。通过营造出既可展示又能培养成长型思维的学习环境，教师可以帮助学习者发展自己的思维，从固定型转向成长型。思维已被证明可以预测学业表现（Claro et al.，2016）。为什么成长型思维很重要？成长型思维的人可以达到更高的成就水平，并且他们对此十分满意，从而继续努力达到更高的成就水平。他们的学习动机得到了激发。而且，他们可能获得持续性动机，从而终身学习，而不仅仅是在课堂这种常规学习环境中学习。

随着越来越多的工作和职业需要继续教育，终身学习是一组宝贵的技能。本章的两个开篇情景都说明了这一点。在了解思维如何塑造学习者动机的同时，了解学习者的自我决定在他们的动机中发挥的作用也很重要。自我决定理论的核心是通过考察以下三个概念来研究动机：自主性（autonomy）、胜任力（competence）和与他人的归属或联系（relatedness or connection）（Ryan & Deci，2000）。此外，在一定程度上，自我决定理论还有效考虑了在说明动机与这组概念之间的关系时所涉及的社会环境。

自主性可理解为决定和控制自己行为的能力。这一概念与独立或独自工作有所区别；其所指更偏向于个人独自或团队合作完成某项任务时，体验到的个人意志感觉。"职业发展决策"情景中杰妮西娅的情况便是有关自主性与自主性缺失的例子。杰妮西娅自主决定的职业发展尝试是自主性的缩影，而她收到上级的指令则是自主性缺失的写照。

胜任力之所以与自我效能、思维和自我价值有关，是因为人们必须得相信自己有能力做自己想做或别人要求自己做的事情。不存在诸如负反馈以及贬低性评价之类的破坏性输入干扰时，胜任感可以通过正反馈和完成艰巨挑战的奖励来获得。归属是指人们在行为表现环境中感受到的真实人际联系。对于学习者来说，归属就是与其他学习者和教师之间的关系，以及他们在这些关系中的安全感。在"讲习班烦恼"情景中，阿里不愿意提问便是自我决定理论的例子，因为他没有能力也不相信自己能完成这项任务，此外，他也不信任老师和其他学生对其提问的回应。阿里不具备学习动机。如果他的提问得到回答，且不会因此感到愚蠢，他在讲习班的参与情况可能会有所改善。

自我决定理论的另一个关键特征是，它区分了内部动机和外部动机，指出内部动机激发的努力，本质上对做出这些努力的人来说是有趣且会令其感到满足的，而由外部动机驱使的任务之所以被执行，是因为必须或需要完成这些任务才能实现某一结果目标。自我决定理论认为，外部动机激发的努力，在其价值和需要得到认可时，可以得到整合与内化。例如，一旦对拼写成绩的意外奖励消失，学生对拼写课的兴趣和参与依旧不是发自内心的，除非他们确实是拼写学爱好者。由于学生是由外部目标或期望所驱动的，所以他们完成这些任务的动机并不会被认为是内部的。虽然这些任务得到内化与整合，但并不有趣，也无法让人满足。学习者仍然必须促使自己执行这些任务。内部控制的行为仍然可以受到外部激励。这一点是对本章上述有关内部、外部动机讨论的提炼。

自我决定理论认为调节方式和控制点都是人做出行为或执行任务的部分方式。"讲习班烦恼"情景中的阿里可能总是需要在外部动机的驱动下学习和进行研究，因为这些活动本身并不有趣或是让人感到满足，但却是重要且有价值的。同样，"职业发展决策"情景中的杰妮西娅，显然是在外部动机的驱动下去获取物理学科的教学资质的；但是她是在内部动机的驱动下去争取教授非英语人士英语课程的认证的。图 11-3 展示了自我决定动机与其他因素之间的连续体（Ryan & Deci，2000）。

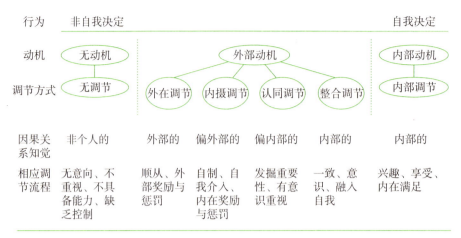

图 11-3　反映动机类型及其调节方式、因果关系和相应过程的自我决定连续体

资料来源：Ryan，R. M.，& Deci，E. L.（2000）. Self-determination theory and the facilitation of intrinsic motivation，social development，and well-being. *American Psychologist*，55，68–78.

在前面的内容中，我们已经讨论了语境和后果对学生持续学习动机的影响。当学习者的期望得到满足，或是他们将自己的成功归因于自己的努力和有效的学习策略时，动机便会增强。我们将在下一节讨论自我调节与学习。一般来说，自我调节是个人管理包括学习在内的个人行为的途径。

自我调节

自我调节的学习者"会设置自己的学习目标，然后在目标和环境的语境特征的指导和约束下，尝试监控、调节和控制自己的认知、动机和行为"（Pintrich，2000）。换句话说，他们试图对本章已经讨论过的动机的各个方面进行管理。如表 11-3 所示，齐默尔曼（1994）提出了一个用于理解学业自我调节的概念框架。除了自我目标、自我效能和归因之外，自我调节学习（self-regulated learning，简称 SRL）还涉及使用特定的策略来控制学习、监控进度以及构建有利于学习的环境。在回顾自我调节学习的历史之前，有必要提及元认知与自我调节学习之间的关系。

元认知（metacognition）"是个人心理上对认知及其特征的审视，审视对象包括个人思考方式、思考时所使用的信息，以及内心制订计划、逐步执行计划实现目标的过程。"（Winne，2017）。造成元认知和自我调节经常被混淆的原因是，显然，它们都是指对自己施加（或不施加）控制的过程。自我调节学习是对学习相关行为的具体关注。自我调节学习通过对过程和内容进行元认知思考，对行动做出自我调节决定并采取这些行动。如果自我调节学习是结果，那么元认知就是产生结果的机制。神经科学进一步表明"动机信号可以调节认知控制的核心部分"（Botvinick & Braver，2015）。也就是说，元认知不仅仅是哲学概念上的，也是生物学功能的一部分。

表 11-3　学业自我调节维度的概念分析

科学问题	心理维度	任务条件	自我调节特征	自我调节过程
为何学习	动机	选择参与	内部或自我驱动的	自我目标、自我效能、价值观、归因等
如何学习	方法	选择方法	有计划的或自动化的	策略使用、放松等
学习什么	表现结果	选择表现结果	表现结果的自我知觉	自我监控、自我判断、行动控制、意志等
在哪学习	物理环境（社会环境）	控制社会和物理环境	对物理/社会环境敏感并随机应对	环境构建、寻求帮助等

资料来源：From B. Zimmerman，"Dimensions of Academic Self-Regulation：A Conceptual Framework for Education." In D. H. Schunk & B. J. Zimmerman（Eds.），*Self-Regulation of Learning and Performance*. Hillsdale，NJ：Lawrence Erlbaum Associates，1994. Reprinted by permission.

与智力和动机相比，元认知技能可以更好地预测学习表现（Veenman，2017）。"职业发展决策"情景中的杰妮西娅选择扩大自己关于 ESOL 教学策略的知识储备，这些教学策略涉及搜索信息、评估信息、应用信息、评估信息的有效性、修改自己的方法以及重新应用优化后的知识。由于杰妮西娅是在正式学习环境之外进行学习，所以其非正式的自主学习完全依赖于自身的元认知和自我调节学习技能。通常，自我调节学习是教师在正式学习环境中的目标，但在进行表达或理解时，并非总是使用这些术语。换言之，教师希望他们的学生"拥有自己的学习"或"得到激励去完成任务"，而不是非得理解"成为一名自我调节学习者意味着掌握一组特定的技能，并且这组技能作为学习环境的组成部分，需要他人教授并给予支持"。策略上的指导对学生有利，但必须针对学科内容进行调整，且应该包括元认知训练（Donker et al.，2014）。

20 世纪七八十年代对自我调节与学习领域的早期研究主要关注的是学习者，特别是学习者如何"开始或大幅补充旨在自我教育的经历"（Zimmerman，2001）。这些早期研究受到各种了理论视角的影响：行为主义、现象学、社会认知理论、意志、认知行为主义、认知建构主义、元认知、目标理论、内部动机，以及信息处理理论（Zimmerman，2001）。表 11-4 对这些传统观点、关注点以及奠定了基础的研究人员进行了概括。

表 11-4　理论对自我调节概念的影响

理论或研究传统	自我调节学习角度	研究者
行为主义	环境控制、自我记录自我强化	斯金纳
现象学的	分层次的、特定领域的自我认知与全面的自我认知	哈蒂、马什、沙维尔森
社会认知理论	自我效能信念、目标设定、自我观察、自我判断、自我反应、能动性	班杜拉、申克、齐默尔曼、托马斯
意志	意图的形成与实施	科尔诺、戈尔维策、赫克豪森、库尔斯
认知行为主义	内化模型	源于维果茨基 20 世纪 30 年代的研究成、梅琴鲍姆
认知建构主义	元认知	弗拉维尔、布朗、德劳赤

（续表）

理论或研究传统	自我调节学习角度	研究者
目标理论	近端目标、目标定向	洛克、拉汉、艾姆斯、德韦克、迈尔、米奇利、尼科尔斯
内部动机	个人控制力、胜任力、兴趣	德西、哈罗克维茨、莱佩尔、瑞安、维勒兰德
兴趣	自主学习	伊克勒丝、希迪、克拉普伦宁格、希费莱、维格费尔德
信息处理理论	目标设定、自我监控、反馈控制环路	卡佛、希尔、温内

资料来源：Based on Zimmerman（2001）and Winne（2017）.

表 11-5 展示了齐默尔曼（2015）对七个与自我调节学习相关术语的定义。理解这些概念的细微差别对理解自我调节学习来说都是至关重要的，无论是为了将其应用于实践，还是将其应用于扩大研究基础。

表 11-5 七个与自我调节相关的概念

自我调节过程	对学习和表现产生积极或消极作用的自我发起的认知或情绪，如设定有效或无效的目标
自我调节策略	旨在促进学习的自我构思的方法，如用于解决数学中应用题的多步骤计划
自我调节阶段	对认真学习前、中、后期所使用的自我调节过程的描述
自我监控	对个人在学习和表现中的自我调节过程或结果的元认知追踪
自我效能感	涉及对个人完成诸如纠正句子语法错误之类任务能力的动机信念
对表现的自我调节	涉及个人在学习过程中控制不良行为和（或）情绪（如冲动或焦虑）的努力
自我调节活动	在认真学习过程中所应用的自我调节措施，如有声思维报告或个人日志

资料来源：Zimmerman，B. J.（2015）.Self-regulated learning：Theories，measures，and outcomes. In J. Wright（Ed.-in-Chief），*International encyclopedia of the social and behavioral sciences*（2nd ed.，Vol. 21）.Elsevier.

我们已经对与自我调节相关的定义和概念进行了广泛的讨论，接下来将对与之相关的具体过程进行探讨。

自我调节过程

根据齐默尔曼（2013，2015）提出的学习过程中自我调节过程的三阶段循环，能够进行有效自我调节的学习者都会经历计划、表现和自我反思阶段（见图 11-4）。自我调节学习者的行为充分体现了这三个阶段。因此，我们不能将"讲习班烦恼"情景中的阿里描述为自我调节学习者。虽然他意识到自己的知识不足（自我监控），但他由于害怕表现得愚蠢，所以缺乏参与学习过程的效能感。相反，"职业发展决策"情景中杰妮西娅则表现出自我调节学习者的所有行为：她发现了自己感兴趣的领域，并设定了学习计划，努力理解学习材料，并将其应用到自己的工作场景中；在这个过程中，她并没有得到任何外部支持或训练。由于对任务本身或任务结果感兴趣，自我调节学习者因此具备了内部动机。阿里属于反应型学习者，依赖于表现后的自我反思，而杰妮西娅则是主动型学习者，表现出较为明显的计划和表现阶段。

计划阶段包含两个子过程：任务分析以及自我动机信念/价值观（Zimmerman & Campillo，2003）。这一阶段的学习者具备"用于了解特定学习策略的陈述性知识，如何实施这些策略的程序性知识，以及有关这些策略使用条件和语境的条件性或元认知知识"（Lapan，2002）。学习者还能够将任务分为若干组成部分。在此基础之上，再结合积极的自我效能信念，他们对自己能成功完成学习任务充满信心。

三阶段循环的第二个阶段涉及对表现的意志控制，在这个过程中，自我调节学习者采用各种策略来管理自己的学习以及周围环境条件。该子过程被称为自我控制。学习者还会监控他们实现目标的进度，并根据自己为取得成就所付出的努力，对自身表现、实现目标的自我效能以及个人目标做出评价性判断（Bandura，1997；see also Zimmerman & Schunk，1989）。

例如，假设某学生认为自己的进步是令人满意的。这种评价可能会提高该学生实现目标的自我效能，并促使其继续采取任务进行中已使用的措施。另一方面，如果该学生认为自己的进步并不是令人满意的，可能会出现以下两种结果。如果其自我效能感是弹性的，那么当该学生假设是目前的做法导致了表现不佳时，便会寻求其他方法来达成目标。另一种结果是，令人不满意的进步会对自我效能感产生负面影响，在这种情况下，学生可能会改变自己对该任务的个人目标。由于认为自己无法达成掌握目标，该学生可能会对低一点的成就感到满意，而不会努力达成目标。

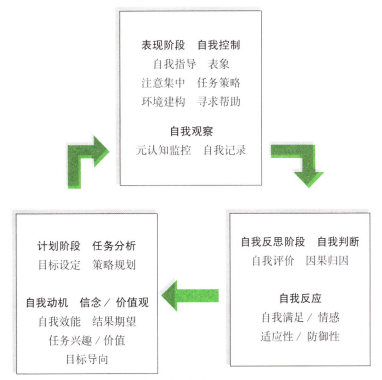

图 11-4　自我调节的各阶段及其子过程

资料来源：Zimmerman，B. J.，& Campillo，M.（2003）. Motivating self-regulated problem solvers. In J. E. Davidson & R. J. Sternberg（Eds.），*The nature of problem solving*. Cambridge University Press.

表现阶段之后，学习过程即将结束时，便会发生自我调节的第三个阶段：自我反思。与对某话题的批判性分析或批判性思考的反思类型相比，该模型中的学术自我反思类型侧重于学习策略、表现和结果。这也就是说，自我调节学习者在评估自身表现时，将着眼于为未来做出改进。他们的表现符合他们的预期吗？若不符合，原因是什么？也许本可以选择更有效的学习策略，或者本可以在学习任务上付出更多的努力。自我调节学习者可能会做出与自己可控因素有关的因果归因，而不是归因于诸如能力或者运气等因素。因此，他们更倾向于做出可以改进未来表现的适应性调整（Lapan，2002）。一名自我调节学习者也更可能拥有成长型思维而不是固定型思维。

申克和齐默尔曼（1994）认为，监控实现目标的进度是自我调节的关键组成部分。该监控活动构建了由三种策略组成的动作式反馈环路（Zimmerman &Schunk，1989），齐默尔曼将其描述为"相互依赖的策略反馈环路"：

（1）*行为形式*（behavioral forms）：自我观察与策略调整；

（2）*环境形式*（environmental forms）：监控以及策略性控制环境条件；

（3）*人的隐蔽形式*（person's covert forms）：观察思想和感觉，并对其进行策略性调整。

但是班杜拉（1997）则认为这只是自我调节系统的一部分，他称之为差异缩减（discrepancy reduction）。换言之，人们受到激励去减少他们观察到的自身表现与标准或目标与目标之间的差异。他们通过调整自我信念、改变目标或改变学习策略来采取行动。班杜拉认为，差异生成是对自我调节系统中反应性差异缩减的前摄补充。班杜拉所说的"差异生成"是指，学习者设定他们所重视的初始目标，从而创造一种不平衡的状态。继而，学习者根据实现目标所需的预期，激励自己努力，并不断对此加以调节，直到实现预期目标。通常，一旦达到标准，学习者将提出更大的挑战，从而产生新的具有激励性的差异（Bandura，1997）。

"职业发展决策"情景中的杰妮西娅成功自学并在自己班级的教学中做出了小幅调整。杰妮西娅实施 ESOL 教学策略过程中有关其效能的反馈环路以及她成功的自我调节学习，都增强了她取得 ESOL 正式认证的动机。当学习者习得规划学习、监控自己进度和评估自己努力成功与否的技能，以便在未来改进策略时，他们自我调节的水平将不断提高。然而，在此过程的一开始便相信自己有能力做出改变并且具有成长型思维的学习者，更有可能取得成功。此外，情绪确实会对学习者的动机产生影响，这一点将在下一节中进行探讨。

情绪在学习、动机和自我调节中的作用

直至近期，情绪都被认为在学习层面上是与认知相冲突的。但是，神经科学家、教育心理学家以及相关学者已经改变了这一观点，他们坚称，事实上，情绪与认知是两个相互依存的过

程。情绪是复杂的，是习得技能，是生物过程，对管理生活至关重要。也就是说，"调节我们社会文化与理性生活的情绪，似乎与在基本生物学意义上管理我们生存的神经系统相互协作。"（Immordino-Yang，2015）。就个体而言，情绪依赖于对生活现实的认知解释以及对此做出的相应心理反应，这也与情绪的复杂性存在内在联系。情感神经科学（affective neuroscience）正在探索以下构想：身体和大脑是相互依赖的，因此两者共同影响心智并且都参与学习活动（Immordino-Yang & Damasio，2007）。

从系统的角度来看，情绪是各类贯穿心理自我的情感、认知、动机和表达的子过程集合（Pekrun，2006）。简单来说，情绪通过控制动机、注意和对结果的评估来影响我们大脑的工作方式，即大脑进行资源分配的方式（Immordino-yang & Fischer，2009）。情感神经科学及其与认知的关系将在下一章详细讨论。因而，有意义的学习应该专注于"帮助学生将其孤立的算法技能与抽象的、内部情绪的、主观的、有意义的经历相联系"（Immordino-Yang，2015）。

学业情绪的控制——价值理论

学业情绪的控制——价值理论（Control-Value Theory）为教育工作者提供了一种理解和利用情绪在学习中作用的方法（Pekrun et al.，2006）。该理论将与学习相关的情绪称为学业情绪（achievement emotions）和社会情绪（social emotions），每种情绪在学习环境中都有各自的作用。学业情绪与"通常根据质量标准进行评判的行为和结果"有关，而该理论的关注点便是学业情绪，于是教育工作者进一步将学业情绪分为结果情绪（outcome-related emotions）以及与这些结果相关的活动情绪（activity-related emotions）（Pekrun et al.，2006）。这意味着，学业情绪可以理解为与以下两个现象有关：学习结果以及达到学习结果过程中学习者从事的活动。在"职业发展决策"情景中，杰妮西娅的学习结果是将 ESOL 教学策略融合到她的课程中，而在此过程中从事的活动是其自我组织的学习。

结果情绪与活动情绪可以通过两者所追求成就的目标焦点来区分。学习者的情绪与其所关注的内容有关：未来结果、过去结果以及未来取得结果所涉及的活动。这些情绪可以理解为总体上是积极的或消极的。每个正效价（positive valence）与负效价（negative valence）都有一定程度的激活作用，而具体程度则取决于个人对控制学习任务要素能力的评价。换言之，"当个体对自己主观上觉得重要的学业活动和结果具有控制感或失控感时，他们会体验到特定的学业情绪，这意味着控制评估和价值评估是这些情绪的近端决定因素"（Pekrun et al.，2007）。将杰妮西娅获得 ESOL 认证的个人目标与获得物理教学认证的强制性目标相比，我们发现对于她的个人目标，结果是有望实现的，因此她的期待是喜悦的，而她对完成取得教学资者认证这一强制要求的前景则感到焦虑。

这对学习意味着什么？根据学业情绪的控制—价值理论，以下因素可能对学习者经历的情绪起到一定作用。这些因素将学习环境中的学业情绪语境化（Pekrun，2006）。以下每个因素都会影响学习者在学习环境中的情绪反应。

（1）教学中的任务要求与认知质量。

（2）教学中的价值引导与动机品质。

（3）自主性与合作均得到支持的学习环境。

（4）成就目标结构和成就期望。

（5）成就的反馈和后果。

（6）对评估以及情绪的处理。

（7）对学生情绪自我调节能力的培养（Pekrun，2006）。

学业情绪控制—价值理论肯定了这些因素可以起到一定作用，并且这一点已经得到了研究证明，但仍需进一步研究来全面考察它们在实践中的影响。尽管需要验证性研究，但这些因素是值得考虑的。在实践中，任一上述因素都可以由教学设计者、教师和（或）教学促进者处理。仔细考虑学习环境和教学材料如何对学习者产生情绪影响很重要，因为学习者理所当然是情绪丰富的人。现在我们简要了解一下这七个因素。

教学中的任务要求与认知质量，要求确保学习材料清晰易懂且适合学习者水平。例如，如果"讲习班烦恼"情景中的阿里因教学材料超出了其目前的理解能力而不知所措，他很可能会感到绝望。教学中的价值引导与动机品质则是关乎如何通过将教学活动与学生相联系，并展现对学习内容和过程的热情，让学生了解到教学的重要性、价值和学习过程。如果学习者知道自己为何要做正在做的事情，如果教师也对教学内容表现出了明显的热情，并且也提供了清晰易懂的教学材料，那么学习者们便会重视并积极参与教学活动。我们将在第 13 章中讨论，当注意、关联、信心和满意（Attention，Relevance，Confidence，and Satisfaction，简称 ARCS）动机设计模型被提出时，是有可能将影响动机的因素构建到教学材料中的。

支持自主和合作的建立效能感的学习环境依赖于自我调节学习技能，而这些技能可能需要教授，并且这种学习环境可以在学习过程中为学生提供适应社会的机会。这些因素都可以在教学活动的设计和教学策略的应用中进行处理。例如，比较以下两种情况：第一种是一场单调乏味的讲座，并且还有练习题作为课堂作业；而另一种是由学生主导的展示活动，之后则是小组项目。第二种情况旨在引起更为积极的学业情绪。

与教学中的任务要求与认知质量这一因素涉及的要求类似的是，学习者要达到的目标和期望必须与学习者的能力相匹配。而且，不同类型的目标结构会对学习者产生不同的影响。个体性目标结构要求学习者根据过去的成就来衡量自己的进步，而竞争性目标结构则是常模参照性的。合作性目标结构要求个体进行团队合作，以实现共同的结果。通过创造一种学习环境，使这些目标结构适合学习者，或是可以明确表达对其成功的期望，都是积极影响学习者情绪的方法。"职业发展决策"情景中的杰妮西娅在学科教学中开始使用 ESOL 策略时，她便发现自己的学生受到了这种积极影响。这说明了一个事实，即不仅仅是学生，教师也会体验到与学习和学习环境相关的情绪（Pekrun，2006）。

反馈的作用和失败的特征一直被认为是影响学生成功的重要因素。控制—价值理论的一个假设是，专注于失败的持续反馈会导致焦虑和绝望等负面情绪。这与本章前面关于思维和反馈作用的讨论相一致。对于固定型思维的人来说，不具备表扬性的反馈会被忽视，因其仅仅是将个人对自我能力的负面感觉具体化了。另一方面，成长型思维的学习者会将反馈吸收并将其作为另一种学习的途径。因此，教师和促进者应该以一种不会引发或助长负面情绪的方式给予反馈。"讲习班烦恼"情景中的阿里担心他收到的反馈会强化他已有的负面情绪状态，所以在学习过程中，他没有达到应有的参与水平。讲习班的促进者有机会通过对反馈和失败进行处理，从而改变这一状况。

最后两个可以将学习环境中的学业情绪语境化的因素，都依赖于教学中心活动以外的干预活动。也就是说，通过教学，学习者可以学会直接解决他们的情绪反应，与这些反应进行互动，并改变它们，正如学习者可以学会有关情绪和学习的自我调节技能。解决情绪问题通常是职业治疗师或咨询师的工作，但班级教师或导师可以采取一些措施来帮助学习者培养归因习惯，正如教导学生形成成长型思维一样。当然，教师不应该充当治疗师，但他们可以对学生的情绪和自我调节需求保持敏感，并根据具体情况采取行动，既可以自己进行，也可以与学校咨询师、学校社工等干预专家合作进行。

情绪及其在学习中的作用是神经科学和教育心理学领域的新兴的主要研究对象。学习者的情绪状态会影响他们的学习能力，并且这些情绪状态可以通过教学来改善，认识到这一点可以帮助教师塑造自己在学习环境中的角色以及行动。

结语

本章介绍了与学习相关的动机、自我调节和情绪等方面的流行理论。对于学习动机，还没有一个统一的理论。但是，本章所呈现的这一系列理论为教师和教学设计者提供了理解和解决学习者动机的切入点。这些动机理论之所以能够在迄今为止提出的所有学习和教学理论中脱颖而出，是因为从根本上说它们是与人类经验相联系的，接下来的第 12 章将讨论的与神经科学和学习相关的话题亦是如此。

反思性问题与活动 ＞＞＞＞＞＞＞＞＞

1. 找出一段你曾因缺乏学习动机而苦苦挣扎的时期。从动机、自我调节和情绪的角度分析你的经历。列出一个或一组策略，以便将来出现类似情况时，你可以用来增强自己的学习动机。

2. 回忆下第 9 章关于技术与学习的探讨。在学习的语境中，技术在动机、自我调节和情绪方面可能起到什么作用？通过文献搜索，确定学者探索这些联系的途径。总结你的发现，并提出其他可能有用的研究途径。

3. 电影《死亡诗社》（*Dead Poet's Society*）是一部 1989 年的电影，背景是一所私立男子高中。找出英语老师约翰·基廷（John Keating）激励学生学习的方法。你能发现哪些动机理论？如果某一理论在该电影中没有得到体现，你觉得可以如何表现？在这部电影中，基廷的方法遭到反对，推测为什么会这样。

4. 描述一个你觉得会存在自我效能感较低的学习者的学习语境。首先，你如何确定他们确实具有较低的自我效能感？你觉得这些学习者会表现出何种行为和态度？然后，制订一个教学计划，帮助学习者提高效能感。如果学习者表现出固定型思维，这个计划应该如何调整？

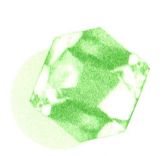

✿ 第 12 章知识导图

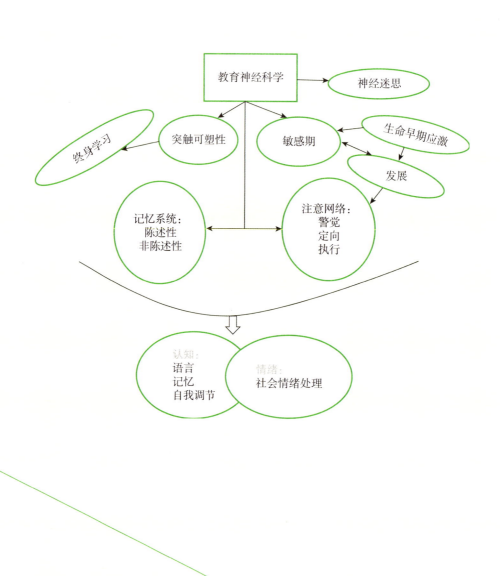

第 12 章
学习与神经科学

PSYCHOLOGY OF
LEARNING FOR INSTRUCTION

• 人才培养

蒂亚娜（Tiana）是一家国际咨询公司的人才培养专家，她正在与一位客户合作制定一项与公司业务目标挂钩的领导力发展战略。在项目的初始阶段，蒂亚娜着手评估客户目前的人才管理方法。她研究了该公司领导扮演的角色，这些角色如何提升公司的战略前景，以及必须具备哪些技能和知识才能有效履行这些角色的职责。然后，蒂亚娜观察了该公司为寻求领导机会的员工提供的研讨会和相关体验，并采访了公司高管，了解他们为员工制定的领导力发展目标。

蒂亚娜发现，该公司对基于循证的职工学习方法充满了兴趣，但也发现公司的培训项目中存在一些关于大脑工作机制的误解。由于大多数研讨会不是在公司内部进行的，她怀疑经理们被领导力教练使用的常见推销话术所哄骗，承诺"最大限度地提高心智容量"，并帮助员工开发"大脑全部潜力"。她想，随着企业每年在员工学习上花费数十亿美元，神经迷思（neuromyths）不断增加又有什么好惊讶的？蒂亚娜意识到她有的是工作要做了。

• 阅读之谜

阿丽莎（Alyssa）的父母非常不解。大家都说，艾丽莎是一个聪明伶俐的女孩，玩游戏反应敏捷，和她同龄的孩子一样能说会道。但是三年级班上其他人很容易理解的文章，她却难以阅读。她已经害怕阅读了，因为她大声朗读要比其他同学慢，尝试读出她不认识或无法识别的单词时，会犯很多错误。在一次家长会上，阿丽莎的老师告诉她的父母她可能有阅读障碍，并建议她对这种学习障碍进行检查。

"但我以为只有男孩才会患阅读障碍，"阿丽莎的母亲说，"而且她的视力很好。她不会把字母写反，也不会把'b'和'd'混淆。"

"这些都是常见的误解，"老师回答，"阅读障碍是一种具体的阅读困难，其根源在神经。这只意味着阿丽莎的大脑在处理语言声音方面与她的同学有些许不同。阅读困难发生在女孩、男孩身上的概率一样高。好消息是，我们对阅读障碍了解较多，并且也知道如何指导可以帮助艾丽莎学习阅读。"

这些情景有什么共同点，又提出了哪些关于学习的问题呢？毫无疑问，大脑肯定涉及其中。我们在其他章节中提到与大脑相关的研究结果时，通常是因为它们关于或支持各种学习心理学理论。此外，学界对大脑研究能为教育带来何种启示的兴趣已经十分广泛，大脑研究的发现在大众媒体和学术文献中都得到了广泛报道。不幸的是，研究结果经常被错误引用、过度夸大或仅是简单地误解，这就导致难以消除对神经迷思（Mcdonald et al.，2017）以及无效且存疑的"基于大脑"的教学法（Samuels，2009）的偏信。所以，关键的问题是，大脑研究在多大程度上提供了有助于教育和教学的有用见解？这就是我们本章要讨论的问题。

我们首先讨论教育神经科学（也称为心智、脑和教育），这是一个新兴的交叉学科领域，该领域的学者将神经科学、教育和认知科学相结合。他们的目标是研究大脑的功能及其在学习中的作用，并得出其对教育实践的可能启示。该领域有坚定的支持者，也有同样强烈的批评者，双方都提出了有关神经科学研究有用性的证据和具有说服力的论点。由于我们讨论的是从基础学科中得出教学启示这一过程的内在困难，所以我们将对双方都进行考察。

在此，有必要提及我们在决定将本章纳入本书时所面临的困境。我们大多数同事都不赞同使用本书前几版中出现的"学习与生物"章节；八名评论员中有六名在其对当前版本的反馈和建议中也提到了这一点。然而，在 K12 教育、企业培训和大众想象中，神经迷思比比皆是。神经迷思被定义为"由误解、误读或误引（通过脑研究证实的）科学事实而造成的错误认识，而这些科学事实原本是为了证明脑研究可以运用在教育或其他情境中"（OECD，2002；cited in McDonald et al.，2017）。我们中有谁没有听过有关学习方式的说法，比如，人们"常用左脑"或"常用右脑"，或者只使用了我们大脑的 10% ？出于这个原因，我们认为有必要尝试将事实和假象加以区分，以此展现科学所述内容，以及人们是如何利用这些内容做出有关学习和教学的决定的。

我们的研究方法并不全面。我们处理的是拥有最坚定的支持且最有可能进行有意义应用的发现。我们讨论了最为流行的神经迷思，并描述了神经科学家用以合理解释大脑功能及其在学习中的作用的基本方法。因为本章一开始讨论的便是将大脑研究进行实际应用是否合理的问题，所以将不会像其他章节那样以教学应用作为结尾。关于教育神经科学因何与教育实践最为相关，尚无定论，我们把最终决定权留给读者们。

教育神经科学

20 世纪 80 年代末，教育研究人员首次对脑研究及其对教育的潜在影响产生了兴趣。在美国教育研究协会内部成立了一个名为"大脑、神经科学与教育"的特别兴趣小组，其目的是（现在仍然是）"领导和促进研究性学习的设计、实施和传播，这些研究性学习阐明了脑和神经科学知识如何促进教育知识的研究性学习——反之亦然"。当时的研究人员致力于整合有关脑功能、认知和教育的发现，但已经在担心教育工作者不加批判地和不适当地采纳神经科学研究结果（Chipman，1986）。

20 世纪 90 年代，"在布什总统宣布的'大脑的十年'期间"（Bush，1990，Schwartz，2015），人们对神经科学的兴趣集中于一个更为明显的焦点。一个被称为"心智、大脑和教育"（Mind，Brain，and Education，简称 MBE）（Schwartz，2015）的新研究领域出现了，该领域关注的是"心智与大脑如何影响学习过程，以及同样重要的问题——教育工作者如何承担在推动研究日程中的责任"。最初的思考呈现了一种与图 12-1a 所示"三步模型"相一致的描述，其中关于大脑的知识被认为是关于心智的知识，继而影响了教育知识。

然而，批评很快便出现了，并警告称，这可能导致绕过心智，仅根据大脑研究做出有关教育的决定。因其模糊了学习的复杂性，将大脑与课堂上发生的事情直接联系起来可能是一座"跨度过大的桥梁"（Bruer，1997）。为了更好地处理这些复杂性，观点转向图 12-1b 所示的（维恩图式）交叉学科模型，其中三门独立的学科提供了各自的相关发现，三者之间的重叠为跨学科合作提供了独特的中心点（Schwartz，2015）。

施瓦茨将 MBE 与其他互补的研究（如教育神经科学和认知神经科学）区分开来，但这似乎是没有意义的区分，因为其他作者将这些术语交替使用（Mcdonald et al.，2017；Samuels，2009）。从此以后，我们将整个领域称为教育神经科学，将 MBE 保留并特指为国际心智、大脑与教育学会，这是一个专业组织，成立于 2004 年，并于 2007 年发行了自己的杂志。作为一个更广泛的概念，教育神经科学代表了教育与神经科学、认知与发展心理学、教育技术等领域的交叉，关注神经科学研究的跨学科实际应用。

图 12-1　有关心智、大脑和教育之间互动的替代性表征

资料来源：Schwartz，M.（2015）. Mind，brain，and education：A decade of evolution. *Mind*，*Brain*，*and Education*，9（2），65.

教育神经科学的前景与困境

人们想知道大脑是如何工作的（Bransford et al.，2000；Kelly，2011；Varma et al.，2008）。研究人员指出，人们对大脑在学习中的作用有着基本的好奇心，但他们也承认，"人们将孩子的行为问题归咎于大脑结构缺陷，从而放弃了对非典型发育的孩子的责任，对此他们感到没有心理负担。"（Varma et al.，2008）。无论如何，教育神经科学是一个正在发展的领域，该领域的研究结果正被应用于各种教育语境之中。问题是，这些研究结果是否与其实际应用具有联系，具有怎样的联系；实际应用是否合理，合理性体现在何处。

关于教育神经科学的有用性，有人提出了坚定的主张。例如，"我们相信，大脑机制作为学习和教学的基础，理解它可以从根本上改变教育策略，让我们能够设计出为所有年龄段、具有各种需求的人优化学习的教育方案"（Blakemore & Frith，2005）。然而，作为回应，鲍尔斯（Bowers，2016a）认为"神经科学很少提出超越心理学范畴的教学见解"。在他看来，神经科学尚未提供有效的教学方法，而那些源于神经科学发现的教学方法则是微不足道的。例如，"每个人都知道，感受到压力或恐惧的学生学习表现较差；充盈的环境与锻炼有益于学习，而忽视、虐待和营养不良则是不利的"。

教育工作者可能已经认识到，部分神经科学研究结果对学习的启示并不是否认接受所有神经科学研究结果的理由。一方面，"人人都知道的东西"实际上并不总是正确的。盖奇（1991）撰写了有关社会和教育研究结果"易见性"的论述，提出了"人们往往会将几乎任何关于人类行为的合理陈述都认为是显而易见的"的论据。换句话说，在研究表明与之完全相反的说法实际上是正确的之前，人们会接受看似合理的说法，且认为其是正确且显而易见的。另一方面，当一项研究发现是正确的时候，再通过不同类型的调查研究去证实它是有价值的。神经科学的发展正在证实并巩固那些最初通过认知与发展研究得到的发现。这种跨学科领域的证据不断汇集巩固了这些发现，并增强了人们对其潜在教育应用的信心。

尽管鲍尔斯（2016a）引用了许多研究实例，在他看来，这些实例反映了教育神经科学对教学干预的设计和评估没有任何帮助，加布里埃利（Gabrieli，2016）和霍华德·琼斯等人（Howard-Jones et al.，2016）提供了自己用于反驳这一观点的例子。他们的观点是，每种类型的数据，无论是行为方面的还是神经系统方面的，所提供的信息都会限制或收敛于从另一种数据中获取的见解（Howard-Jones，2016）。

瓦尔马等人（Varma et al.，2008）也描述了神经科学为心理学研究带来新视角并开辟新的研究领域的案例。他们的分析首先总结了通过教育神经科学获得学习相关信息的局限性，即神经科学研究：

- 需要高度人为的语境与回应；
- 无法进行实地评估；
- 可以定位认知功能，但目的是什么；
- 使用过于细致的词汇来为对教学有用的概括提供依据；
- 需要专门的设备，花费高昂；
- 往往会得到推销至学校的神经迷思。

瓦尔马等人承认这些局限性是对教育神经科学的挑战，随后将其作为创新性研究的潜在机遇进行重新分析。例如，在他们描述的一项研究中，在儿童解决算术问题时收集的神经影像数据显示了行为数据不能表现的内容——解决问题的速度随着年龄的增长而加快的原因。神经影

像数据

> "清晰反映了大脑内部活动，从而揭示了解题速度的持续提高并不是特定脑区域执行特定过程的效率持续变化的结果，而是从领域一般性加工转向领域特殊性加工的结果。低龄儿童使用（大脑的）一般性记忆和推理区域。相比之下，年龄较大的儿童则使用（大脑的）视觉和语言区域。"

人们经常认为，知道特定认知功能在大脑中的位置并不能指导我们如何设计教学，但在这种情况下，更有可能设计出帮助儿童从领域一般性推理模式转向领域特殊性推理模式的课程。

鲍尔斯（2016b）对教育神经科学的前景做出回应时，依旧对其持不相信的态度。图 12-1a 很好地描述了他的观点，他认为心智（即心理学）是大脑和教育之间关键的中介。也就是说，"更好地理解遗传学或将促进新的基因干预（部分与教育相关），更好地理解大脑或将促进新的医疗干预（部分与教育相关），更好地理解心理学或将促进新的行为干预（部分与教育相关）"。对鲍尔斯而言，不同层次的分析可以促进不同层次的干预。因此，得出更好地了解大脑将有助于行为干预这一结论，是逻辑上的过度跳跃。

我们能从这场关于教育神经科学的前景或困境的争论中学到什么？显然，最突出的一点便是小心谨慎。虽然有人对教育神经科学的未来持乐观态度，但学者们认识到，跨学科研究很难实施，而且更难的是将其转化为实践（Palghat et al.，2017）。加布里埃利（2016）总结道：也许教育神经科学最大的前景在于对神经发育差异，特别是阅读障碍的研究。他评论说，"神经科学可能对那些由于大脑差异导致学习困难的个人而言最具启发性，这一点似乎合理，因为这些大脑差异限制了他们所受的教育"。我们将在本章后面对阅读障碍的神经科学依据进行探讨。

虽然学者们仍不确定神经科学会给教育带来什么影响，但一致同意需要教育来影响神经科学的研究议程。毕竟，"神经科学的一个重要目标是描述大脑应对学习时反生何种变化，且包括课堂上的学习"（Bowers，2016a）。我们可以在加布里埃利（2016）为教育神经科学提出的流水线型组织结构（见图 12-2）中见到这种反馈环路。他将神经科学和行为科学概念化，并将两者结合以此推动教育干预的发展。如果干预在小规模实验测试中有效，便可以扩大规模应用于广泛的课堂干预中（顶部箭头）。同时，教育工作者的需求应该会启发基础研究构思，并确定干预实施的先后次序（底部箭头）。

图 12-2 拟定的流水线型教育神经科学组织结构

资料来源：Adapted from Gabrieli，J. D. E.（2016）. The promise of educational neuroscience：Comment on Bowers（2016）. *Psychological Science*，123（5），617.

最后，请注意"教育不是神经科学，神经科学不是教育。每个学科都会使用各种方法解决广泛的研究问题。而挑战则是确定问题以及与之匹配的有效解决方法"（Varma et al.，2008）。但是，在这个过程中，同样重要的是不要过度概括研究发现，或是未经证实便宣称神经科学会对教育产生何种影响。这也是我们接下来将讨论的神经迷思问题。

神经迷思问题

本章的开篇情景有助于说明神经迷思问题。在"人才培养"情景中，蒂亚娜发现自己所在公司使用的培训材料涉及对大脑的错误理解。使员工开发"全部大脑潜力"这一目标可能源于下面这一普遍观点，即人们对大脑的使用率通常不到10%（Mcdonald et al.，2017），或人类发展的轨迹可能在儿童时期便确定了（Atabaki et al.，2015；Bruer，1999）。"阅读之谜"情景中，阿丽莎的母亲提到了对阅读障碍的常见误解，阅读障碍常被认为是一种视觉功能障碍，导致孩子反向书写字母和单词（Hudson et al.，2007）。事实上，这些观点都不正确。

不幸的是，神经迷思不仅在普通民众中传播甚广，在众多不同文化中的各级教育工作者中也是如此。在 2019 年一份关于高等教育中神经迷思和循证实践的报告中，作者引用了超过25 项自 2010 年以来对教师、职前教师、高等教育教师、教学设计师、社区大学教师、学校管理人员以及公众的神经迷思观点所进行的研究。这项研究已在美国、英国、荷兰、加拿大、希腊、西班牙、葡萄牙、土耳其等国进行。研究结果比较相似，反映了接受调查人群中最为普遍相信的神经迷思，和报告中各类人群对神经迷思判断错误的百分比（见表 12-1）。

表 12-1　最为普遍相信的神经迷思（所有这些说法实际上都是错误的）

神经迷思	大众 [a]（n=3 045）	自我认定的教育工作者 [a]（n=598）	高等教育工作者 [b]（n=427）	高等教育教学设计者 [b]（n=239）
个人以自己喜欢的学习方式接收信息时，将学习得更好	93%	76%	74%	54%
听古典音乐能增加推理能力	59%	55%	85%	87%
阅读障碍的一个主要标志是反向看字母	76%	59%	77%	73%
有些人惯用"左脑"，有些人惯用"右脑"，这有助于解释他们在学习中的差异	64%	49%	72%	59%
我们只利用了大脑的10%	36%	33%	53%	43%

资料来源：[a]McDonald et al.（2017）
[b]Betts et al.（2019）

表 12-1 所示的结果证实了，学习方式作为教育中最为广泛传播的神经迷思之一，影响深远。依据学习者大脑处理视觉、听觉或动觉信息的方式，他们可能有不同的优势，这一想法直

觉上很有吸引力。然而，通过几十年的研究，仍然没有证据表明如果个人所受教学与其喜欢的学习风格相匹配，他会学得更好（Pashler et al.，2008；Willingham et al.，2015）。相反，大脑的互联性使得这一与学习方式相关的假设站不住脚（Howard-Jones，2014）。此外，从第 3 章中讨论过的证据来看，如果个人通过多种模态接收信息，学习和记忆可以从中受益。

神经迷思的传播有很多原因，包括存在某些偏见、同一单词在不同学科中的含义存在差异，以及难以获得反证（Howard-Jones，2014）。例如，偏向于简单性，有时是由决策者寻求简单方法以解决复杂问题造成的，从而可能导致神经科学研究结果被过度简化。其次，如果某些易于实施的教学策略声称是基于神经科学的研究发现，那么对神经科学的积极偏向便会提高这些策略的可信度。使用原始神经学解释的媒体报道也促使神经迷思成为公众认知的一部分。最后，"在公众和教育界对大脑的理解范畴中蓬勃发展的神经迷思得到了周到的保护，导致用以将其抹去的证据和概念无法产生作用"（Howard-Jones，2014）。

消除神经迷思已被证明是一项具有挑战性的任务。学者们指出，不同学科之间需要更好地进行沟通和合作，以得到科学有效且对教育有用的发现。然而，正如杜宾斯基等人（Dubinsky et al.，2019）指出的，"困难在于细节。简化词汇以解释复杂的想法提供了获取信息的途径"。通过删除解释进行简化会导致意义混淆以及更多的错误认识，进而产生新的神经迷思。

杜宾斯基和几所大学的同事共同开展了 BrainU 研讨会，用以向职前和实习教师介绍神经科学内容。BrainU 研讨会由神经科学家和教育工作者合作开展，旨在"为 K12 教师提供充足的神经科学知识，使他们能够有效地向他们的（初中和高中）学生教授关于大脑的知识"（Dubinsky et al.，2019）。该研讨会没有规定使用特定的教学法，而是鼓励参与者自己总结适合自身课堂的方法。研讨会还模拟了以过程为导向、以学习者为中心的教学法，其中包括对大脑可塑性和成长型思维的关注（在第 11 章中进行过讨论）。

对 BrainU 多次迭代进行的总结性检查发现，参与者学习了神经科学内容，在自己的课堂上应用了大脑可塑性信息，并与学生一起制定了比以往更积极的学习策略。作者得出结论，学习神经科学可以对教师的实践产生积极甚至是根本上的影响。然而，其面临的挑战是："（1）确保所涵盖的神经科学是基础性的、准确的，而不是被营销人员掺杂或扭曲的；（2）通过真正以学习者为中心的方式进行教授"（Dubinsky et al.，2019）。

我们将在本章余下的部分讨论这两个挑战中的第一个，即运用神经科学家解释的核心概念来审视与学习和教学相关的主要发现。第二个挑战是对那些利用这些研究结果开发和提供专业性发展、培训和课程人员的一种控诉。然而，在我们讨论这个问题之前，让我们先认识一些关于大脑工作方式和大脑研究方法的基本词汇。

大脑基础

大脑是人体最复杂的器官，由 860 多亿个被称为神经元（neurons）的神经细胞组成。神经元通过电信号和化学信号与整个神经系统的其他神经元进行交流。电信号使信息沿神经元传播，而化学信号或神经递质于名为突触（synapses）的连接节点处在神经元之间传递信息。信息通过由遗传决定的回路中相互连接的神经元链在大脑各区域传递。可以将神经元链想象成大脑的"接线图"。

出生时，我们的神经回路或突触连接的大小约为成年后的三分之一。在生命的最初几年，神经系统过度产生突触，继而被"削减"，由经验决定哪些突触是合适的，哪些可以去除。有趣的是，"一个 2 岁孩子的大脑比成人大脑多 50% 的突触，尽管其大脑体积只有成人大脑体积的 80% 左右"（Society for Neuroscience，SfN，2018）。多数削减过程发生在小学阶段，当一个人到了 20 多岁时，削减速度便会减慢。

随着年龄的增长，新的经验不断加强或削弱突触，同时创造新的突触，这意味着大脑不断地重新建构内部连接。神经科学家将青少年时期称为"非常混乱"时期，因为在青春期大脑发生了大量变化。突触连接不断改善，变得更有条理，特别是在连接大脑左右半球的区域，并且学习能力较强。大脑的奖励系统也发生了变化，这与青少年冒险和寻求刺激频率的增加有关。

据估计，大脑成熟过程会一直持续到 30 岁左右，额叶区域是大脑最后发育的区域之一。额叶区域对"执行功能"很重要，执行功能"包括注意力、反应抑制、情绪、组织和长期计划"（SfN，2018）。然而，大脑不断变化和适应环境挑战的能力——被称为突触可塑性（synaptic plasticity）——在经验的驱动下持续一生。此外，随着年龄和经验的增长，大脑的组织分布得更加广泛，相隔较远的区域变得相互联系起来，共同工作。

大脑有专门负责言语和语言处理的神经回路，主要在左半球。两个半球之间结构和功能的差异被认为与语言障碍有关，包括阅读障碍。具体来说，有阅读障碍的人在大脑处理语言声音的区域往往神经回路较少（Hudson et al.，2007）。最后，好奇心被认为是我们复杂大脑中产生的一种特殊能力，它驱使我们理解我们所生活的世界和我们自己。表 12-2 显示了神经科学家提出和推广的八个核心概念，作为人们需要了解的关于大脑的基本知识（SfN，2018）。

表 12-2　神经科学核心观念 [①]

核心概念	描述
1. 复杂的大脑	大脑是人体最复杂的器官，拥有超过 860 亿个神经细胞
2. 神经元如何沟通	神经元之间通过电信号和化学信号进行交流
3. 大脑如何处理信息	由基因决定的神经元回路布满了神经系统，在大脑和身体中传递信息
4. 经验如何塑造大脑	大脑是不断变化的（可塑性）。新的经验可以加强或削弱神经元之间的联系，甚至创造新的联系
5. 推理、规划和解决问题	大脑中相互连接的神经元赋予了它理解世界、规划行动和解决问题的能力。形成这些能力要求大脑集成所有可用的信息

[①]　神经科学学会（Society for Neuroscience，简称 SfN）的成员在 2008 年将神经科学的核心概念阐述为"人们需要知道的关于他们大脑和神经系统的八个理念"。

（续表）

核心概念	描述
6. 语言的力量	大脑包含专门用于解读语言声音和符号的神经回路，而语言赋予我们思想和创造力
7. 好奇心的来源	好奇心是我们复杂大脑中产生的一种特殊能力，驱使我们去了解我们的世界、我们所处的社群、我们的身体，甚至自己的大脑
8. 研究如何造福人类健康	神经科学家研究脑生物学是为了理解认识阿尔兹海默病和抑郁症等疾病，并最终找到促进健康生活的治疗方法

资料来源：Abstracted from the eighth edition of *Brain Facts*：*A Primer on the Brain and Nervous System*，pages 5–8.

正如上文提到的，研究大脑需要专门的设备和技术。随着神经技术的不断发展，两种通用工具已经演变为研究人类认知和学习的最有效的工具（Antonenko et al.，2014）。这些工具是非侵入性的，它们可以追踪整个大脑中的血流量变化或脑电活动。其基础原理是，执行涉及认知处理或学习的任务会对大脑提出要求，进而引起神经活动的变化。通过在人进行任务时追踪这些变化，神经学家可以确定大脑哪些部分参与到其中，以及大脑的参与度如何。

有了测量血流量的工具，可以假设大脑更活跃的区域需要更高的血液含氧量，功能性磁共振成像（functional Magnetic Resonance Imaging，简称 fMRI）可以十分准确地测量这一点，将大脑活动精确地定位到相当小的区域。然而，fMRI 花费昂贵且在许多任务中都难以运用，因为它需要被测人躺在磁共振扫描仪中。用于监测含氧血流量的替代工具是功能性近红外光谱技术（functional near‑infrared spectroscopy，简称 fNIRS），它需要被测人佩戴与仪器通过金属丝相连接的帽子。fNIRS 尤其用于检测脑损伤，并且由于其便携性，fNIRS 常用于研究在磁共振扫描仪内无法进行的任务中的脑活动。fNIRS 的缺点是，虽然成本相对低，且更容易使用，但只能测量头骨表面附近的大脑活动，提供的细节不如 fMRI 多。

fMRI 和 fNIRS 都能提供解剖学数据，但作为对这两者的补充，研究人员可以使用脑磁图技术（Magnetoencephalography，简称 MEG）来检测通过神经元群的实际电流（SfN，2018）。MEG 包括一个头盔形状的装置，用于感测磁场，MEG 可以检测到脑活动中的快速变化，但是无法确定该活动在大脑中的准确位置。最后，脑电图技术（Electroencephalography，简称 EEG）已被用于研究大脑活动的自然节律以及脑电波模式伴随实验事件形成的偏差（Antonenko et al.，2014）。神经科学家希望，大脑活动的空间位置和时间变化的结合将增强我们对构成学习基础的大脑机制的理解。

对一些学者，特别是进化学科学家来说，理解大脑机制还意味着弄清楚它们为什么存在（终极的解释），以及它们是如何工作的（邻近的解释）。"这两种解释都是理解的前提，事实上它们互相揭示"（Confer et al.，2010）。例如，

如果不了解婴儿（避免潜在危险的人）的机能以及这些机能运作的具体过程，那么有关婴儿心理适应（如"陌生人焦虑"）的知识便是不完整的。婴儿在 6~8 个月时会发展出"陌生人焦虑"，这一点是可以预测的，表现为对陌生男性比对陌生女性更敏感，通过哭泣

向照料人发出外部行为信号，"陌生人焦虑"是一种内部激活的情绪系统，是对特定神经回路的激活。

进化学科学家着眼于在人类祖先所处条件下受到的适应和自然选择的压力，以理解进化而来的心理适应，这些适应是"一类信息处理回路，它们接收限定的信息单元并将其转化为旨在解决特定适应问题的功能输出"。

换句话说，正如人类身体的其他部分进化出一种特定的功能一样，进化学科学家肯定大脑也是如此（Cosmides & Tooby，2013；see also Cosmides & Tooby，1994，1995；Tooby & Cosmides，1992，2005）。大脑的功能之所以是现在这样，是"因为它产生的行为比人类进化史上出现的其他替代'过程'更能促进我们祖先的生存和繁殖"（Cosmides &Tooby，2013）。除了神经层面有关脑功能的证据外，进化学科学家还利用遗传学、人种学、物种比较、古生物学和生活史学的方法收集数据并进行分析（Confer et al.，2010）。

并非所有神经科学领域的人都同意进化论在心理学和教育神经科学中的作用。一些人质疑进化论是否在理解认知方面发挥了作用（Barrett et al.，2014），而另一些人则指出，人类基因学的发展对进化论观点的一些核心概念提出了挑战（Bolhuiset al.，2011）。例如，由于人类经过数千年的进化，我们祖先所处环境与现代环境之间的不匹配，从一个角度解释了肥胖和糖尿病等现象。也就是说，"我们进化而来的味觉偏向含有脂肪和糖的食物，这在过去是为了适应生存环境，但在如今充斥着大量廉价高度加工食品的现代环境中，便导致了肥胖和Ⅱ型糖尿病"（Confer et al.，2010）。

然而，人类遗传学的变化可能比传统进化观点假设的更快。现在认为，人类迁徙、耕作以及接触新食物和病原体的模式是基因突变的来源，并遗传至后代（Bolhuis et al.，2011）。"这提出了一种可能性，即文化所依赖的复杂认知（社会智力、语言以及与构建和适应新的环境条件相关的挑战）促进了人类大脑的进化"。

这些研究结果表明，从更广泛的角度来看，进化论和教育神经科学必须说明，在个人与环境不断的相互作用中，大脑在短期和长期内分别是如何变化的。进化论观点的批评家和倡导者都认为，虽然该领域内正在取得进展，但"仅仅是涉及了解释'文化和个体差异'这一艰巨任务的表面"（Confer et al，2010）。借助相邻学科的多学科理论框架将有助于研究工作，这一框架可以促成跨学科合作，并提供机会，便于认识学科间差异以及各学科可带来的帮助（Barrett et al，2014）。

现在让我们来看看教育神经科学的一些研究发现，这些发现可能会加深我们对学习和教学的理解产生特别的作用。

学习与大脑

在教育神经科学关于学习与大脑的发现中，有一些是明确的。例如，在"阅读之谜"情景中，大量关于阅读障碍的原因和治疗的文献为阿丽莎的老师提供了帮助她学习阅读的选择。此外，蒂亚娜尝试用科学合理的证据来取代她正在评估的培训项目中的神经迷思，这些证据将有助于员工的学习。那么这些发现是什么呢？

首先，经验塑造了大脑，人类拥有极高的适应环境并根据自身需求改造其所处环境的能力。这体现在突触可塑性上，突触可塑性与终身学习新事物的能力有关。可塑性也可能是人们能够克服中风、创伤性脑损伤以及学习障碍所造成的影响的关键。

其次，在不同的时期，大脑中准备学习的部分也不同。也就是说，在大脑发育过程中，我们会经历数个可塑性增强的时期，这种时期被称为敏感期（sensitive periods），在此期间，功能性大脑回路的形成依赖于某些经验和感官输入。在这些时期，掌握一项技能要容易得多，而在其他时期，则要付出更多的努力。"敏感期"此前在文献中被称为"关键期"（critical periods）。然而，"关键"一词往往会造成一种错误观念，即一旦过了某一关键"时间窗"（time window），某种能力就无法发展了。对发展至关重要的是经验，而不是时间本身（Anderson & Sala，2012）。

最后，人们对生命早期应激（early life stress）的理解开始提高。当儿童因遭受虐待、忽视或灾难而经历创伤性事件时，大脑发育会受到负面影响，导致认知和情绪调节障碍。我们将在接下来的几节中讨论与这些话题相关的发现，然后更为仔细地探讨有关认知和情绪的神经科学证据。

可塑性

可塑性涉及大脑的变化能力，特别是大脑根据经验重新塑造神经连接的能力（Lövdén et al.，2010；SfN，2018）。对啮齿动物进行的经典研究揭示了大脑发育和经验之间的关系。在标准、丰富以及贫瘠的环境中饲养大鼠、小鼠、地松鼠和沙鼠，并测量环境对其大脑的影响（described in Rosenzweig，1984，1986，1998）。标准环境由一个供三只啮齿动物生存的实验室饲养笼构成，配有食物和水。

复杂的环境（丰富的环境）是一个更大的能容纳10～12只动物的饲养笼，里面有食物、水以及每天更换的各种物品（如架子和滑梯）。这种环境模拟了老鼠在现实世界中可能面临的丰富体验。在贫瘠的环境中，每只动物都被单独饲养在一个独立的笼子里。

在当时，该实验的研究结果令人十分震惊。结果表明，与其他两组相比，在丰富的环境中饲养的动物的大脑重量和突触连接有所增加。此外，当在不同环境中饲养的大鼠成年后被分配学习任务时，在丰富环境中饲养的大鼠比其他大鼠更少犯错，且学习得更快（Turner & Greenough，1985）。这些结果表明，它们大脑中新增的连接是终身的，而不限于早期的发展阶段。如今，可塑性被认为是神经系统的固有属性，并且在整个生命期间都会保持（Pascual-Leone et al.，2005）。

　　问题是，可塑性因何产生，它的极限又是什么。对因中风丧失身体机能继而又恢复的中风患者（Bach-y-Rita，1980，1982）和进行胼胝体切开术多年后恢复说话能力的裂脑患者（Gazzaniga et al，1996）的研究提供了一些答案。这些病例与创伤性脑损伤情况一样（Kou & Iraji，2014），是大脑的结构性能力（structural capacity）受到了损伤。为了恢复与受损结构相关的功能，大脑通过补偿措施进行调整适应，如改变现有的神经通路以及形成新的突触连接（Lövdén et al.，2010；Wieloch & Nikolich，2006）。这不是自发性的，而是在受引导的学习经验作用下发生的，这些学习经验可以帮助大脑进行功能重组。

　　不过，大脑并非受过损伤才能形成可塑性。可塑性也是为了应对大脑功能性能力（functional capacity）需求的增加。例如，持有执照的伦敦出租车司机，他们通过多年在城市周边驾驶获得了丰富的导航经验。研究表明，他们的海马体（hippocampi）明显大于非出租车驾驶员的对照被试（Maguire et al，2000）。作者得出结论：可塑性在大脑的局部区域发生变化，以应对环境的需求。

　　随后的研究表明，神经发生（neurogenesis）（新神经元的产生）只出现在人脑的两个区域：海马体和嗅球（the olfactory bulbs）。这表明受试的伦敦出租车司机是一个与导航技能相关的特殊可塑性案例，因为导航能力处于海马体区域。然而，正如认知训练可以帮助脑损伤患者恢复脑功能一样，它也可以对大脑提出更高的要求以促进可塑性，并表现为神经通路的变化和新的突触连接（Lövdén et al.，2010）。在这种意义下，可塑性是普遍的，专门且有针对性的训练项目实际上可能具有治疗各种神经疾病的巨大潜力，其中包括阅读障碍。

　　如前文所述，阅读障碍是一种基于神经生物学的特定阅读困难。它得到了广泛的研究，因为据报道，全球阅读障碍的发病率为 15%～17%（Tandon & Singh，2016），而且这种障碍会产生许多不良后果。在小学阶段未能形成熟练阅读能力的儿童，在整体学业成绩上会越来越落后于同龄人。

　　和"阅读之谜"情景中的阿丽莎一样，阅读障碍儿童难以阅读其所处年级水平的文章，他们表现出两个具体的阅读问题。首先，他们在识别单词方面表现出困难，当他们试图读出文本中的单词时，往往会磕磕绊绊。其次，他们表现出理解困难，并在尝试识别他们不认识的单词时犯了许多错误。神经科学研究表明，阅读障碍的这些表现涉及潜在的语音处理缺陷，导致在理解过程中难以将声音与字母联系起来（Hudson et al.，2007）。

　　脑成像研究揭示了患有阅读障碍的儿童与正常读者之间大脑的结构性和功能性差异（Nortonet al.，2015）。在结构上，反映突触连接性的灰质（gray matter）存在差异，特别是在大脑左半球阅读与语言网络的差异。在功能上，在表现出结构性差异的相同区域中观察到患有阅读障碍的个体大脑激活水平降低。最近的研究正在有效梳理出与造成阅读障碍的原因有关的大脑差异，而不是寻找由阅读障碍造成的阅读体验大幅降低的后果。

　　随着神经科学完善了通过心理学研究得出的有关阅读障碍的知识，借此识别出有阅读障碍风险的幼儿园前的适龄儿童，并制定基于科学依据的干预措施来治疗和预防一些阅读问题，有了实现的可能性（Peterson & Pennington，2015）。"有效干预似乎能促进左半球阅读和语言网络活动的正常化"，并且"据报道，在阅读障碍治疗后，右半球的激活增加，这有时被解释为反映了补偿过程"（p. 299）。

那么对于阅读障碍有哪些有效的干预措施呢？即使在儿童被正式确诊之前，早期干预也是至关重要的，因为早期干预比在儿童经历了多年阅读困难后再补救更为有效。此外，干预措施在以下情况下最为有效：

- 仅对个人或在小型集体中实施；
- 提供明确、密集和系统的教学，强调语音训练（即语音、音素意识）；
- 包括对辅助阅读难度逐渐提升的文本、写作练习和理解策略的训练；
- 注意学生的动机，帮助学生和他们的父母理解，处理语言的方式与同龄人不同，并不代表他们是愚蠢的或懒惰的（Hudson et al.，2007；Peterson & Pennington，2015）。

同样有必要提及的是，也存在其他治疗阅读障碍的流行疗法，但尚未被证明有效。这些"过程导向"的干预措施的基础是，某种感知模态（听觉、触觉或视觉）的低水平缺陷导致了学习障碍，特定模态的训练将改善障碍。然而，研究证据并不支持该说法，学者们敦促"家长、教育工作者和医疗保健专业人员特别警惕应用那些只有经验支撑的'最佳'做法"（Pennington，2011）。

敏感期

对猫进行的经典研究构建了关键期可塑性的生理模型，让研究人员休伯尔和维厄瑟尔（Hubel & Wiesel，1962）在1981年获得了诺贝尔生理学或医学奖。他们发现，在关键时期剥夺小猫某一只眼睛的视觉输入会导致这只眼睛失去视觉敏锐度，而另一只眼睛则会具备视觉优势。实际上，这是大脑重新调整了初级视觉皮层的连接，使不受阻碍的眼睛接管视觉功能，即使被剥夺输入的眼睛没有受到物理损伤。

这证实了大脑的可塑性，但也表明，在一个明确的时间窗口内获得视觉经验对于视觉系统的正常发展是必要的。换句话说，提高受影响眼睛的视觉输入质量可以恢复视觉敏锐度，但须在特定的时间段内进行干预。随着动物发育成熟，眼优势（ocular dominance）变得越来越难以逆转（Hensch，2004；Hensch & Quinlan，2018）。

研究人员对因双眼视觉不一致（如斜视眼和弱视眼）、一只眼睛屈光不正（a refractive error）或先天性白内障（congenital cataracts）而导致视觉输入不均的儿童，也进行了类似现象的研究。弱视（amblyopia）会导致幼儿的视觉障碍。可以借助使用眼罩遮挡优势眼从而迫使弱视眼处理视觉输入等策略来提高视觉质量（Hensch & Bilimoria，2012）。然而，大约在8岁以后，可塑性逐渐消失，视觉系统发育的关键期结束。这并不意味着无法进一步改善，而只是视觉系统中已经改变的突触得到固化，难以进行变化。

大脑回路在达到一定成熟水平之前，不会表现出可塑性，但随着其逐渐成熟，就会出现一个可塑性增强的时期，这时环境输入对正常发育至关重要。随着时间的推移，大脑回路成形，但之后的生活经验仍然可对其产生塑造作用，但作用程度较小。对大脑更为复杂的功能的研究，特别是人类大脑功能的研究表明，"敏感期"比"关键期"更准确地描述了发育过程，并且针对不同的功能，有不同的敏感期窗口。图 12-3 中对此进行了描述。因为驱动因素是经验，而不是时间（显然，年龄和经验在很大程度上是协同变化的），所以 y 轴被标注为"发育"而不是"年龄"。如图 12-3 所示，高层次的功能发展较晚，且涉及多个低层次系统之间的相互作用和整合，这导致要对敏感期的影响和意义进行解释变得更为复杂。

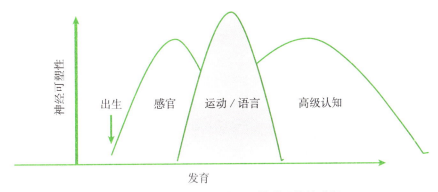

图 12-3　人脑发育过程中可塑性增强的敏感期

资料来源：Adapted from Hensch，T. K.，& Bilimoria，P. M.（2012）.Re-opening windows：Manipulating critical periods for brain development.*Cerebrum*，*11*.

然而，关于敏感期的一些发现值得我们注意。第一个问题已提及过数次。敏感期可塑性增强意味着环境中的经验对大脑发育有特别强的影响，而经验的类型很重要。例如，婴儿天生就具有感知任何语言声音的能力。在语言学习的敏感期，他们在神经层面开始表现出对母语声音的专注，感知其他语言声音特征的能力相应降低（Mayberry & Kluender，2018；Thomas & Knowland，2009）。语言发展与大脑发育是同步的和相互促进的，且依赖于语言经验。有证据表明，这一时期的语言输入和经验与总体语言水平有关，语言接触较少的儿童表现出较低的语言发展水平。

虽然敏感期与母语或第一语言（L1）的习得有关，但与学习第二语言（L2）关系如何呢？有没有第二语言学习的敏感期？有趣的是，有父母称，他们的孩子学习第二语言似乎比他们自己更快，付出的努力也更少，而且"人们经常声称，除非个人在童年中期（或者也许在青春期）之前习得第二语言，否则他们永远不会达到该语言母语者的熟练程度"（Thomas & Johnson，2009）。

然而，情况比最初的假设更为复杂。儿童和成人学习语言的方式似乎有所不同。前者从他们所接触的语言中总结规律，且受益于大量的语言接触输入；而后者则更具策略意识，在语言学习过程中有效回应接收到的反馈。最终达到的熟练程度取决于第二语言习得的年龄以及使用或接触第二语言的水平。也就是说，一个人越早开始学习第二语言，最终达到的第二语言水平就越高。同时，这并不取决于敏感期；通过增加对第二语言的接触和使用，也可以达到更高的水平（Birdsong & Vanhove，2016）。

此外，大脑处理第一、第二语言的区域有一部分是相同的；两种语言激活的区域越相似，个人第二语言的水平便越高。"该发现符合这一观点，即某些大脑区域已经为处理语言进行了优化（也许是在习得第一语言的过程中得到了优化），为了达到较高的第二语言水平，你必须动用这些大脑区域"（Thomas & Johnson，2009）。不过，需要有学习目标、动机，并接触和训练第二语言，以达到类似该语言母语者的熟练水平。

最后，敏感期出现的时间，或者在某些情况下出现在不当的时间，是神经发育障碍的诱因，如自闭症谱系障碍（ASD）（Hensch & Bilimoria，2012）。目前还不知道是什么控制敏感期出现的时间，什么可能会扰乱它们，也不知道具体某一敏感期的持续时间可能会对其他敏感期的开始产生什么影响。然而，对弱视的研究提供了一些见解。大脑发育过程中，在神经元之间与突触连接处传递信息的神经递质要么增强，要么抑制脑电活动。兴奋性和抑制性神经传递（excitatory and inhibitory neurotransmission）之间的平衡（简称 E/I 平衡）似乎可以调节敏感期。也就是说，无论哪种神经传递过多，都会导致视觉正常发育的敏感期过早或延迟出现。

越来越多的证据证明，患有 ASD 的儿童处于 E/I 失衡状态（Ben-Ari，2015；LeBlanc & Fagiolini，2011），这表明 ASD 源于早期社会或感官经验的中断，这种中断导致了大脑回路神经连接错误。这种中断的潜在原因有很多，可以是遗传、分子、突触或回路层面的。"失衡位置和严重程度的差别，可能会产生一系列的表型（phenotype），自闭症亦是如此。因此，作出如下假设是颇具吸引力的，即自闭症可能源于大脑区域关键期的表现和（或）出现时间"（Leblanc & Fagiolini，2011）。例如，在某些情况下，大脑可能过快发育成熟，敏感期过早打开，并在神经过程（neural process）尚未固化之前就关闭了（Berger er al.，2013）。

ASD 相关症状之间存在异质性并不令人惊讶，因为敏感期期间导致经验输入中断的潜在原因也有异质性。这也是难以发现可以提高典型大脑功能的自闭症干预措施并进行验证的原因。虽然与 ASD 相关的神经科学研究不断有新发现，但 ASD 仍然只能通过其认知和行为症状来诊断。将这些与遗传和环境对神经过程的影响联系起来将是提高诊断和治疗精确度的关键所在（Di et al.，2020）。

生命早期应激影响

当幼儿接触到超出他们应对能力的事件时，他们就会经历生命早期应激影响（Effects of Early Life Stress，简称 ELS），这种影响也被称为儿童期不良经历（adverse childhood experiences，简称 ACE）。生命早期应激影响扰乱了大脑正常的发育，并与一系列与学习相关的认知和情绪缺陷有关（Pechtel & Pizzagalli，2011）。有关儿童时期一系列压力源的研究迅速增长，包括"生理、性、情感和言语方面的虐待、忽视、社会剥夺（social deprivation）、灾难和家庭功能失调（household dysfunctions）"，这些压力源往往与社会经济地位（Noble et al.，2012）和贫困（Luby et al.，2013）有关。虽然对这项研究进行全面回顾超出了本章内容范围，但证据都指向一些关键发现。

图 12-4 展示了一个概念模型，用于说明一些影响大脑发育及其后果的主要因素（Brito & Noble，2014）。我们已经讨论过语言学习以及丰富的语言输入对于负责语言处理的大脑区域正常发育的重要性。图 12-4 中的模型表明，儿童所处的语言环境与其父母的收入和学历以及自己成长的街区等变量之间存在进一步的联系。大量证据表明，社会经济地位较高的家庭与孩子有更多的交流，在与阅读有关的活动上花费更多的时间，而且通常有更多的机会获得语言相关的资源。这些因素有利于语言发展以及后续的学业成就。

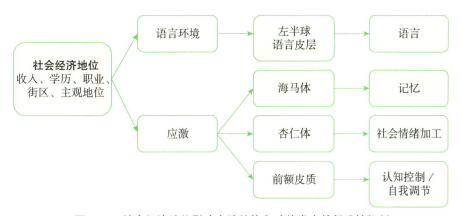

图 12-4　社会经济地位影响大脑结构和功能发育的假设性机制

资料来源：Brito，N. H.，& Noble，K. G.（2014）.Socioeconomic status and structural brain development.*Frontiers in Neuroscience*，*8*，Article No. 276. https://doi.org/10.3389/fnins.00276，Figure 1，p. 3.

有关生命早期应激影响的证据也越来越多。早期应激经历似乎可分为威胁（threat）和剥夺（deprivation）两个层面（Fereri &Tottenham，2016；McLaughlin & Sheridan，2016）。威胁是涉及伤害或是具有较高伤害风险的经历，这类经历会影响个人调节情绪和区分社会刺激（social stimuli）的能力。也就是说，在正常发育的情况下，儿童在进入青春期时就具备了评估和合理应对潜在威胁的能力（Fareri &Tottenham，2016）。然而，经历包括虐待和家庭暴力在内的威胁扰乱了这一发展，导致其对负面刺激产生反常的恐惧反应，以及对识别积极社会刺激（如安全提示）的能力的下降（Mclaughlin & Sheridan，2016）。换句话说，在生命早期受过伤害或伤害威胁的儿童在面对安全提示和威胁时都会表现出恐惧。

另一方面，剥夺是缺少预期中的环境输入，通常伴随忽视和贫困发生，或是由生活在缺少照顾的收容机构中导致的。有证据表明，对于经受剥夺的儿童，其与奖励学习、焦虑、抑郁和执行功能相关的神经回路会被扰乱（Bolton et al.，2017；Fareri & Tottenham，2016；

McLaughlin & Sheridan，2016）。例如，和与亲生父母一起长大的同龄人相比，被收养之前缺少照顾并在孤儿院长大的儿童表现出更高的焦虑水平。这些人面对情绪化的面部表情或是在一对一社交中也较少使用眼神交流（Tottenham et al.，2011）。图 12-5 中的麦劳克林（Mclauglin）和谢里登（Sheridan）的儿童期逆境模型展示了不同类型影响大脑发育的环境之间的概念区别（2016）。

最后，需要注意的是，生命早期应激影响取决于它们在儿童生命中发生的时间。与敏感期的相互作用"可能会提高大脑以自适应的方式应对压力的能力，大脑也可能因适应不良而放大压力生活事件的后果"（Gee & Casey，2015）。吉和凯西（Gee & Casey，2015）将敏感期视为有效干预的机会窗口，特别是与照顾有关的干预："稳定的父母照顾在减轻或缓冲子女所受生命早期应激影响方面起着重要作用，并能促进情绪调节的正常发展。"针对情绪学习的行为干预也表现出预防因不良早期生活事件造成病态心理的希望（McLaughlin & Sheridan，2016）。

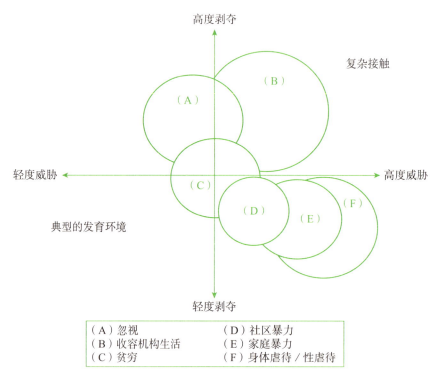

（A）忽视	（D）社区暴力
（B）收容机构生活	（E）家庭暴力
（C）贫穷	（F）身体虐待 / 性虐待

图 12-5 儿童期逆境的维度模型

资料来源：McLaughlin，K. A.，& Sheridan，M. A.（2016）. Beyond cumulative risk：A dimensional approach to childhood adversity.*Current Directions in Psychological Science*，25（4），Figure 1，p. 241.

认知与情绪

"通过一个世纪的神经科学研究，从大脑是如何组织的这一整体问题，到情绪和认知是如何在灰质中形成的具体问题，都产生了不断发展的观点"（Pessoa，2010）。很长一段时间内，认知是研究的重点，研究内容主要是关于记忆是如何形成和储存的。神经网络被假定为学习和思考的基础，回顾一下，在第 3 章讨论记忆网络模型时曾给出了一个与神经网络相类似的心理学概念。网络的概念对于理解大脑结构和功能仍然至关重要，但现在的大脑组织图比以前所设想的更具动态性和综合性。事实上，"在长达 50 多年的时间里，这种动态性的影响都被大大忽视了。这种情况在过去十年发生了变化，推翻了一些既定的想法，打乱了许多计划，并迎来了新的理念"（Nadel et al.，2012）。结果，神经科学领域再一次对认知研究产生了兴趣，并且更为认可认知和情绪在大脑中是相整合的，两者都参与控制心理活动和行为（Lindquist et al.，2012；Pessoa，2008，2010）。

　　在讨论情绪和认知是如何在大脑中相互作用以影响学习和行为之前，让我们先简单了解一下认知的几个方面，这些方面已经通过神经科学研究得到了进一步的阐明。

脑注意网络

　　正如我们在第 3 章所讨论的，注意力是信息处理过程中的一个关键功能，它提醒并引导学习者定向注意接收的感官刺激，使其能够专注于学习的相关信息。认知心理学家迈克尔·波斯纳（Michael Posner）尝试理解注意力的定向过程，早期的神经影像研究促使他着手研究定向过程的神经基础（2016）。通过研究，他最终提出了注意网络理论（the attention network theory）（Peterson & Posner，2012；Posner & Peterson，1990）。也就是说，至少有三种大脑网络用以支持注意力的功能。

- 警觉网络（alerting network）实现并保持警觉状态，使学习者能够保持注意力并对外部线索做出快速反应。
- 定向网络（orienting network）通过减少分心和增强与学习任务相关的输入来施加调节控制。
- 执行网络（executive network）控制有意注意，解决冲突，并且可作为自我调节的手段（Posner et al.，2013）。

　　有关这三种网络的神经影像研究揭示了各网络所涉及的大脑皮层区域的差异（Fan et al.，2005），网络发育轨迹的差异，以及儿童、神经非典型儿童和成人之间的差异（Posner，2016）。研究还表明，训练等环境因素对改善注意调节可能具有一定的作用。

　　在发育过程中，大脑区域之间的连接有很大的物理变化。相邻区域之间的短距离连接（short connections）首先发展，具有警觉和定向的特征，这两种特征都可以在七个月大的婴儿身上观察到（Posner，2016）。对 2～3 岁的儿童来说，定向似乎是注意力调节的主要来源，且在六七岁后变化不大（Mullane et al.，2016）。警觉的发展过程较长，与年龄较大的儿童相比，年龄较小的儿童保持警觉状态的能力较低。然而，穆莱恩等人（2016）在报告中指出，即使是他们研究中年龄最大的儿童（12 岁半）也没有达到成人水平的警觉。

最后，执行网络涉及大脑中相隔较远区域之间的长距离连接（long connections），在儿童时期发展缓慢（Posner et al.，2013），这与前额皮层（pre-frontal cortex）中高级认知功能的发展相一致。随着执行网络的发展，学习者能够更好地控制和引导自身的注意力去实现选定目标。

那么这些发现对学习意味着什么呢？年龄较小的儿童需要更多支持以保持最佳的警觉状态，包括经常休息、定期转换活动，以及通过视觉或语言提示以帮助他们注意重要信息。降低对儿童执行网络要求的策略也很有帮助，例如，在完成家庭作业时排除干扰，或者直接指导儿童如何将注意力集中在相关信息上，同时忽略不相关的细节（Mullane et al.，2016）。

波斯纳（Posner）及其同事表示，训练可以提高儿童和成人的注意力。他们调查了以下两类训练：（1）旨在提高注意力网络功能的具体任务；（2）旨在激发有利于自我控制的大脑状态的正念冥想（mindfulness meditation）（Posner，2013，2016）。例如，在涉及冲突的任务中（当面对一组由少量较大数字构成的阵列与一组由大量较小数字构成的阵列时，选择两组中总和较大的阵列），与对照组相比，进行训练的儿童表现出在注意力网络解决冲突的效率方面有所提高。测试成绩上的训练优势并不总是可以长期保持的，但受过训练的儿童可以多年保持与自我调节能力相关的技能。而且，注意网络联通性随训练产生的身体变化与发展中发现的变化相似（Posner，2016）。

在成年人中，正念冥想训练提高了注意力和自我调节的水平，同时减轻了压力。"这些提高似乎涉及状态的改变，因为在与自主神经系统（autonomic nervous system）的副交感神经相关的区域中，大脑活动有所增加，产生有利于集中注意力的平静的警觉状态"（Posner et al.，2013）。与注意网络中的执行网络有关的连通性也得到提升。波斯纳在这项研究中看到了特别的希望，因为早期的自我调节与之后积极的生活状态有关，"大脑成像可能会提供线索，告诉我们如何开发出最佳的训练方法组合"，以改善儿童的生活。

基于正念的干预措施对发育正常的儿童和成人可以起到有效作用，所以能作为帮助那些注意力缺陷（attention-deficit）/多动症（hyperactivity disorder）（简称 ADHD）等注意力障碍患者的潜在手段，因而得到了关注。ADHD "是一种慢性神经发育障碍，影响着 3%～7% 的学龄儿童，其特征是发育水平不良的注意力不集中、多动以及冲动"（APA，2013，Chimiklis et al.，2018）。研究表明，"15%～25% 的多动症儿童在成年后仍具有完全型的综合征，另有25%～48% 的人将继续表现出损害性症状"（Szekely et al，，2017）。

不过，对患有 ADHD 的儿童和成人进行的神经影像学研究呈现出一种复杂情况，因为 ADHD 的不同症状与不同的神经过程和注意网络有关。一般来说，结果表明 ADHD 患者的警觉和执行网络受损（Abramov et al.，2019），而大脑可塑性作为缓解 ADHD 的基础，则涉及执行功能（Szekely eet al.，2017）。因此，有人乐观地认为，像正念冥想这样可以影响执行网络的干预措施将有助于减轻 ADHD 的症状。虽然有一些证据支持这种乐观的观点，但最近的评论指出，对儿童和成人进行这类干预的研究质量较低，有理由谨慎对待（Cairncross & Miller，2020；Chimiklis et al.，2018；Evans et al.，2018；Poissant et al.，2019）。

记忆的神经机制

我们很早之前就知道，记忆不是一个单一的实体，它涉及整个大脑。对关于记忆的大脑研究历史感兴趣的读者，请参考格罗斯（Gross，1998）和芬格（Finger，2000）等人的研究成果。20 世纪中期对失忆症患者 H.M. 的研究建立了多重记忆系统（multiple memory systems）的概念（Squire，1986；Squire & Dede，2015）。H.M. 在 1953 年接受了手术，以缓解已经无法控制的癫痫发作（epileptic seizures），但不幸的是，手术造成了严重的记忆力损伤。虽然他在智力测试中表现十分正常，可以在短时间内回忆起信息，但时间稍微一长，他便无法记起新的信息或事件。

但之后出乎意料的是，H.M. 学会了执行诸如面对镜子画出镜中物体之类的手眼协调任务。他还学会了解决汉诺塔问题（Tower of Hanoi puzzle）（见图 12-6），每次都可以改善自己的表现，但他还是会时不时忘记之前遇到过的问题。因为他的知觉和程序技能是完整的，而对事实和事件的陈述性记忆不是完整的，所以必须涉及多个记忆系统，这些系统依赖于大脑的不同区域。

图 12-6　汉诺塔问题

注：目标是将塔转移到另一根杆子上，在这过程中避免将较大的环放在较小的环上方

在对 H.M. 进行研究后的几年里，生物学和神经影像学的证据已经在哺乳动物记忆系统（memory systems）的组织结构上趋于一致，如图 12-7 所示（Squire & Dede，2015）。图 12-7 中所示的陈述性记忆和非陈述性记忆系统之间的区别与认知信息处理理论一致（见第 3 章）。个人对世界相关知识的记忆（语义记忆，semantic memory）和对特定事件的记忆（情景记忆，episodic memory）构成了陈述性记忆，从而人们可以有意识地进行回忆。另一方面，非陈述性记忆"是倾向性的，通过行为表现而不是回忆的方式来表达"（Squire & Dede，2015）。它包括所有对世界无意识的反应方式，如技能与习惯、感知、情绪和反射。

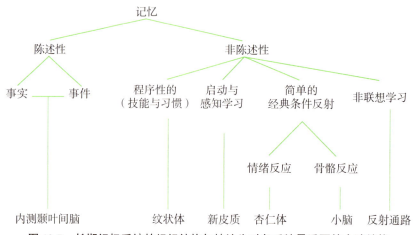

图 12-7　长期记忆系统的组织结构与被认为对各系统最重要的大脑结构

资料来源：Squire，L. R.，& Dede，A. J. O.（2015）. Conscious and unconscious memory systems.*Cold Spring Harbor Perspectives in Biology*，7，a021667. https://doi.org/10.1101/cshperspect.a021667，Figure 1.

　　神经科学家相当感兴趣的问题是：不同的记忆系统如何相互作用以影响学习和表现，以及某个系统是否会变得比其他系统更为重要（Packard & Goodman，2013；Schwabe，2013）。越来越多的证据表明，特定记忆系统的相对使用情况取决于许多因素。例如，某些类型的任务偏向使用某一系统，而尝试使用另一系统可能会扰乱表现。技能学习依赖于程序性记忆，并且当陈述性记忆侵入时，技能学习容易被干扰。在你使用一项熟练的技能（如发网球）之前，试着思考（即使用陈述性记忆）自己是如何展现这项技能的，此时你就会在比赛中体验到这种干扰。另一方面，鼓励个人运用其对世界认知的任务，会激活大脑中与陈述性记忆相关联的区域。

　　其他改变记忆系统使用情况的因素包括训练量、练习量以及情绪唤醒，如压力。对执行虚拟导航任务者的研究表明，几乎一半的参与者采用了一种利用地标进行导航的空间策略，这种策略依赖于陈述性记忆；另一半则使用了非空间策略，如记忆转弯的数量或总是转向同一个方向，这涉及习惯性反应。然而，经过练习后，72% 的参与者使用了非空间策略，这表明随着时间的推移，他们形成了一种更有效、更为习惯性的方法来完成任务（Iaria et al.，2003）。

　　通过练习形成一种更为习惯性的表现通常是一件好事，因为这样减少了对注意力的需求，提高了技能水平（见第 4 章和第 7 章中的讨论）。然而，压力也会导致更为僵化的习惯性学习，这会牺牲在认识方面有更高要求的涉及陈述性记忆系统的学习（Packard & Goodman，2013；Schwabe，2013）。这表明，面对压力较大的学习环境的学习者可能会依赖于习惯以及成熟的实例化程序，而不是全身心地投入到学习材料之中。此外，"习惯性过程的异常参与被认为与成瘾或创伤后应激障碍等精神障碍有关"（Schwabe，2013）。

　　目前对记忆形成、巩固和再巩固的研究使得记忆系统这一问题更为复杂。我们在第 3 章中暗示了这种复杂性，因为认知信息加工理论家修改了他们对编码、存储和检索之间时间关系的假设。神经科学研究的证据对传统观点构成了挑战，"表明记忆被检索时，易于产生变化，从而造成未来的检索会调用变化后的信息。这被称为再巩固（reconsolidation）"（Alberini & Ledoux，2013）。因此，记忆的存储和检索比过去设想的更为动态。"再巩固的一般性优点是它具有对不断变化的环境作出灵活以及适应性反应的能力"。

记忆再巩固的概念有助于解释反复测试对记忆以及对第 6 章中描述的知识修订过程的积极作用。首先，检索行为会导致再巩固，且可以在无需再次暴露于原始指令的情况下加强记忆。通过测试反复练习便可以达到这一效果，特别是在测试机会随时间分布的情况下（Gerbier & Toppino，2012）。其次，旨在纠正误解的新信息将与重新激活的记忆同时存在，且会参与到新一轮的巩固过程中。换言之，"更新的记忆实际上形成了与之前记忆并行共存的新记忆"（alberini & ledoux，2013）。

记忆再巩固与恢复至习惯性记忆或许可以解释第 6 章中描述的一些迁移失败和过度概括事件。回忆一下那位学生，他学习了求解楼梯坡度的方法，但在求解操场滑梯的坡度时却无法正确应用。特别是在压力成为影响因素的情况下，学生可能未能仔细地处理新问题并使用陈述性记忆系统对其进行分析。或者，在面对问题中激活旧记忆的线索时，再巩固的记忆可能过于薄弱。

许多关于记忆再巩固的原因，再巩固过程在不同记忆系统中可能具有的区别性特征，以及再巩固是否有助于削弱创伤性记忆的问题仍然存在。最后一个问题连同说明压力对学习和记忆影响的神经科学证据，再次强调了情绪与认知的关联。最后，让我们来明确探讨一下这一联系。

认知与情绪的综合观

在过去十年左右的时间里，情绪方面的神经科学研究越来越活跃，人们通常认为情绪与认知是分开的，且涉及大脑的不同区域（Lindquist et al.，2012；Pessoa，2008，2010）。"不可否认的是某些大脑区域在情绪中起着重要作用"（Pessoa，2010）。但越来越多的证据表明，这些区域在整合了认知和情绪的大规模分布式网络中相互作用（Pessoa，2017）。

人们早已知道杏仁体会参与情绪反应（特别是恐惧和压力；见图 12-4 和图 12-7）。作为大脑更为原始的部分，杏仁体为我们的祖先提供了一个有效的警报系统，以应对潜在的危险和致命事件。早期研究集中在大脑的哪些部分执行哪些功能，研究人员没有把目光置于杏仁体之外来理解情绪，也没有尝试研究寻找那些被认为负责情绪和认知的不同大脑区域之间的相互作用。然而，神经影像使全脑研究成为可能，研究人员发现"即使在啮齿动物中，杏仁体也在注意力和决策等'认知'操作中发挥着重要作用"（Pessoa，2010）。

最近的研究显示了在人类身上存在两种结果。首先，杏仁体的活动影响感知和注意力等认知过程。例如，杏仁体受损的患者不会对情绪刺激做出快速反应，而大脑完好的患者则会（Phelps et al.，2006）。事实上，面对情绪刺激，杏仁体的激活程度增加表示视觉处理得到增强。"被试对情绪刺激表现出快速的、不由自主的反应，如面带恐惧或厌恶表情"（Padmala & Pessoa，2008）。类似研究提供的证据表明，杏仁体构成了"一种以多种方式对信息进行情绪调制的形式"的基础，"这些方式与伴随非情绪信息所观察到的注意力效应相类似"（Pessoa，2010）。

此外，最近的研究说明了情绪状态对大脑中除杏仁体以外的区域的影响，如与认知密切相关的前额皮质等区域。例如，在一项研究中，参与者观看了旨在激发情绪状态的视频，随后在其进行具有挑战性的工作记忆任务时，对其大脑活动进行了测量（Gray et al.，2002）。结果表明，前额皮质区域的活动既反映了激发的情绪，也反映了任务，但两者都不是独立的。换言之，任务表现与情绪和认知的相互作用有关。类似的结果说服了邓肯和巴雷特（Duncan & Barrett，2007），研究人员对认知和情绪的区分是实用性的，而不是本质性的，因为"人脑并不遵循情感—认知的区分"。

越来越多的解剖和功能性数据提供了大脑连接性的证据，杏仁体似乎是大脑中连接最紧密的区域之一（Pessoa，2010）。佩索阿（Pessoa）把其比作一种连接和整合多个大脑网络的枢纽。他提出了一个模型来解释大脑复杂而动态的功能，即"为什么情绪的影响是广泛的，以及情绪如何与感知、认知、动机和行动相互关联"（2017）。

佩索阿假设大脑的每个区域都是不同脑网络的一部分，与此同时产生了许多作为行为基础的神经计算。行为既有情绪成分，也有认知成分，不能完全归为其中一类。相反，他认为情绪和认知"共同平等地帮助控制思想和行为"（Pessoa，2008）。

上述发现对学习的意义是情感神经科学的研究目标，也是教育研究者越来越感兴趣的课题。我们在前一章讨论了情绪在动机和自我调节中的作用。在更为广泛的背景下，认知和情绪共同运作的研究发现也对学习的社会维度产生影响（Immordino-Yang，2011）。"研究表明，大脑进化而来的可塑性使我们能够适应环境需求和学习，其在很大程度上是通过社会激活、情感驱动的认知发展机会来引起和组织的。因此，高质量的社会互动为教育提供了关键的机会且负有重要责任"（Immordino-Yang，Darling-Hammond，& Krone，2019）。

结语

在这一章中，我们重点讨论了神经科学的研究发现，这些发现阐明了大脑在学习中的作用，并强调了当这些发现在教育中被误解或错误应用时所产生的神经迷思问题。我们还探讨了情绪在学习中的作用，结果表明认知和情绪在大脑中是有机整合的，两者都有助于控制心理活动和行为。

人们越来越意识到，学习也取决于情绪和社交能力，即管理自我、目标、情绪，以及与他人互动所需的特定技能，因此对社会情感学习的关注应运而生（Immordino et al.，2019）。在第13章中，我们将探讨有关社会情感学习的研究，旨在教授社会情感学习技能的教学实践，以及确保实践和方针"可靠，符合文化要求，适合个人需求，并普遍适用"于面临的挑战（Immordino et al., 2019）。虽然社会情感学习的重点通常是在 K12 教育中的应用，但我们也探索促进成人社会情感技能的机会。

反思性问题与活动 >>>>>>>>>>

1. 在本章所介绍的神经科学研究中，可以得到哪些关于知识和认知的潜在假设？这些观点似乎最符合什么认识论传统？

2. 神经科学的研究发现和本书中提出的其他理论之间可以产生许多联系。我们尝试清晰地说明了其中的一些联系。你认为还有哪些联系有助于深刻理解学习？

3. 观看电影《银翼杀手》（*Blade Runner*）（20 世纪 80 年代制作）、一集《星际迷航：下一代》（*Star Trek：The Next Generation*）（20 世纪 90 年代制作）以及一集《奥维尔号》（*The Orville*）（2017 年开始制作）。在《银翼杀手》中，复制人被设计成"比人类本身更像人类"。在《星际迷航：下一代》中，达塔（Data）是一个拥有"正电子"大脑的机器人，他希望变得更像人类。在《奥维尔号》中，艾萨克（Isaac）是一个人造的非生物体，来自一个认为包括人类在内的生物生命形式都很低劣的种族。讨论这些影视剧中所描绘的与本章所介绍的神经科学发现相关的大脑的观点。影片是如何描述学习特征的？是否存在可能促使神经迷思传播的有关大脑的隐晦假设？

4. 审视自己对大脑和学习的信念和假设。它们改变了吗？你会如何将神经科学的证据用于自己的实践？

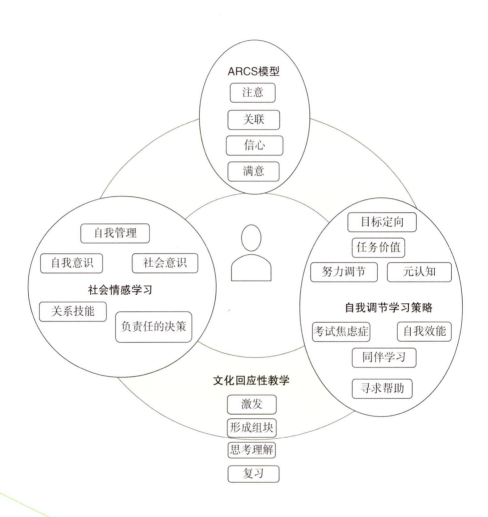

第 13 章

动机与神经科学的教学应用

PSYCHOLOGY OF
LEARNING FOR INSTRUCTION

• 农村困境

在混乱不堪、哭闹不止的三年级班级里又度过了一天后，雷恩（Rehn）沮丧地瘫倒在椅子上。这是他教书的第一年，他在想能不能坚持教完一整年。他在一个落后的农村地区找了这份工作，以偿还自己的学生贷款。雷恩的学生既有长期定居当地的农民的孩子，也有随收获季节而来到农场的工人的孩子。这些学生与他教学实习所在的郊区中上阶级学校（这所学校也是他小时候就读的学校）的学生有很大的不同。与雷恩一起长大的孩子以及教育实习期他教授的孩子知道如何成为"好"学生：他们会听清指令并执行，他们不会打架或辱骂对方，并且他们会十分想要以优异表现让老师感到欣慰。

而雷恩所在的农村班级，无论他如何分组，孩子们总是按照各自家庭在城镇里的角色自行分组。除了偶尔在操场上因为设施使用顺序而大吵一架外，分组后的两个群体基本上互不理睬。但在群体内部则纷争不断，并且两个群体似乎都不太重视学习。雷恩心想："毫无疑问，我的班级管理以及班级多样性课程并没有让我做好面对这种情况的准备。"当学生不是捣蛋就是不听话的时候，他该如何进行教学呢？即使学生们有时尝试参与到教学中，也没有很好地遵循指令。

• 写作困境

"我们应该培养未来的领导者，而不是打击学员的士气！"伊萨拉（Izara）的主管严厉地说道。伊萨拉是一家大型公司的教学设计师，该公司有一个积极的管理发展计划。该全面线上计划的关键课程之一是技术写作和专业口语课。参加者来自公司各个部门，他们在学习课程内容和作为在线学习者方面的技能水平不同。伊萨拉的任务是重新开发课程，以提高完成率。选择退出这门课的人往往会退出整个计划，这意味着人力和财务资源都没有得到最大化使用。过去参与者对课程的评估显示，他们退出的主要原因是难以接受材料的难度。

在上述情景中，雷恩和伊萨拉所面对的学习者在技能、能力和态度上都表现出较大差异。在他们尝试满足学习者的需求时，这种情况给他们构成了什么样的挑战呢？在第 11 章和第 12 章中，我们探讨了动机和神经科学与学习的关系。在本章中，我们将转而讨论教学背景下的动机与神经科学。通过开篇情景，我们考虑在设计教学时兼顾动机，也即动机教学策略、自我调节学习策略、社会情感学习和文化回应性教学。每一种视角都将学习者置于讨论的中心。

与以内容为中心的教学设计模型不同，例如 ARCS 动机教学模型在整个设计过程中从情绪角度考虑学习者。"写作困境"情景中的伊萨拉必须听取过去学习者的经历并做出反应，以便重新设计课程，消除负面动机因素或增强正面动机因素。在制定让学习者采取并有望内化的有效自我调节策略时，也必须全面考虑学习者的情况。开发课程以满足所有这些需求是教学设计者和教师面临的常见挑战，遗憾的是，该挑战往往难以克服。

最后，社会情感学习和文化回应性教学的核心，与学习环境中的人类经验和人际关系相关。例如，雷恩想要前进始于他愿意正视学生的情况，而不是将他们视为自己理想中学生的不完美例子。

动机设计模型

ARCS 动机设计模型是一种教学设计模型，也有人认为它是一种理论，该模型侧重于使用系统的方法来使动机与教学保持一致，并将动机策略应用到设计中。在考虑该模型的教学应用时，科勒（1983）提出了激发动机的四个条件，即注意（attention），关联（relevance），信心（confidence）以及满意（satisfaction）。只有满足这些条件才能激励学习者。

如图 13-1 所示，ARCS 模型基于以下假设：学生的好奇心、动机和期望，以及任何动机设计都会影响他们进行学习任务时的注意力和努力程度（Keller，1983，1984，2008）。虽然努力会提高表现水平，但显然，个人现有的能力、技能和知识也会影响表现水平。环境特征与学习设计和管理一样，也会影响学习者的学习动机。

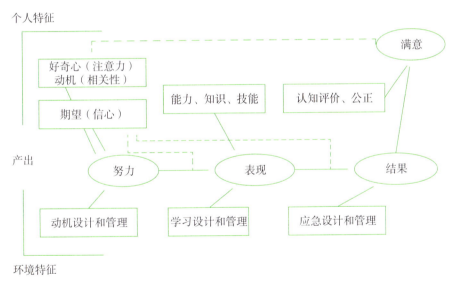

图 13-1　动机、意义和表现的宏观模型

资料来源：Keller，J. M.（2008）. An integrative theory of motivation，volition，and performance.*Technology*，*Instruction*，*Cognition*，*and Learning*，6（2），79–104.

最后，取得成就（或未能取得成就）的后果和学习者对其表现的认知评价都决定了满意程度，并能影响未来学习事件中的动机。在后来的著作中，科勒（2008）对该模型进行了拓展，将意志和表现纳入其中，并将其从教学设计模型转变为动机理论。就本章内容而言，我们将专注于核心教学设计理论——ARCS 模型。

激励学习者是一个循序渐进的过程。个人必须首先集中自己的注意力，参与到学习活动之中，然后才可能发生其他事情（A）。然而，一旦参与其中，学习者就会问年长的人，"我为什么一定要学这个？"在教学以最佳方式进行之前，学习者必须相信教学与他们的个人目标相关，并将满足他们的特定需要（R）。即使是那些在学习任务中能看到个人相关性的专心的学习者，随着活动的进行，他们的动机仍然会减弱。一些学习者可能对学科产生畏惧，这阻碍了他们有效地学习该学科。这是一个有关信心的问题（C）。如果教学的速度和方法永远不变，那么其他人即使尽了最大的努力，也可能会发现自己注意力分散了（一个维持注意力的问题）。凯勒写道："最后，回报来了。会来吗？"（1987）。简单地说，学习必须给学习者带来一种满足感，让他们有一种持续的学习愿望。表 13-1 概述了每种条件下的子类别，以及有助于人们思考如何激励学习者的提示（Keller，2000）。

表 13-1 优化后的 ARCS 模型子类别

注意（Attention）
引起兴趣（感知唤醒）：
我该怎么做才能吸引他们的兴趣？
激发探究（探究唤醒）：
怎样才能激发愿意进行探究的态度？
保持注意力（可变性）：
如何才能用各种战术来保持他们的注意力？
关联（Relevance）
与目标相关（目标定向）：
如何才能最好地满足学习者的需求？（我了解他们的需求吗？）
兴趣匹配（动机匹配）：
如何以及何时可以为学习者提供恰当的选择、担负应有的责任和产生合适的影响？
联系经历（熟悉度）
我如何将教学与学习者的经历联系起来？
信心（Confidence）
成功期望（学习的要求）：
如何帮助学习者树立对成功的积极期望？
成功机会（学习活动）：
学习经历将如何支持或增强学习者对其能力的信心？
个人责任（成功归因）：
学习者如何清楚地知道他们的成功是基于他们的努力和能力的？
满意（Satisfaction）
内在满足（自我强化）：
我该如何为学习者提供有意义的机会，让他们使用新获得的知识或技能？
奖励性结果（外部奖励）：
什么因素可以激励学习者取得成功？
公平待遇（公正）：
我如何才能帮助学习者对他们的成就产生积极的感觉？

资料来源：Keller，J.（2000，February）.*How to integrate learner motivation planning into lesson planning：The ARCS model approach*. Paper presented at VII Semanario，Santiago，Cuba.

基于 ARCS 模型的动机设计虽然是循序渐进的，但不是一个单一的、一次性的过程。针对每种情况的动机要素可以而且应该在整个过程中呈现。正如"农村困境"情景中的雷恩很快意识到，在课堂刚开始时应该多次激发学生的兴趣。学生应该在学习活动的过程中多次体会到满足感，而不仅仅只在活动完成时感到满意。雷恩尝试通过让一组学生轮流测量房间里地毯的长度来教授周长这一概念，结果课堂一片混乱，变成一场以尺为剑的打斗。那么，教师、培训师或教学设计师有哪些方法可以为激发动机创造必要的条件呢？

动机激励教学设计的 10 个步骤对于那些熟悉其他系统的教学设计模型的人来说并不陌生。

该模型以分析开始，而后转向而后设计与开发，并以评估与修订结束。ARCS 模型的四个构成部分应该是所有这些步骤发生的媒介。动机设计最好与教学设计同时进行，以便动机要素从一开始就内化于教学之中。然而，当该过程用于修改现有学习材料以纳入动机要素时，也是非常有效的。表 13-2 概述了该过程，表 13-3 提供了上述两种用法下用于提示设计者的问题，以及"写作困境"情景中伊萨拉正在修改的课程的实施案例。

表 13-2　动机设计阶段和活动

阶段	活动
明确	1. 获取课程信息 2. 获取受众信息 3. 分析受众动机 4. 分析现有材料和情况 5. 列出目标和评估标准
设计	6. 列出可能有用的策略 7. 选择和（或）设计策略 8. 与教学整合
开发	9. 选择和开发材料
试行	10. 评估和修订

资料来源：Keller，J. M.（2010）. *Motivational design for learning and performance*：*The ARCS model approach.* Springer.

伊萨拉面临的挑战是双重的。她面对的学习者在在线学习和处理学习内容方面有着不同的能力水平。由于本课程是管理发展计划的一部分，学员不愿意承认自己的弱点或寻求帮助。为了解决技能水平不足的问题，伊萨拉计划在课程开始时开设了一个重点学习如何使用学习管理系统的模块。一旦学习者确信他们可以像在线下课堂一样灵活地面对在线课堂，伊萨拉便知道他们将更能专注于学习内容。回忆一下第 11 章中关于自我效能、思维和自我决定理论的讨论。学习者需要相信自己具备完成某项任务的整体能力。理想情况下，有了这种信心，伊萨拉的学习者就会渴望去做这些之前并未做过的事情，并产生内在动机去学习技术写作和演讲。

为了解决学习者在学习内容上面临的困难，伊萨拉决定重点关注学员的日常工作与学习的课程内容之间的关联性。目前他们可能不是所有人都有写报告或做展示的义务，但伊萨拉相信有机会将所学的内容与他们的工作建立联系，并将这些想法付诸实践。当她在另一个项目中使用类似的方法时，一些学员的主题实践促成了实际业务流程的改进。这个成功的案例激励了伊萨拉运用类似的方案。表 13-3 概述了伊萨拉进行的一些 ARCS 设计规划。

表 13-3 部分应用 ARCS 教学设计模型的实施案例

	活动	问题	
明确	1. 获取课程信息	1. 包括课程描述、实施原因、教学设定和教师在内的相关目前情况及其特征有哪些？	**课程内容描述** 学员将撰写技术方案、分类性文章、可行性研究和其他技术报告，并进行正式和非正式的口头展示。 **课程实施原因** 本课程是一家大公司管理发展系列课程的一部分。 **教学设定** 本课程将实施在线授课。
	2. 获取受众信息	2. 包括初级技能和态度在内的相关受众特征有哪些？	**学习者特征以及学习者的熟悉度** 学员是具有五年或五年以上公司工作经验并被推荐参加管理发展系列课程的员工。 学习者会选择在线课程，但许多人以前没有参加过在线课程。学习者的技术技能差异很大——从专家到机械学习的初学者。那些最不熟悉在线学习的人通常最先表现出放弃课程的念头，也最难留住，因为他们想要成功所需的努力往往远超他们的动机水平。 学习者间可能存在的多样性——跨年龄、经验、国籍、目标、性别和技术技能——常有利于创建一种学习者之间进行互动的班级状态。 学习者经常分享私人经历、受教育经历以及专业知识，这为学习环境增加了另一个维度，可以促进凝聚力并帮助形成群体认同。
	3. 分析受众动机	3. 受众对即将到来的课程的动机态度如何？	**学习者的动机态度以及对课程的态度** 学习者通常对这门课程感到紧张。尽管过去取得了成功，但许多学习者仍然对自己的基本写作技能没有把握，甚至缺少该技能，这使得这门课程既是技能复习，也是对职场写作的探索。材料可实际应用于工作目的的外在价值是一大动机来源。 然而，潜在的技术障碍可能会影响他们的动机以及他们与材料和课程要求对接的能力。
	4. 分析现有材料和情况	4. 现有资料或其他源资料中有哪些激励策略，它们是否合适？	**激发并维持注意力的特征** A1 感知。 A2 探究唤醒：该课程过于枯燥（−），因为它只由基于文本或参考文本的材料组成。没有内置的谜题或悖论（−），这导致并不存在感知唤醒。 A3 可变性。 **产生关联的要素** R1 目标定向：课程的未来价值体现在将内容应用到工作场所的环境中（＋），但课程的价值没有以友好的方式呈现，并且在某些地方让人畏惧（−）。 R2 动机匹配。 R3 熟悉度。 **树立信心的特征** C1 学习要求。 C2 积极结果。 C3 个人责任：该学习系统允许学习者在截止日期内，在他们喜欢的地点和时间进行（＋），但无法进行自我调配或选择任务（−）。

（续表）

	活动	问题	
明确	4. 分析现有材料和情况	4. 现有资料或其他源资料中有哪些激励策略，它们是否合适？	**产生满意的特征** S1 内在强化。 S2 外部奖励：成功通过该课程意味着学习者可以在该课程（＋）和（－）中晋级。 S3 公正。
	5. 列出目标和评估标准	5. 对应于受众的激励动力，我想取得什么效果？我怎么知道我是否做到了？	**注意** *动机设计目标* *评估* **关联** *动机设计目标* *评估* **信心** *动机设计目标* *评估* **满意** *动机设计目标* 学习者在完成该课程后会因为对职场写作有更多了解并具备职场情景驱动经验而感到满意。 *评估* 教师将使用学员有关材料如何帮助他们或如何应用于当前工作的报告。
设计	6. 列出可用策略	6. 有多少种可能的策略可以帮助实现激励目标？	**注意** *开始* *过程中* *结束* **关联** *开始* *过程中* *结束* **信心** *开始* *过程中* *结束* **满意** *开始* *过程中* *结束*
	7. 选择和（或）设计策略	7. 就受众、教师以及教学环节而言，哪些策略看上去最恰当？	**贯穿始终** • 教师需要查看所有讨论板和论坛，特别注意"表扬与不满"；这些信息将被用来权衡关于改变激励策略的决策。（A，R，C，S） **开始** • 最初将通过对一系列真实世界场景的概述来吸引学习者的注意力，这些场景将为他们的学习任务提供背景。（A） • 学习者被要求写出个人课程目标陈述，然后将其发布到论坛。（C，R）

（续表）

	活动	问题	
设计	7. 选择和（或）设计策略	7. 就受众、教师以及教学环节而言，哪些策略看上去最恰当？	• 为学习者提供有关语法和写作的网站链接的列表。（C, S） • 为学习者提供作业模版。（R, C, S） • 学习者将得到一份对写作课以及在线课程的课程概述，并要求将担忧加入到列表中。（A, C, S） **过程中** • 学习者的注意力将通过在一系列真实世界情景中进行角色扮演来维持，这为他们的学习任务提供了情景。（A, R, C） • 学习者将收到表扬他们的参与并提供激励性的灵感的电子邮件。（C, S） **结束** • 学员将被要求重新审视并更新他们的个人课程目标陈述。（R, C, S） • 学员需要写一份行动声明，详细说明他们使用新技能的意图。（C, S）
	8. 与教学整合	8. 如何将教学和动机激发元素整合到设计中？	
开发	9. 选择和开发材料	9. 如何找到或创造动机激发材料来实现目标？	
试行	10 评估和修订	10. 如何发现课程的预期和意外激励效果？	

自我调节学习策略

在第 11 章中，我们从学习视角讨论了自我调节。在这一节中，我们将给出自我调节学习的策略，教师和教学设计者可以将其纳入他们的课堂和课程中（Pintrich et al., 1991）。我们还将就学习者自我调节能力的复杂性进行讨论，并提出一个自我调节学习的模型，即综合性自我调节学习（integrated Self-Regulated Learning，简称 iSRL）模型（Ben-Eliyahu & Bernacki, 2015）。

在从将学习者置于讨论的中心中获得启示，并且承认本文的目的和局限性后，我们将学习动机策略问卷（Motivated Strategies for Learning Questionnaire，简称 MSLQ）这一著名的研究工具（Pintrich et al., 1991）用于构建所讨论的教学策略。MSLQ "是一种自我报告工具，旨在评估大学生的动机定向以及他们在大学课程中使用不同学习策略的情况，且基于动机和学习策略的一般性认知观点"（Pintrich et al., 1993）。它有两个主要部分——动机和学习策略，每部分都有子分类，如表 13-4 所示。

"写作困境"情景中的伊萨拉计划使用 MSLQ，希望从过去的参与者那里了解到她得如何将自我调节和学习支持手段纳入课堂。她从标准的课程评估中有所感悟，通过这一工具在多个课程中获得的数据将帮助她完善教学方法。数据驱动的教学决策旨在消除教学设计者或课程开发人员可能存在的偏见。伊萨拉之前的教学设计者对她说："这些学员都很懒——他们就是没有投入时间或精力，这也是他们退出的原因。"伊萨拉则怀疑他们是因为缺乏取得成功所需的技能。

如果这些是研究人员在研究中要求学习者描述的活动，那么这似乎是一个合适的框架，可以从无尽的可能性中提出一些可行的教学策略。与 ARCS 动机设计模型和其他所有教学设计模型类似，为了加强或教授自我调节学习而选择的教学策略必须仔细考虑学习者的特征，与整体学习目标保持一致，并与内容相适应。

表 13-4　MSLQ 构成部分和建议的教学策略

MSLQ 构成部分	建议的教学策略
动机量表	
价值构成部分	
内在目标定向	创造机会让学习者与内容创建个人联系，激发内心的学习欲望
外在目标定向	为里程碑式的表现或成就提供明确的奖励
任务价值	说明或让学习者发现内容的重要性和有用性；将较为无趣的任务与有趣的任务联系起来
期望构成部分	
控制信念	明确个人努力与结果之间的联系
学习和表现的自我效能	提供自我评估的机会，让学习者能够跟踪和确认自己能力的提高
情绪构成部分	
考试焦虑症	尽可能避免高风险测试。如果进行测试，为学生做好应对考试内容和形式的准备并提供一般性应试技巧
学习策略量表	
认知与元认知策略	
复述	要求学习者创建助记手段、歌曲和韵律文本等
详细说明	提供机会让学习者用自己的话表述材料并将其与已有知识联系起来
组织	指导学员对主旨进行概述或创建概念图。鼓励他们不断更新大纲或概念图
批判性思维	为学习者提供将已学知识应用于正在学习的知识的机会
元认知自我调节	在课堂文化或课程中创建个人和小组计划，监控和调节活动
资源管理策略	
时间和学习环境	为学习者在教学环境之外管理学习时间和空间提供示范和资源
努力管理	根据学习者的独特能力调整参与学习任务的时长
同伴学习	发展基于互动的合作性教学活动
寻求帮助	树立在不了解的情况下尝试找出答案的榜样，创造一种鼓励寻求支持帮助的文化

资料来源：Strategies adapted from Pintrich，P.，Smith，D.，Garcia，T.，& McKeachie，W.（1991）. *A manual for the use of the motivated strategies for learning questionnaire*（*MSLQ*）. University of Michigan，National Center for Research to Improve Postsecondary Teaching and Learning.

将 ARCS 模型部分实施案例（见表 13-3）中的解决方案类型，与 MSLQ 构建的要素和给出的建议进行比较，我们可以明显看出动机和自我调节之间的重要联系。请回想第 11 章的概念图。这两个主要概念可以说是相互建构的。缺乏动机的学生不会实施自我调节行为，这一般都会对学业成就和持续动机产生负面影响。那些动机水平较高但不知道如何进行自我调节的学生想要取得成功同样也会受限。从学习者的角度理解这两种现象背后的原因，对于理解如何将它们明确地纳入教学实践至关重要。

与 MSLQ 一样，iSRL 模型也是以学习者为中心的，但两者都不是教学设计模型。虽然 iSRL 并非教学模型，但这种对自我调节学习的生态表征属于本教学应用章节，因为学习者被置于一套具有伸缩性的系统中心，这套系统的范围包括教室，但远比教室广泛。宏观、外部和微观系统都会构成并塑造个人的经历和发展，而中间系统（Mesosystems）则由微观系统之间不断出现的动态互动构成。宏观系统（Macrosystems）指的是如文化规范、习俗、价值观等具有较大塑造性的影响因素，经济政治模式，以及社会条件。外部系统（Exosystems）更具地方性，如社区规范、习俗和价值观，以及机构方针和条例。微观系统（Microsystems）是学习者参与的高接触且日常的系统，如家庭、学校、教室和同伴团体。这些层级系统的所有要素对任何学习者的自我调节能力都有不同程度的影响（Ben-Eliyahu，2017）。

基于临床和社会科学的研究工作，iSRL 模型发展出了自我调节的三个关键特征：（1）自我调节能力是一种有限的资源；（2）自我调节学习发生在分层次的情境中；（3）自我调节学习发生在生态系统中（Ben-Eliyahu & Bernacki，2015）。该模型还将元情绪（meta-emotion）和元行为（meta-behavior）与元认知相整合，这意味着学习者可以随着自己的认知调整情绪和行为（Ben-Eliyahu，2017）。"远端系统或其他微观系统（通过中间系统）会消耗或补充学习者有限的自我调节资源，这会对学习者在任务中的自我调节学习产生影响"（Ben-Eliyahu & Bernacki，2015）。

如第 7 章所述，每个独特的学习者都处于一组特定力量的关联之中，这一概念是从建构主义角度描述学习者的定义性特征。从自我调节学习的角度理解每个学习者的这种独特构造，有助于教育工作者和教学设计者"更好地确定在学习过程中，个人的学习进程是如何受到社会和文化背景的影响的"（Ben-Eliyahu & Bernacki，2015）。本章最后两节也是基于这种理解，即学习者一直处于一组对其施加不同程度影响的复杂系统的中心，他们能够控制（这是有可能的）和学会控制（这是可教的）自己的情绪和行为。

社会情感学习

在上一节中，我们将自我调节学习者置于一组系统中，在这些系统中，他们采用策略来管理自己的学习和动机。第 11 章通过对成就动机控制—价值理论（Pekrun，2006）的讨论，介绍了情绪在学习者动机中的作用。现在，我们将这些观点结合到社会情感学习（Social-emotional learning，简称 SEL）中，这是一种用以构造有意培养社交和情感能力的学习环境的方法。"社交和情感能力是指识别和管理情绪、有效解决问题以及与他人建立和保持积极关系的能力"（Ragozzino et al.，2003，p. 169）。

在过去的几十年里，这种方法已经在美国的 K12 学校中流行起来。在写这本书的时候，美国有超过三分之一的州已将 SEL 纳入其标准，一半以上的州为学校提供了支持材料，全国范围内推出了数百项法律条文（Shriver & Weissberg，2020）。表 13-5 定义了学术、社会、情感学习的协作性（the Collaborative for Academic，Social，and Emotional Learning，简称 CASEL）模型的要素：自我意识（self-awareness）、自我管理（self-management）、社会意识（social-awareness）、关系技能（relationship skills），以及负责任的决策（responsible decision making）。这五种能力共同包含了 SEL 核心的元认知、调节和批判性思维技能。图 13-2 显示了 CASEL 模型（CASEL，2020）所概括的环境中的五项核心能力。五个核心能力被置于三个同心环中，每个环代表学习者所处的社会环境。在这些环中还描述了着手或实现 SEL 的机制。

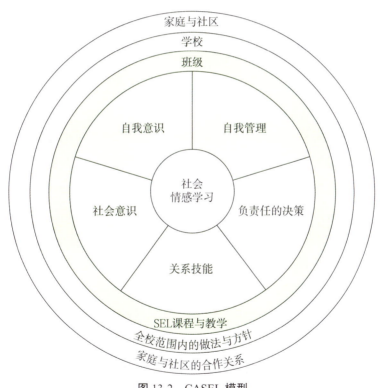

图 13-2　CASEL 模型

资料来源：Collaborative for Academic，Social，and Emotional Learning（CASEL）.（2020）.

表 13-5　社会情感学习的核心能力

自我意识	指准确识别自己的情绪、思想及其对行为的影响能力。这包括准确评估自己的优势和局限性，对自己比较自信并保持积极的态度
自我管理	指在不同情况下有效调节自己情绪、思想和行为的能力。这包括管理压力，控制冲动，激励自己，制定个人目标和学业目标并努力实现

（续表）

社会意识	指有能力与其他来自不同背景和文化的人产生共鸣，从多元背景和文化的视角理解社会道德要求的行为规范，并认识到家庭、学校和社区给予的资源和支持
关系技能	指与不同的个人和团体创建和保持健康有益的关系的能力，这包括明确沟通、积极倾听、合作、抵制不当的社会压力、建设性地协商冲突，以及在需要时寻求和提供帮助
负责任的决策	指有能力基于对道德标准、安全关切、社会规范、对各种行为后果的现实评估以及自我和他人福祉的考虑，对个人行为和社交活动做出建设性且受尊重的选择

资料来源：Collaborative for Academic，Social，and Emotional Learning（CASEL）.（2020）.*What is SEL?* https://casel.org/wp-content/uploads/2019/12/CASEL-Competencies.pdf

教师和教学设计者如何将 SEL 纳入教学设计并实施？"农村困境"情景中的雷恩，在互联网上搜索教室管理的实施措施时偶然发现了 SEL，但他知道他的学校在财政或文化层面上都不足以在全校实施 SEL 课程。雷恩想知道他是否可以在自己的班级实施 SEL。理想情况是，SEL 在全校范围内实施的，但课堂教师和教学设计师可以通过精简 CASEL 在全校实施的建议来为他们的教学方法增加特色：

- 构建支持性的课堂环境：共同体建设，创造归属感和情感安全，以学生为中心的规章纪律；

- 将 SEL 与教学整合：培养学术思维，使 SEL 符合学业目标，使用互动性教学法；

- 给出清晰的 SEL 指导。

教师和学校可以购买 SEL 课程。这些预先制定的课程以研究为基础，提供不同程度的培训和帮助支持。对于像雷恩这样的教师来说，现成的解决方案为他们提供了可以立即实施的教学指导方法。雷恩发现他可以购买 SEL 课程，也可以在 OER（Open Educational Resources）Commons（一个共享资源的网站）等网站获取免费和开源的在线资源。更多有关开放式教学法的内容，请参见第 10 章的相关讨论。

随着美国学校对 SEL 和现成课程的使用量增加，对 SEL 和这些项目的评估也一直在增加。一项元分析"定义了 12 个核心组成部分，并根据《CASEL 小学阶段指南》（CASEL Guide for Elementary School Grades）系统地确定了哪些组成部分包括于 14 个循证 SEL 项目组中"（Lawson et al.，2019，p. 7）。这些发现的一个潜在应用是，朝着将特定 SEL 技能制作成模块化工具包的方向发展，这可以使教师更容易基于课堂实施 SEL，且有助于提升他们为小规模的学生制定 SEL 教学的能力（Lawson et al.，2019）。

这种用循证的模块化课程将 SEL 教学专门化，将特定的技能学习机会与小规模学习者相匹配的能力，正是雷恩所需要的。由于实际实施对有效性至关重要，在教师没有获得全校支持而独自工作的情况下，对新手 SEL 教师来说，借助询证的实践做法是取得成功的关键。表 13-6 总结了国家社会、情感和学术发展委员会（National Commission on Social，Emotional，and Academic Development，2017）从循证文献中汇编所得的最新发现。

表 13-6 SEL 证据概括

社会、情感和学术发展十分重要
社会、情感和认知能力的发展贯穿我们一生，对我们在学校、工作场所、家庭和社区取得成功至关重要，并使个人能够为社会做出有意义的贡献
社会、情感和认知能力从根本上是相互交织的——它们在发展、经历和使用方面是相互依存的
参与有效且有深度的社会情感学习项目和实践可以提高教师的效率和幸福感
社会和情感技能具有可塑性
社会、情感和认知能力可以在整个儿童期、青春期以及之后的时间里传授和发展
可以打造对儿童的社会情感学习以及他们的学业和生活结果具有积极影响的环境和经历，有一些项目和实践已经被证明在改善社会和情感发展方面是有效的
学校在社会、情感和学术能力发展中发挥着核心作用
学校对社会、情感和学术能力发展可以产生重大影响。更广泛的社区（家庭、社区机构等）必须参与进来，以提高获得这些能力的强度、深度和速度
社会、情感和学术能力发展是学前以及 K12 教育的重要组成部分，可以将学校转变为促进获得学术成就、协作和沟通、创造力和创新、同理心和尊重、公民参与以及 21 世纪成功所需的其他技能和性格的地方
有效实施是改善成果和使所有儿童受益的必要条件
为了使社会、情感和学术能力发展在学校蓬勃进行，教师和管理人员需要培训和支持，以理解并为这些技能、行为、知识和信念提供示范
注重社会和情感能力发展：这样做是否值得
支持社会、情感和学术能力发展是对公共资源的明智使用，因为当学校实施和纳入促进社会和情感以及认知能力发展的循证项目时，可以为社会带来长期的社会经济效益
所有的学生，无论其背景如何，都会受益于积极的社会和情感能力发展。同时，在学前和 K12 教育中创建、培养和整合社会、情感和学术能力发展，可以有助于社会更加公平

资料来源：National Commission on Social，Emotional，and Academic Development.（2017）.*The evidence base for how we learn*：*Supporting students' social*，*emotional*，*and academic development*.Aspen Institute. https://assets.aspeninstitute.org/content/uploads/2017/09/SEAD-Research-Brief-11.1.17.pdf

文化回应性教学

将文化回应性教学（Culturally Responsive Teaching，简称 CRT）纳入本章，既是因为我们决定新增 SEL 小节，也是因为哈蒙德（2015）将 CRT 与神经科学相联系的观点。iSRL 模型告诉我们，学习者处于许多具有不同程度影响的课外力量的中心，并且学习者的自我调节学习能力是有限的。SEL 的中心焦点是关系——与个人的关系以及与学习环境内外的他人的关系。CRT 要求实践者意识到自我和他人均是独特的、由文化构建的行为主体。所有这些都需要学习者在教育实践者构造的有目的的学习环境中使用元认知和执行策略技能。哈蒙德（2015）对 CRT 的定义为：

> 教育者有能力认识到学生学习和意义构建中的文化表现，并积极、有建设性地对此进行解释，利用文化知识作为脚手架进行教学，将学生已有知识与新的概念和内容联系起来，以促进有效的信息加工。一直以来，教育者都了解与学生构建关系和社会情感联系对创造安全的学习空间的重要性。（Hammond，2015）

简而言之，CRT 优先考虑教师和学生之间的关系——这是一种拥抱并借助课堂上的文化差异和多样性的关系。

CRT 有时被称为教学法，其根源在于美国学校黑人、土著有色人种（Black，Indigenous，People of Color，简称 BIPOC）和非 BIPOC 或白人学生之间的成绩差距。无论过去还是现在，美国教室前面的绝大多数面孔不是 BIPOC 教师，但在美国的某些地区，教室里的绝大多数学生都来自 BIPOC 群体。这一现实与在美国影响更大的、以白人为主的文化中存在固有的系统性偏见有关。任何种族群体的教师都可以使用 CRT，有效地让本族群体和其他族群体的学习者都参与进来。

文化是根深蒂固的互动模式的产物，这些模式塑造了思维和交流方式。社会可以有多层的文化，通常情况下，占主导地位的文化通常与权力和权势获取紧密相连，而较小的文化群体，其成员在一个或多个较小的文化群体与占主导地位的文化群体之间流动。通常情况下，与那些在多种文化系统之间流动的人相比，占主导地位的文化的成员对主导文化的特征认识较少。这意味着，当教师主要是来自主导文化时，他们需要学习如何意识到并克服自己的偏见，也同样需要能够认识学生学习和意义构建的文化表现并适应。

在"农村困境"情景中，雷恩在这一学年刚开始就带有偏见——他不熟悉的学生不是"好"学生，这种观点源于他并没有意识到自身文化对自己的影响以及他带到课堂上的消极假设。这些假设往往表现为教师对学生的轻微敌意。伴随着消极的假设，当大脑转入安全模式、杏仁体占主导地位时，这些轻微敌意有效地终止了学习。教师和教学设计师必须了解当文化因素产生影响时，大脑在学习过程中是如何发挥作用的。

（1）大脑寻求将社会威胁最小化，将与社区中其他人联系的机会最大化。

（2）积极的关系使我们的安全威胁检测系统处于受控状态。

（3）文化指导我们如何加工信息。

（4）注意力驱动学习。

（5）所有新的信息都必须与已有的知识相结合，以便学习吸收。

（6）大脑在挑战和舒展中成长，增强着进行更复杂思考和学习的能力（Hammond，2015）。

教师和教学设计者如何将 CRT 纳入教学？表 13-7 列出了按激发、形成组块、思考理解、复习模型组织整理的策略（Hammond，2015）。这些策略大多来自口传文化中的学习传统，所有这些策略"都是非常依赖大脑记忆系统的阐述形式"。

如果雷恩在营造以 SEL 为导向的课堂方面取得了一些成功，他就会改变教授周长的方法，从测量教室地毯转向让学生讲述自己的经历。当地农民的孩子可以轻易地谈论他们家不同大小的农作物种植地。雷恩可以在白板上画出这些田地并讨论其周长和面积。外来农场工人的孩子可以谈论从一个地方到另一个地方的旅行，雷恩可以尝试将其用于数学，但他很快意识到，像不同州的地理和其他特征这样的社会研究主题更为适合。学生们通过创作歌曲，将各州按照外来农场工人家庭跟随的各地作物生长季节的先后来排列，而不是按字母顺序排列，以此一起学习该地区的州名和州府。

表 13-7　CRT 认知教学策略之激发、形成组块、思考理解以及复习模型

激发——引起注意
呼喊与回应
音乐
摩擦
交流
形成组块——让信息可理解
思考理解——积极加工新信息
自主思考时间
有助于阐述的认知途径
对话学习
歌曲、口语、诗歌等形式的韵律记忆法
内容故事化
递归图形组织者、信息图标和其他非语言表征形式
隐喻和类比
文字游戏和幽默
复习——应用新学内容
游戏中复习
解决谜团或现实问题
进行长期项目

资料来源：Hammond，Z.，& Jackson，Y.（2015）.*Culturally responsive teaching and the brain*：*Promoting authentic engagement and rigor among culturally and linguistically diverse students*.Corwin Press.

结语

　　本章介绍并讨论了动机教学策略、自我调节学习策略、社会情感学习和文化回应性教学。这些讨论集中在策略上，更为重要的是集中在学习关系涉及的对象上。在第 14 章中，对个人的关注将继续讨论个体认识论。

反思性问题与活动 >>>>>>>>>>

1. 通过仔细思考并将缺失的元素添加到部分示例中，完成表 13-3。

2. 将第 11 章讨论的理论与本章介绍的一个或多个模型和过程建立交叉图。

3. 在其他几章结束时，你已经制订了计划促进学习一些比较困难的学习目标，让自己或其他学习者参与其中。从动机的角度反思当时情况，有多少学习困难可以归因于缺乏动机，而不是缺乏必要技能或是由于不当教学？你现在要如何在你的教学计划中加入动机激励设计？

4. 从之前任意一章中选择一个情景。运用 ARCS 模型，分析情景中可能存在的动机特征。确定

一组动机目标，然后提出你认为对激发动机有效的策略，并为每个选择作出解释。

5. 你将如何在其他章节的情景里实施 SEL 或 CRT？为你选择的每个情景提供理由，并描述 SEL 或 CRT 是如何促进该情景中的学习的。

6. 比较第四章中加涅的九个事件和本章提出的教学方法和策略。有什么相似之处？不同点在哪儿？

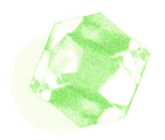

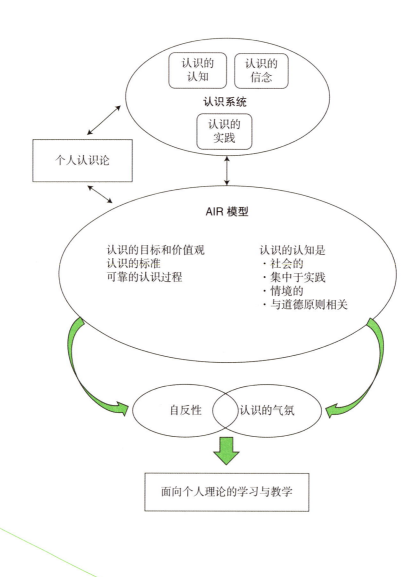

第 14 章
面向个人理论的学习与教学

PSYCHOLOGY OF
LEARNING FOR INSTRUCTION

当开始阅读本书时，你无疑拥有许多关于学习和教学的直观理论。这些是基于你作为学习者的经历、作为从业者的专业经验以及你通过学习和教学研究获得的先前知识。不过，你之前是否已对这些理论进行了很多思考是一个问题。不知为何出错了的课程或没有按预期促进学习的教学会促使有经验的教师或设计者反思他们的做法和信念。但新手的默认理论（the neophyte's tacit theories）可能没有经过检验。

当你读到这本书的结尾时，你面临着一个学习以及为理解学习而设计的理论的复杂图景。在每一章中，你都会遇到一些概念和想法，这些概念和想法增加或挑战了你之前持有的信念以及关于学习和教学的先前知识。在每一章中，你还练习了分析、评估、评论并应用理论，然后反思这些分析、评估、评论和应用的结果。实际上，你已经参与了认识的实践，这些实践旨在帮助你构建更丰富的学习知识，并利用知识来解决教学问题。

最后一章的目的是引发你对学习和教学的当前看法、这些看法是如何演变的，以及对它们在你考虑长期个人和职业目标时将发挥的作用的反思。换句话说，本章致力于个人认识论，特别是与学习和教学理论相关的个人认识论。

在你继续阅读之前，我们建议你进行以下复习活动。重读每一章开篇的各个情景，让自己回想每一章中描述的学习或教学问题。记下情景揭示的学习原理以及与它们最匹配的理论。然后考虑其他理论可以为理解情景中发生的事情提供什么帮助。记下你想知道的其他信息，以判断既定理论对既定情景的适用性或充分性。描述你获得的任何新见解，以及任何尚未解决或令人困扰的方面。

个人认识论

回想一下第 1 章中关于个人认识论（personal epistemology）的讨论，我们将其介绍为个人对知识性质的假设、理论或信念。我们指出，个人认识论信念（personal epistemological beliefs）会影响学生如何承担学习任务，并影响教师可能在课堂上采用的教学策略。近年来，对个人认识论的研究兴趣已经激增，因为它也与终身学习的倾向（Muis et al., 2016）和对复杂、有争议的问题进行批判性思考的能力有关（Greene & Yu, 2016）。

命名法随着时间的推移而改变，但个人认识论通常被定义为"一组可识别的信念维度，被组织为理论，以合理可预测的方向发展，在语境中激活，作为认识的认知（epistemic cognition）而运作"（Hofer, 2001）。让我们剖析下这个定义。个人认识论有几个重要方面。

首先是"认识论"（epistemology）和"认识的"（epistemic）的区别。"'认识论'的（epistemological）字面意思是'与知识理论相关'，而'认识的'是指'与知识相关'"（Gottlieb & Wineburg, 2012）。因此，个人认识论是一个总称，包括个人对知识的概念以及他们思考和评估知识的方式。关于知识性质的概念构成了认识的信念（epistemic beliefs），而思考知识的行为——它的界限、它的来源和判断它的标准——构成了认识的认知（epistemic cognition）。

其次是范围问题。除了个人认识论的核心概念——认识的信念和认识的认知——一些研究者认为还包括关于学习过程的信念，而另一些研究者则认为包括认识的实践（例如，评估和证明知识）。更广泛的个人认识论观点也将其置于文化语境下，质疑该术语的使用，因为它表明认识论仅存在于个人而非实践共同体中（Gottlieb，2007）。随着《认识的认知手册》（*Handbook of Epistemic Cognition*）（Bråten et al.，2016）的出版，许多作者认为认识的认知用作应像心理构念一样涵盖知识获得的所有认识方面（Hofer，2016）。尽管如此，区分仍在继续。虽然我们承认并将在本章后面认识并讨论个人认识论的情境性，但我们的重点确实是在发展你关于知识和知识获得、学习和教学的个人理论的发展。因此，我们使用个人认识论作为更广泛和更具包容性的概念。

"朝着合理可预测的方向发展"是指人们的认识论思想如何随着时间的推移而发展。与认知发展一样，人们期望随着经验而改变，但个人认识论是否对所有领域的每个人都以相同的方式发展，这是一个悬而未决的问题。正如我们即将讨论的那样，在理解个人认识论的最早尝试中，有一些发展框架用于描述人们对知识和知识获得的性质的思考中的共同转变。

最后，还有个人认识论如何在语境中被激活并受其影响的问题。认识的信念和实践不仅在文化语境中发展，它们也在文化语境中被阐明和运用。例如，考虑家庭和学校环境之间的差异，以及一个人作为父母的身份是如何以不同于其他身份的方式影响认识推理的。协调这些身份背后的认识论信念的必要性在最近的新冠肺炎疫情中最为明显，父母除了养育子女之外，还要负责管理孩子学习的其他方面。我们将在本章后面讨论在这种情况下发生的关于认识转换的证据。

接下来，我们简要介绍一下过去几十年来指导个人认识论研究和观点的三个理论框架。

个人认识论的发展方法

"我第一次接触佩里（Perry，1970）的作品时，就像一道闪电击中了我。当时，虽然我并不天真地认为学生的个人认识论是决定他们教育成功的唯一决定因素，但该模型确实与我的经验相符，即一些学生似乎比其他人更具批判性，对概念的理解更复杂。"格林（Greene，2016）写到了他作为高等教育教员的经历。基于对哈佛本科生的长期研究，佩里（1970）提出了一个大学期间的智力发展计划，该计划被认为是对"知识获得意味着什么，以及人们学习和理解的过程是怎样进行的"演进性理解（Hofer，2016）。

佩里发现大学新生倾向于认为，知识是由无懈可击的权威传下来的不可改变的事实。然而，到了第四年，学生们开始理解知识是复杂的和试探性的，并来自于逻辑推理和实证研究。

在佩里之后，模型将个人认识论描绘为发展性的，并从更加绝对主义的思维（即知识来自外部来源并且是确定的）发展到对知识的理解更加主观、更具有语境性（即知识是由人类产生的并且是不确定的）（Hofer & Pintrich，1997；Kuhn et al.，2000）。学者们假定成熟的认识论理解是评价主义的，即根据论证和证据的标准来判断知识主张。此外，成熟的思维随着教学和经验的变化而发展，越来越多地关注作为正规教育重要目标的辩论和批判性思维等技能。表 14-1 总结了认识论理解的层次，以及它们与批判性思维的关系。

表 14-1　认识论理解的发展层次

层次	断言	现实	知识	批判性思维
绝对主义者	断言是在其对现实的表示中正确或不正确的事实	现实是直接可知的	知识来自外部来源并且是确定的	批判性思维是将断言与现实进行比较并确定其真假的工具
多元主义者	断言是由其所有者自由选择并仅对其所有者负责的观点	现实不是直接可知的	知识是由人的思想产生的，是不确定的	批判性思维是无关紧要的
评价主义者	断言是可以根据论证和证据的标准进行评价和比较的判断	现实不是直接可知的	知识是由人的思想产生的，是不确定的	批判性思维被视为促进合理断言和增强理解的工具

资料来源：Modified from Kuhn，D.，et al.（2000）. The development of epistemological understanding. *Cognitive Development*，15，p. 311.

个人认识论的发展方法意味着人们思维发展的某种单维性和有序发展，很像皮亚杰的认知发展理论（见第 5 章）。然而，有证据表明，认识论信念是多维的，由于年龄、背景、主题和判断领域（例如，审美判断相对于客观事实）的差异而有所不同。换句话说，学习者在某些学科中可以表现出比其他学科更复杂的认识的信念，并且他们向这些信念的转变是在不同的时间、不同的条件下发生的。

库恩等人（Kuhn et al.，2000）研究了年龄组、教育和生活经历不同的成人和儿童，以了解他们的认识论信念何时以及如何在不同层次之间转变。这些发现既是可预测的，又是令人惊讶的。在一个领域内，从绝对主义到评价主义思维的发展往往是有序的和系统的，但在领域之间观察到了差异。也就是说，个人可能在审美判断和个人价值观等领域更快地过渡到多元主义层次，在客观真理等领域更快地过渡到评价主义层次。此外，个人在某些领域表现出更高的层次（多元主义或评价主义），而在其他领域则保持在绝对主义层次。

最令库恩等人感到惊讶和不安的是，他们发现"来自任何背景和任何判断领域中的不到一半的成年人（做出）随后向评价主义立场转变"（2000）。作为对这一发现的可能解释，库恩等人指出，西方社会的普遍态度是将许多判断视为个人品位和观点问题，因此与品味和观点具有同等价值，而不是让这些判断受制于区分它们的标准。因此，"对多个立场的容忍……变得与它们之间的可区分性相混淆了"。

认识论信念的维度

虽然发展模型承认认识论信念具有不同维度，但肖默（Schommer）在 1990 年提出了一个或多或少有独立维度的系统（Schommer，1990，1994；Schommer-Aikins，2004）。她不仅借鉴了前面描述的佩里的工作，而且还借鉴了德威克（Dweck）对学生对智力性质的信念的研究（现在称为心态；有关这项工作的进一步讨论请参见第 11 章）。肖默认为，认识论信念至少有五个维度，与知识的结构、确定性和来源，以及知识获取的限制和速度有关。她开发了一个综合方案和测量工具来评估学生的信念，如表 14-2 所示。

表 14-2　认识论信念的建议维度

维度	简要描述	样本评估项目
知识结构	知识是否简单，是否与其他知识无关	"大多数词都有一个明确的含义。" "当我学习时我寻找具体事实。"
知识确定性	知识是否确定、明确或不变	**"我不喜欢没有结局的电影。"** **"科学家最终可以了解真相。"**
知识来源	知识是否由外部权威传授	"挑战权威的人过于自信。" "一个人在学校中学到多少取决于教师的水平。"
知识获取控制	能力是否是固定的和先天的	**"自助书籍帮助不大。"** **"真正聪明的学生不必努力学习就能在学校取得好成绩。"**
知识获取速度	学习是否是快速的，是否全获取或全没获取	"成功的学生学得很快。" "在第一次阅读时你几乎可以得到教科书上可以学到的全部信息。"

资料来源：Derived from Schommer，M.（1990）. Effects of beliefs about the nature of knowledge and comprehension. *Journal of Educational Psychology*，82（3），498–504.

除了有人认为学生有不同的认识论信念并且这些信念发展不同步之外，肖默 - 艾金斯（2004）还主张对成熟或复杂的认识论进行更细微的定义。她指出，任何极端的信念都可能导致问题。想象一下，例如，有人认为知识不可能来自专家或权威来源。也有人认为知识如此不确定以至于没有什么可以被认为是真实的或合理的。相反，肖默 - 艾金斯提出了平衡的概念，并将认识论信念描绘为频率分布而不是连续体（2004）。

随后的工作建立了学生的认识论信念与许多其他变量之间的关系，包括对理解和认知的影响、学习策略的使用、成就目标导向和概念变化。研究者还研究了信念的领域特异性，并证明学生对某一主题知识的信念可能不同于他们对另一主题知识的信念或他们对一般知识的信念（例如，Muis，2004；Muis et al.，2006）。事实上，最近的证据表明，在话题层面存在认识论信念，个人可能在同一主题的两个话题之间具有不同的认识的信念（Merk et al.，2018）。

在过去十年中，随着关于个人认识论的性质和影响的研究成果不断增多，情况变得越来越复杂。然而，评论表明模型没有充分捕捉语境导致的重要差异，例如，不同知识共同体的认识规范和实践（Sandoval et al.，2016）。事实上，一些学者认为认识的认知在根本上是社会性和情境性的，应该更多地强调认识的实践而不仅仅是信念（Chinn & Rinehart，2016）。接下来我们将转向这些更广泛的框架。

更广泛的个人认识论框架

教育学者以不同的方式处理了情境对个人认识论发展和应用的影响。例如，在某一观点中，认识的信念被认为是作为精细的认识论资源运作的，最终凝聚成连贯复杂的理论（Elby et al.，2016；Hammer & Elby，2002；Watkins et al.，2017）。这个过程被比喻为学生从零散的、直觉的碎片中形成概念知识的方式，这些碎片在情境中被激活并连接起来（回顾第 6 章对迪塞萨的知识碎片化方法的讨论，即概念变化）。这里强调的是个人如何在特定的情境下形成他们的信念，以及这些信念如何随着教学和经验而改变。

最近一项关于教师认识论进展的研究探讨了他们在参与专业发展活动的三年跨度内形成的认识论（Watkins et al.，2017）。教师们参与了三个关于回应性教学和学生探究科学的暑期工作坊，其中还包括学年期间的双周会议。在这些课程中，教师们进行了自己的科学探究，通过相互交流促进探讨、辩论，并完善他们的想法。结果表明，到第三个夏天，教师表现出更多的学科参与，并且他们在更大程度上发起并持续探究，而不需要工作坊负责人的提示。换句话说，与一开始相比，他们的言行举止更像新兴科学家了。

个人认识论作为语境中资源激活模式的概念在以学科为基础的研究中具有影响力，在科学教育中尤其如此，学者们还探讨了作为个人认识论基础的科学的性质（Elby et al.，2016）。另一种理解语境差异的方法是通过认识系统（epistemic systems）概念来理解，每个系统都有自己的、或多或少不同的、规范的认识程序或实践，用于追求和证明知识主张（Greene，2016；Kelly，2016；Sandoval et al.，2016）。认识系统包括传统的主题学科，但它们也可以指代追求知识的任何地方，如教室、博物馆，甚至互联网。

在哲学中，认识系统是社会认识论的一部分，或"研究个人在达成认识目的（如知识、理解、有用的模型）时如何与他人互动并受他人影响"（Greene，2016，p. 266；Goldman，1999，2011）。社会认识论为解释语境在个人认为可靠和值得信赖的知识来源和知识获得中的作用提供了一个观点。换句话说，与科学家的实验室或科学博物馆相比，在学校课堂中什么算作知识以及如何证明知识主张可能会有所不同。

由于这些差异，金和莱因哈特（Chinn & Rinehart，2016）认为，复杂的或成熟的认识的信念的定义应该比典型的发展或维度框架更微妙。例如，理解知识的不确定性通常与成熟的认识立场相关，但某些知识，如地球绕太阳公转则是相当确定的，也应该被视为这样。"一个包括科学哲学家和科学家在内的专家小组一致认为，'学生应该了解，为什么许多科学知识尤其是学校科学中教授的科学知识是公认的并且无可置疑的，以及为什么其他科学知识更容易受到合理怀疑'"（Osborne et al.，2003；Chinn & Rinehart，2016）。

此外，评估某些知识主张需要超出一般人所拥有的专业知识，在这种情况下，他们必须依赖专家或权威人士对何为真实的共识。有时，相信外部权威的知识来源是恰当的，但这一信念并不总是简单的个人认识论的标志。

最后，将个人认识论置于认识系统中，提出了当知识共同体重叠时协调信念和实践的问题。个人如何理解他们所遇到的认识系统，他们对这些系统的解释如何影响他们在每个系统中的认识的认知，以及他们如何驾驭具有潜在冲突的认识系统（Greene，2016）？一项将信仰宗教者与怀疑论者进行比较的有趣研究有助于提供一些答案（Gottlieb & Wineburg，2012）。

信仰宗教者要么是没有受过历史学术培训的神职人员，要么是致力于宗教信仰群体的职业历史学家。怀疑论者要么是科学家、工程师，要么是专业历史学家，他们都自称不信教。参与者大声朗读关于神圣过去的文件，特别是《圣经》中的《出埃及记》的故事，包括《圣经》经文、学术文章的摘录和来自流行媒体的当前观点。当他们阅读时，参与者将他们的想法用语言表达出来。

结果表明，宗教历史学家进行了认识的转换（epistemic switching）。也就是说，他们"公开承认替代逻辑，并试图在他们的专业培训要求和他们对神圣历史的敬畏之间立足。他们通过……根据给定文本引发的联想和忠诚，以改变他们对真实性、可靠性和保证的标准"（Gottlieb & Wineburg, 2012）。作者得出结论，个人认识论和身份是相互交织的，彼此影响。此外，语境不能被定义为"内容、背景、专业团体或宗教信仰，等等"。相反，它包含所有这些东西，甚至更多，因为人们参与多个共同体，每个共同体都有一套相关的认识的信念和实践。

认识的认知模型

金和莱因哈特（2016）基于社会认识论的哲学基础，提出了一个认知模型，来描述认识系统的结构和结果。AIR 模型由三个部分——认识的目标和价值观（epistemic Aims and values）、认识的标准（epistemic Ideals）和可靠的认识过程（Reliable epistemic processes）——和四个原则组成。认识的认知是：

- 社会的，不仅仅是个人的；
- 以实践为中心，而不是形式上的信念；
- 情境的和语境的；
- 与道德原则有关。

让我们简单了解一下这些组成部分和原理，以及它们对个人认识论意味着什么。思考一下这本书所反映的各种认识的目标（epistemic aims）。我们希望你不仅创建有关学习和教学理论的知识，还能熟练地将它们有效地应用于学习和教学问题。理论的应用是一种非认识的目标，但只有实现对学习理论进行批判性评价的认识的目标，才能实现理论的应用。此外，我们希望你每次应用学习或教学理论时都能学到东西，并在此过程中获得实践知识。因此，除了学术知识之外，我们还重视实践知识。我们还将自我认识视为教学计划和决定如何以及何时应用各种理论的一个关键方面。

将这些认识的目标与理论数学家、人文学者或创造性作家群体的目标进行对比。重点是，不同的群体看重不同形式的知识，也看重不同的目标，而不仅仅是知识本身，还包括同情、理解和智慧。

认识的标准（epistemic ideals）是指用于评价认识的产物的标准。例如，在本书中，我们提到经验证据是评估学习原则和策略的一个重要方面。学者们使用的其他标准包括与公认理论的一致性、产生新研究的成果、内部一致性和产生一致结果的能力等。在戈特利布和怀恩堡（Gottlieb & Wineburg，2012）的研究中，非宗教历史学家和科学家使用历史和考古记录来判断《出埃及记》故事的准确性，而神职人员则寻找他们所阅读的文件是否与《圣经》相符。也要注意他们目标的不同。比起故事的真实性和准确性，神职人员更关心故事的意义。

在任何认识系统中，对认识的标准的持续讨论对于确定是否存在一个理性基础来偏爱某些标准，以及何时需要挑战和修订现行标准是重要的。回忆第 8 章中关于实践共同体的挑战的讨论，这些挑战是由发现新的解决方案或解决问题的创新方法的成员发起的。在认识系统或知识共同体中，这一过程是类似的：成员辩论用于评估什么是知识获得和什么是知识的认识的标准。最近，哲学家在他们对认识论的定义中纳入了智力美德，如可以帮助人们克服错误的信念，获得更好的认识的标准的开放心态（Chinn & Rinehart，2016）。

最后，可靠的认识过程（reliable epistemic processes）是那些产生合理的信念和产物的过程。这些过程包括观察、论证、集体发展想法和同行评审。可靠的认识过程产生好的而非坏的模型，并引导真实的信念而非错误的信念。一些过程跨领域和跨学科适用，而另一些过程是特定话题和特定学科的，如知道在学校进行的教育研究中要控制哪些变量。金和莱因哈特（2016）认为，认识的认知不是关于拥有一套复杂的认识的信念，而是关于掌握大量可靠的认识过程，用于生成知识和评估知识主张。

表 14-3 显示了两个认识过程的例子，每个过程都被创造性地（即产生新知识）和评估性地使用（即判断认识的产物的充分性、真实性或准确性）。

表 14-3 可靠的认识过程的创造性和评估性使用

过程示例	过程的创造性使用示例	过程的评估性使用示例
根据适当的教育研究协议使用已建立的测量工具（例如，在第 13 章讨论的 ASLQ）	一名教育研究者使用学习动机策略问卷来研究高中生动机干预的有效性，严格遵循公认的协议和记录程序（这个过程被用来产生一种新的认识的产物——干预的动机效应）	研究者阅读了一份研究报告，该报告主张类似的动机干预并仔细指出所有关于 MSLQ 使用的正常程序都被记录下来，包括它的有效性、可靠性与参与者样本。研究者接受了这些发现的准确性（意识到对过程及其适当条件的认识被用来证明对报告主张的积极评价是正确的）
一种新闻过程，其中一个消息来源的所有声明在发表前必须由另一个消息来源核实，包括要求消息来源彼此独立、无偏见、能了解情况等	记者等着发表有关政治丑闻的新闻，直到第一个消息来源可以与另一个没有理由撒谎的独立消息来源核实（对过程的了解用于生成一个引导新闻报道的认识过程）	一位报纸读者读到一篇关于政治丑闻的报道，没有任何迹象表明有第二个消息来源证实了这位匿名人士的说法。读者判断该报告是不值得信任的（对这一过程及其适当条件的了解，被用来证明对一篇报纸报道的负面评价是正确的）

资料来源：Modified from Chinn，C. A.，& Rinehart，R. W.（2016）. Epistemic cognition and philosophy：Developing a new framework for epistemic cognition. In I. Bråten，W. A. Sandoval，& J. A. Greene（Eds.），*Handbook of epistemic cognition*（pp. 460–478）. Routledge.

AIR 模型的组成部分还包含四个原则，这四个原则现在可能显而易见。第一是认识的认知的社会性。认识的目标、标准和过程都是在认识系统（即实践共同体）的语境中商定的。"科学的进步依赖于共同体对观点的争论性批评，以及共同体对这些批评的吸收"。此外，"个人发现只有在被更大的科学界视为有效时才成为知识"（Chinn & Rinehart，2016）。

第二，强调认识的实践（epistemic practices）或制定的认识论，而不仅仅是信念。换句话说，越来越多的研究结果表明，学生自我报告的对知识和知识获得的性质的信念，与他们如何实际推理主题以得出结论的方式关联不大。事实上，从我们在第 6 章中讨论的关于概念转变的研究来看，参与批判性评估证据等认识实践似乎对发展更复杂的认识的信念至关重要（Lombardi et al.，2016）。

第三，如前所述，认识的认知似乎是处于情境之中的。根据不同的语境，什么被视为证据，人们如何推理，以及科学家用来评估研究结果的标准都可能有所不同。这并不意味着任何事情都会发生，也不意味着所有的标准都具有同等的重量和价值；相反，它们是由语境决定的。例如，在戈特利布和怀恩堡（2012）的研究中，宗教历史学家区分了历史的认识的承诺（epistemic commitments）和信仰的认识的承诺，他们认识到了这些差异造成的紧张关系。研究者解释道：

> "当 D 教授像牧师一样读书时，他不会丧失拥有批判性历史意识的能力。相反，他的学术能力转移到一边，为其他形式的参与腾出空间。同样，当他像历史学家一样思考时，他也不会停止做一个有信仰的人。相反，当他对自己传统叙事的承诺暂时从人们的视野中消失时，他敏锐的批判性就脱颖而出了（Gottlieb & Wineburg，2012）。"

认识和反思自己的认识的承诺的能力是我们在本章最后一节要讲的重要内容。

最后，认识的认知 AIR 模型的第四个原则涉及个人认识论与道德原则的联系。金和莱因哈特（2016）提出了知识吸收和传播问题，指出未能在社会中公平传播知识所造成的不公正现象。他们呼吁教育研究者研究关于认识的责任的观点，以及智力恶习（如欺骗）和智力美德（如正义）对人类状况的影响。现在考虑 AIR 模型的实际涵义和本章开头的关于个人认识论的观点，这些观点将如何引导你思考你现在对学习和教学理论的了解，以及你希望这些知识将把你带向何处。

结合起来：个人认识论和学习与教学理论

在他的学习和认知理论课上，坎宁安（Cunningham，1992）经常发问："你认识的最聪明的人是谁，为什么你会这么认为？"然后，全班将从尽可能多的不同角度检验所提供的例子。坎宁安写道：

> 令我的一些同事感到震惊的是，我课上的讨论范围从歌剧到批判理论，从佛教到棒球，无所不包。我的目标与其说是传播研究心灵的特定方法，不如说是让我的学生了解各种理论和知识传统是如何构建的这个问题的答案（1992）。

这项练习举例说明了教师为了创造认识的气氛（epistemic climate）从而实现认识转变可以使用哪些策略。认识的气氛是指"在学习或教育环境中突出的，与学习者的认识的信念相互作用并对其产生影响的知识和知识获得的各个方面"（Muis et al.，2016）。从某种意义上说，认识的气氛为实施 AIR 模型创建了一个学习环境，换句话说，是一个使其认识的目标和标准显而易见，并为学习一系列可靠的认识过程提供支持的语境。

教室中认识的气氛的关键特征如图 14-1 所示。这些是从穆伊斯等人（Muis et al.，2016）进行的旨在促进适应性认识转变的干预研究综述中提炼出来的。虽然大多数干预研究孤立地研究了其中的一两个方面，但穆伊斯等人建议将它们结合在一个整体的方法中，以实现长期的认识论发展。

当你检验图14-1时，考虑这些策略与学习和教学的建构主义、情境方法（第5章、第7章、第8章和第10章）以及概念转变方法（第6章）的相似性。证据表明，这些实践不仅引导了传统教学目标——学科知识的学习，也引发了对知识和知识获得的反思。换言之，建构主义和情境教学策略可以增加对认识论的批判性关注。

重要的是，要注意到情绪对一般认识论发展的影响，特别是对认识转变的影响。当学习者开始怀疑自己的信念时，就像他们面对相互冲突的信息时可能发生的那样，他们经常会经历焦虑、恐惧和困惑等情绪（Bendixen，2002）。正如我们在关于概念转变的第6章中所指出的，当信息对抗根深蒂固的、情绪化的信念时，学习者有时会拒绝信息。教师应该承认学习者的情绪，并为他们提供机会，让他们在受尊重的环境中讨论自己的信念。

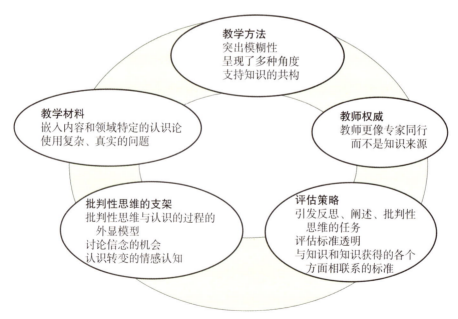

图 14-1　教室中认识的气氛的主要特征

资料来源：Derived from Muis，K. R.，Trevors，G.，& Chevrier，M.（2016）. Epistemic climate for epistemic change. In I. Bråten，W. A. Sandoval，& J. A. Greene（Eds.），*Handbook of epistemic cognition*（pp. 331–359）. Routledge.

坎宁安（1992）进行的练习也旨在促进对学习理论的自反性分析，这一过程不同于仅仅反思理论是什么或如何使用它们，而是侧重于它们是如何发展的，以及它们在社会文化语境下的意义。换句话说，每个理论的认识的目标和标准是什么，它们是如何从理论所处的社会文化语境中衍生出来的？而且，这些理论如何与从业者现在所处的当前社会文化语境联系起来？

自反性的（reflexive）意思是"反过来看自己"（Burner，2019），自反性（reflexivity）的定义是"所有正常人共同的心理能力的定期锻炼，考虑自己与他们的（社会）语境的关系，反之亦然"（Archer，2007；引自 Archer，2012）。阿彻（Archer，2012）认为，任何社会秩序都取决于人们的自反性，因为这是传统习俗如何被监控的方式，以及人们在遇到意外事件时如何适应的方式。此外，"不能保证所有的（社会）规范在任何特定时间都是相辅相成的"，只有个人才能"自反性地决定在哪个原因中采取行动"。

同样地，自反性让你有机会反思多种观点——你自己的信念，你正在学习的理论，以及更广泛的社会语境（如学校或公司的政策、课程期望、社会正义议程；Brownlee et al.，2017）——并决定行动方针。伯纳（Burner，2019）也指出了展望未来自我的重要性，以避免被当前现实所束缚。这样，自反性思维可以帮助你识别理论不适合你试图解决的问题的情况，并让你去探索学习更多的知识。

图 14-2 显示了布朗利等人（Brownlee et al.，2017）基于 AIR 模型提出的认识的自反性框架。他们关注的是自反性，作为改变教师认识的认知和教学实践的手段。因此——

> ……自反性的特点是一种内部对话，包括洞察力（discernment）（对教师或个人的关键问题或目标进行反思，如学生的福祉）、深思熟虑（deliberation）（自反性地衡量个人和语境的关注点，包括动机、优先事项，以及预期实践的潜在颠覆的影响，如应试教育）和奉献精神（dedication）（决心的行动，例如，为了保持学生的福祉而不遵循学校领导对模拟考试的期望）。

然而，我们修改了框架，使其具体到本书的内容，不仅适用于教师，而且适用于涉及学习和教学的其他实践专业人员。

"现代社会中需要解决的问题的复杂性，以及知识生产和再现的多样性，意味着势必要关注对知识和信念的利用。"

布朗利等人（2017）在这句话的结尾处提到"将其应用于教师"，但我们同意阿彻（2012）的观点，即自反性观念（reflexive imperative）更广泛地适用于从学校教学到医疗保健，再到企业培训的所有教育专业人士。我们的目标是：拥有自反性、智力和情感的专业人士在做出教学决策时能尊重语境条件，权衡个人关切并考虑认识的目标。

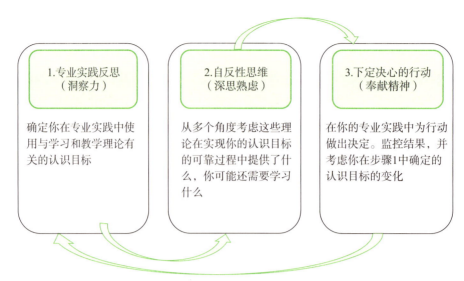

图 14-2　认识的自反性框架

资料来源：Adapted from Brownlee，J. L.，Ferguson，L. E.，& Ryan，M.（2017）. Changing teachers' epistemic cognition：A new conceptual framework for epistemic reflexivity. *Educational Psychologist*，52（4），242–252.

结语

虽然这是本书的结尾，但我们希望你已经开始构建自反性理论。为了写这本书，我们经历了从神经科学到以技术为基础的教学等不同领域的新发现，我们有机会自反性地反思我们自己的个人认识论。我们观点的变化带来了与上一版不同的变化，我们希望这些变化对你的学习大有裨益。现在，随着你不断积累经验，你的实践知识将锤炼你的理论性知识，以帮助你尽可能地做好教学工作。

反思性问题与活动 〉〉〉〉〉〉〉〉〉

1. 重新审视你在第 1 章结尾表达的认识论信念。它们有什么变化？是什么导致了这些变化？

2. 利用你对问题 1 的回答和图 14-2 所示的模型来反思你的专业实践。这本书中讨论的理论如何影响你的工作？当前的实践问题对你未来的学习有什么启示？根据你对这些问题的回答，描述一两个明确的短期职业目标和一两个明确的长期职业目标。你对本书理论的学习如何帮助你达到这些目标？

玛西·P.德里斯科尔（Marcy P. Driscoll）是佛罗里达州立大学教育学院（the College of Education at Florida State University）的名誉院长，她自 2005 年至 2018 年 6 月担任名誉院长。她还曾是布立格兹（Leslie J. Briggs）教育研究教授，她在佛罗里达州立大学（Florida State University，简称 FSU）工作了 37 年后，于 2018 年 12 月退休。德里斯科尔院长是佛罗里达大学科学、技术、工程和数学研究中心（FCR-STEM）和佛罗里达州立大学教学（FSU-Teach）项目的共同首席研究员，该项目旨在培养具有深厚内容知识和深厚教学知识的科学和数学教师。她的早期研究包括关注在技术丰富的学习环境中的学习和教学。最近，德里斯科尔院长撰写了关于高等教育中的领导力和教育技术中的学习领导力的文章。2018 年，佛罗里达州教育研究协会授予她罗素·P.克罗普奖（Russell P. Kropp Award），该奖项用以表彰政策制定者或管理者在教育决策中对教育研究和评估的模范应用。

德里斯科尔院长以优异的成绩获得了曼荷莲女子学院（Mount Holyoke College）的心理学学士学位，并获得了马萨诸塞大学阿默斯特分校（the University of Massachusetts Amherst）的教育心理学硕士和博士学位。

凯瑞·J.伯纳（Kerry J. Burner）是佛罗里达州立大学的一名教员，她在远程教育办公室任职。10多年来，她还为佛罗里达州立大学教育学院的教学系统和学习技术项目讲授研究生课程。她在高等教育机构任教超过20年。2007年毕业后，凯里以行政身份帮助启动了佛罗里达州立大学教学项目。在2013年回到佛罗里达州立大学担任教员之前，凯瑞曾在完全线上大学（fully online universities）从事教学和指导学生，并从事自由教学设计。她在学术界和政府部门有着丰富的教学设计经验。她的研究兴趣包括线上环境中的教与学，并且特别关注真实参与和学习者的能动性。

凯瑞在旧金山州立大学获得了世界文学和比较文学学士学位，并辅修了数学。她在南佛罗里达大学获得了修辞学和写作的硕士学位，在佛罗里达州立大学获得了教育学博士学位。

参考文献

考虑到环保，也为了节省纸张、降低图书定价，本书编辑制作了电子版参考文献。用手机微信扫描下方二维码，即可下载。